21世纪高等职业教育财经类规划教材
财务会计类

工业和信息化高职高专“十二五”
规划教材立项项目

纳税基础与实务（第2版）

Tax Basis and Practice (2nd Edition)

◎ 王瑞玲 主编　◎ 朱瑞华 副主编

人民邮电出版社
北京

图书在版编目（CIP）数据

纳税基础与实务 / 王瑞玲主编. -- 2版. -- 北京 : 人民邮电出版社, 2015.9（2016.7重印）
21世纪高等职业教育财经类规划教材. 财务会计类
ISBN 978-7-115-39937-3

Ⅰ. ①纳… Ⅱ. ①王… Ⅲ. ①税收管理－中国－高等职业教育－教材 Ⅳ. ①F812.42

中国版本图书馆CIP数据核字(2015)第160607号

内 容 提 要

本书针对高职高专学生的培养目标，依照财会部门办税员工作岗位，按税种设计了包括了解税收知识，以及增值税、消费税、营业税、关税、企业所得税、个人所得税、资源税、财产税、行为税纳税实务共10个项目。全书以岗位工作内容为导向、项目为载体，将理论知识贯穿其中。书中项目包括工作过程描述、技能目标、项目引入、相关知识、项目实施、知识训练和技能训练。

本书可作为高职高专、成人高等学校财会类专业学生的教学用书，也可作为各类企业在职会计人员的培训、自学教材，以及各类企业管理人员的参考读物。

◆ 主　　编　王瑞玲
副 主 编　朱瑞华
责任编辑　李育民
责任印制　张佳莹　杨林杰

◆ 人民邮电出版社出版发行　　北京市丰台区成寿寺路11号
邮编　100164　　电子邮件　315@ptpress.com.cn
网址　http://www.ptpress.com.cn
北京鑫正大印刷有限公司印刷

◆ 开本：787×1092　　1/16
印张：18.25　　2015年9月第2版
字数：458千字　　2016年7月北京第2次印刷

定价：38.00元

读者服务热线：(010) 81055256　印装质量热线：(010) 81055316
反盗版热线：(010) 81055315
广告经营许可证：京东工商广字第8052号

第 2 版前言

纳税人依法纳税、征税主体依法征税，是现代经济良性运行的要求。税法是依法纳税、依法征税的依据，将知识点众多、内容烦琐的税法条文应用到千变万化的经济活动中，是对财务人员技能的一种挑战。税法类的课程内容繁多、课时紧张，对教材本身也提出了较高的要求。如果能有一本内容全面、详略得当、体系完整、理论与实践相结合的教材，对提高税法类课程的教学质量将起到事半功倍的效果。作者结合多年的企业财税工作岗位经验和多年的税法类课程教学经验，编写了本教材。

自作者 2012 年所编写的《纳税基础与实务》一书出版以来，我国税法发生了一些变化。如“营改增”试点在全国范围内推开、实施新的资源税暂行条例、执行新的车船税等。这些政策的变化，迫切需要对原来的教材进行更新。为了更好地满足广大高职高专、成人专科院校的学生对税法知识学习的需要，作者结合近几年的教学改革实践和广大读者的反馈意见，对教材进行了全面的修订。这次修订的主要内容如下。

- 对本书第 1 版中部分内容所存在的一些问题进行了校正和修改，并按新税法对内容进行了更新，体现了教材的前瞻性和时效性。
- 教材结构设计上由原来的章节式改为项目式。教材首先对工作过程进行简要描述，将办税工作内容设计为教学项目内容，并将教学项目细分为任务，同时将项目内容涉及的税收相关知识嵌入到项目实施过程中。
- 项目设计尽量仿真，且在项目内容中采用大量仿真票据，使教材更贴近实际。教材中更新了“小贴士”的内容，结合工作、教学经验对易错点、难点进行提示。
- 在课后原有的知识训练的基础上，增加了技能训练项目。知识训练中增加了一些会计资格考试和初级会计师考试的真题。
- 在附录中增加了“12366 热点问答”和“小型微利企业税收优惠大全”的相关内容。

在本书的修订过程中，编者始终以适应企业财会部门办税员岗位的需要为出发点，通过 10 个项目将企业所涉及的税种的申报一一进行讲解，力争让学生达到办税员的工作技能水平。

本教材的参考学时为 64～80 个学时，建议采用理论实践一体化教学模式。各项目的参考学时见下面的学时分配表。

学时分配表

项　　目	课 程 内 容	学时（含实训）
项目一	了解税收知识	4～6
项目二	增值税纳税实务	16～20
项目三	消费税纳税实务	6～8
项目四	营业税纳税实务	8～10
项目五	关税纳税实务	2
项目六	企业所得税纳税实务	10～12

续表

项 目	课 程 内 容	学时（含实训）
项目七	个人所得税纳税实务	8～10
项目八	资源税类纳税实务	3～4
项目九	财产税类纳税实务	3～4
项目十	行为税类纳税实务	4
课时总计		64～80

本书由郑州信息科技职业学院、河南广播电视大学等常年工作在教学一线的教师以及在企业有丰富的税收工作经验的财务工作人员编写。其中王瑞玲任主编并定稿；朱瑞华任副主编；李凤杰、唐瑞萍参编。具体编写分工为：项目二、项目三、项目六、项目七及附录由郑州信息科技职业学院的王瑞玲编写；项目一、项目四、项目五由河南广播电视大学的朱瑞华编写；项目八由河南金凯元理财有限公司的李凤杰编写；项目九、项目十由新乡广播电视大学的唐瑞萍编写。

本书在编写过程中得到了郑州信息科技职业学院、河南广播电视大学领导和同事的大力支持，在此表示感谢。另外，也特别感谢浙江衡信教育科技有限公司（财刀网）为本教材提供了一些实训资料。

虽然作者们为力争教材内容能够准确无误付出了艰辛的努力，但因我国税收制度一直处于改革之中，同时由于时间仓促，作者水平和经验有限，书中难免存在欠妥和错误之处，恳请读者批评指正，来信请至 wangding1973@163.com。

王瑞玲

2015 年 6 月

目 录

项目一 了解税收知识……1
工作过程描述……1
技能目标……1
项目引入……1
相关知识……2
一、岗前税收基础知识……2
二、税收征管知识……6
项目实施……15
一、办理开业税务登记……15
二、办理税种认定登记……17
三、领购发票……19
知识训练……20
技能训练……22
项目二 增值税纳税实务……24
工作过程描述……24
技能目标……24
项目引入……24
相关知识……29
一、增值税的征税范围……29
二、增值税纳税义务人……31
三、增值税的税率与征收率……33
四、增值税的税收优惠……35
五、增值税应纳税额的计算……36
六、增值税专用发票的使用与管理……43
七、增值税的账务处理……45
八、增值税纳税申报……50
九、增值税出口货物退（免）税……53
项目实施……57
一、计算本月应纳增值税税额……57
二、账务处理……58
三、填写“增值税纳税申报表”……58
知识训练……64
技能训练……69
一、增值税一般纳税人纳税申报实训……69
二、增值税小规模纳税人的纳税申报实训……70
项目三 消费税纳税实务……74
工作过程描述……74
技能目标……74
项目引入……74
相关知识……76
一、消费税的征税范围及税目……77
二、消费税纳税义务人……79
三、消费税的税率……80
四、消费税应纳税额的计算……81
五、消费税的账务处理……87
六、消费税的纳税申报……90
七、出口应税消费品退（免）税……91
项目实施……92
一、计算本月应纳消费税税额……92
二、账务处理……92
三、填写“消费税纳税申报表”……92
知识训练……94
技能训练……97
项目四 营业税纳税实务……100
工作过程描述……100
技能目标……100
项目引入……100
相关知识……102
一、营业税的征税范围……103
二、营业税纳税义务人和扣缴义务人……104

目 录

三、营业税的税目和税率 …………104
四、营业税的税收优惠 ……………107
五、营业税应纳税额的计算 ………108
六、营业税的账务处理 ……………112
七、营业税纳税申报 ………………115
项目实施 ……………………………116
一、计算本月应纳营业税税额 ……116
二、账务处理 ………………………116
三、填制“营业税纳税申报表” ……116
知识训练 ……………………………119
技能训练 ……………………………122

项目五 关税纳税实务 ……………123
工作过程描述 ………………………123
技能目标 ……………………………123
项目引入 ……………………………123
相关知识 ……………………………124
一、关税的征税范围和纳税义务人 ……125
二、关税的税目和税率 ……………125
三、关税的税收优惠 ………………127
四、关税的税额计算 ………………128
五、关税的账务处理 ………………131
六、关税纳税申报 …………………132
项目实施 ……………………………132
一、计算进口、出口应纳关税税额 ……132
二、账务处理 ………………………132
三、填制“海关关税专用缴款书” ……133
知识训练 ……………………………134
技能训练 ……………………………135

项目六 企业所得税纳税实务 ……137
工作过程描述 ………………………137
技能目标 ……………………………137
项目引入 ……………………………137
相关知识 ……………………………139
一、企业所得税纳税义务人 ………140
二、企业所得税的征税对象与所得来源地 ……141
三、企业所得税的税率 ……………141
四、企业所得税的税收优惠 ………142
五、企业所得税应纳税所得额的确定 ……145
六、资产的税务处理 ………………152
七、企业所得税应纳税额的计算 ……155
八、企业所得税的账务处理 ………159
九、企业所得税纳税申报 …………160
项目实施 ……………………………162
一、计算应调整的应纳企业所得税税额 ……162
二、计算应补缴的企业所得税 ……163
三、填写“企业所得税纳税申报表” ……163
知识训练 ……………………………173
技能训练 ……………………………179

项目七 个人所得税纳税实务 ……183
工作过程描述 ………………………183
技能目标 ……………………………183
项目引入 ……………………………183
相关知识 ……………………………184
一、个人所得税纳税义务人 ………184
二、个人所得税的征税范围 ………185
三、个人所得税的税率 ……………188
四、个人所得税的税收优惠 ………190
五、个人所得税应纳税额的计算 ……191

六、个人所得税的特殊计税方法……199
七、个人所得税的账务处理……201
八、个人所得税纳税申报……202
项目实施……204
一、计算本月应纳个人所得税税额……204
二、账务处理……204
三、填制“扣缴个人所得税明细报告表”和完税凭证……204
知识训练……206
技能训练……209

项目八　资源税类纳税实务……211

工作过程描述……211
技能目标……211
项目引入……211
相关知识……212
一、资源税……212
二、城镇土地使用税……217
三、耕地占用税……220
四、土地增值税……223
项目实施……231
一、计算应纳税额……231
二、账务处理……231
三、填写“纳税申报表”……231
知识训练……232
技能训练……235

项目九　财产税类纳税实务……236

工作过程描述……236
技能目标……236
项目引入……236
相关知识……237
一、房产税……237
二、契税……240
三、车船税……244
项目实施……247
一、计算房产税和车船税……247
二、账务处理……248
三、填写“纳税申报表”……248
知识训练……248
技能训练……251

项目十　行为税类纳税实务……252

工作过程描述……252
技能目标……252
项目引入……252
相关知识……253
一、印花税……253
二、车辆购置税……259
三、城市维护建设税……262
四、教育费附加……264
项目实施……265
一、计算应纳税额……265
二、账务处理……265
三、填写“纳税申报表”……266
知识训练……267
技能训练……269

附录……270

附录A　12366热点问答……270
附录B　小型微利企业税收优惠大全…282

参考文献……284

项目一

了解税收知识

【工作过程描述】

了解税收的相关基础知识 ⇒ 办理税务登记→账簿管理→发票管理→纳税申报→税款缴纳等税收征管基础工作

【技能目标】

能利用税收基础知识办理税务登记、税种登记、发票领购等业务。

项目引入

李娟是一名从高职毕业半年的会计人员，刚换了一份新工作。上班的第三天，财务经理就让她到所属的税务机关办理税务登记，并由她来办理后续的税种登记、发票领购、纳税申报等业务。该企业信息如下。

企业法人 营业执照 （副本） 注 册 号：4101031231231 发证机关：河南省工商行政管理局 成立日期：2015 年 1 月 8 日 经营期限：2015 年 1 月 8 日至 2035 年 1 月 7 日	企 业 名 称：河南新源制药股份有限公司 住　　所：郑州市药厂街 1 号 法定代表人：郑新 注 册 资 本：1 000 万元 实 收 资 本：1 000 万元 经 济 性 质：股份有限公司 经 营 范 围：药品的制造、销售（法律禁止的除外）

该公司开户银行为工行郑州市二七支行，账号为 77170188000005888。在公司的注册资本 1 000 万元中，有自然人郑新（身份证号为 410103196904233419）的 500 万元（占 50%）、河南诚信医药公司的 300 万元（占 30%）和自然人张源的 200 万元（占 20%）。

另外，李娟在工作岗位上，总是早来晚走，主动打扫办公室卫生，为同事提供力所能及的帮助，并积极与主管领导沟通，明确所处岗位的职责。由于会计和税收知识变动较快，李娟也总是积极主动地更新自己的知识。

任务：（1）了解办税员岗位应具备的税收基础知识。

（2）办理河南新源制药公司的税务登记、税种登记和发票领购业务。

相关知识

人类社会的生存与发展，离不开和谐的社会环境、安定的社会秩序和便利的公共设施。和谐的社会环境需要依靠国家执行国防事务职能来实现；安定的社会秩序需要依靠国家执行法律事务职能来实现；便利的公共设施来自政府兴建交通、兴办通信等公共工程以及举办文化、体育、卫生、科技等公共事业。国家执行国防、法律事务以及政府兴建交通等公共事业的支出主要来自税收。因此，文明社会的存在离不开税收。

一、岗前税收基础知识

依法纳税是每个企业和公民应尽的责任和义务。随着我国税法体系的日臻完善，企业税务人员必须掌握有关税收法规，以便能正确进行纳税申报，依法办理涉税事宜。

（一）税收与税法的概念

1. 税收的概念

税收是国家为满足社会公共需要，凭借其政治权力，按照法律规定的标准和程序，强制、无偿地参与国民收入再分配，以取得财政收入的一种特殊分配形式。目前，我国税收收入占财政收入的比重在 90%以上。

税收具有强制性、无偿性和固定性 3 个特征。强制性是指国家凭借政治权利强制征税。也就是说，任何纳税人都必须依法纳税，否则将要受到法律的制裁。无偿性是指国家向纳税人进行的无需偿还的征收，即国家征税以后不再把税金直接还给纳税人，也不向纳税人提供某种相应的服务或某种特许权力。固定性是指国家在征税前，以法律形式预先规定了征税对象、计税标准以及征收比例或数额，并按照预定标准征收。

一般来说，税收具有 3 个职能，即组织财政收入职能、调节经济职能和监督管理职能。

2. 税法的概念

税法是国家权力机关制定的用以调整国家与纳税人之间在征纳方面的权力及义务关系的法律规范的总称。它是国家及纳税人依法征税、依法纳税的行为准则。

税收与税法密不可分。税收是税法所确定的具体内容，而税法是税收的法律形式。税收以税法为依据和保障，税法则为保障税收活动的有序进行而存在。

（二）税法的基本要素

从税法构成来说，税法由一些基本要素构成。按照税法调整对象的不同，可将其分为税收实体法构成要素和税收程序法构成要素。税收实体法构成要素主要包括纳税人、征税对象、税率、纳税环节、纳税期限、纳税地点、税收优惠和违章处理等。其中，纳税人、征税对象和税率是构成税收实体法构成要素中的3个最基本的要素。

1. 纳税人

纳税人是税制中规定的负有纳税义务的单位和个人，是纳税义务人的简称，也称纳税主体。纳税人分为法人和自然人。法人是指依法成立，能够独立支配财产，并能独立享受民事权利和承担民事义务的社会组织，如企业、机关、事业单位及社会团体等；自然人是指依法享有民事权利，并承担民事义务的公民个人，不具备法人资格的独资企业和合伙企业也属于自然人。

在实际税收征管工作中有以下几个与纳税人相关的概念。

（1）扣缴义务人。扣缴义务人是指按税法规定负有代收代缴、代扣代缴义务的单位和个人。确定扣缴义务人是加强税收源泉控制、减少税款流失、简化征税手续、降低征收成本的需要。代收代缴义务人产生的前提是与对方有经济交往；代扣代缴义务人产生的前提是持有对方的收入。扣缴义务人必须依法履行扣缴税款义务，否则要承担法律责任。

（2）负税人。负税人是最终承担税款的单位和个人。纳税人与负税人并不一定完全为同一人。当纳税人缴纳的税款无法实现转嫁时，纳税人同时又是负税人；当纳税人能够将所缴税款转嫁给他人时，纳税人就不是负税人。税制构成要素只规定纳税人。

2. 征税对象

征税对象又称课税对象，是纳税的客体，主要指税收法律关系中征纳双方权利义务所共同指向的物或行为，是区别不同税种的主要标志。

在实际税收征管工作中有以下几个与征税对象密切相关的概念。

（1）征税范围。征税范围是征税对象的具体界限，表明税收课征的广度。

（2）税目。税目是征税对象的具体化，反映各税种的具体征税范围，体现每个税种的征税广度。设置税目有两个目的：一是明确征税对象的具体范围；二是对征税对象进行归类，以便确定差别税率。

（3）计税依据。计税依据是指计算应纳税额的基数，也叫税基。它表明政府按什么征税或纳税人按什么纳税。

$$\text{计税依据}\times\text{税率}=\text{应纳税额}$$

3. 税率

税率是征税对象的征收比率或征收额度，是计算应纳税额的尺度，也是衡量税负轻重与否的重要标志。税率的高低直接影响到国家财政收入的多少和纳税人的负担水平。税率可以用相对数来表示，也可以用绝对数来表示。其具体形式主要有比例税率、累计税率和定额税率。

4. 纳税环节

纳税环节是税法规定的征税对象在从生产到消费的流转过程中应当缴纳税款的环节，如流转税在生产和流通环节纳税、所得税在分配环节纳税等。

5. 纳税期限

纳税期限是指纳税人的纳税义务发生后应依法缴纳税款的期限。不同性质的税种，其纳税期限也不相同。我国现行税制的纳税期限有按期纳税、按次纳税和按年计征，以及分期预缴3种形式。

6. 纳税地点

纳税地点是指根据各个税种的纳税环节和有利于对税款的源泉控制而规定的纳税人的具体纳税地点。

7．税收优惠

税收优惠是指税法中对特定纳税人或征税对象给予的一种免除规定，是税法严肃性和灵活性相结合的措施。税收优惠的方式包括以下几种。

（1）减免税。减免税是指减税、免税，是税收优惠中最常见、最基本的方式。其中，减税是将纳税人应纳的税款减少征收的一部分；免税是将纳税人应纳的税款全部免于征收。

（2）起征点。凡达到或超过起征点标准的，应全额征税；未达到起征点的则不征税。规定起征点主要是为了照顾生产经营规模小、征税对象数额比较低的纳税人的负担状况。

（3）免征额。免征额即税法中规定的征税对象免于征税的数额，它是按照一定标准从征税对象总额中预先减除的数额。凡属免征额的部分，均不征税，仅对超过免征额部分征税。规定免征额主要是为了体现税收负担的合理性，照顾纳税人的一般生活需要。

8．违章处理

违章处理是对纳税人违反税法行为采取的惩罚措施。违章处理的主要措施有加收滞纳金、罚款、税收保全措施、强制执行措施等。

（三）税收与税法的分类

1．税收的分类

目前，我国共有 19 个税种，包括增值税、营业税、消费税、关税、企业所得税、个人所得税、资源税、城镇土地使用税、耕地占用税、土地增值税、房产税、契税、车辆购置税、车船税、烟叶税、印花税、城市维护建设税、船舶吨税和固定资产投资方向调节税。其中，17 个税种由税务部门负责征收；固定资产投资方向调节税由国务院决定从 2000 年起暂停征收；关税和船舶吨税由海关征收，进口货物的增值税、消费税由海关部门代征。这些税种可以按照不同的标准进行分类。

（1）按征税对象性质分类。按征税对象的性质，可将税收分为流转税、所得税、资源税、财产税和行为税 5 大税类。

① 流转税是以商品销售额和非商品营业额为征税对象的各个税种的统称，包括增值税、营业税、消费税和关税。

② 所得税是以单位和个人在一定时期的所得额为征税对象的各个税种的统称，包括企业所得税和个人所得税。

③ 资源税是对在我国境内从事自然资源开发及使用土地或耕地的单位和个人，以资源绝对收益和级差收益为征税对象的各个税种的统称，包括资源税、城镇土地使用税、耕地占用税、土地增值税等。

④ 财产税是以纳税人的某些财产为征税对象的各个税种的统称，包括房产税、车船税、印花税、契税和船舶吨税。

⑤ 行为税是将经济活动中特定行为作为征税对象的各个税种的统称，包括印花税、城市维护建设税、车辆购置税、烟叶税等。

（2）按管理和使用权限分类。按管理和使用权限，可将税收分为中央税、地方税、中央与地方共享税。

① 中央税是指属于中央政府管理，收入归中央财政固定收入的税种，主要包括关税、消费税、车辆购置税、海关代征的进口货物增值税和消费税等。

② 地方税是指由地方政府管理、税款属于地方财政收入的各种税，主要包括营业税（铁

道部、各银行总行、各保险总公司集中缴纳的部分归中央，其余归地方）、房产税、契税、土地增值税、城镇土地使用税、耕地占用税、烟叶税、资源税（海洋石油企业缴纳的资源税作为中央政府收入，其余部分归地方政府）、城市建设维护税（铁道部、各银行总行、各保险总公司集中缴纳的部分归中央，其余归地方）、印花税（证券交易印花税收入的 97%归中央，其余的 3%和其他印花税归地方）等。

③ 中央与地方共享税是指税款收入属于中央和地方共同享有的税种。主要包括增值税（中央 75%，地方 25%）、企业所得税（铁道部、各银行总行及海洋石油企业缴纳的归中央，其余部分中央与地方按比例分享，中央 60%，地方 40%）、个人所得税（中央 60%，地方 40%）等。

（3）按计税依据分类。按计税依据，可将税收分为从价税和从量税两类。

① 从价税是以作为征税对象的商品、财产或所得的价值（或价格）为依据，按一定比例计算征收的各种税的统称，如增值税、营业税、企业所得税、个人所得税等。

② 从量税是以作为征税对象的重量、数量、体积、面积等为依据，按单位税额计算征收的各种税的统称，如资源税、城镇土地使用税、耕地占用税、车船使用税等。此外，某些税种里的个别项目也实行从量计税，如消费税中的啤酒、黄酒等，印花税中的权利许可证照等。

（4）按税收与价格关系分类。税收与价格的关系，可将税收分为价内税和价外税两类。

① 价内税是指税金作为商品价格的构成要素，计入价格的各个税种的统称，如消费税、营业税、关税等。

② 价外税是指税金不计入商品的价格而作为价格的附加部分的税种。增值税是典型的价外税。

（5）按税收负担能否转嫁分类。按税收负担能否转嫁，可将税收分为直接税和间接税两类。

① 直接税是指税负由纳税人自已承担，不能发生转嫁关系的各种税，如所得税、财产税。

② 间接税是指纳税人可以将已纳税款全部或部分地转嫁给他人负担的各种税。流转税类属于间接税，如增值税、消费税、营业税。

2. 税法的分类

（1）按税法的基本内容与效力分类。按税法的基本内容与效力，税法可分为税收基本法和税收普通法。税收基本法是税法体系的主体和核心，在税法体系中起着税收母法的作用。我国目前还没有制定统一的税收基本法。税收普通法是根据税收基本法的原则，对税收基本法规定的事项分别立法并实施的法律，如《中华人民共和国税收征收管理法》、《中华人民共和国企业所得税法》等。

（2）按税法的职能作用分类。按税法的职能作用，税法可分为税收实体法和税收程序法。税收实体法主要是指确定税种立法，具体规定各税种的征收对象、征收范围、税目、税率、纳税地点等。例如，《中华人民共和国个人所得税法》就属于税收实体法。税收程序法是指税务管理方面的法律，主要包括税收管理、纳税程序、发票管理、税务机关组织、税务争议处理等法律。例如，《中华人民共和国税收征收管理法》就属于税收程序法。

（3）按主权国家行使税收管辖权分类。按主权国家行使税收管辖权，税法可分为国内税法、外国税法和国际税法。

（四）税收管理体制

税收管理体制是关于中央政府和地方政府之间在税收决策（包括税收立法、行政、司法各个方面）、管理权限界定、相应组织体系建立、税款在中央和地方之间分配的规范与制度的总称，实质上体现中央和地方之间的税收分配关系。

1. 税务征管机构设置

根据我国经济和社会发展及实行分税制财政管理体制的需要，我国现行税务机构的设置是：中央政府设立国家税务总局，省及省以下税务机构分为国家税务局和地方税务局两个系统。

（1）国家税务局系统的机构设置为四级，即国家税务总局、省（自治区、直辖市）国家税务局、地（设区的市、州、盟）国家税务局和县（市、旗）国家税务局。国家税务局系统实行国家税务总局垂直管理的领导体制，在机构、编制、经费、领导干部职务的审批等方面按照下管一级的原则，实行垂直管理。

（2）地方税务局按行政区划设置，分为三级，即省（自治区、直辖市）地方税务局、地（设区的市、州、盟）地方税务局和县（市、旗）地方税务局。地方税务局系统的管理体制、机构设置、人员编制按地方人民政府组织法的规定办理。省（自治区、直辖市）地方税务局实行省（自治区、直辖市）人民政府和国家税务总局双重领导，以地方政府领导为主的管理体制。国家税务总局对省（自治区、直辖市）地方税务局的领导，主要体现在税收业务的指导和协调，以及对国家统一的税收制度、政策的组织实施和监督检查等方面。

2. 税收征管范围的划分

目前，我国的税收分别由财政、税务、海关等系统负责征收管理。

（1）国家税务局系统征管范围。国家税务局系统负责征收和管理的项目有增值税，消费税，车辆购置税，铁道部门、各银行总行、各保险公司总公司集中缴纳的营业税，企业所得税和城市维护建设税，中央企业缴纳的企业所得税，中央与地方所属企业、事业单位组成的联营企业、股份制企业缴纳的企业所得税，地方银行、非银行金融企业缴纳的企业所得税，海洋石油企业缴纳的企业所得税、资源税，对股票交易征收的印花税，2002～2008年期间注册的企业、事业单位缴纳的企业所得税，2009年起应当缴纳增值税的企业的企业所得税（既缴纳增值税，又缴纳营业税的企业，原则上按照其税务登记的时候自行申报的主营业务应当缴纳的上述税种确定企业所得税的征收管理机关。企业办理税务登记证的时候无法确定主营业务的，一般以工商登记注明的第一项业务为准）。

（2）地方税务局系统征管范围。地方税务局系统负责征收和管理的项目有营业税、企业所得税、个人所得税、资源税、印花税和城市维护建设税（以上税种不包括由国家税务局系统负责征收管理的部分）、房产税、城镇土地使用税、耕地占用税、契税、土地增值税、车船税、烟叶税。

（3）海关征管范围。海关系统负责征收和管理的项目有关税、船舶吨税，同时负责代征进口环节的增值税和消费税。

（4）财政部门征管范围。在部分地区，地方教育费附加、耕地占用税，仍由地方财政部门征收和管理。

二、税收征管知识

税收征管的一般程序包括税务登记、账簿和凭证管理、发票管理、纳税申报、税款征收、税务检查等环节。

（一）税务登记

税务登记是整个征收管理的首要环节，是税务机关对纳税人的开业、变更、歇业以及生产经营范围实行法定登记的一项管理制度，其内容包括开业登记、变更登记、注销登记、停复业登记、税务登记证审验和更换等。办理税务登记是纳税人的法定义务。

1. 开业登记

依照法律、法规的规定，具有应税收入、应税财产或应税行为的各类纳税人，都应按有关规定办理税务登记。但临时取得应税收入或发生应税行为以及只缴纳个人所得税、车船税，可以不办理税务登记证。

> **小贴士**
>
> 如果某行政机关有门面房对外出租，但除此之外并没有其他应税收入，也应该办理税务登记。

从事生产、经营的纳税人，应自领取营业执照之日起 30 日内，向所在地主管税务机关申报办理税务登记。其他纳税人应当依照税收法律、行政法规的规定成为法定纳税人之日起 30 日内，向所在地主管税务机关申请办理税务登记。

2. 变更登记

税务登记内容发生变化的，纳税人应当向原税务登记机关申报办理变更税务登记。纳税人已在工商行政机关办理变更登记的,应当自办理工商变更之日起 30 日内向原税务登记机关申报办理变更登记；或者其变更内容与工商登记内容无关的，应当自税务登记内容实际发生变化之日起 30 日内，或者自有关机关批准或宣布变更之日起 30 日内，向原税务登记机关申报办理变更税务登记。

3. 停（复）业税务登记

实行定期定额征收方式的个体工商户，在营业执照核准的经营期限内需要停业的，应当在停业前向税务机关申报办理停业登记，并由税务机关收存其税务登记证件及副本、发票领购簿、未使用完的发票和其他税务证件。纳税人的停业期限不得超过一年。纳税人在停业期间发生纳税义务的，应当按照税收法律、行政法规的规定申报缴纳税款。

纳税人停业期满或提前恢复生产经营的，应先向税务机关提出复业申请，并领回、启用税务登记证件、发票领购簿及其停业前领购的发票，纳入正常税务管理。纳税人停业期满不能及时恢复生产经营的，应当在停业期满前向税务机关提出延长停业登记申请，否则税务机关将其视为已复业进行征税和管理。

4. 注销税务登记

纳税人发生解散、破产、撤销以及其他情形，依法终止纳税义务的，应当在向工商行政管理机关或者其他机关办理注销登记前，持有关证件和资料向原税务登记机关申报办理注销税务登记。按规定不需要在工商行政管理机关或者其他机关办理注册登记的，应当自有关机关批准或者宣告终止之日起 15 日内,持有关证件和资料向原税务登记机关申报办理注销税务登记。

纳税人被工商行政管理机关吊销营业执照或者被其他机关予以撤销登记的，应当自营业执照被吊销或者被撤销登记之日起 15 日内，向原税务登记机关申报办理注销税务登记。

纳税人因住所、经营地点变动，涉及改变税务登记机关的，应当在向工商行政管理机关或者其他机关申请办理变更、注销登记前，或者住所、经营地点变动前，持有关证件和资料，向原税务登记机关申报办理注销税务登记,并自注销税务登记之日起 30 日内向迁达地税务机关申报办理税务登记。

5. 外出经营报验登记

纳税人到外县（市）临时从事生产经营活动的，应当在外出生产经营以前，持税务登记证向主管税务机关申请开具外出经营活动税收管理证明（以下简称外管证）。税务机关按照一地一证的原则，核发外管证，外管证的有效期限一般为30日，最长不得超过180天。纳税人应当向营业地税务机关报验登记，并提交税务登记证件副本和外管证。纳税人应当在外管证有效期届满后10日内，持外管证回原税务登记地税务机关办理外管证缴销手续。

（二）税务登记证管理

国务院办公厅2015年6月29日印发了《关于加快推进“三证合一”登记制度改革的意见》，提出2015年年底前在全国推行“一照一码”登记模式，即由原来的工商行政管理、质量技术监督、税务3个部门分别核发不同证照，改为由工商行政管理部门核发一个加载法人和其他组织统一社会代码的营业执照。实行“三证合一”登记制度改革后，企业的组织机构代码证和税务登记证不再发放。企业原需要使用组织机构代码证、税务登记证办理相关事务的，一律改为使用“三证合一”后的营业执照办理。

（三）纳税人资格认定和税种登记

1. 增值税一般纳税人资格认定

增值税一般纳税人认定是指新开业的纳税人、达到一般纳税人标准的小规模纳税人，主管税务机关对其一般纳税人认定申请进行受理、调查、审核、审批的业务。小规模纳税人以外的纳税人应当向主管税务机关申请一般纳税人认定，除国家税务总局另有规定外，纳税人一经认定为一般纳税人后，不得转为小规模纳税人。

（1）一般纳税人认定的时限要求。

① 新开业的符合一般纳税人条件的企业，应在办理税务登记的同时，申请办理一般纳税人认定手续。

② 已开业的小规模企业，其年应税销售额达到一般纳税人标准的，应在次年1月月底以前申请办理一般纳税人认定手续。

（2）增值税一般纳税人认定程序，如图1-1所示。

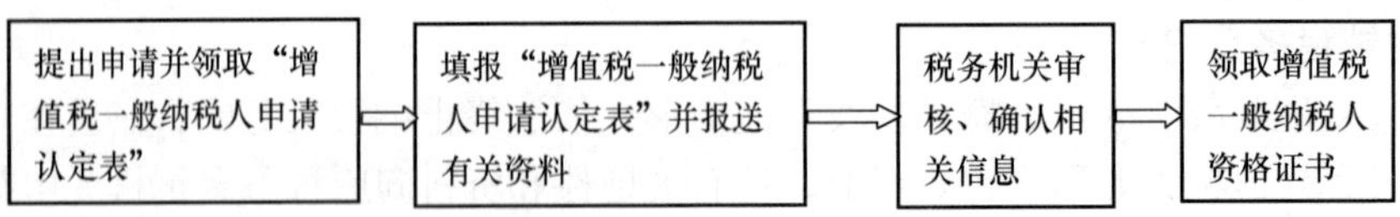

图1-1

税务机关审核完纳税人的相关信息资料后，企业凭税务机关的通知单领取“增值税一般纳税人资格证书”，税务机关在企业“税务登记证”副本首页加盖“增值税一般纳税人”确认专用章，作为领购增值税专用发票的凭据。

2. 税种认定

在对纳税人进行设立登记后，税务机关根据纳税人的生产经营范围及税法的有关规定，对纳税人的纳税事项和应税项目进行核定，即税种认定。

税务机关对纳税人报送的“纳税人税种登记表”及有关资料进行审核和实地调查后，对纳税人适用的税种、税目、税率、纳税期限、纳税方法等做出确认，在“纳税人税种登记表”的有关栏目注明，或书面通知纳税人税种认定结果，以此作为办税的依据。

（四）账簿和凭证管理

账簿、凭证是税务机关开展税务稽查的主要对象，是确定纳税人、扣缴义务人是否正确履行纳税义务或代扣代缴、代收代缴义务的重要凭据之一。纳税人、扣缴义务人应当按照有关法律、行政法规和国务院财政、税务主管部门的规定设置账簿，根据合法、有效的凭证记账，进行核算。

1. 账簿、凭证的设置

从事生产、经营的纳税人应当自领取营业执照或者发生纳税义务之日起 15 日内，按照国家有关规定设置账簿，包括总账、明细账、日记账以及其他辅助性账簿。总账、日记账必须采用订本式。扣缴义务人应当自税收法律、行政法规规定的扣缴义务发生之日起 10 日内，按照所代扣、代收的税种，分别设置代扣代缴、代收代缴税收账簿。生产、经营规模小又确无建账能力的纳税人，可以聘请经批准从事会计代理记账业务的专业机构或者经税务机关认可的财会人员代为建账和办理账务。

纳税人、扣缴义务人会计制度健全，能够通过计算机正确、完整地计算其收入和所得或者代扣代缴、代收代缴税款情况的，其计算机输出的完整的书面会计记录，可视同会计账簿。

账簿、会计凭证和报表，应当使用中文。民族自治地方可以同时使用当地通用的一种民族文字。外商投资企业和外国企业可以同时使用一种外国文字。

2. 财务会计制度管理

从事生产、经营的纳税人应当自领取税务登记证件之日起 15 日内，将其财务、会计制度或者财务、会计处理办法和会计核算软件报送税务机关备案。纳税人使用计算机记账的，应当在使用前将会计电算化系统的会计核算软件、使用说明书及有关资料报送主管税务机关备案。

纳税人应当按照税务机关的要求安装、使用税控装置，并按照税务机关的规定报送有关数据和资料。

3. 账户的管理

从事生产、经营的纳税人应当自开立基本存款账户或者其他存款账户之日起 15 日内，向主管税务机关书面报告其全部账号。发生变化的，应当自变化之日起 15 日内，向主管税务机关书面报告。

4. 账簿、凭证的保管

纳税人应按《会计档案管理办法》规定保存账簿、记账凭证、完税凭证及其他有关资料。除法律、行政法规另有规定外，账簿、记账凭证、报表、完税凭证、发票、出口凭证以及其他有关涉税资料应当保存 10 年。

（五）发票管理

发票是单位和个人在购销商品、提供或者接受服务及从事生产经营活动中，开具、取得的收付款书面证明。它是会计核算的原始凭证，也是税务检查的重要依据。根据税法规定，税务机关是发票的主管机关，负责发票印制、领购、开具、取得、保管、缴销的管理和监督。

小贴士

按照行业特点和纳税人的生产经营项目，发票划分为普通发票、增值税专用发票和专业发票3种。

1. 发票的印制

税务机关对发票印制实行统一的管理。增值税专用发票由国家税务总局统一印制；其他发票按照国务院税务主管部门的规定，分别由省、自治区、直辖市税务机关指定的企业印制。以上两种情况，都要求套印由国家税务总局确定式样的全国统一发票印制章。国家对发票实行不定期换版制度，使用中文印制，禁止私印、伪造、变造发票。

2. 发票的领购

依法办理税务登记的单位和个人，在领取税务登记证后，可以向主管税务机关申请领购发票。领购时，应当提出购票申请，并提供经办人身份证明、税务登记证件或者其他有关证明，以及财务印章或者发票专用章的印模，经主管税务机关审核后，发给发票领购簿。领购发票的单位和个人应当凭发票领购簿核准的种类、数量及购票方式，向主管税务机关领购发票。税务部门对纳税人领购发票实行交旧领新、验旧领新、批量供应的方式。

对无固定经营场所或者财务管理制度不健全的纳税人申请领购发票，主管税务机关有权要求其提供担保人，不能提供担保人的，可以视情况要求提供保证金，并限期缴销发票。

临时到本省、自治区、直辖市以外从事经营活动的单位或个人，除了具备领购发票的一般条件外，应当凭所在地税务机关开具的外出经营证明，并按规定提供保证人或者缴纳不超过1万元的保证金，向经营地主管税务机关申请领购经营地发票，并限期缴销。

3. 发票的开具、使用、取得

销货方按规定填开发票，必须做到按号码顺序填开，填写项目齐全，内容真实，字迹清楚，全部联次一次复写、打印，内容完全一致；必须按照规定的时限、逐栏填写，并加盖单位财务印章或者发票专用章；应当使用中文，可以同时使用一种民族文字或外国文字；不得涂改、挖补、撕毁。

开具发票后，如发生销货退回需开红字发票的，必须收回原发票并注明“作废”字样或取得对方的有效证明；发生销售折让的，在收回原发票并证明“作废”字样后，重新开具销售发票。

发票不得跨省使用。发票限于领购单位和个人在本省、自治区、直辖市内开具。禁止跨规定使用区域携带、邮寄、运输空白发票。禁止携带、邮寄或者运输空白发票出入境。

4. 发票的保管

税务机关内部或者用票单位和个人必须建立严格的发票专人保管、专库保管、专账登记、定期盘点、保管交接制度，保证发票安全。已经开具的发票存根联和发票登记簿，应当保存5年。保存期满，报经税务机关查验后可以销毁。

发票保管人员发生变化时，应按下列程序办理交接手续：①清点库存发票和缴销的发票存根种类和数量；②核对发出尚未缴销的发票种类和数量；③清点、装订需要移交的有关账表、资料、印章和物品；④填写移交清单一式三份，分别由移交人、接收人、监交人各执一份。

（六）纳税申报

纳税申报是指纳税人、扣缴义务人就纳税事项向税务机关提交书面报告的一种法定制度。纳税申报是纳税人履行纳税义务、界定纳税人法律责任的主要依据，是税务机关税收管理信息的主要来源和税务管理的重要制度。

1. 纳税申报对象

纳税人或者扣缴义务人无论本期有无应缴纳或者解缴的税款，都必须按税法规定的申报期限、申报内容如实向主管税务机关办理纳税申报。

小贴士

纳税人、扣缴义务人在税务机关办理税务登记后，如果当期未发生应税收入，则应当向税务机关办理零申报手续。纳税人享受减税、免税待遇的，在减税、免税期间也应当纳税申报。

2. 纳税申报内容

纳税申报的内容主要体现在“纳税申报表”或“代扣代缴、代收代缴税款报告表”中，主要项目包括税种，税目，应税项目或者应代扣代缴、代收代缴税款项目，计税依据，扣除项目及标准，适用税率或者单位税额，应退税项目及税额，应减免税项目及税额，应纳税额或者应代扣代缴、代收代缴税额，税款所属期限等。“纳税申报表”一般按税种设计，即每个税种都有相应的“纳税申报表”。

纳税人办理纳税申报时，除如实填写“纳税申报表”外，还要根据情况报送有关证件和资料。

3. 纳税申报方式

纳税人、扣缴义务人进行纳税申报，既可以直接到税务机关办理，经批准也可以以邮寄申报、数据电文申报、银行网点申报等多种方式办理纳税申报。

（1）直接申报（自行申报）。直接申报纳税是由纳税人、扣缴义务人直接到税务机关（报税大厅）办理纳税申报或税款扣缴申报。这是一种传统的纳税申报方式。

（2）邮寄申报。邮寄申报是指经税务机关批准，纳税人、扣缴义务人在规定的申报期限内，通过邮寄的方式向主管税务机关办理纳税申报或税款扣缴申报。邮寄申报应使用统一的纳税申报专用信封，以邮政部门的收据作为申报凭据，以寄出的邮戳日期为实际申报日期。邮寄申报仅适用于处于偏远地区、不方便直接申报，又无条件采用其他申报方式的纳税人。

（3）数据电文申报。数据电文申报是纳税人、扣缴义务人通过税务机关确定的电话语音、电子数据交换和网络传输等电子方式向主管税务机关办理纳税申报或税款扣缴申报。数据电文申报的日期以税务机关计算机网络系统收到该数据电文的时间为准。目前纳税人的网上申报，就是数据电文申报方式之一。

（4）其他方式申报。实行定期定额缴纳税款的纳税人，可以实行简易申报、简并征期等方式申报纳税。简易申报是指实行定期定额缴纳税款的纳税人在法律、行政法规规定的期限内或者税务机关依照法律、行政法规的规定确定的期限内缴纳税款的，税务机关可以视同申报；简并征期是指实行定期定额缴纳税款的纳税人，经税务机关批准，可以采取将纳税期限合并为按季、按半年、按一年的方式缴纳税款，具体期限由主管税务机关根据具体情况确定。

4. 纳税申报期限

按照税法规定，凡已办理了税务登记的单位和个人，均应自领取税务登记的次月起到企业所在地税务机关取“纳税申报表”办理申报纳税。

纳税人、扣缴义务人不能按期办理纳税申报或税款扣缴申报的，可以在规定的期限内向税务机关提出书面延期申请，经税务机关核准，在核准的期限内办理。

（七）税款征收

税款征收是税务机关依照税收法律、法规规定，通过法定程序将纳税人应纳税款组织征收入库的一系列活动。税款征收是税收征管工作的中心环节，它既是纳税人依法履行纳税义务的重要体现，也是税收征管工作的目的和归宿。

1. 税款征收的主要方式和适用对象

税款征收方式是指税务机关根据各税种的不同特点和征纳双方的具体条件而确定的计算征收税款的方法和形式。税款征收方式有以下几种。

（1）查账征收。查账征收是税务机关根据纳税人会计账簿等财务核算资料，依照税法规定计算征收税款的方式。一般适用于财务制度健全、核算严格规范、纳税意识较强的纳税人。

（2）核定征收。核定征收是指税务机关根据纳税人从业人数、生产设备、耗用原材料、经营成本、平均利润率等因素，查定核实其应纳税所得额，据以征收税款的方式。一般适用于账册不够健全，但能控制原材料、进货销货的纳税人。

（3）定期定额征收。定期定额征收是指税务机关根据纳税人自报和一定的审核评议程序，核定其一定时期的应税收入和应纳税额，并按月或季度征收税款的方式。一般适用于生产经营规模小、不能准确计算营业额和所得额的小规模纳税人或个体工商户。

（4）查验征收。查验征收是指税务机关对纳税人应税商品通过查验数量，按照市场同类产品的平均价格，计算其收入并据以征收税款的方式。一般适用于在市场、车站、码头等场外临时经营的零星、流动性税源。

2. 纳税期限与延期缴纳

纳税人、扣缴义务人必须依照规定的期限缴纳或者解缴税款。未按照规定期限缴纳、解缴税款的，税务机关除责令限期缴纳外，从滞纳税款之日起，按日加收滞纳税款万分之五的滞纳金。

因不可抗力，导致纳税人发生较大损失、正常生产经营活动受到较大影响，或当期货币资金在扣除应付职工工资、社会保险费后，不足以缴纳税款，经省、自治区、直辖市国家税务局、地方税务局批准，可以延期缴纳税款，但最长不得超过3个月，且同一笔税款不得滚动审批。经批准延期缴纳的税款不加收滞纳金。

3. 税款减免

税款减免是税务机关依照规定给予纳税人的减税或免税。

按规定或者经法定的审批机关批准减税、免税的纳税人，应当持有关文件到主管税务机关办理减税、免税手续。减免税期满，纳税人应当自期满次日起恢复纳税。

享受减税、免税优惠的纳税人，减税、免税条件发生变化的，应当自发生变化之日起15日内向税务机关报告；不再符合减税、免税条件的，应当依法履行纳税义务。

4. 税款退还和追征

对计算错误、税率适用不当等原因造成纳税人超过应纳税额多缴的税款，税务机关应当及时退还；纳税人超过应纳税额缴纳的税款，税务机关发现后立即退还；纳税人自结算缴纳税款之日起3年内发现的，可向税务机关要求退还多缴的税款并加算银行同期存款利息，税务机关及时查实后应立即退还。

纳税人和扣缴义务人未缴或少缴税款的，若因税务机关的责任，税务机关在 3 年内可以要求纳税人、扣缴义务人补缴税款，但不得加收滞纳金；因纳税人、扣缴义务人计算错误等失误未缴或少缴的，税务机关在 3 年内可以追征税款、滞纳金，但数额在 10 万元以上的追征期可延长到 5 年；对纳税人偷税、抗税、骗税的税款及其应缴的税收滞纳金，以及纳税人、扣缴义务人及其当事人应缴的罚款，税务机关可无期限追征。其补缴和追征税款的期限，从纳税人和扣缴义务人应缴未缴或少缴税款之日起计算。

5. 税收保全和强制执行

税务机关有根据认为从事生产经营的纳税人有逃避纳税义务行为的，可以在规定的纳税期限之前，责令限期缴纳税款。在限期内发现纳税人有明显的转移、隐匿其应纳税商品、货物以及其他财产或应纳税收入迹象的，税务机关应责令其提供纳税担保。如果纳税人不能提供纳税担保，经县以上税务局（分局）局长批准，税务机构可以采取以下税收保全措施：第一，书面通知纳税人开户银行或其他金融机构冻结纳税人的金额相当于应纳税款的存款；第二，扣押、查封纳税人的价值相当于应纳税款的商品、货物或其他财产。税务机关采取税收保全措施时，对上述所列纳税人、扣缴义务人、纳税担保人未缴纳的滞纳金同时强制执行。纳税人在上述规定的限期内缴纳税款的，税务机关必须立即解除税收保全措施。

小贴士

①税收保全措施应严格按照责令限期缴纳税款在前，责令提供纳税担保居中，冻结存款或扣押、查封商品在后的程序；②税收保全措施只适用于有逃避纳税义务行为的从事生产、经营的纳税人，对非从事生产、经营的纳税人，或对扣缴义务人和纳税担保人，不能使用该措施。

从事生产经营的纳税人、扣缴义务人未按照规定的期限缴纳或者解缴税款，纳税担保人未按规定期限缴纳所担保的税款，由税务机关责令限期缴纳，逾期仍未缴纳的，经县以上税务局（分局）局长批准，税务机关可以采取下列强制执行措施：第一，书面通知其开户行或者其他金融机构从其存款中扣缴税款；第二，扣押、查封、依法拍卖或变卖其价值相当于应纳税款的商品、货物或者其他财产，以拍卖或者变卖所得抵缴税款。

个人及其所抚养家属维持生活必需的住房和用品，不在税收保全和税收强制执行的措施范围之内。

小贴士

税收保全与税收强制执行对象的时间不同。税收保全是针对在规定的纳税期之前的税款，而税收强制执行是针对已超过纳税期的税款。

（八）税务检查

税务检查是指税务机关依据税收法律、法规和财务会计制度规定，对纳税人、扣缴义务人履行纳税义务、扣缴税款义务真实情况的监督和审查。税务检查是税收征收管理的重要环节，也是贯彻税收法律、法规，加强纳税监督，堵塞税收漏洞，纠正错漏，保证国家财政收入的一项必要措施。

1. 税务检查形式

按实施主体分类，税务检查分为税务稽查和征管部门的日常检查。税务稽查是由税务稽查部门依法组织实施的，对纳税人、扣缴义务人履行纳税义务、扣缴义务的情况进行的全面、综合的专业检查，主要是对涉及偷税、逃税、抗税和骗税的大案、要案的检查。征管部门的检查是征管机构在履行职责时对征管工作中的某一环节出现的问题或者为防止在征管某一环节时出现问题而进行的税务检查。

2. 税务检查的规范

税务机关派出的人员进行税务检查时，应当出示税务检查证和税务检查通知书；无税务检查证和税务检查通知书的，纳税人、扣缴义务人及其他当事人有权拒绝检查。同时，被检查的纳税人、扣缴义务人应接受并配合、协助税务机关依法进行的检查，如实反映情况，提供有关资料，不得拒绝、隐瞒。

另外，税务机关在进行税务检查时要控制检查次数，减少重复检查；实行直系、近亲检查回避制度；实施税务检查时，应当有两人以上参加；调账检查有严格的审批和时间限制，调回以前会计年度的账表资料3个月内应完整退还，调回当年账表资料的，应在30日内退还；检查存款账户在审批、使用、人员等方面有严格的限制，如税务机关查询从事生产经营的纳税人、扣缴义务人在银行或者其他金融机构的存款账户，应经县以上税务局（分局）局长批准，凭全国统一格式的检查存款账户许可证明进行检查；税务机关在调查税收违法案件时，必须经设区的市、自治州以上税务局（分局）局长批准，才可以查询案件涉嫌人员的储蓄存款，并不得将查询存款所获得的资料用于税收以外的用途。

（九）纳税争议处理

纳税人在纳税过程中，可能与税务机关就适用税法、税率、税额及对违反税法行为的处罚等问题发生纳税争议。纳税争议的解决办法主要有税务行政复议和税务行政诉讼两种方式。

1. 税务行政复议

税务行政复议是指当事人（纳税人、扣缴义务人、纳税担保人）不服税务机关及其工作人员作出的税务具体行政行为，依法向上一级税务机关（复议机关）提出申请，复议机关经审理对原税务机关具体行政行为依法作出维持、变更、撤销等决定的活动。税务行政复议的程序包括如下内容。

（1）税务行政复议申请。申请人可以在知道税务机关作出具体行政行为之日起60日内提出行政复议申请；申请人申请行政复议，可以书面申请，也可以口头申请。

（2）税务行政复议受理。复议机关收到行政复议申请后，应当在5日内进行审查，决定是否受理。对不符合规定的行政复议申请，决定不予受理，并书面告知申请人；对符合规定的行政复议申请，自复议机关收到之日起即为受理。受理行政复议申请，应当书面告知申请人。

（3）税务行政复议决定。复议机关对被申请人做出的具体行政行为所依据的事实证据、法律程序、法律依据及设定的权利义务内容的合法性、适当性进行全面审查，并应当自受理申请之日起60日内作出行政复议决定；作出的行政复议决定应当制作成行政复议决定书，并加盖印章。行政复议书一经送达，即发生法律效力。

2. 税务行政诉讼

税务行政诉讼是指纳税当事人认为税务机关及其工作人员的具体行政行为侵犯其合法权益，通过向人民法院提起诉讼，由人民法院来解决其与税务机关之间行政纠纷的活动。

行政诉讼受案范围包括必经复议和非必经复议两种。

（1）必经复议。对于法律、行政法规规定应当先向复议机关申请行政复议的具体行政行为，纳税当事人应当先申请行政复议；对行政复议决定不服的，再向人民法院提起行政诉讼。这些行为具体包括：①税务机关作出的征税行为，包括确认纳税主体、征税对象、征税范围、减税、免税及退税、适用税率、计税依据、纳税环节、纳税期限、纳税地点以及税款征收方式等具体行政行为和征收税款、加收滞纳金及扣缴义务人、受税务机关委托征收的单位作出的代扣代缴、代收代缴行为；②对税务机关不予审批减免税或者出口退税、不予抵扣税款、不予退还税款的行为。

（2）非必经复议。纳税当事人对税务机关的其他具体行政行为不服的，可以先申请行政复议，对复议决定不服的，再向人民法院提起诉讼，也可以直接向人民法院提起诉讼。

税务行政诉讼的时间有如下具体规定。

（1）申请人不服税务行政复议决定，可以自收到复议决定书之日起 15 日内向人民法院提起诉讼。

（2）申请人直接起诉的，应当在知道做出具体行政行为之日起 3 个月内提出。

（3）复议机关决定不予受理或受理后超过复议期限不作答复的，申请人可以自收到不予受理决定书之日起或行政复议期限期满之日起 15 日内，依法向人民法院提起行政诉讼。人民法院接到起诉状，经审查，应当在 7 日内立案或者作出裁定不予受理。原告对裁定不服的，可以提起上诉。

项目实施

一、办理开业税务登记

开业税务登记流程如图 1-2 所示。

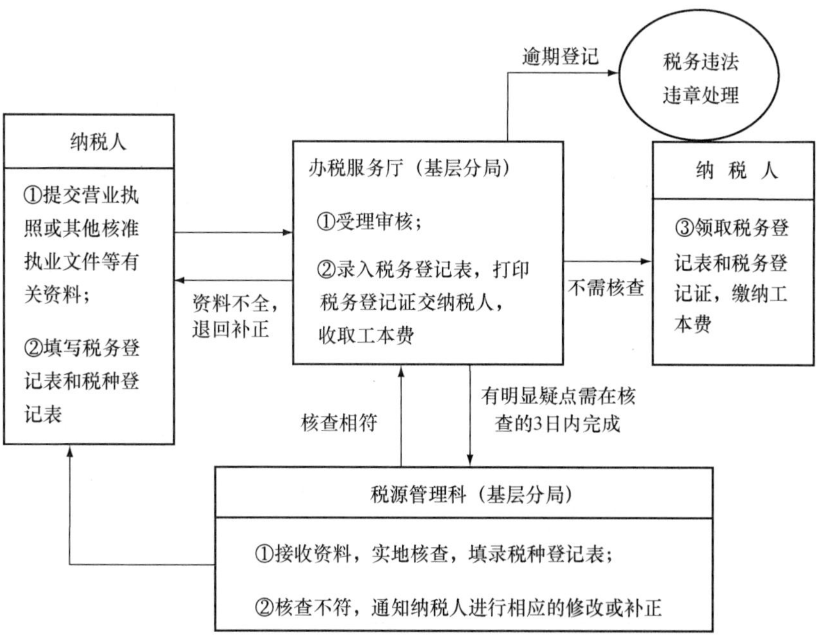

图 1-2

（1）申请。在法定期限内提交申请报告。法定期限是指领取营业执照之日起30内。

纳税人需要提供的有关证件、资料，主要包括：①工商营业执照或其他核准执业证件；②有关合同、章程、协议书；③组织机构统一代码证书；④法定代表人、负责人或业主的居民身份证、护照或者其他合法证件；⑤银行账号证明；⑥总机构所在地国家税务机关证明；⑦税务机关要求提供的其他有关证件、资料。

（2）填报"税务登记表"。河南新源制药股份有限公司属于单位纳税人，办税员李娟应领取相应的表格，填写完毕后将"税务登记表"及相关资料报送到郑州市国税局审核。"税务登记表"如表1-1所示。

表1-1　　税务登记表

（适用单位纳税人）

填表日期：2015年1月16日

<table>
<tr><td>纳税人名称</td><td colspan="3">河南新源制药股份有限公司</td><td>纳税人识别号</td><td colspan="3">6位行政区划代码+组织机构代码（由税务机关指定，由15位数字组成，填写此表时不用填写）</td></tr>
<tr><td>登记注册类型</td><td colspan="3">股份有限公司（按营业执照经济性质）</td><td colspan="2">批准设立机关</td><td colspan="2">河南省工商局（工商执照发照机关）</td></tr>
<tr><td>组织机构代码</td><td colspan="3">15949012-1（组织机构代码证书号码）</td><td colspan="2">批准设立证明或文件号</td><td colspan="2">（按照发文机关文号填写）</td></tr>
<tr><td>开业（设立）日期</td><td>2015-1-8（工商执照成立日期）</td><td>生产经营期限</td><td>20年（工商执照标注的营业期限）</td><td>证照名称</td><td>企业法人营业执照</td><td>证照号码</td><td>4101031231231（执照、证件号码）</td></tr>
<tr><td>注册地址</td><td colspan="3">郑州市药厂街1号（营业执照地址）</td><td>邮政编码</td><td>450000</td><td>联系电话</td><td>67867888</td></tr>
<tr><td>生产经营地址</td><td colspan="3">郑州市药厂街1号（实际经营地址）</td><td>邮政编码</td><td>450000</td><td>联系电话</td><td>67867888</td></tr>
<tr><td>核算方式</td><td colspan="4">请选择对应项目打"√"☑ 独立核算　□非独立核算</td><td>从业人数</td><td colspan="2">500人其中外籍人数2人</td></tr>
<tr><td>单位性质</td><td colspan="7">请选择对应项目打"√"☑ 企业　□事业单位　□社会团体　□民办非企业单位　□其他</td></tr>
<tr><td>网站网址</td><td colspan="3"></td><td>国标行业</td><td colspan="3">□□□□□□□□见填表说明</td></tr>
<tr><td>适用会计制度</td><td colspan="7">请选择对应项目打"√"☑ 企业会计制度　□小企业会计制度　□金融企业会计制度
□行政事业单位会计制度</td></tr>
<tr><td colspan="2">经营范围：药品的制造、销售（法律禁止的除外）（依据工商执照标注的经营范围填写）</td><td colspan="6">法人身份证明复印件
（正面）</td></tr>
<tr><td rowspan="2">项目
内容
联系人</td><td rowspan="2">姓名</td><td colspan="2">身份证件</td><td rowspan="2">固定电话</td><td rowspan="2">移动电话</td><td rowspan="2" colspan="2">电子邮箱</td></tr>
<tr><td>种类</td><td>号码</td></tr>
<tr><td>法定代表人（负责人）</td><td>郑新</td><td>居民身份证或护照</td><td></td><td colspan="4" rowspan="3">据实填写</td></tr>
<tr><td>财务负责人</td><td>张源</td><td>居民身份证或护照</td><td></td></tr>
<tr><td>办税人</td><td>李娟</td><td>居民身份证或护照</td><td></td></tr>
<tr><td colspan="2">税务代理人名称</td><td colspan="2">纳税人识别号</td><td colspan="2">联系电话</td><td colspan="2">电子邮箱</td></tr>
<tr><td colspan="2"></td><td colspan="2"></td><td colspan="2"></td><td colspan="2"></td></tr>
</table>

续表

注册资本或投资总额		币种	金额	币种	金额	币种	金额
1 000 万元		人民币					
投资方名称	投资方经济性质	投资比例	证件种类	证件号码		国籍或地址	
郑新	自然人	50%	身份证	410103196904233419		中国	
河南省信诚医药公司	有限公司	30%	营业执照	略		中国	
张源	自然人	20%	身份证	略		中国	
自然人投资比例	50%	外资投资比例	无		国有投资比例	无	
分支机构名称		注册地址					
由分支机构据实填写							
总机构名称			纳税人识别号				
注册地址			经营范围				
法定代表人姓名		联系电话		注册地址邮政编码			
代扣代缴、代收代缴税款业务情况	代扣代缴、代收代缴税款业务内容			代扣代缴、代收代缴税种			
附报资料：营业执照复印件、公司章程等							
经办人签章：李娟 2015 年 01 月 16 日		法定代表人（负责人）签章：郑新 2015 年 01 月 16 日				纳税人公章： 2015 年 01 月 16 日	

以下由税务机关填写：（略）

（3）领取税务登记证件。李娟去税务机关登记窗口领取税务登记证（正、副本），同时缴纳税务登记工本费，领取“税务登记表”。河南新源制药股份有限公司税务登记证号：410103159490121。

二、办理税种认定登记

李娟在领取税务登记证副本之后和申报纳税之前，到税务机关的征收管理部门申请增值税一般纳税人认定和税种认定，填写“增值税一般纳税人申请认定表”和“纳税人税种登记表”如表 1-2、表 1-3 所示。

表 1-2 增值税一般纳税人申请认定表

纳税人名称	河南新源制药股份有限公司			纳税人识别号	410103159490121
法定代表人（负责人、业主）	郑新	证件名称及号码	身份证 410103196904233419	联系电话	67867888
财务负责人	刘勇	证件名称及号码	略	联系电话	略
办税人员	李娟	证件名称及号码	略	联系电话	略
生产经营地址	郑州市药厂街 1 号				
核算地址	郑州市药厂街 1 号				
纳税人类别：企业、企业性单位☑ 非企业性单位☐ 个体工商户☐ 其他☐					
纳税人主业：工业☑ 商业☐ 邮政电信和现代服务业☐ 交通运输业☐ 其他☐					

续表

<table>
<tr><td colspan="2">认定前累计应税销售额
（连续不超过 12 个月的经营期内）</td><td>预计 2015 年 1 月至 2015 年 12 月应税货物及劳务额共 10 000 000 元。</td></tr>
<tr><td>纳税人声明</td><td colspan="2">上述各项内容真实、可靠、完整。如有虚假，本纳税人愿意承担相关法律责任。
（签章）：
年 月 日</td></tr>
<tr><td colspan="3">税务机关</td></tr>
<tr><td>受理意见</td><td colspan="2">同意受理□ 受理人签名：
年 月 日</td></tr>
<tr><td>查验意见</td><td colspan="2">经实地查验符合规定，详见查验报告□
经实地查验不符合规定，详见查验报告□
查验人签名：
年 月 日</td></tr>
<tr><td>主管税务部门意见</td><td colspan="2">建议自 年 月起认定为增值税一般纳税人□
建议自 年 月起至 年 月认定为实行纳税辅导期管理增值税一般纳税人□
不符合认定办法规定条件，建议不予认定□
（签章）
年 月 日</td></tr>
<tr><td>认定机关意见</td><td colspan="2">同意自 年 月起认定为增值税一般纳税人□
同意自 年 月起至 年 月认定为实行纳税辅导期管理的增值税一般纳税人□
同意不予认定□
（签章）
年 月 日</td></tr>
</table>

注：本表用 A4 纸打印竖式，一式两份，税务所和纳税人各留存一份。

表 1-3　纳税人税种登记表

纳税人识别号：410103159490121

<table>
<tr><td colspan="4">一、增值税</td></tr>
<tr><td rowspan="3">类别</td><td rowspan="2">货物或加工、修理修配</td><td>主营</td><td>药品的制造、销售（法律禁止的除外）</td></tr>
<tr><td>兼营</td><td>无</td></tr>
<tr><td>交通运输、邮政业和应税服务</td><td colspan="2">本栏目为单选。根据实际经营项目，在下列选项中勾选一项主营项目。
陆路运输：公路货运□ 公路客运□ 缆车货运□ 缆车客运□ 索道货运□ 索道客运□ 其他陆路货运□ 其他陆路客运□ 铁路旅客运输□ 铁路货物运输□ 其他铁路运输辅助活动□
水路运输：程租货运□ 程租客运□ 期租货运□ 期租客运□ 其他水路货运□ 其他水路客运□
航空运输：湿租货运□ 湿租客运□ 其他航空货运□ 其他航空客运□ 航天运输服务□
管道运输：管道货运□ 管道客运□
研发和技术服务：研发服务□ 向境外单位提供研发服务□ 技术转让服务□ 技术咨询服务□ 合同能源管理服务□ 工程勘察勘探服务□
信息技术服务：软件服务□ 电路设计及测试服务□ 信息系统服务□ 业务流程管理服务□ 离岸服务外包□
文化创意服务：设计服务□ 向境外单位提供设计服务□ 商标著作权转让服务□ 知识产权服务□ 广告服务□ 会议展览服务□
物流辅助服务：航空服务□ 港口码头服务□ 货运客运场站服务□ 打捞救助服务□ 货物运输代理服务□ 代理报关服务□ 仓储服务□ 装卸搬运服务□ 收派服务□</td></tr>
</table>

续表

<table>
<tr><td>类别</td><td>交通运输、邮政业和应税服务</td><td colspan="2">有形动产租赁服务：有形动产融资租赁□　有形动产经营性租赁光租业务□
有形动产经营性租赁干租业务□　其他有形动产经营性租赁□
鉴证咨询服务：认证服务□　鉴证服务□　咨询服务□
广播影视服务：制作服务□　发行服务□　播映服务□
邮政业：邮政普遍服务□　邮政特殊服务□　其他邮政服务□</td></tr>
<tr><td>经营方式</td><td colspan="3">①境内经营货物☑　②境内加工修理□　③境内交通运输□　④境内应税服务□　⑤自营出口□　⑥间接出口□　⑦收购出口□　⑧加工出口□</td></tr>
<tr><td colspan="4">备注：</td></tr>
<tr><td colspan="4">二、消费税</td></tr>
<tr><td>类别</td><td>①　生产□
②　委托加工□
③　批发□
④　零售□</td><td>应税消费品名称</td><td>①烟□　②酒及酒精□　③化妆品□　④贵重首饰及珠宝玉石□
⑤鞭炮、烟火□　⑥成品油□　⑦汽车轮胎□　⑧摩托车□　⑨小汽车□
⑩高尔夫球及球具□　⑪高档手表□　⑫游艇□　⑬木制一次性筷子□
⑭实木地板□</td></tr>
<tr><td colspan="2">经营方式</td><td colspan="2">①境内销售□　②委托加工出口□　③自营出口□　④境内委托加工□</td></tr>
<tr><td colspan="4">备注：</td></tr>
<tr><td colspan="4">三、营业税</td></tr>
<tr><td rowspan="2">经营项目</td><td>主营</td><td colspan="2"></td></tr>
<tr><td>兼营</td><td colspan="2"></td></tr>
<tr><td colspan="4">备注：</td></tr>
<tr><td colspan="4">四、企业所得税</td></tr>
<tr><td colspan="2">居民企业</td><td colspan="2">征收方式：查账征收☑　核定征收□
预缴期限：按月预缴☑　按季预缴□
预缴方式：据实预缴☑　按上年度四分之一或十二分之一□
按税务机关认可的其他方式□
纳税方式：汇总纳税□　非汇总纳税☑</td></tr>
<tr><td colspan="2">非居民企业法定或申请纳税方式</td><td colspan="2">①据实纳税□　②按收入总额核定应纳税所得额计算纳税□　③按经费支出换算收入计算纳税□　④航空、海运企业纳税方式□　⑤其他纳税方式□</td></tr>
<tr><td colspan="4">备注：</td></tr>
<tr><td colspan="4">五、城市维护建设税：①市区☑　②县城镇□　③其他□</td></tr>
<tr><td colspan="4">六、教育费附加：3%</td></tr>
<tr><td colspan="4">七、地方教育费附加：2%</td></tr>
<tr><td colspan="4">八、其他</td></tr>
</table>

以上内容纳税人必须如实填写，如内容发生变化，应及时办理变更登记。

注：（1）本表系纳税人根据工商登记的生产经营范围及税法的有关规定，对纳税事项的自行核定。

（2）本表一式一份，纳税人填写后，与“税务登记表”一同交给主管税务机关，由税务机关留存。

三、领购发票

河南新源制药股份有限公司办理完税务登记后，需要使用增值税专用发票和普通发票，办税员李娟到主管税务机关办理。

（1）发票领购资格认定。李娟应该向税务机关提出自己的申请，同时向主管税务机关提交“纳税人领购发票票种核定申请表”，提供经办人身份证、税务登记证件以及财务印章或者发票专用章的印模。

（2）税务机关对纳税人资料审核无误后，将核批的发票名称、种类、购票数量、购票方式等填写在发票领购簿上，同时对发票领购簿号码进行登记，下发发票领购簿和发票金税盘或报税盘。纳入增值税防伪税控系统的企业一律凭金税盘或者报税盘向税务机关领购电脑专用发票。

（3）领购发票。缴纳发票工本费，按核准的领购方式领购发票。

知识训练

1. 单项选择题

（1）国家征税的目的是满足（　　）。

A. 企业需要　B. 社会公共需要　C. 私人需要　D. 国家需要

（2）按税负是否转嫁分类，税收可分为（　　）。

A. 从价税和从量税　B. 国内税和涉外税

C. 中央税和地方税　D. 直接税和间接税

（3）税种与税种的区别以及税种的名称，通常取决于不同的（　　）。

A. 计税依据　B. 税源　C. 税目　D. 征税对象

（4）国内增值税的（　　）归中央。

A. 25%　B. 75%　C. 50%　D. 30%

（5）下列项目中属于中央税的是（　　）。

A. 消费税　B. 营业税　C. 国内增值税　D. 城镇土地使用税

（6）下列项目中属于地方税的是（　　）。

A. 关税　B. 房产税

C. 海关代征增值税　D. 消费税

（7）下列项目中属于中央与地方共享税的是（　　）。

A. 关税　B. 契税　C. 国内增值税　D. 消费税

（8）在税法构成要素中，（　　）是计算应纳税额的尺度，体现纳税人的税收负担。

A. 征税对象　B. 纳税期限　C. 税率　D. 税目

（9）下列税种中，不属于流转税的是（　　）。

A. 增值税　B. 消费税　C. 营业税　D. 企业所得税

（10）下列税法中，属于税收程序法的有（　　）。

A.《企业所得税法》　B.《税收征收管理法》

C.《个人所得税法》　D.《车船税法》

（11）从事生产经营的纳税人应向税务机关办理税务登记的期限是领取营业执照后（　　）。

A. 10日内　B. 15日内　C. 20日内　D. 30日内

（12）纳税人所缴税款如分别涉及国税与地税的，应（　　）进行登记。

A. 分别办理国税登记证和地税登记证　B. 只需办理国税登记证

C. 只需办理地税登记证　D. 任意选择办理国税或地税登记证

（13）甲公司某年11月25日将11月5日应缴纳的税款12万元向当地税务机关缴纳。甲公司应缴纳（　　）税款滞纳金。

A. 0.12 万元　　B. 0.72 万元　　C. 1.2 万元　　D. 7.2 万元

（14）纳税人因有特殊困难，不能按期缴纳税款的，经省、自治区、直辖市国家税务局、地方税务局批准，可以延期缴纳税款，但最长不超过（　　）。

A. 6 个月　　B. 3 个月　　C. 12 个月　　D. 1 个月

（15）根据《发票管理办法》及其实施细则的规定，纳税人已经开具的发票存根联和发票登记簿的保存期限是（　　）。

A. 3 年　　B. 5 年　　C. 10 年　　D. 15 年

2．多项选择题

（1）税收实体法构成要素中的 3 个最基本的要素分别是（　　）。

A. 纳税人　　B. 征税对象　　C. 税率　　D. 纳税期限

（2）税务机关可以采取（　　）方式征收税款。

A. 查账征收　　B. 查验征收　　C. 核定征收　　D. 定期定额征收

（3）国家税务局系统包括（　　）。

A. 国家税务总局　　B. 省、自治区、直辖市国家税务局

C. 地级市、自治州、盟国家税务局　　D. 县、县级市、旗国家税务局

（4）我国现行税制的纳税期限有 3 种形式，即（　　）。

A. 按期纳税　　B. 按日纳税

C. 按次纳税　　D. 按年计征，分期预缴

（5）按税收管理和使用权限划分，税收可分为（　　）。

A. 中央税　　B. 省市税

C. 地方税　　D. 中央和地方共享税

（6）按照《税收征管法》的规定，纳税申报方式可以有（　　）。

A. 直接申报　　B. 邮寄申报　　C. 电话申报　　D. 数据电文申报

（7）税收按征税对象分类，可分为（　　）。

A. 流转税类　　B. 所得税类　　C. 财产税类　　D. 复合税类

（8）我国现行的税率主要有（　　）。

A. 比例税率　　B. 累进税率　　C. 定额税率　　D. 定率税率

（9）开具发票时应按号码顺序填开，并且要求（　　）。

A. 填写项目齐全　　B. 内容真实　　C. 字迹清楚　　D. 逐联填写

（10）以下对纳税人超过应纳税额多缴税款的退还的说法正确的有（　　）。

A. 税务机关发现后应当立即退还

B. 纳税人自结算缴纳税款之日起 3 年内发现多缴的，可以向税务机关要求退还

C. 纳税人在要求退还自己发现的多缴税款时，可以要求加算银行同期存款利息

D. 税务机关发现后，可以在发现之日起 3 年内择期退还

3．判断题

（1）税收具有强制性、有偿性和固定性的特点。（　　）

（2）某县地税局在税务检查中，发现王某从事经营活动且取得应税收入，遂通知王某到主管地税机关申报纳税，王某以没进行税务登记为由，认为自己不是纳税人，拒不申报也不缴税款。王某的说法是对的。（　　）

（3）享受减免税待遇的纳税人，在减免税期间可以不办理纳税申报。（　　）

（4）纳税人法人代表变动的，应当向税务登记机关申报办理注销税务登记。（　　）

（5）因纳税人有特殊困难，不能按期缴纳税款的，经县以上税务局批准，可以延期缴纳税款。（　　）

（6）税务登记证件可以转借、涂改，但不得损毁、买卖和伪造。（　　）

（7）对行政复议决定不服的，才可以向人民法院提起行政诉讼。（　　）

（8）根据《税收征管法》的规定，临时取得应税收入或发生应税行为以及只缴纳个人所得税、车船税的纳税人，可不办理税务登记。（　　）

（9）从事生产、经营的纳税人的财务、会计制度或者财务会计处理办法和会计核算软件，应当报送税务机关备案。（　　）

（10）增值税专用发票由省、自治区、直辖市国家税务局指定企业印制；其他发票由省、自治区、直辖市地方税务局指定企业印制。（　　）

技能训练

（一）实训目的

（1）熟悉企业税务登记流程。

（2）掌握税务开业登记、税务变更、税务注销所需资料的填制。

（二）实训程序

开业税务登记申请→填写“税务登记表”→填写“税种登记表”→填写“一般纳税人申报表”→领购发票→税务变更登记→税务注销登记。

（三）实训资料

1. 企业信息

企业名称：郑州中原啤酒有限责任公司；

法定代表人：王强（身份证号：410102196806182512）；

财务负责人：姚冰（身份证号：410104197309271428）；

办税人员：刘敏（身份证号：41060219800026）；

注册资本：5 000万元；

成立时间：2015年2月26日；

税务登记证号：410101165733237；

开户银行及账号：工行金水支行，326255352358；

企业地址及电话：郑州市凤霞路18号，0371-69998880；

经营范围：各类啤酒及相关制品的生产、销售；

从业人员：200人，无外籍人员。

企业进行企业会计制度独立核算，由郑州市工商局批准设立，批准文号为“豫字 93856号”，营业期限为开业经营之日起20年。企业组织机构代码为165733237，由河南金光粮油集团和河南食品研究院投资成立，投资比例分别为70%和30%，无外资，无总分支机构。企业预计年销售额为800万元，已按规定设立了会计机构及账簿。

2. 操作要求

（1）企业于 2015 年 2 月 26 日正式开业，2015 年 3 月 16 日到税务机关办理税务登记，应准备开业税务登记所需材料和填写“开业税务登记表”，模拟进行开业税务登记的办理。

（2）准备一般纳税人认定申请所需材料和填写“一般纳税人申请认定表”和“纳税人税种登记表”，模拟进行一般纳税人申请认定的办理及税种登记。

（3）模拟发票领购业务。发票需要增值税专用发票和增值税普通发票。增值税专用发票需要十万元版和万元版的普通发票，持票最高数量各为 10 本。

（4）假定该企业 2015 年 5 月 18 日注册资本变更为 3 000 万元，请填写“变更税务登记表”。

（5）假定该企业于 2018 年 5 月 14 日因资不抵债而破产倒闭，试填写“注销税务登记表”。

项目二

增值税纳税实务

【工作过程描述】

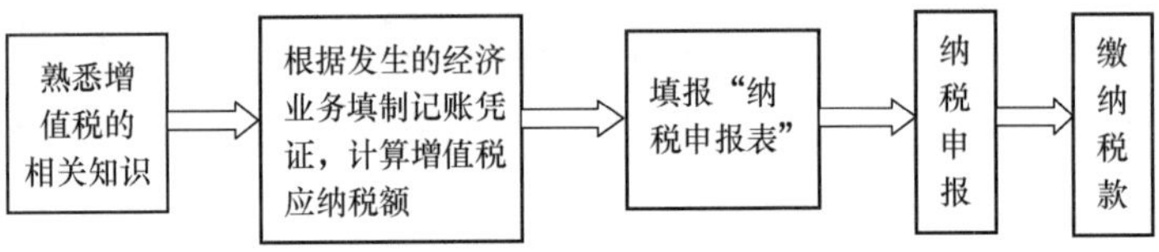

【技能目标】

能利用增值税的相关知识进行增值税应纳税额的计算并进行纳税申报。

项目引入

1. 企业基本资料

公司名称：武汉智慧树广告策划有限公司；

成立日期：2015 年 1 月 1 日；

税号：420102767991338；

地址及电话：武汉市武昌区阅马场景观大厦 1216 室 027-85287711；

开户行：中行首义路分理处，83301040001688；

税务登记：核定为一般纳税人；

上期留抵税额 5 600.12 元。

2. 本月主要业务

（1）向武汉中新管理有限公司开具含税价为 300 000 元的增值税专用发票一张，此为应收的广告展板喷绘款，如图 2-1 所示。

4200122140　　湖北增值税专用发票　　N001108136

记账联

开票日期：2015年03月15日

购货单位	名　　称：武汉中新管理有限公司 纳税人识别号：420105989307687 地址、电话：武汉市解放大道1008号027-87689009 开户行及账号：工商银行汉口支行421602375065708063212			密码区	5<-/566<273>21/0990// >/59220556+4/75>+980/ -7->-0008+8//525889<0 *1>-28*036+55-170>>0+	加密版本：01 4200122140 01108136	
货物或应税劳务名称	规格型号	单位	数量	单价	金额	税率	税额
展板喷绘		批	1	283018.87	283018.87	6%	16981.13
合　计					￥283018.87		￥16981.13
价税合计（大写）	叁拾万元整				（小写）￥300000.00		
销货单位	名　　称：武汉智慧树广告策划有限公司 纳税人识别号：420102767991338 地址、电话：武汉市武昌区阅马场景观大厦1216室027-85287711 开户行及账号：中行首义路分理处83301040001688			备注			

收款人：　　复核：　　开票人：杨爱华　　销货单位：章

国税函〔2012〕314号厦门安妮股份有限公司

第一联：记账联　销货方记账凭证

图 2-1

（2）以转账支票支付湖北电视台 2015 年 1 月至 2015 年 3 月广告发布费 240 000 元，根据电视台增值税专用发票及转账支票存根联入账，如图 2-2 所示。

4200131140　　湖北增值税专用发票　　N001303029

抵扣联

开票日期：2015年03月15日

购货单位	名　　称：武汉智慧树广告策划有限公司 纳税人识别号：420102767991338 地址、电话：武汉市武昌区阅马场景观大厦1216室027-85287711 开户行及账号：中行首义路分理处83301040001688			密码区	5<-/566<273>21/0990// >/59220556+4/75>+980/ -7->-0008+8//525889<0 *1>-28*036+55-170>>0+	加密版本：01 4200131140 01303029	
货物或应税劳务名称	规格型号	单位	数量	单价	金额	税率	税额
广告发布费		批	1	226415.09	226415.09	6%	13584.91
合　计					￥226415.09		￥13584.91
价税合计（大写）	贰拾肆万元整				（小写）￥240000.00		
销货单位	名　　称：湖北广播电视台有限公司 纳税人识别号：420104771389782 地址、电话：武汉市武昌区公证路9号027-87122222 开户行及账号：工行公证路分理处42188750020191000588477			备注			

收款人：　　复核：　　开票人：周燕　　销货单位：章（湖北广播电视台有限公司 420104771389782 发票专用章）

国税函〔2012〕314号厦门安妮股份有限公司

第二联：抵扣联　购货方扣税凭证

图 2-2

（3）向武汉向日葵医院结算应收电视广告费260 000元，款未收，如图2-3所示。

（4）以银行存款购买原材料22 464元，如图2-4所示。

4200122140　　**湖北增值税专用发票**　　N001108137

记账联

开票日期：2015年03月15日

购货单位	名　　称：武汉向日葵医院 纳税人识别号：420105989307687 地 址 、 电 话：武汉市解放大道1008号027-87689009 开户行及账号：工商银行汉口支行421602375065708063212			密码区	5<-/566<273>21/0990// >/59220556+4/75>+980/ -7->-0008+8//525889<0 *1>-28*036+55-170>>0+	加密版本：01 4200122140 01108137	
货物或应税劳务名称	规格型号	单位	数量	单价	金额	税率	税额
湖北电视台广告费		批	1	245283.02	245283.02	6%	14716.98
合　　计					¥245283.02		¥14716.98
价税合计（大写）	贰拾陆万元整				（小写）¥260000.00		
销货单位	名　　称：武汉智慧树广告策划有限公司 纳税人识别号：420102767991338 地 址 、 电 话：武汉市武昌区阅马场景观大厦1216室027-85287711 开户行及账号：中行首义路分理处83301040001688			备注			

收款人：　　复核：　　开票人：杨爱华　　销货单位：章

国税函〔2012〕314号厦门安妮股份有限公司

第一联：记账联　销货方记账凭证

图2-3

4200131140　　**湖北增值税专用发票**　　N001003018

抵扣联

开票日期：2015年03月15日

购货单位	名　　称：武汉智慧树广告策划有限公司 纳税人识别号：420102767991338 地 址 、 电 话：武汉市武昌区阅马场景观大厦1216室027-85287711 开户行及账号：中行首义路分理处83301040001688			密码区	5<-/566<273>21/0990// >/59220556+4/75>+980/ -7->-0008+8//525889<0 *1>-28*036+55-170>>0+	加密版本：01 4200131140 01003018	
货物或应税劳务名称	规格型号	单位	数量	单价	金额	税率	税额
晨鸣书写纸	787*1092	令	200	96.00	19200.00	17%	3264.00
合　　计					¥19200.00		¥3264.00
价税合计（大写）	贰万贰仟肆佰陆拾元整				（小写）¥22464.00		
销货单位	名　　称：武汉洋洋印刷器械有限公司 纳税人识别号：420104462359028 地 址 、 电 话：武汉市东湖开发区科技路106号027-88472828 开户行及账号：工商银行武汉开发区支行4211428770994355981010			备注			

收款人：　　复核：　　开票人：周燕　　销货单位：章（武汉洋洋印刷器械有限公司 420104462359028 发票专用章）

国税函〔2012〕314号厦门安妮股份有限公司

第二联：抵扣联　购货方扣税凭证

图2-4

（5）收到武汉万源建筑工程公司开具的金额为 14 000 元的转账支票一张，系付我方替其在武汉晚报发布广告款，企业当日填列进账单到银行进账。根据增值税专用发票记账联及银行进账单入账，如图 2-5 所示。

4200122140　　**湖北增值税专用发票**　　NO01108138

记账联

开票日期：2015年03月20日

购货单位	名　　称：武汉万源建筑工程有限公司 纳税人识别号：420105989302233 地址、电话：武汉市台北街西湖路108号027-87689666 开户行及账号：工商银行汉口支行421602375065708063029			密码区	5<-/566<273>21/0990// >/59220556+4/75>+980/ -7->-0008+8//525889<0 *1>-28*036+55-170>>0+	加密版本：01 4200122140 01108138	
货物或应税劳务名称	规格型号	单位	数量	单价	金额	税率	税额
武汉晚报发布费		批	1	13207.55	13207.55	6%	792.45
合　　计					¥13207.55		¥792.45
价税合计（大写）	壹万肆仟元整				（小写）¥14000.00		
销货单位	名　　称：武汉智慧树广告策划有限公司 纳税人识别号：420102767991338 地址、电话：武汉市武昌区阅马场景观大厦1216室027-85287711 开户行及账号：中行首义路分理处83301040001688			备注			

收款人：　　复核：　　开票人：杨爱华　　销货单位：章

国税函〔2012〕314号厦门安妮股份有限公司

第一联：记账联　销货方记账凭证

图 2-5

（6）以转账支票 23 400 元购买需安装固定资产印刷机一台，如图 2-6 所示。

4200131140　　**湖北增值税专用发票**　　NO02903022

抵扣联

开票日期：2015年03月20日

购货单位	名　　称：武汉智慧树广告策划有限公司 纳税人识别号：420102767991338 地址、电话：武汉市武昌区阅马场景观大厦1216室027-85287711 开户行及账号：中行首义路分理处83301040001688			密码区	5<-/566<273>21/0990// >/59220556+4/75>+980/ -7->-0008+8//525889<0 *1>-28*036+55-170>>0+	加密版本：01 4200131140 02903022	
货物或应税劳务名称	规格型号	单位	数量	单价	金额	税率	税额
印刷机		台	1	20000.00	20000.00	17%	3400.00
合　　计					¥20000.00		¥3400.00
价税合计（大写）	贰万叁仟肆佰元整				（小写）¥23400.00		
销货单位	名　　称：武汉洋洋印刷器械有限公司 纳税人识别号：420104771389028 地址、电话：武汉市东湖开发区科技路106号027-88472828 开户行及账号：工商银行武汉开发区支行4211428770994355981010			备注			

收款人：　　复核：　　开票人：周燕　　销货单位：章

武汉洋洋印刷器械有限公司 420104771389028 发票专用章

国税函〔2012〕314号厦门安妮股份有限公司

第二联：抵扣联　购货方扣税凭证

图 2-6

（7）以现金支付印刷机安装费780元，如图2-7所示。

（8）收到武汉晚报开具的向我方收取10 000元广告发布费的增值税专用发票，如图2-8所示。同日，公司开出金额为7 000元的转账支票一张。

4200131140　　湖北增值税专用发票　　NO01003023

湖北　　抵扣联

开票日期：2015年03月21日

购货单位	名　　称：武汉智慧树广告策划有限公司 纳税人识别号：420102767991338 地址、电话：武汉市武昌区阅马场景观大厦1216室027-85287711 开户行及账号：中行首义路分理处83301040001688				密码区	5<-/566<273>21/0990// >/59220556+4/75>+980/ -7->-0008+8//525889<0 *1>-28*036+55-170>>0+	加密版本：01 4200131140 01302021	
货物或应税劳务名称	规格型号	单位	数量	单价	金额		税率	税额
印刷机安装费		次	1	666.67	666.67		17%	113.33
合　计					¥666.67			¥113.33
价税合计（大写）	柒佰捌拾元整					（小写）¥780.00		
销货单位	名　　称：武汉洋洋印刷器械有限公司 纳税人识别号：420104462359028 地址、电话：武汉市东湖开发区科技路106号027-88472828 开户行及账号：工商银行武汉开发区支行42114287709943559810 10				备注	武汉洋洋印刷器械有限公司 420104462359028 发票专用章		

收款人：　　复核：　　开票人：周燕　　销货单位：章

国税函〔2012〕314号厦门安妮股份有限公司

第二联：抵扣联　购货方扣税凭证

图2-7

4200131140　　湖北增值税专用发票　　NO01302021

湖北　　抵扣联

开票日期：2015年03月26日

购货单位	名　　称：武汉智慧树广告策划有限公司 纳税人识别号：420102767991338 地址、电话：武汉市武昌区阅马场景观大厦1216室027-85287711 开户行及账号：中行首义路分理处83301040001688				密码区	5<-/566<273>21/0990// >/59220556+4/75>+980/ -7->-0008+8//525889<0 *1>-28*036+55-170>>0+	加密版本：01 4200131140 01302021	
货物或应税劳务名称	规格型号	单位	数量	单价	金额		税率	税额
万源建筑广告发布会		次	1	9433.96	9433.96		6%	566.04
合　计					¥9433.96			¥566.04
价税合计（大写）	壹万元整					（小写）¥10000.00		
销货单位	名　　称：武汉晚报广告有限公司 纳税人识别号：420104462359616 地址、电话：武汉市东惠济路28号027-82781666 开户行及账号：工商银行惠济路分理处42114287709943559812 28				备注	武汉晚报广告有限公司 420104462359616 发票专用章		

收款人：　　复核：　　开票人：张莉　　销货单位：章

国税函〔2012〕314号厦门安妮股份有限公司

第二联：抵扣联　购货方扣税凭证

图2-8

任务：（1）计算该企业当月应纳增值税税额。

（2）根据发生业务进行账务处理。

（3）正确填写“增值税纳税申报表”主表及各附表。

相关知识

增值税是对在我国境内销售货物、进口货物以及提供劳务、服务的单位和个人，就其取得货物的销售额、进口货物金额、应税劳务、服务的销售额计算税款，并实行税款抵扣制的一种流转税。

增值税最早于1954年在法国率先推行。我国于1979年引进增值税并开始试点，1984年增值税作为一个法定的独立税种在我国正式建立。我国现行的增值税制度是2008年11月修订的《中华人民共和国增值税暂行条例》(以下简称《增值税暂行条例》)，财政部、国家税务总局于2008年12月发布并于2011年10月修订的《中华人民共和国增值税暂行条例实施细则》(以下简称《增值税暂行条例实施细则》)，2013年12月财政部、国家税务总局发布的《营业税改增值税试点实施办法》和《关于将电信业纳入营业税改征增值税试点的通知》。

一、增值税的征税范围

凡在中华人民共和国境内发生销售货物、进口货物以及提供劳务、服务的行为，均属于增值税征税范围。境内是指销售货物的起运地或者所在地在境内；提供的应税劳务、服务发生地在境内。

（一）征收范围的一般规定

1. 销售或进口货物

货物是指有形动产，包括电力、热力、气体在内。销售货物是指有偿转让货物的所有权。有偿是指从购买方取得货币、货物或者其他经济利益。进口货物是指从国外进口有形动产。

> **小贴士**
>
> 转让土地、房屋等不动产不属于增值税征税范围。

2. 提供加工、修理修配劳务

加工是指受托加工货物，即委托方提供原材料及主要材料，受托方按照委托方的要求，制造货物并收取加工费的业务。修理修配是指受托对损伤和丧失功能的货物进行修复，使其恢复原状和功能的业务。提供加工、修理修配劳务（以下简称应税劳务）是指有偿提供加工、修理修配的劳务。

> **小贴士**
>
> 单位或个体工商户聘用的员工为本单位或雇主提供的应税劳务不属于增值税征税范围。

3. 提供应税服务

提供应税劳务是指有偿提供应税服务，但不包括非营业活动中提供的应税服务。

非营业活动是指下列活动：非企业性单位按照法律和行政法规的规定，为履行国家行政管理和公共服务职能收取的政府性基金或行政事业性收费的活动；单位或个体工商户聘用的员工为本单位或雇主提供应税服务；单位或个体工商户为员工提供应税服务；财政部和国家税务总局规定的其他情形。

应税服务包括交通运输业和部分现代服务业、邮电通信业，具体内容如表2-1所示。

表2-1 征收增值税的应税服务的具体行业和内容

试点行业	应税服务	具体内容
（一）交通运输业	1. 陆路运输服务	包括公路运输、铁路运输、缆车运输、索道运输及其他陆路运输。出租车公司向使用本公司自有出租车的出租车司机收取的管理费用，按陆路运输服务征收增值税
	2. 水路运输服务	包括远洋运输的程租、期租业务
	3. 航空运输服务	包括航天运输与航空运输。航空运输的湿租业务，属于航空运输服务
	4. 管道运输服务	包括通过管道输送气体、液体、固体物质的运输服务
（二）部分现代服务业	1. 研发和技术服务	包括研发服务、技术转让服务、技术咨询服务、合同能源管理服务、工程勘察勘探服务
	2. 信息技术服务	包括软件服务、电路设计及测试服务、信息系统服务和业务流程管理服务。
	3. 文化创意服务	包括设计服务、商标著作权转让服务、知识产权服务、广告服务和会议展览服务
	4. 物流辅助服务	包括航空服务、港口码头服务、货运客运场站服务、打捞救助服务、货物运输代理服务、代理报关服务、仓储服务、装卸搬运服务和收派服务
	5. 有形动产租赁服务	包括①含有形动产融资租赁和有形动产经营性租赁；②远洋运输的光租业务与航空运输的干租业务，均属于有形动产经营性租赁
	6. 鉴证咨询服务	包括认证服务、鉴证服务、咨询服务和翻译服务
	7. 广播影视服务	包括广播影视节目（作品）的制作服务、发行服务和播映（含放映）服务
（三）邮电通信业	1. 邮政业	包括邮政普遍服务、邮政特殊服务和其他邮政服务
	2. 电信业	包括基础电信服务和增值电信服务

（二）征收范围的特殊规定

1. 视同销售货物或提供应税服务

单位和个人发生的下列行为，虽然不完全具备一般意义上销售货物的属性，但为了平衡税收负担，控制逃税，法律规定应当视同销售货物和提供应税服务，征收增值税。

（1）将货物交付其他单位或者个人代销。

（2）销售代销货物。

（3）设有两个以上机构并实行统一核算的纳税人将货物从一个机构移送到其他机构用于销售，但相关机构设在同一县（市）的除外。

（4）将自产或者委托加工的货物用于非增值税应税项目。

（5）将自产或委托加工的货物用于集体福利或者个人消费。

（6）将自产、委托加工或者购进的货物作为投资，提供给其他单位或者个体工商户。

（7）将自产、委托加工或者购进的货物分配给股东或者投资者。

（8）将自产、委托加工或者购进的货物无偿赠送给其他单位或者个人。

（9）单位和个体工商户向其他单位或个人无偿提供交通运输业和部分现代服务业服务，但以公益活动为目的或以社会公众为对象的除外。

2. 混合销售行为

混合销售行为是指一项销售行为既涉及货物又涉及非增值税应税劳务，且该非增值税应税劳务是为了直接销售货物而提供的，两者之间存在紧密的从属关系。非增值税应税劳务是指属于应征收营业税的劳务，如销售空调的厂商在销售空调的同时提供安装服务。

从事货物的生产、批发或者零售的企业、企业性单位和个体工商户，包括以从事货物的生产、批发或者零售为主，兼营非增值税应税劳务的单位和个体工商户的混合销售行为，均视为销售货物，应征收增值税；对其他单位和个人的混合销售行为，视为销售非增值税应税劳务，应征收营业税。上述所称“以从事货物的生产、批发或者零售为主，兼营非增值税应税劳务”，是指纳税人年货物销售额占年货物销售额与非增值税应税劳务营业额的合计超过 50%（下同）。

小贴士

销售自产货物并同时提供建筑业劳务的纳税人，如果具有建筑业资质并将合同价款分别列明的，应分别征收增值税与营业税；未分别列明的，由主管税务机关核定其货物的销售额。

纳税人的销售行为是否属于混合销售行为，由国家税务总局所属征收机关确定。

3. 兼营非增值税应税劳务行为

兼营非增值税应税劳务行为是指增值税纳税人在从事应税货物销售或提供应税劳务的同时，还从事提供非应税劳务，但销售货物或提供应税劳务与提供非应税劳务不同时发生在同一购买方身上，即从事非应税劳务与其从事应税货物销售或提供应税劳务并无直接联系和从属关系。

纳税人兼营非增值税应税项目的，应分别核算货物或者应税劳务的销售额和非增值税应税项目的营业额，对销售额征收增值税，对营业额征收营业税；未分别核算的，由主管税务机关核定货物或者应税劳务的销售额。例如，某建材商店在销售建材的同时又为其他客户提供装饰服务。

小贴士

混合销售行为除了涉及建筑业劳务外，只征收一种税；兼营是征收两种税。

4. 混业经营行为

混业经营行为是指兼营不同税率或征收率的货物、加工修理修配劳务或应税服务的，应分别核算适用不同税率或征收率的销售额；未分别核算的，从高适用税率或征收率计算增值税。

5. 属于增值税征收范围的特殊项目

（1）货物期货（包括商品期货和贵金属期货）。

（2）银行销售金银业务。

（3）典当业销售的死当物品，寄售商店代销的寄售物品（包括居民个人寄售的物品在内）。

（4）基本建设单位和从事建筑安装业务的企业附设的工厂、车间生产的水泥预制构件、其他构件或建筑材料，用于本企业建筑工程的，应在移送使用时征收增值税，但对在建筑现场制造的预制构件，凡直接用于本单位建筑工程的不征收增值税。

（5）旅店业和饮食业纳税人销售非现场销售的食品应当征收增值税，不征收营业税。

（6）电力公司向发电企业收取的过网费应当征收增值税。

二、增值税纳税义务人

与增值税的征税范围相适应，凡在我国境内销售货物、进口货物以及提供劳务、服务的单位和个人，都是增值税的纳税人。单位是指企业、行政单位、事业单位、军事单位、社会团体和其他单位；个人是指个体工商户和其他个人。为了严格增值税的征收管理，《增值税暂行条例》将纳税人按其经营规模大小及会计核算健全程度的不同划分为一般纳税人和小规模纳税人。

（一）小规模纳税人

小规模纳税人是指年销售额或年应税服务额在规定标准以下，且会计核算不健全，不能按要求报送税务资料的纳税人。其中，“年应税销售额”是指纳税人在连续不超过12个月的经营期内累计应征增值税销售额，包括免税销售额；“会计核算不健全”是指不能正确核算增值税的销项税额、进项税额和应纳税额。

认定小规模纳税人的规模标准如下。

（1）从事货物生产或者提供应税劳务的纳税人，以及以从事货物生产或者提供应税劳务为主，并兼营货物批发或者零售的纳税人（以下简称工业企业），年应税销售额在50万元（含）以下的。

（2）从事货物批发或零售的纳税人（以下简称商业企业），年应税销售额在80万元（含）以下的。

（3）从事交通运输业、邮政业、电信业和部分现代服务业的纳税人（以下简称提供服务的企业），应税服务年应税销售额在500万元（含）以下的。

（二）一般纳税人

一般纳税人是指年应纳税销售额超过小规模纳税人标准且会计核算健全的企业，即工业企业年应税销售额超过50万元的；商业企业年应税销售额达到或超过80万元的；提供应税服务的企业应税服务年应税销售额在500万元以上的。

年应税销售额未超过财政部、国家税务总局规定的小规模纳税人标准以及新开业的纳税人，也可以向主管税务机关申请一般纳税人资格认定，但需符合以下条件：有固定的生产经营场所；能够按照国家统一的会计制度规定设置账簿，根据合法、有效的凭证核算，能够提供准确的税务资料。

下列纳税人不得办理一般纳税人资格认定。

（1）个体经营者以外的其他个人。其他个人指自然人。

（2）选择按照小规模纳税人纳税的非企业性单位。非企业性单位是指行政单位、事业单位、军事单位、社会团体和其他单位。

（3）选择按照小规模纳税人纳税的不经常发生增值税应税行为的企业。

小贴士

年应税销售额超过小规模纳税人标准的自然人必须按小规模纳税人纳税；非企业性单位、不经常发生应税行为的企业可选择按小规模纳税人纳税，也可以选择按一般纳税人纳税。

增值税一般纳税人必须向税务机关办理认定手续，以取得法定资格。经税务机关审核认定的一般纳税人，可使用增值税专用发票，并实行税款抵扣。增值税一般纳税人资格认定机关是纳税人机构所在地县（市、区）国家税务局或同级税务分局。除国家税务总局另有规定的外，纳税人一经认定为一般纳税人，不得转为小规模纳税人。

小贴士

享受免征增值税的国有粮食购销企业及无论年应税销售额是否超过小规模纳税人标准的从事成品油销售的加油站均按增值税一般纳税人认定。

纳税人总分支机构实行统一核算，其总机构为一般纳税人，但分支机构是商业企业以外的其他企业，年应税销售额未超过小规模企业标准的，分支机构可申请认定为一般纳税人；分支机构是商业企业的，必须达到应税销售额80万元，才可申请认定一般纳税人。总机构为增值税一般纳税人，而分公司为小规模纳税人，如果总公司与分公司在同一县（市、区），可以为分公司开具增值税专用发票。

（三）扣缴义务人

中华人民共和国境外的单位和个人在境内提供应税劳务或服务，在境内未设有经营机构的，以其境内代理人为扣缴义务人；在境内没有代理人的，以购买方为扣缴义务人。

三、增值税的税率与征收率

按增值税规范化的原则，我国增值税对一般纳税人采取了增值税税率的模式，对小规模纳税人采取了征收率的模式。

（一）税率

1. 基本税率

增值税的基本税率为17%。增值税一般纳税人销售货物、进口货物，以及提供加工、修理修配劳务，除适用低税率和零税率之外，均适用基本税率。

2. 低税率

低税率是相对基本税率而言的，为13%。按照税法规定，纳税人销售或者进口下列货物适用低税率。

（1）粮食、食用植物油、鲜奶。

（2）自来水、暖气、冷气、热水、煤气、石油液化气、天然气、沼气、居民用煤炭制品。

（3）图书、报纸、杂志。

（4）饲料、化肥、农药、农机（不包括农机零部件）、农膜。

（5）国务院规定的其他货物，包括初级农产品、音像制品、电子出版物、二甲醚、食用盐等。

3. 交通运输业、邮政业、部分现代服务业和通信业适用税率

（1）提供有形动产租赁的，税率为17%。

（2）提供交通运输业、邮政业服务和基础电信服务的，税率为11%。

（3）提供现代服务业服务（有形动产租赁除外）和增值电信服务的，税率为6%。

4. 零税率

为减少出口商品生产经营单位的税收负担，除国务院另有规定外，纳税人报关出口法律不限制或不禁止的报关出口的货物，输往海关管理的保税工厂、保税仓库和保税区的货物，以及财政部和国家税务总局规定的应税服务，适用零税率。其中，应税服务零税率的范围如下。

（1）国际运输服务、港澳台运输服务。

（2）向境外单位提供研发服务、设计服务。

（二）征收率

1. 小规模纳税人适用的征收率

（1）从2009年1月1日起，小规模纳税人增值税征收率为3%。

> 小贴士
>
> 小规模纳税人进口应税货物，仍按规定的税率（17%或13%）计征增值税。

（2）小规模纳税人（除其他个人外）销售自己使用过的固定资产减按2%征收率征收增值税；销售自己使用过的除固定资产以外的物品，按3%的征收率征收增值税。

> 小贴士
>
> 小规模纳税人（除其他个人外）销售自己使用过的固定资产只能开具普通发票，不得由税务机关代开增值税专用发票。

2. 一般纳税人适用的征收率

（1）一般纳税人销售货物属于下列情形之一的，暂按简易征收办法以4%的征收率计征增值税。

① 寄售商店代销寄售物品。

② 典当业销售死当物品。

③ 经国务院或者国务院授权机关批准的免税商店零售的免税品。

（2）一般纳税人销售自产的下列货物，可选择按简易征收办法以6%的征收率征收增值税。

① 县级及县级以下小型发电单位生产的电力。

② 商品混凝土（仅限于以水泥为原料生产的水泥混凝土）。

③ 建筑用和生产建筑材料所用的沙、土、石料。

④ 自来水。

⑤ 用微生物、微生物代谢物、动物毒素、人或动物的血液或组织制成的生物制品。

> 小贴士
>
> 上述销售货物的行为，可自行开具增值税专用发票。

（3）一般纳税人销售自己使用过的物品，按下列政策执行。

① 销售自己使用过的不得抵扣且未抵扣进项税额的固定资产，按简易征收办法以4%的征收率减半征收增值税。

② 销售自己使用过的其他固定资产，按以下规定处理。

第一，纳税人销售自己使用过的2009年1月1日以后购进或自制的固定资产，按适用税率征收增值税。

第二，2008年12月31日以前未纳入扩大增值税抵扣范围试点的纳税人，销售自己使用过的2008年12月31日以前购进或自制的固定资产，按4%的征收率减半征收增值税。

第三，2008 年 12 月 31 日以前纳入扩大增值税抵扣范围试点的纳税人，销售自己使用过的在本地区扩大增值税抵扣范围试点以前购进或自制的固定资产，按 4%的征收率减半征收增值税；销售自己使用过的在本地区扩大增值税抵扣范围试点以后购进或自制的固定资产，按适用税率征收增值税。

③ 销售自己使用过的除固定资产以外的物品，按照适用税率征收增值税。

小贴士

按简易办法以 4%的征收率减半征收增值税的，应开具普通发票，不得开具增值税专用发票。

3. 纳税人销售旧货适用征收率的规定

纳税人销售旧货按照简易征收办法以 4%的征收率减半征收增值税。旧货是指进入二次流通的具有部分使用价值的货物（如旧汽车、旧摩托车和旧游艇），但不包括自己使用过的物品。

四、增值税的税收优惠

（一）《增值税暂行条例》规定的免税项目

（1）农业生产者销售的自产农产品。农产品是指初级农产品。

（2）避孕药品和用具。

（3）古旧图书。古旧图书是指向社会收购的古书和旧书。

（4）直接用于科学研究、科学试验和教学的进口仪器、设备。

（5）外国政府、国际组织无偿援助的进口物资和设备。

（6）由残疾人直接进口供残疾人专用的物品。

（7）销售的自己使用过的物品。自己使用过的物品是指其他个人自己使用过的物品。

除以上规定外，增值税的免税、减税项目由国务院规定，任何地区、部门不得规定免税、减税项目。纳税人销售货物或者提供应税劳务适用免税规定的，可以放弃免税，依照条例的规定缴纳增值税。放弃免税后，36 个月内不得再申请免税。

纳税人兼营免税、减税项目的，应当分别核算免税、减税项目的销售额；未分别核算销售额的，不得免税、减税。

小贴士

经国务院批准，从 2012 年 10 月 1 日起，免征部分鲜活肉蛋产品的流通环节增值税。

（二）营业税改增值税试点过渡政策规定的免税项目

下列项目免征增值税。

（1）个人转让著作权。

（2）残疾人个人提供的应税服务。

（3）航空公司提供飞机播洒农药服务。

（4）纳税人提供技术转让、技术开发和与之相关的技术咨询、技术服务。

（5）符合条件的节能服务公司实施合同能源管理项目中提供的应税服务。

（6）财政部规定的其他免税项目。

> 小贴士
>
> 国务院规定，2014年1月1日至2016年12月31日，对广播电视运营服务企业收取的有线数字电视基本收视维护费和农村有线电视基本收视费，免征增值税。

（三）起征点的规定

增值税起征点的适用范围仅适用于个人（包括个体工商户和其他个人）。纳税人销售额未达到规定的增值税起征点的，免征增值税；达到起征点的，全额计算缴纳增值税。

自2011年11月1日起，增值税起征点的幅度规定如下。

（1）销售货物的，为月销售额5 000～20 000元（含）。

（2）销售应税劳务的，为月销售额5 000～20 000元（含）。

（3）按次纳税的，为每次（日）销售额300～500元（含）。

> 小贴士
>
> 财税〔2014〕71号规定，自2014年10月1日至2015年年底增值税小规模纳税人增值税月销售额起征点提至3万元。政策范围涵盖小微企业、个体工商户和其他个人。

五、增值税应纳税额的计算

（一）一般纳税人应纳税额的计算

增值税一般纳税人销售货物或者提供应税劳务、服务，应纳税额为当期销项税额抵扣当期进项税额后的余额。其计算公式如下。

应纳税额=当期销项税额-当期进项税额

当期销项税额小于当期进项税额时，其余额可以结转下期继续抵扣。

1. 销项税额的计算

销项税额是指一般纳税人销售货物或提供应税劳务、服务，按照销售额和规定的税率计算，并向购买方收取的增值税额。其计算公式如下。

销项税额=销售额×税率

公式中税率为13%或17%，那么销售额的确定是正确计算销项税额的关键。

（1）一般销售方式下销售额的确定。销售额是指纳税人销售货物、进口货物和提供应税劳务、服务向购买方收取的全部价款和价外费用。价外费用是指价外向购买方收取的手续费、补贴、基金、集资费、返还利润、奖励费、违约金（延期付款利息）、赔偿金、代收款项、代垫款项、包装费、包装物租金、储备费、优质费、运输装卸费以及其他各种性质的价外收费。下列项目不认定为价外费用。

① 销售货物收取的增值税税额。如果销售货物或提供应税劳务、服务，采用销售额与增值税合并定价的，应按下列公式进行换算。

不含税销售额=含税销售额/（1+增值税税率）

小贴士

销售额是否含税的判断技巧有4点：第一，普通零售发票中注明的价款一定是含税的；第二，增值税专用发票或增值税普通发票上记载的价格一定是不含税价格；第三，增值税一般纳税人销售货物同时收取的价外收入或逾期包装物押金一般为含税收入；第四，增值税混合销售行为中的营业税的收入在计算增值税时一律视为含税收入。

② 受托加工应征消费税的消费品所代收代缴的消费税。

③ 同时符合以下条件代为收取的政府性基金或者行政事业性收费。

第一，由国务院或者财政部批准设立的政府性基金，由国务院或者省级人民政府及其财政、价格主管部门批准设立的行政事业性收费。

第二，收取时开具省级以上财政部门印制的财政票据。

第三，所收款项全额上缴财政。

④ 销售货物的同时代办保险等而向购买方收取的保险费，以及向购买方收取的代购买方缴纳的车辆购置税、车辆牌照费。

【学中练2-1】某商场为增值税一般纳税人，某月销售电冰箱200台，每台零售价为3 000元，并开具了普通发票。分析确定该商场的计税销售额。

解析：不含税单价=3 000/（1+17%）=2 564.10（元）。

销售额=2 564.10×200=512 820（元）。

（2）特殊方式销售额的确定。特殊方式销售共包括以下5种方式销售。

① 折扣方式销售。采取折扣方式销售货物或应税劳务包括销售折扣、折扣销售、销售折让3种方式，计算增值税应税销售额时需要加以区分。

第一，销售折扣又称现金折扣，是指销货方在销售货物或应税劳务后为了鼓励购货方及早偿还货款，而协议许诺购货方的一种折扣优惠。例如，10天内付款，销售折扣为3%；20天付款，销售折扣为2%；30天付款，销售折扣为1%；30天以上付款，需全额付款。销售折扣发生在销售之后，属于一种理财行为，因此，销售折扣不得从销售额中扣除。

第二，折扣销售又称打折销售，是指销货方在销售货物或应税劳务时因购买数量较大等原因，给予购货方的价格优惠。例如，购买100个，折扣为2%；购买200个，折扣为5%等。由于折扣销售与实现销售同时发生，因此，税法规定如果销售额和折扣额在同一张发票上分别注明，则可以按折扣后的销售额计算增值税；如果将折扣额另开发票，则不论其在财务上如何处理，均不得从销售额中减除折扣额。

另外，上述折扣仅限于价格折扣，如果销货方将自产、委托加工和购买的货物采取“买就送”等方式实现实物折扣，对实物折扣金额应按视同销售行为“无偿赠送”规定计算增值税。

小贴士

税法之所以强调销售额与折扣额必须在同一张发票上注明，主要是从保证增值税征收管理的需要即征税、扣税一致考虑的。如果允许对销售额开一张销货发票，对折扣额再开一张退款红字发票，就可能造成销货方按减除折扣额后的销售额计算销项税额，而购货方却按未减除折扣额后的销售额及其进项税额进项抵扣，显然会造成增值税计算征收上的混乱。

第三，销售折让是指销售货物后由于其品种、质量等原因购货方未退货，但销货方需给予购货方的一种价格折让。销售折让发生在销货之后，作为已售产品出现品种、质量问题而给予购货方的补偿，是原销售额的减少，折让额可以从销售额中减除。

② 以旧换新方式销售。采取以旧换新方式销售货物的，应按新货物的同期销售价格确定销售额，不得扣减旧货物的收购价格，对有偿收回的旧货物，不得抵扣进项税额，金银首饰除外。对金银首饰以旧换新业务，可以按销售方扣除旧货价后实际收到的不含税增值税的全部价款征收增值税。

【学中练 2-2】某商场为增值税一般纳税人，该商场本月采取以旧换新方式促销电视机。电视机每台零售价 4 000 元，每台旧电视作价 200 元。扣除旧货收购价实际每台取得 3 800 元，本月共销售电视机 300 台，扣除旧货收购价实际不含税销售收入为 1 140 000 元。则本月该商场销售电视机的销项税额是多少？

解析：商场以旧换新销售电视机不能扣除旧货价，应按新电视机零售价格确定销售额。

本月该商场电视机的销项税额=[（4 000×300）÷（1+17%）]×17%=174 358.97（元）。

【学中练 2-3】某商场为增值税一般纳税人。2015 年 2 月，该商场采取以旧换新方式向消费者销售 24K 金项链 200 条，新项链每条零售价 3 800 元，旧项链每条作价 1 500 元，每条项链取得差价款 2 300 元，计算应缴纳的增值税。

解析：金银首饰以旧换新业务，可按销售方扣除旧货价后实际收取的不含增值税的全部价款征收增值税。

该商场应缴纳的增值税销项税额=[（2 300×200）÷（1+17%）]×17%=66 837.61（元）。

③ 还本销售方式销售。还本销售是指纳税人在销售货物后，在一定期限内一次或分次退还给购货方全部或部分货款的一种销售方式，其实质上是一种抵押筹资行为。采取还本销售方式销售货物，其销售额应是货物的销售全价，不得从销售额中减除还本支出。

【学中练 2-4】某钢琴厂为增值税一般纳税人，本月采取还本销售方式销售钢琴，开了普通发票 20 张，共收取了货款 25 万元。企业扣除还本准备金后按规定 23 万元作为销售处理，则增值税计税销售额为（　　）万元。

A. 25　　B. 23　　C. 21.37　　D. 19.66

解析：选 C。还本销售业务的增值税计税依据为货物的全部销售额，不得扣除还本支出，本题为部分退还货款的销售方式。25÷（1+17%）=21.37（万元）。

④ 以物易物方式销售。以物易物是指购销双方以同等价款相互结算货款以实现货物销售的一种购销方式。以物易物购销双方都应作购销处理，以各自发出的货物核算销售额并计算销项税额，以各自收到的货物核算购货额及进项税额，但如果收到货物不能取得相应的增值税专用发票或者其他合法票据的，不得抵扣进项税额。

⑤ 出租、出借包装物押金。纳税人为销售货物而出租、出借包装物收取的包装物押金的税务处理具体规定如表 2-2 所示。

表 2-2　**包装物押金的税务处理**

<table>
<tr><td colspan="3">一般货物</td><td rowspan="3">酒类产品（不包括啤酒、黄酒）的包装物押金</td></tr>
<tr><td colspan="2">包装物单独核算</td><td rowspan="2">包装物不单独核算</td></tr>
<tr><td>尚未逾期</td><td>逾期未收回的包装物押金</td></tr>
<tr><td>不并入销售额</td><td>并入销售额</td><td>直接并入销售额</td><td>一律并入当期销售额</td></tr>
</table>

注：“逾期”是指按合同约定实际逾期或 1 年以上仍未收回。

小贴士

征税时需要注意两点。第一，逾期包装物押金为含税收入，需换算成不含税价再并入销售额；第二，征税税率为所包装货物适用税率。

【学中练 2-5】某酒厂为一般纳税人，本月向一小规模纳税人销售白酒，并开具普通发票，注明金额 93 600 元；同时，收取单独核算的包装物押金 2 000 元（尚未逾期），请确定此业务酒厂应计算的销项税额。

解析：酒类产品（不包括啤酒、黄酒）的包装物押金无论是否逾期，一律并入当期销售额。（93 600+2 000）÷（1+17%）×17%=13 890.60（元）。

（3）视同销售以及价格明显偏低而无正当理由的销售额的确定。纳税人发生了视同销售货物的行为而无销售额的以及销售货物或应税劳务的价格明显偏低，且无正当理由的，按下列顺序确定其销售额。

① 按纳税人最近时期同类货物的平均销售价格确定。

② 按其他纳税人最近时期同类货物的平均销售价格确定。

③ 按组成计税价格确定。其中，组成计税价格的公式如下。

组成计税价格=成本×（1+成本利润率）

属于应征消费税的货物，其组成计税价格中应加计消费税额，即

组成计税价格=成本×（1+成本利润率）+消费税税额

=成本×（1+成本利润率）÷（1−消费税税率）

就公式中的成本而言，销售自产货物的为实际生产成本，销售外购货物的为实际采购成本。成本利润率除应征消费税的货物根据由国家税务总局在《消费税若干具体问题的规定》中规定的成本利润率计算外，一律按 10%计算。

【学中练 2-6】某服装厂（一般纳税人）将自产的 200 件服装出售给本企业职工，每件成本 40 元，成本利润率为 10%。售给职工的每件售价 30 元（无其他同类产品售价），请计算销项税额。

解析：由于题目中 30 元价格明显偏低，且无其他同类产品售价，所以要按组成计税价格确定其销售额。

组成计税价格=40×（1+10%）×200=8 800（元）。

销项税额=8 800×17%=1 496（元）。

（4）混合销售行为销售额的确定。混合销售行为如属于应当征收增值税的，其销售额应是货物与非应税劳务的销售额合计，该非应税劳务的销售额应视为含税销售额，必须换算为不含税销售额再计税。

（5）兼营行为销售额的确定。纳税人兼营不同税率的货物或应税劳务、服务，应当分别核算不同税率货物或应税劳务、服务的销售额；未分别核算的，从高适用税率。

2. 进项税额的计算

进项税额是指纳税人购进货物或接受应税劳务所支付或负担的增值税额。一项销售业务中，在开具增值税专用发票的情况下，销售方收取的销项税额就是购货方支付的进项税额。

（1）准予抵扣的进项税额项目。根据税法规定，准予从销项税额中抵扣的进项税额可以分为两类：一类是凭票抵扣，即取得法定的扣税凭证，并符合税法抵扣规定的进项税额；另一类是计算抵扣，即没有取得法定的扣税凭证，但符合税法抵扣政策，准予计算抵扣进项税额。

① 凭票抵扣的增值税进项税额。第一，从销售方取得的增值税专用发票（含货物运输业增值税专用发票、税控机动车销售统一发票）上注明的增值税额；第二，从海关取得的海关进口增值税专用缴款书上注明的增值税额；第三，接受从境外单位和个人提供的应税劳务，从税务机关或代理人取得的税收缴款凭证上注明的增值税额。

② 计算抵扣的进项税额。购进农产品，除取得增值税专用发票或者海关进口增值税专用缴款书外，按照农产品收购发票或者销售发票上注明的农产品买价和13%的扣除率计算的进项税额。进项税额计算公式如下。

进项税额=买价×扣除率（13%）

公式中的买价，包括纳税人购进农产品在农产品收购发票或者销售发票上注明的价款和按规定缴纳的烟叶税。

【学中练 2-7】一般纳税人购进某国营农场自产玉米，收购凭证注明价款为 65 830 元；从某供销社（一般纳税人）购进玉米，增值税专用发票上注明销售额 300 000 元。请计算进项税额。

解析：购进农产品，除取得增值税专用发票或者海关进口增值税专用缴款书外，按照农产品收购发票或者销售发票上注明的农产品买价和13%的扣除率计算进项税额。从农场购进的农场自产玉米，计算扣税；从供销社（一般纳税人）购进的玉米，按增值税专用发票上注明的税额扣税（玉米属于13%的低税率）。

进项税额=65 830×13%+300 000×13%=47 557.9（元）。

小贴士

在会计上，从国营农场采购的玉米成本与从供销社购进玉米的成本（计入“材料采购”或“原材料”科目）应为

采购成本=65 830×（1-13%）+300 000=357 272.10（元）。

（2）不得抵扣的进项税额项目。纳税人购进货物或者应税劳务，未按规定取得并保存增值税扣税凭证，或者增值税扣税凭证上未按规定注明增值税额和其他有关事项的，其进项税额不得从销项税额中抵扣。

下列项目的进项税额不得从销项税额中抵扣。

① 用于非增值税应税项目、免税项目、集体福利及个人消费的购进货物或应税劳务。

② 非正常损失的购进货物及相关的应税劳务。非正常损失是指因管理不善造成被盗、丢失、霉烂变质的损失。

③ 非正常损失的在产品、产成品所耗用的购进货物或者应税劳务。

④ 以上规定的货物的运输费用和销售免税货物的运输费用。

⑤ 接受的旅客运输服务。

【学中练 2-8】某商业企业 2015 年 7 月月初购进一批饮料，取得专用发票上注明价款 80 000 元，税款 13 600 元，货款已支付，另支付运输企业运输费 1 000 元（有运输业专用发票），7 月末将其中的 5%作为福利发放给职工。请计算可以抵扣的进项税额。

解析：用于集体福利或者个人消费的购进货物或者应税劳务的进项税额不得抵扣，已经抵扣的作进项税额转出。

进项税额转出=（13 600+1 000×11%）×5%=685.5（元）。

当月进项税=13 600+1 000×11%-685.5=13 024.5（元）。

（3）进项税额申报抵扣时限的确定。增值税一般纳税人取得增值税专用发票、海关进口增值税专用缴款书，应在开具之日起180日内到税务机关认证，并应在认证通过的次月申报期内，向主管税务机关申报抵扣进项税额。未在规定期限内到税务机关办理认证、申报抵扣或者申请稽核比对的，不得作为合法的增值税扣税凭证，不得计算进项税额抵扣。

（4）财政部、国家税务总局关于推广税控收款机有关税收政策的通知。

① 增值税一般纳税人购置税控收款机所支付的增值税税额（以购进税控收款机取得的增值税专用发票上注明的增值税税额为准），准予在该企业当期的增值税销项税额中抵扣。

② 增值税小规模纳税人或营业税纳税人购置税控收款机，经主管税务机关审核批准后，可凭购进税控收款机取得的增值税专用发票，按照发票上注明的增值税税额，抵免当期应纳增值税或营业税税额，或者按照购进税控收款机取得的普通发票上注明的价款，依下列公式计算可抵免税额。

可抵免税额=价款/（1+17%）×17%

当期应纳税额不足抵免的，未抵免部分可在下期继续抵免。

3. 应纳税额计算的典型案例分析

【学中练2-9】某生产企业（增值税一般纳税人）2015年7月业务资料如下，请分析确定每笔业务涉及的增值税，并计算当月应纳的增值税税额。

（1）购进生产用材料一批，取得的增值税专用发票上注明价款160 000元，增值税款27 200元；发生运输费用1 500元，已取得运输企业开具的增值税专用发票。

解析：购进材料取得增值税专用发票，其进项税额可以抵扣。

进项税额=27 200+1 500×11%=27 365（元）。

（2）购进办公用品一批，取得普通发票注明金额10 000元；购进机床一台，取得增值税专用发票上注明的价款40 000元，增值税6 800元。

解析：购进办公用品，由于取得的是普通发票，其进项税额不得抵扣（如果取得增值税专用发票即可进行抵扣）;购进机床属于与生产经营有关的固定资产,并取得增值税专用发票,可以抵扣。

进项税额=6 800（元）。

（3）购进建筑材料一批，取得的增值税专用发票注明的价款20 000元，增值税款3 400元；该批材料已运抵企业，并用于厂房修建工程；货款已转账付讫。

解析：由于此笔业务购进的货物用于非增值税应税项目，不得抵扣其进项税额。

（4）向A公司销售自制产品一批，开具的增值税专用发票上注明的销售额为280 000元，由于数量较大，该企业给予A公司3%的折扣，另开具了红字发票；向某人销售自制产品两件，开具普通发票，取得现金4 680元；将零售价11 700元的自制产品捐赠给某希望小学，未开具发票。

解析：销售货物给予的折扣，折扣额与销售额不在同一发票上注明的，折扣额不得扣除；向个人销售货物开具普通发票，其销售额为含税销售额；将自制产品捐赠给他人作为视同销售处理。

销项税额=280 000×17%+4 680÷（1+17%）×17%+11 700÷（1+17%）×17%=49 980（元）。

（5）因管理不善，致使库存生产用材料丢失，实际成本50 000元。购进该批材料时已取得增值税专用发票，进项税额已在购进月份申报抵扣。

解析：非正常损失的购进货物及相关的应税劳务不得抵扣其进项税额，那么需要将其转出。进项税额转出=50 000×17%=8 500（元）。

综上所述分析，当期应纳税额计算如下。

当月应纳的增值税额=49 980-（27 365+6 800-8 500）=24 315（元）。

（二）小规模纳税人应纳税额的计算

小规模纳税人销售货物或者应税劳务，实行按照销售额和征收率计算应纳税额的简易办法，并且不得抵扣进项税额。其计算公式为

应纳税额=销售额×征收率

上述公式中，征收率为 3%；销售额为不含税销售额，其内涵与一般纳税人规定相同，即销售额为销售货物或提供劳务向购买方收取的全部价款和价外费用。

由于小规模纳税人在销售货物或应税劳务时，只能开具普通发票，取得的销售收入均为含税销售额，因此，在计税时需要将含税销售额换算为不含税的销售额。换算公式为

不含税销售额=含税销售额÷（1+征收率）

【学中练 2-10】某日用品超市（小规模纳税人）2015 年 3 月购进货物一批，支付货款 23 000 元，某月销售日用品取得销售额为 36 000 元，其中有一品牌的食用油质量存在问题，发生销售退回 5 800 元，请计算该超市本月应纳增值税额。

解析：按税法规定，发生的销货退回可从当期销售额中扣除，且不得抵扣进项税额。

计税销售额=（36 000-5 800）÷（1+3%）=29 320.39（元）。

当期应纳税额=29 320.39×3%=879.61（元）。

（三）进口货物应纳税额的计算

进口货物按照组成计税价格和规定的税率，计算进口环节应纳增值税额，不得抵扣任何税额。组成计税价格和应纳税额的计算公式为

组成计税价格=关税完税价格+关税

属于征收消费税的进口货物，还需在组成计税价格中加上消费税，公式为

组成计税价格=关税完税价格+关税+消费税

=（关税完税价格+关税）÷（1-消费税税率）

应纳税额=组成计税价格×税率

【学中练 2-11】某进出口公司为增值税一般纳税人，6 月进口化妆品一批，到岸价格 840 000 元，已知缴纳关税 420 000 元，消费税税率为 30%，另支付国内运费 10 000 元，已取得运输业增值税专用发票，该批化妆品已入库，所有款项已支付。化妆品当月部分售出，开出普通发票 468 000 元，请计算该企业应纳增值税额。

解析：该业务需要分别计算进口环节应纳增值税和国内销售应纳增值税额，且进口环节缴纳的增值税形成国内销售环节的进项税额。

（1）计算进口环节应纳增值税。

进口化妆品组成计税价格=（关税完税价格+关税）÷（1-消费税税率）

=（840 000+420 000）÷（1-30%）=1 800 000（元）。

进口化妆品应纳增值税=1 800 000×17%=306 000（元）。

（2）国内销售环节应纳增值税。

当月准予抵扣的进项税额=306 000+10 000×11%=307 100（元）。

当月销项税额=468 000÷（1+17%）×17%=68 000（元）。

当月应纳增值税税额=68 000−307 100=−239 100（元）。

未抵扣的 239 100 元的进项税额结转下期继续抵扣。

六、增值税专用发票的使用与管理

增值税专用发票是一般纳税人销售货物或者提供应税劳务开具的发票，是购买方支付增值税额并可按照增值税有关规定据以抵扣增值税进项税额的凭证。一般纳税人应通过增值税防伪税控系统（以下简称防伪税控系统）使用专用发票。

（一）增值税专用发票的基本内容

增值税专用发票主要包括以下几方面的内容：①购货方名称、纳税人登记号、开户银行及账号；②商品或劳务名称、计量单位、数量、单价、金额等；③销货方单位名称、纳税人登记号、开户银行及账号；④字轨号码；⑤开具时间；⑥开票单位的财务专用章或发票专用章。具体样式如图 2-9 所示。

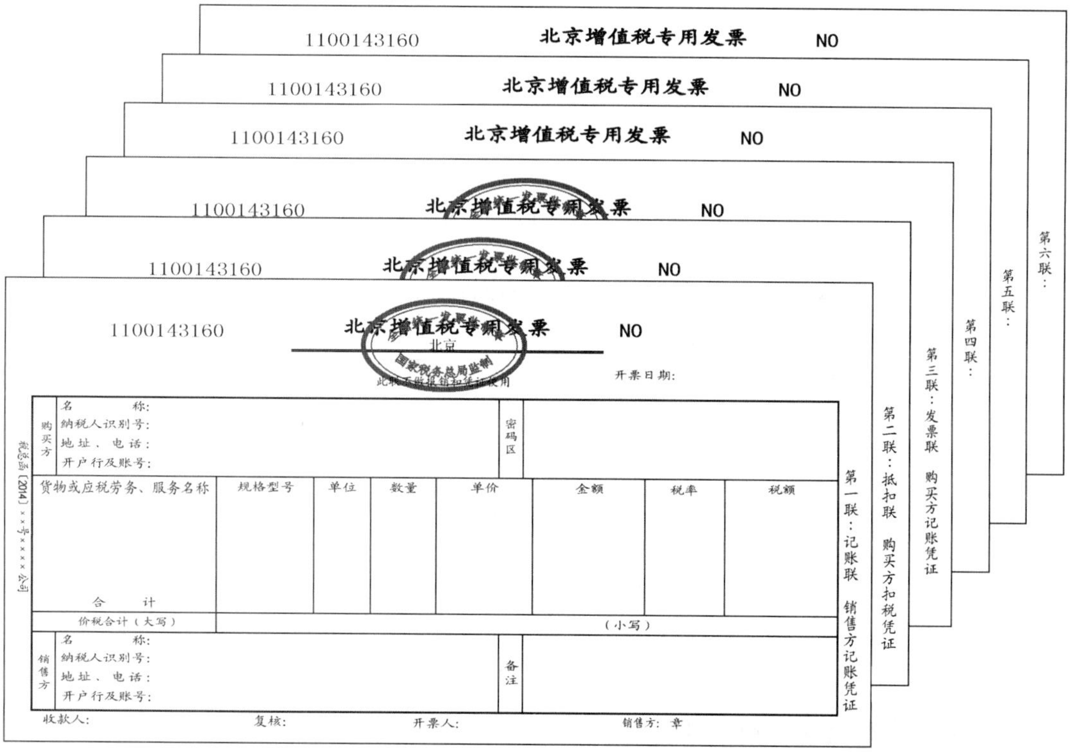

图 2-9　增值税专用发票

（二）增值税专用发票的联次及用途

增值税专用发票由基本联次或者基本联次附加其他联次构成，基本联次为三联，即发票联、抵扣联和记账联：①发票联，作为购买方核算采购成本和增值税进项税额的记账凭证；②抵扣联，作为购买方报送主管税务机关认证和留存备查的凭证；③记账联，作为销售方核算销售收入和增值税销项税额的记账凭证。其他联次用途，由一般纳税人自行确定。

（三）增值税专用发票的领购

一般纳税人凭发票领购簿、金税盘和经办人身份证明领购专用发票。

一般纳税人有下列情形之一的，不得领购增值税专用发票。

（1）会计核算不健全，不能向税务机关准确提供增值税销项税额、进项税额、应纳税额数据及其他有关增值税税务资料的。上列其他有关增值税税务资料的内容，由省、自治区、直辖市和计划单列市国家税务局确定。

（2）有《税收征管法》规定的税收违法行为，拒不接受税务机关处理的。

（3）有下列行为之一，经税务机关责令限期改正而仍未改正的：①虚开增值税专用发票；②私自印制专用发票；③向税务机关以外的单位和个人买取专用发票；④借用他人专用发票；⑤未按本规定第十一条开具专用发票；⑥未按规定保管专用发票和专用设备；⑦未按规定申请办理防伪税控系统变更发行；⑧未按规定接受税务机关检查。

有上列情形的，如已领购专用发票，主管税务机关应暂扣其结存的专用发票和金税盘。

（四）增值税专用发票的开具

1. 增值税专用发票的开具范围

（1）一般纳税人销售货物或者提供应税劳务，应向购买方开具专用发票。

（2）增值税小规模纳税人（以下简称小规模纳税人）需要开具专用发票的，可向主管税务机关申请代开。

商业企业一般纳税人零售的烟、酒、食品、服装、鞋帽（不包括劳保专用部分）、化妆品等消费品不得开具专用发票。

销售免税货物不得开具专用发票，法律、法规及国家税务总局另有规定的除外。

2. 增值税专用发票的开具要求

增值税专用发票应按下列要求开具：①项目齐全，与实际交易相符；②字迹清楚，不得压线、错格；③发票联和抵扣联加盖财务专用章或者发票专用章；④按照增值税纳税义务的发生时间开具。

对不符合上列要求的专用发票，购买方有权拒收。

3. 增值税专用发票的开具时限要求

增值税专用发票开具时限即为一般纳税人纳税义务发生时间，一般纳税人必须按规定时限开具专用发票，不得提前或滞后，对已开具专用发票的销售货物，要及时足额计入当期销售额计税。凡开具了专用发票，其销售额未按规定计入销售账户核算的，一律按偷税论处。

（五）红字增值税专用发票的开具

1. 可以申请开具红字发票的情形

可以申请开具红字发票的情形有：①购货方取得专用发票后，发生销货退回、开票有误等情形但不符合作废条件的情形；②购货方取得专用发票后，因销货部分退回及发生销售折让的情形；③因销货方开票有误购买方拒收专用发票的情形；④因销货方开票有误等原因尚未将专用发票交付购买方的情形。

2. 申请开具红字发票的步骤

（1）当一般纳税人取得专用发票后，发生销货退回、开票有误等情形但不符合作废条件的，或者因销货部分退回及发生销售折让的，购买方应向主管税务机关填报“开具红字增值税专用发票申请单”。

（2）购货方主管税务机关对一般纳税人填报的“申请单”进行审核后，出具“开具红字增值税专用发票通知单”。

（3）购买方必须暂依“通知单”所列增值税税额从当期进项税额中转出，未抵扣增值税进项税额的可列入当期进项税额，待取得销售方开具的红字专用发票后，与留存的“通知单”一并作为记账凭证。

（4）销售方凭购买方提供的“通知单”开具红字专用发票，在防伪税控系统中以销项负数开具。

（六）增值税专用发票的作废处理

1. 准予作废的条件

（1）一般纳税人在开具专用发票当月，发生销货退回、开票有误等情形，收到退回的发票联、抵扣联符合作废条件的，按作废处理。

（2）开具时发现有误的，可即时作废。

2. 作废发票的操作要求

作废专用发票须在防伪税控系统中将相应的数据电文按作废处理，在纸质专用发票（含未打印的专用发票）各联次上注明“作废”字样，全联次留存。

七、增值税的账务处理

（一）增值税一般纳税人增值税的常见业务账务处理

为了反映和监督增值税的计算和缴纳情况，增值税一般纳税人应在“应交税费”一级账户下设置“应交增值税”和“未交增值税”两个二级明细账户。

1.“应交税费——应交增值税”账户

“应交税费——应交增值税”账户借方发生额，反映企业购进货物、接受应税劳务所支付的进项税额、实际已缴纳的增值税额，以及月末转入“未交增值税”明细账户的当月发生的应缴未缴增值税额；贷方发生额，反映销售货物、提供应税劳务应缴纳的增值税额、出口货物退税、转出已支付或应分摊的增值税，以及月末转入“未交增值税”明细账户的当月多缴的增值税额；期末借方余额，反映企业尚未抵扣的增值税额。

增值税一般纳税人的“应交税费——应交增值税”明细账户采用多栏式，设置“进项税额”“已交税金”“销项税额”“出口退税”“进项税额转出”等专栏（见表2-3）。

表2-3 增值税一般纳税人增值税“应交税费——应交增值税”账户设置格式

年		凭证字号	摘要	借方						贷方					借或贷	余额
月	日			合计	进项税额	已交税金	转出未交增值税	减免税款	出口抵减内销产品应纳税额	合计	销项税额	出口退税	转出多交增值税	进项税额转出		

2. “应交税费——未交增值税”账户

“应交税费——未交增值税”账户借方发生额，反映企业上缴以前月份未缴增值税额和月末自“应交税费——应交增值税”账户转入的当月多缴的增值税额；贷方发生额，反映企业月末自“应交税费——应交增值税”账户转入的当月未缴的增值税额；期末借方余额，反映企业多缴的增值税；期末贷方余额，反映企业未缴的增值税。

“应交税费——未交增值税”通常采用三栏式账页，其账户格式如表2-4所示。

表2-4　增值税一般纳税人增值税“应交税费——未交增值税”账户设置格式

年		凭证字号	摘要	借方		贷方	借或贷	余额
月	日			转入多交增值税	上交未交增值税			

3. 进项税额的账务处理

（1）国内采购货物。国内采购货物分为符合抵扣条件和不符合抵扣条件两种情况。

① 符合抵扣条件。购入时，按应计入采购成本的金额，借记“材料采购”“在途物资”或“原材料”“库存商品”等科目，按可抵扣的增值税税额，借记“应交税费——应交增值税（进项税额）”等科目，按应付或实际支付的金额，贷记“应付账款”“应付票据”“银行存款”等科目。

【学中练2-12】2015年7月，甲公司购入生产用甲材料5 000千克，购入价60元/千克，进项税额为51 000元，材料验收入库，全额开出付款期限为3个月的银行承兑汇票一张。另以银行存款支付该批货物的运费2 750元（含税），并受到运费增值税专用发票。账务处理如下。

借：原材料——甲材料　　302 500

　　应交税费——应交增值税（进项税额）　　51 250

　　贷：应付票据　　351 000

　　　　银行存款　　2 750

② 不符合抵扣条件。如果购进货物时没有取得并保存专用发票等扣税凭证，或虽然取得专用发票等扣税凭证，但所购入的货物用于非应税项目，或为免税货物等，则支付的增值税税额（或等于增值税税额的部分），不能确认为进项税额，而应计入货物的采购成本。

【学中练2-13】2015年8月，甲公司购入生产用辅助材料一批，取得普通发票，金额为8 600元，材料已验收入库，货款以银行存款支付。账务处理如下。

借：原材料——辅助材料　　8 600

　　贷：银行存款　　8 600

（2）收购免税农产品。按买价和扣除率计算相应进项税额，借记“应交税费——应交增值税（进项税额）”，买价扣除进项税额后的余额，借记“原材料”“材料采购”等科目；按应付或实际支付的金额，贷记“应付账款”“银行存款”“库存现金”等科目。

【学中练2-14】2015年6月，甲公司从生产者手中直接收购一批免税农产品作为生产用辅助材料，取得税务机关批准使用的收购凭证，注明的买价为2.5万元，以现金支付款项。

可抵扣进项税额=25 000×13%=3 250（元）。

原材料成本=25 000−3 250=21 750（元）。

账务处理如下。

借：原材料——辅助材料　　21 750

　　应交税费——应交增值税（进项税额）　　3 250

　　贷：库存现金　　25 000

（3）进货退回。应根据贷方转来的红字专用发票（已通过税务机关认证），借记“应收账款”或“银行存款”等科目，贷记“应交税费——应交增值税（进项税额）”（实际登账时，应以红字计入借方）、“在途材料”“材料采购”等科目。

【学中练 2-15】2015 年 9 月，甲公司采购生产用乙材料一批，因质量问题退回原供应单位恒泰公司，取得红字专用发票，注明价款 1 200 元，增值税税款 204 元，款项通过银行存款收讫。账务处理如下。

借：银行存款　　1 404

　　贷：原材料——乙材料　　1 200

　　　　应交税费——应交增值税（进项税额）　　204

4. 进项税额转出的账务处理

为了生产或销售而购进的货物，若中途改变用途用于非增值税应税项目，其已确认的进项税额不得从销项税额中扣除，所以应做进项税额转出，以抵减当期进项税额。中途改变用途用于非增值税应税项目时，借记有关成本科目，贷记“原材料”“应交税费——应交增值税（进项税额转出）”等科目。

【学中练 2-16】2015 年 9 月，甲公司因扩建厂房需要，从仓库中领用生产用钢材 28 吨。原购进钢材 112 吨，购进价为 3 500 元/吨，专用发票上注明进价为 392 000 元，税额为 66 640 元。账务处理如下。

借：在建工程　　114 660

　　贷：原材料——钢材　　98 000

　　　　应交税费——应交增值税（进项税额转出）　　16 660

5. 销项税额的账务处理

（1）销售货物或提供应税劳务。按应收或已收的价税之和，借记“应收账款”“应收票据”“银行存款”等科目；按实现的销售额，贷记“主营业务收入”“其他业务收入”等科目；按应收或已收的增值税，贷记“应交税费——应交增值税（销项税额）”科目。结转销货成本时，借记“主营业务成本”科目，贷记“库存商品”“发出商品”等科目。

【学中练 2-17】2015 年 8 月，甲公司根据销货合同向北方公司发出库存商品 100 台，开出专用发票，每台不含税售价 4 000 元。同时，合同约定由本公司非独立核算的运输部门送货到北方公司指定仓库，收取运费 234 元。款项均已通过银行收讫。该产品的生产成本为每台 3 200 元。

① 确认收入时，财务处理如下。

借：银行存款　　468 234

　　贷：主营业务收入　　400 000

　　　　其他业务收入　　200

　　　　应交税费——应交增值税（销项税额）　　68 034

② 结转销售成本时，财务处理如下。

借：主营业务成本　　320 000

　　贷：库存商品　　320 000

（2）视同销售行为销项税额的账务处理。视同销售行为，按照税法规定，全部应按规定的计税价格计算应纳的增值税。但账务处理中，对于满足收入确认条件的视同销售行为，应作为会计销售业务，确认销售收入，计算缴纳增值税；对于没有满足收入确认条件的视同销售货物行为，不确认销售收入，只作为应税销售，按成本结转，并视同销售货物，计算缴纳增值税。具体区分及账务处理如表2-5所示。

表2-5　视同销售货物行为账务处理的分类

类型	账务处理原则	具体项目
会计销售	确认收入、计算缴纳增值税	（1）将货物交付他人代销与销售代销货物； （2）设有两个以上机构并实行统一核算的纳税人，将货物从一个机构移送其他机构用于销售，但相关机构设在同一县（市）的除外； （3）将自产、委托加工或购买的货物分配给股东或投资者； （4）将自产、委托加工或购买的货物作为投资； （5）将自产、委托加工的货物用于个人消费
应税销售	不确认收入，只按成本结转，并视同销售计算缴纳增值税	（1）将自产或委托加工的货物用于非应税项目； （2）将自产或委托加工的货物用于集体福利； （3）将自产、委托加工或购买的货物作为投资； （4）将自产、委托加工或购买的货物无偿赠送他人

说明：将自产、委托加工或购买的货物作为投资应区分为两种情况：①投资企业不能够对被投资单位实施有效控制时，满足企业确认收入的条件，为会计销售，应确认收入；②投资企业能够对被投资单位实施有效控制时，为应税销售，不确认收入。

小贴士

在两个机构统一核算的情况下，是否视同销售关键在于是否“用于销售”。“用于销售”是指售货机构发生向购货方开具发票，或者购货方收取货款情形之一的行为。

6. 增值税上缴的账务处理

平时，企业通过“应交税费——应交增值税”明细账核算增值税涉税业务；月末，结出借贷方发生额的合计和差额。若“应交税费——应交增值税”为借方余额，表示本月尚未抵扣的进项税额，应继续留在该账户借方，不再转出；若为贷方余额，表示本月应交增值税税额，通过“应交税费——应交增值税（转出未交增值税）”账户，转入“应交税费——未交增值税”账户的贷方。作会计分录如下。

借：应交税费——应交增值税（转出未交增值税）

　　贷：应交税费——未交增值税

企业实际上缴增值税时，若属当月预缴或上缴当月应交增值税的，作会计分录如下。

借：应交税费——应交增值税（已交税金）

　　贷：银行存款

若属月初结清上月应交增值税或上缴以前月份（年度）欠缴增值税的，作会计分录如下。

借：应交税费——未交增值税

　　贷：银行存款

【学中练 2-18】 某企业月末“应交税费——应交增值税”明细账户各栏目资料如下：进项税额 200 000 元，销项税额 300 000 元，进项税额转出 6 000 元。请计算该企业应纳增值税额，并进行账务处理。

解析：该企业增值税的计算与账务处理如下。

应纳增值税额=300 000-（200 000-6 000）=10 600（元）。

借：应交税费——应交增值税（已交税金）　　10 600

　　贷：银行存款　　10 600

（二）小规模纳税人增值税常见业务的账务处理

1. 账户设置

小规模纳税人应设置“应交税费——应交增值税”明细账户核算增值税。该账户借方反映实际缴纳的增值税额；贷方反映当月销售货物或提供应税劳务应缴纳的增值税额及销售退回用红字冲销的增值税额；期末余额一般在贷方，反映应缴未缴的增值税额。

2. 购进货物或接受劳务的账务处理

小规模纳税人购进货物或接受劳务，不论收到增值税专用发票还是普通发票，在会计上均无需反映进项税额，按实际支付的款项，借记“原材料”“库存商品”“在途物资”等账户，贷记“银行存款”“应付账款”“应付票据”等账户。

【学中练 2-19】 某企业（小规模纳税人）购进钢材一批，取得增值税专用发票，注明价款 10 000 元，增值税额 1 700 元，款项已通过银行支付。对该企业进行账务处理如下。

借：原材料　　11 700

　　贷：银行存款　　11 700

3. 销售货物及缴纳税款的账务处理

小规模纳税人销售货物时，按货物的不含税销售额，贷记“主营业务收入”账户，按货物不含税销售额与适用税率的乘积，贷记“应交税费——应交增值税”账户，按销售额与应交税费的合计借记“银行存款”“应收账款”等账户。

月末，小规模纳税人应在规定的纳税期限内，申报缴纳增值税，借记“应交税费——应交增值税”账户，贷记“银行存款”“库存现金”等账户。

【学中练 2-20】 2015 年 3 月，甲公司销售商品一批，含税销售收入为 20 700 元，增值税增收率为 3%，货款尚未收到。

应纳增值税税额=20 700÷（1+3%）×3%=602.91（元）。

（1）销售货物时，财务处理如下。

借：应收账款　　20 700

　　贷：主营业务收入　　20 097.09

　　　　应交税费——应交增值税　　602.91

（2）上交增值税时，财务处理如下。

借：应交税费——应交增值税　　602.91

　　贷：银行存款　　602.91

八、增值税纳税申报

（一）纳税义务发生时间

增值税纳税义务发生时间，即销项税额的确定时间。

（1）销售货物或者应税劳务，其增值税纳税义务发生时间为收讫销售款项或者取得索取销售款项凭据的当天；先开发票的，为开具发票的当天。按销售结算方式的不同，具体有以下情况。

① 采取直接收款方式销售货物，不论货物是否发出，均为收到销售款或者取得索取销售款凭据的当天。

② 采取托收承付和委托银行收款方式销售货物，为发出货物并办妥托收手续的当天。

③ 采取赊销和分期收款方式销售货物，为书面合同约定的收款日期的当天，无书面合同的或者书面合同没有约定收款日期的，为货物发出的当天。

④ 采取预收货款方式销售货物，为货物发出的当天，但生产销售生产工期超过 12 个月的大型机械设备、船舶、飞机等货物，为收到预收款或者书面合同约定的收款日期的当天。

⑤ 委托其他纳税人代销货物，为收到代销单位的代销清单或者收到全部或者部分货款的当天。未收到代销清单及货款的，为发出代销货物满 180 天的当天。

⑥ 销售应税劳务，为提供劳务同时收讫销售款或者取得索取销售款凭据的当天。

⑦ 纳税人发生视同销售货物行为的，除将货物交付他人代销和销售代销货物外，均为货物移送的当天。

⑧ 纳税人提供有形动产租赁服务采取预收款方式的，其纳税义务人发生时间为收到预收款的当天。

（2）进口货物，其增值税纳税义务发生时间为报关进口的当天。

（3）增值税扣缴义务发生时间为纳税人增值税纳税义务发生的当天。

（二）纳税期限

根据《增值税暂行条例》及其实施细则的规定，增值税的纳税期限分别为 1 日、3 日、5 日、10 日、15 日、1 个月或者 1 个季度。以 1 个季度为纳税人期限的，仅适用于小规模纳税人。纳税人的具体纳税期限由主管税务机关根据纳税人应纳税额的大小分别核定；不能按照固定期限纳税的，可以按次纳税。

纳税人以 1 个月或者 1 个季度为 1 个纳税期的，自期满之日起 15 日内申报纳税；以 1 日、3 日、5 日、10 日或者 15 日为 1 个纳税期的，自期满之日起 5 日内预缴税款，于次月 1 日起 15 日内申报纳税并结清上月应纳税款。

扣缴义务人解缴税款的期限，依照以上规定执行。

纳税人进口货物，应当自海关填发海关进口增值税专用缴款书之日起 15 日内缴纳税款。

（三）纳税地点

（1）固定业户应当向其机构所在地的主管税务机关申报纳税。总机构和分支机构不在同一县（市）的，应当分别向各自所在地的主管税务机关申报纳税；经国务院财政、税务主管部门或者其授权的财政、税务机关批准，可以由总机构汇总向总机构所在地的主管税务机关申报纳税。

（2）固定业户到外县（市）销售货物或者应税劳务，应当向其机构所在地的主管税务机关申请开具外出经营活动税收管理证明，并向其机构所在地的主管税务机关申报纳税；未开具证明的，应当向销售地或者劳务发生地的主管税务机关申报纳税；未向销售地或者劳务发生地的主管税务机关申报纳税的，由其机构所在地的主管税务机关补征税款。

（3）非固定业户销售货物或者应税劳务，应当向销售地或者劳务发生地的主管税务机关申报纳税；未向销售地或者劳务发生地的主管税务机关申报纳税的，由其机构所在地或者居住地的主管税务机关补征税款。

（4）进口货物，应当向报关地海关申报纳税。

（5）扣缴义务人应当向其机构所在地或者居住地的主管税务机关申报缴纳其扣缴的税款。

（四）纳税申报

增值税的纳税申报分为一般纳税人纳税申报和小规模纳税申报。纳税人无论当月有无应税行为，均应按主管税务机关核定的纳税期限填写纳税申报表，并于次月15日内，向当地主管税务机关申报纳税并结清上月应纳税款。

1. 小规模纳税人的纳税申报的应用

小规模纳税人需要提交的申报资料包括：①“增值税小规模纳税人纳税申报表”；②“资产负债表”和“利润表”；③主管税务机关要求的其他资料。

【学中练 2-21】河南华源公司为小规模纳税人，销售电动自行车配件。假设该企业采用按月申报缴纳增值提交的申报税，2015年5月该公司销售业务如下。

（1）5月1～15日，销售配件10批，开具普通发票10张，金额36 050元，货款收到。

（2）5月16～31日，销售配件15批，开具普通发票15张，金额46 350元。

根据以上资料，填制“增值税纳税申报表”（见表2-6）。

表2-6　　增值税纳税申报表（适用小规模纳税人）

纳税人识别号：□□□□□□□□□□□□□□□□□□

纳税人名称（公章）：略　　　　金额单位：元（列至角分）

税款所属期：2015年5月1日至2015年5月31日　　　　填表日期：2015年6月8日

	项　目	栏次	本月数	本年累计
一、计税依据	（一）应征增值税货物及劳务不含税销售额	1	80 000	略
	其中：税务机关代开的增值税专用发票不含税销售额	2		
	税控器具开具的普通发票不含税销售额	3		
	（二）销售使用过的应税固定资产不含税销售额	4		
	其中：税控器具开具的普通发票不含税销售额	5		
	（三）免税货物及劳务销售额	6		
	其中：税控器具开具的普通发票销售额	7		

续表

<table>
<tr><td rowspan="4">一、计税依据</td><td>项　目</td><td>栏次</td><td>本月数</td><td>本年累计</td></tr>
<tr><td>（四）出口免税货物销售额</td><td>8</td><td></td><td></td></tr>
<tr><td>其中：税控器具开具的普通发票销售额</td><td>9</td><td></td><td></td></tr>
<tr><td>直接出口货物免税销售额</td><td>10</td><td></td><td></td></tr>
<tr><td rowspan="5">二、税款计算</td><td>本期应纳税额</td><td>11</td><td>2 400</td><td>略</td></tr>
<tr><td>本期应纳税额减征额</td><td>12</td><td></td><td></td></tr>
<tr><td>应纳税额合计</td><td>13=11-12</td><td>2 400</td><td>略</td></tr>
<tr><td>本期预缴税额</td><td>14</td><td></td><td></td></tr>
<tr><td>本期应补（退）税额</td><td>15=13-14</td><td>2 400</td><td>略</td></tr>
<tr><td colspan="2" rowspan="4">纳税人或代理人声明：
此纳税申报表是根据国家税收法律的规定填报的，我确定它是真实的、可靠的、完整的。</td><td colspan="3">如纳税人填报，由纳税人填写以下各栏：</td></tr>
<tr><td colspan="3">办税人员（签章）：　　财务负责人（签章）：
法定代表人（签章）：　　联系电话：</td></tr>
<tr><td colspan="3">如委托代理人填报，由代理人填写以下各栏：</td></tr>
<tr><td colspan="3">代理人名称：　　经办人（签章）：　　联系电话：
代理人（公章）：</td></tr>
</table>

受理人：　　受理日期：　年　月　日　　受理税务机关（签章）：

本表为A4纸竖式打印，一式两份，纳税人、税务机关各留存一份。

本表计算说明如下。

第1栏：应征增值税货物及不含税销售额=（36 050+46 350）÷（1+3%）=80 000（元）。

第11栏：本期应纳税额=80 000×3%=2 400（元）。

第13栏：应纳税额合计=2 400−0=2 400（元）。

第15栏：本期应补（退）税额=2 400−0=2 400（元）。

2. 一般纳税人的纳税申报

（1）纳税申报的资料。纳税申报的资料有："增值税纳税申报表"（适用于增值税一般纳税人）及附表，"增值税发票领、用、存月报表"，"分支机构销售明细表"，"增值税发票使用明细表"，"资产负债表和利润表"等。"增值税纳税申报表"的填写请见"项目实施"部分内容。

（2）纳税申报业务流程。

① 进项税专用票认证，分为手工认证和网上认证。

② 编制"增值税纳税申报表"（适用于一般纳税人）及附表（填写范例请见项目实施）。

③ 抄税。抄税是在当月的最后一天，通常是在次月1号早上开票前，将防伪税控开票系统中的数据抄至金税盘上，在办理完纳税申报手续的同时报给主管税务机关"抄税窗口"。"抄税窗口"抄税后，将"金税盘"退给纳税人。纳税人必须在纳税申报的同时进行抄税，逾期抄税的，税务机关将暂停供应发票。抄税后本月不允许开具增值税专用发票。由于设备升级，使用金税盘的纳税人现在抄税可以直接在税控发票开票软件（税控盘版）进行。

④ 报税。报税是在报税期内，一般在次月 15 日内，持金税盘到税务机关或通过网络直接传输给税务机关，税务人员将金税盘的信息读入税务机关的金税系统。抄税是将纳税人开具的销项发票输入金税系统，报税是将进项发票的信息输入金税系统。抄报税后，销项发票和进项税票可以在系统内自动进行比对，确保任何一张抵扣的进项发票都有其他企业开出的销项发票与之对应。由于设备升级，使用金税盘的纳税人报税可到一体化平台申报，然后回到税控发票开票软件（税控盘版）上进行反写。

⑤ 纳税申报。纳税申报方式主要有上门申报和网上申报两种。

⑥ 税款缴纳。税务机关将申报表单据送到开户银行，由银行进项自动转账处理。对未实行税库银联网的纳税人需自行到税务机关制定的银行缴纳税款。

九、增值税出口货物退（免）税

（一）出口货物退（免）税概述

出口货物退（免）税是指在国际贸易业务中，对我国报关出口货物退还或免征其在国内各生产环节和流转环节按税法规定已缴纳的增值税，即对增值税出口货物实行零税率，对消费税出口货物免税。这项制度可以有效地避免国际双重课税，它是一种税收国际惯例，而不是一种税收优惠政策。

（二）出口货物退（免）税基本政策及适用范围

我国的出口货物税收政策，采取出口退税与免税相结合的政策。目前，我国的出口货物税收政策可分为以下三种形式。

1. 出口免税并退税

出口免税是指对货物在出口销售环节不征收增值税；出口退税是指对货物在出口前实际承担的税款，按规定的退税率计算后予以退还。

（1）适用出口免税并退税政策的企业范围：①经国家商务主管部门及其授权单位备案登记后赋予出口经营资格的外贸企业、自营生产企业和生产型集团公司；②外商投资企业；③委托外贸企业代理出口的企业；④特准退（免）税企业。

（2）适用出口免税并退税政策的货物应具备的条件：①必须是属于增值税征税范围的货物；②必须是报关离境的货物；③必须是财务上作销售处理的货物；④必须是出口收汇并已核销的货物。

另外，虽然不具备以上 4 个条件，但由于其销售环节、消费环节、结算办法等特殊性，国家特准退还或免征以下货物：①对外承包工程公司运出境外用于对外承包项目的货物；②对外承接修理修配业务的企业用于对外修理修配的货物；③外轮供应公司、远洋运输供应公司销售给外轮、远洋国轮而收取外汇的货物；④企业在国内采购并运往境外作为在国外投资的货物等。

2. 出口免税不退税

出口免税与上述含义相同。出口不退税是指适用此项政策的出口货物因在前一道生产、销售环节或进口环节是免税的，因此，报关出口时该货物的价格中本身就不含增值税，因此，也就不需要退税。

出口免税不退税的货物范围包括：来料加工复出口货物、小规模纳税人出口货物、避孕药品和用具、古旧图书、花生果仁、油画、雕饰板、邮票、印花税票等。

3. 出口不免税也不退税

出口不免税是指对国家限制或禁止出口的某些货物，出口环节视同内销环节正常征税；出口不退税是指对这些货物出口时，不退还其出口前所负担的税款。

适用该政策的主要是税法列举限制或禁止出口的货物，如原油、木材、纸浆、山羊绒、鳗鱼苗、稀土金属矿、磷矿石等。

（三）出口货物的退税率

出口货物的退税率是指出口货物的实际退税额与退税计税依据的比例。现行增值税出口退税率主要有17%、16%、15%、13%、9%、5%、3%等几档。

（四）出口退（免）税的计算

目前，世界各国根据本国国情及其税收制度，对出口货物退税主要采取“先征后退”“免、抵、退”或“免税采购”3种办法。

我国从2002年1月1日起，对生产型出口企业自营和委托出口的货物，全部实行“免、抵、退”税办法；对没有进出口经营权的生产企业委托出口的货物，也实行“免、抵、退”税办法；对外贸企业以收购方式出口的货物，实行“先征后退”办法。

1. 生产企业“免、抵、退”税的计算

“免”税是指对生产企业出口自产货物免征本企业生产销售环节增值税；“抵”税是指生产企业出口自产货物所耗用的原材料、零部件、燃料、动力等所含应予退还的进项税额，抵顶内销货物的应纳税额；“退”税是指生产企业出口的自产货物在当月应抵顶的进项税额大于应纳税额时，对未抵顶完的部分予以退税。具体计算程序和方法如下。

免——免征出口环节增值税。

第一步，剔税：计算不得免征和抵扣税额。

免抵退税不得免征和抵扣税额的抵减额=免税购进原材料价格×（出口货物征税率-出口货物退税率）

免抵退税不得免征和抵扣的税额（该部分计入成本）=出口货物销售收入（出口货物征税率-出口货物退税率）-免抵退税不得免征和抵扣税额的抵减额

第二步，抵税：计算当期应纳增值税额。

当期应纳税额=当期内销货物销项税额-（当期进项税额-当期免抵退税不得免征和抵扣的税额）-上期留抵税额

如果当期应纳税额≥0，则本期应缴税；如果当期应纳税额＜0，则本期应退税，且此时的当期应纳税额的绝对值为退税前的当期期末留抵税额。

如果需要退税，那么需要进行下面的第三步。

第三步，算尺度：计算免抵退税额。

当期免抵退税额=出口货物销售收入×出口货物退税率-免抵退税抵减额

当期免抵退税额抵减额=免税购进原材料价格×出口货物退税率

第四步，比较：确定应退税额（第二步的退税前的当期应纳税额的绝对值与第三步当期免抵退税额相比，谁小按谁退，也可称为“逢大退小”）；同时进行第五步。

第五步，确定免抵税额。

① 当期应纳税额的绝对值≤当期免抵退税额，则：

当期应退税额=当期应纳税额的绝对值

当期免抵税额=当期免抵退税额-当期应退税额

② 当期应纳税额的绝对值>当期免抵退税额，则：

当期应退税额=当期免抵退税额

当期免抵税额=0

留抵下期抵扣税额=当期应纳税额的绝对值-当期应退税额

【学中练 2-22】某电器厂某年 9 月出口商品 30 000 台，离岸价格为每台 210 美元，外汇人民币牌价为 1 美元兑换 6.6 元人民币；内销货物销售额 8 200 万元。上期留抵税额 200 万元，本期进项税额 800 万元。增值税税率 17%，出口退税税率 13%。请计算该电器厂本期应退增值税。

解析：该电器厂免、抵、退税的计算如下。

（1）出口环节免税。

（2）出口自产货物销售收入=3×210×6.6=4 158（万元）。

（3）免抵退税不得免征和抵扣的税额=4 158×（17%-13%）=166.32（万元）。

（4）当期应纳税额=8 200×17%-（800-166.32）-200=560.32（万元）。

从以上计算可以看出，应纳税额是正数，说明企业出口货物应免抵退的进项税额，已全部在内销货物应纳税额中抵减完毕，不需退税。

【学中练 2-23】某电器厂某年 9 月出口商品 30 000 台，其中 28 000 台以每台 200 美元离岸价成交，2 000 台以每台 208 美元离岸价成交。1 美元兑换 6.6 元人民币。当期内销 19 400 台，销售收入 3 492 万元，销项税额 593.64 万元，进项税额为 1 080 万元。增值税税率为 17%，出口退税税率为 13%。请计算该电器厂本期应退增值税。

解析：该电器厂免、抵、退税的计算如下。

（1）出口环节免税。

（2）出口货物销售收入=28 000×200×6.6+2 000×208×6.6=36 960 000+2 745 600=39 705 600（元）。

（3）当期不予免征和抵扣的税额=39 705 600×（17%-13%）=1 588 224（元）。

（4）当期应纳税额=5 936 400-（10 800 000-1 588 224）=-3 275 376（元）。

（5）当期免抵退税额=39 705 600×13%=5 161 728（元）。

（6）因为当期应纳税额为负数，因此应退税额为 3 275 376 元，则

当期免抵税额=5 161 728-3 275 376=1 886 352（元）。

【学中练 2-24】某自营出口生产企业是增值税一般纳税人，出口货物的征税率是 17%，退税率是 13%。某年 9 月有关业务如下：购进原材料，取得增值税专用发票，注明价款 200 万元，进项税 34 万元，增值税专用发票已通过认证。当月进料加工免税进口料件的组成计税价格是 90 万元。上期留抵税额 6 万元。本月内销货物不含税销售额 100 万元，收到款项 117 万元。本月出口货物销售额折合人民币 260 万元。请计算本期应退增值税。

解析：该企业免、抵、退税的计算如下。

（1）出口环节免税。

（2）当期免抵退税不得免征和抵扣税额抵减额=免税购进原材料价格×（出口货物征税率-出口货物退税率）=900 000×（17%-13%）=3 600（元）。

（3）当期免抵退税不得免征和抵扣税额=出口货物销售收入×（出口货物征税率-出口货

物退税率）–当期免抵退税不得免征和抵扣税额抵减额=2 600 000×（17%–13%）–3 600=68 000（元）。

（4）当期应纳税额=当期内销货物的销项税额–（当期进项税额–当期免抵退税不得免征和抵扣税额）–上期留抵税额=1 000 000×17%–（340 000–68 000）–60 000=–162 000（元）。

因为当期应纳税额＜0，因此应退税。

（5）免抵退税额抵减额=免税购进原材料价格×出口货物退税率=900 000×13%=117 000（元）。

（6）当期免抵退税额=出口货物销售收入–免抵退税额抵减额=2 600 000×13%–117 000=221 000（元）。

（7）通过比较当期应纳税额绝对值与当期免抵退税额的大小，确定本期应退税额。

因为当期应纳税额绝对值为=162 000（元）小于免抵退税额（221 000元），则

当期应退税额=162 000（元）。

当期免抵税额=221 000–162 000=59 000（元）。

2. 外贸企业“先征后退”的计算

“先征后退”是指出口货物在生产（购货）环节按规定缴纳增值税，货物出口后由收购出口的企业向其主管出口的税务机关申请办理出口退税。

（1）外贸企业从一般纳税人企业购进商品，并取得增值税专用发票。

应退税额=不含增值税的购进金额×退税率

【学中练 2-25】某进出口公司出口美国平纹布 2 000 米，进货的增值税专用发票注明单价 20 元/米，增值税税率是 17%，退税税率是 13%。出口销售取得收入 120 000 元。请计算该公司应退税额。

解析：该公司应退税额计算如下。

应退税额=2 000×20×13%=5 200（元）。

（2）外贸企业从小规模纳税人企业购进商品，并取得由税务局（所）代开的增值税专用发票。

应退税额=增值税专用发票注明的金额×退税率

（3）外贸企业从小规模纳税人企业购进持普通发票，但特准退税的抽纱、工艺品、香料油、山货、草柳竹藤制品、渔网渔具、松香、五倍子、生漆、鬃尾、山羊板皮、纸制品共 12 类货物。

应退税额=普通发票所列含增值税金额÷（1+增值税征收率）×退税率

【学中练 2-26】某进出口公司某年 4 月购进某小规模纳税人工艺品 200 套出口，普通发票注明金额 6 000 元；购进另一小规模纳税人西装 500 套出口，取得由税务所代开的增值税专用发票，金额是 50 000 元，退税率 6%。请计算该公司应退税额。

解析：该公司应退税额计算如下。

应退税额=6 000÷（1+3%）×6%+50 000×6%=3 349.51（元）。

（4）外贸企业委托生产企业加工出口货物的退税计算。

应退税额=原材料购进金额×原材料适用的退税率+支付的加工费×所加工成的产品适用的退税率

【学中练 2-27】某进出口公司某年 9 月购进材料一批，购进时取得增值税专用发票注明金额 1 200 000 元（退税率 13%），委托生产企业加工成成品出口，需支付加工费 25 000 元（退

税率 17%）。请计算该公司应退税额。

解析：该公司应退税额计算如下。

应退税额=1 200 000×13%+25 000×17%=160 250（元）。

（五）出口退（免）税的征收管理

1. 备案登记

根据《中华人民共和国对外贸易法》和《对外贸易经营者备案登记办法》的规定，凡从事货物进出口或技术进出口的对外贸易经营者，应当向商务部或商务部委托的机构办理备案登记。对外贸易经营者未按规定办理备案登记的，海关不予办理进出口报关验放手续。

2. 出口退税的认定

对外贸易经营者按规定办理备案登记后，没有出口经营资格的生产企业委托出口自产货物，应分别在备案登记、代理出口协议签订之日起 30 日内持有关资料，填写“出口货物退（免）税认定表”，到所在地税务机关办理出口货物退（免）税认定手续。出口企业在办理认定手续前已出口的货物，凡在出口退税申报期限内申报退税的，可按规定批准退税；凡超过出口退税申报期限的，视同内销货物予以征税。

已办理出口货物退（免）税认定的出口商，其认定内容发生变化的，需自有关管理机关批准办理之日起 30 日内，持相关证件向税务机关申请办理出口货物退（免）税认定变更手续。

出口商发生解散、破产、撤销及其他依法应终止出口货物退（免）税事项的，应持相关证件、资料在税务机关办理出口货物退（免）税注销认定。

3. 出口退（免）税的认定

出口商应在规定期限内，收齐出口退（免）税所需的有关单证，使用国家税务总局认可的出口货物退（免）税电子申报系统生成电子申报数据，填写出口货物退（免）税申报表，向税务机关申报办理出口货物退（免）税手续。逾期申报的，除另有规定外，税务机关不再办理该笔出口货物退（免）税申报。

4. 出口退（免）税的受理、审批

出口商申报出口货物退（免）税，税务机关经初步审核，其报送的申报资料、电子申报数据及纸质凭证齐全的，税务机关应受理该笔出口货物退（免）税申报。其报送的申报资料或纸质凭证不齐全的，除另有规定外，税务机关不予受理该笔出口货物退（免）税申报，并应当即向出口商提出改正或补充要求。

税务机关受理出口货物退（免）税申报后，应在规定时间内对申报凭证、资料的合法性、准确性进行审查，并核实申报数据之间的逻辑对应关系。

项目实施

一、计算本月应纳增值税税额

当期申请抵扣进项税额=20 928.28（元）。

当期应税销项税额=32 490.56（元）。

当期应纳增值税税额=32 490.56−20 928.28−5 600.12=5 962.16（元）。

二、账务处理

（1）3月15日，应收的广告展板喷绘款如下。

借：应收账款　30 000
　　贷：主营业务收入　283 018.87
　　　　应交税费——应交增值税（销项税额）　16 981.13

（2）3月15日，以转账支票支付湖北电视台2015年1月至2015年3月广告发布费240 000元。

借：主营业务成本——广告发布费　226 415.09
　　应交税费——应交增值税（进项税额）　13 584.91
　　贷：银行存款　240 000

（3）向武汉向日葵医院结算应收的电视广告费260 000元，款未收。

借：应收账款——武汉向日葵医院　260 000
　　贷：主营业务收入　245 283.02
　　　　应交税费——应交增值税（销项税额）　14 716.98

（4）以银行存款22 464元购买原材料。

借：原材料——书写纸　19 200
　　应交税费——应交增值税（进项税额）　3 264
　　贷：银行存款　22 464

（5）收到武汉万源建筑工程公司开具的金额为14 000元的转账支票一张，系付我方替其在晚报发布广告的广告款，企业当日填列进账单到银行进账。

借：银行存款　14 000
　　贷：主营业务收入　13 207.55
　　　　应交税费——应交增值税（销项税额）　792.45

（6）以转账支票23 400元购买固定资产印刷机一台。现金支付印刷机安装费780元。

借：固定资产——印刷机　20 666.67
　　应交税费——应交增值税（进项税额）　3 513.33
　　贷：银行存款　23 400
　　　　现金　780

（7）收到武汉晚报开具的向我方收取10 000元广告发布费增值税专用发票，同日公司开出金额为7 000元的转账支票一张。

借：主营业务成本——广告发布费　9 433.96
　　应交税费——应交增值税（进项税额）　566.04
　　贷：银行存款　7 000
　　　　应付账款　3 000

三、填写“增值税纳税申报表”

“增值税纳税申报表”的填写如表2-7所示。

表 2-7

增值税纳税申报表

（适用于增值税一般纳税人）

根据国家税收法律法规及增值税相关规定制定本表。纳税人不论有无销售额，均应按税务机关核定的纳税期限填写本表，并向当地税务机关申报。

税款所属时间：自 2015 年 3 月 1 日至 2015 年 3 月 31 日　　　　填表日期：2015 年 4 月 10 日

金额单位：元（列至角分）

纳税人识别号	420102767991338					所属行业：现代服务业	
纳税人名称（公章）	武汉智慧树广告策划有限公司	法定代表人姓名	马良	注册地址	武汉市武昌区阅马场景观大厦 1216 室	营业地址	武汉市武昌区阅马场景观大厦 1216 室
开户银行及账号	中行首义路分理处 83301040001688	企业登记注册类型	有限责任公司			电话号码	027-85287711

项目		栏次	一般货物及劳务		即征即退货物及劳务	
			本月数	本年累计	本月数	本年累计
销售额	（一）按适用税率征税货物及劳务销售额	1	541 509.44	541 509.44		
	其中：应税货物销售额	2				
	应税劳务销售额	3				
	纳税检查调整的销售额	4				
	（二）按简易征收办法征税货物销售额	5				
	其中：纳税检查调整的销售额	6				
	（三）免税、抵税、退税办法出口货物销售额	7				
	（四）免税货物及劳务销售额	8				
	其中：免税货物销售额	9				
	免税劳务销售额	10				
税款计算	销项税额	11	32 490.56	32 490.56		
	进项税额	12	20 928.28	20 928.28		
	上期留抵税额	13	5 600.12	5 600.12		
	进项税额转出	14				
	免抵退货物应退税额	15				
	按适用税率计算的纳税检查应补缴税额	16				
	应抵扣税额合计	17=12+13-14-15+16	26 528.40	26 528.40		
	实际抵扣税额	18（如 17<11，则为 17，否则为 11）	26 528.40	26 528.40		
	应纳税额	19=11-18	5 962.16	5 962.16		
	期末留抵税额	20=17-18				
	按简易征收办法计算的应纳税额	21				

续表

<table>
<tr><td colspan="2" rowspan="2">项目</td><td rowspan="2">栏次</td><td colspan="2">一般货物及劳务</td><td colspan="2">即征即退货物及劳务</td></tr>
<tr><td>本月数</td><td>本年累计</td><td>本月数</td><td>本年累计</td></tr>
<tr><td rowspan="3">税款计算</td><td>按简易征收办法计算的纳税检查应补缴税额</td><td>22</td><td></td><td></td><td></td><td></td></tr>
<tr><td>应纳税额减征额</td><td>23</td><td></td><td></td><td></td><td></td></tr>
<tr><td>应纳税额合计</td><td>24=19+21-23</td><td>5 962.16</td><td>5 962.16</td><td></td><td></td></tr>
<tr><td rowspan="14">税款缴纳</td><td>期初未缴税额（多缴为负数）</td><td>25</td><td></td><td></td><td></td><td></td></tr>
<tr><td>实收出口开具专用缴款书退税额</td><td>26</td><td></td><td></td><td></td><td></td></tr>
<tr><td>本期已缴税额</td><td>27=28+29+30+31</td><td></td><td></td><td></td><td></td></tr>
<tr><td>①分次预缴税额</td><td>28</td><td></td><td></td><td></td><td></td></tr>
<tr><td>②出口开具专用缴款书预缴税额</td><td>29</td><td></td><td></td><td></td><td></td></tr>
<tr><td>③本期缴纳上期应纳税额</td><td>30</td><td></td><td></td><td></td><td></td></tr>
<tr><td>④本期缴纳欠缴税额</td><td>31</td><td></td><td></td><td></td><td></td></tr>
<tr><td>期末未缴税额（多缴为负数）</td><td>32=24+25+26-27</td><td></td><td></td><td></td><td></td></tr>
<tr><td>其中：欠缴税额（≥0）</td><td>33=25+26-27</td><td></td><td></td><td></td><td></td></tr>
<tr><td>本期应补（退）税额</td><td>34=24-28-29</td><td>5 962.16</td><td>5 962.16</td><td></td><td></td></tr>
<tr><td>即征即退实际退税额</td><td>35</td><td></td><td></td><td></td><td></td></tr>
<tr><td>期初未缴查补税额</td><td>36</td><td></td><td></td><td></td><td></td></tr>
<tr><td>本期入库查补税额</td><td>37</td><td></td><td></td><td></td><td></td></tr>
<tr><td>期末未缴查补税额</td><td>38=16+22+36-37</td><td></td><td></td><td></td><td></td></tr>
<tr><td>授权声明</td><td colspan="3">如果你已委托代理人申报，请填写下列资料：
为代理一切税务事宜，现授权（地址）
为本纳税人的代理申报人，任何与本申报表有关的往来文件，都可寄予此人。
授权人签字：</td><td>申报人声明</td><td colspan="2">此纳税申报表是根据《中华人民共和国增值税暂行条例》的规定填报的，我相信它是真实的、可靠的、完整的。</td></tr>
</table>

以下由税务机关填写：

收到日期：　　　　接收人：　　　　主管税务机关盖章：

附表 1

增值税纳税申报表附列资料（一）

（本期销售情况明细）

税款所属时间：2015 年 3 月 1 日至 2015 年 3 月 31 日

纳税人名称：（公章）

金额单位：元（列至角分）

项目及栏次				开具税控增值税专用发票		开具其他发票		未开具发票		纳税检查调整		合计			应税服务扣除项目本期实际扣除金额	扣除后	
				销售额	销项（应纳）税额	销售额	销项（应纳）税额	销售额	销项（应纳）税额	销售额	销项（应纳）税额	销售额	销项（应纳）税额	价税合计		含税（免税）销售额	销项（应纳）税额
				1	2	3	4	5	6	7	8	9=1+3+5+7	10=2+4+6+8	11=9+10	12	13=11−12	14=13÷（100%+税率或征收率）×税率或征收率
一、一般计税方法征税	全部征税项目	17%税率的货物及加工修理修配劳务	1											—	—	—	—
		17%税率的有形动产租赁服务	2														
		13%税率	3											—	—	—	—
		11%税率	4														
		6%税率	5	541 509.44	32 490.56												
	其中：即征即退项目	即征即退货物及加工修理修配劳务	6	—	—	—	—	—	—	—	—			—	—	—	—
		即征即退应税服务	7	—	—	—	—	—	—	—	—						

续表

项目及栏次				开具税控增值税专用发票		开具其他发票		未开具发票		纳税检查调整		合计			应税服务扣除项目本期实际扣除金额	扣除后	
				销售额	销项（应纳）税额	销售额	销项（应纳）税额	销售额	销项（应纳）税额	销售额	销项（应纳）税额	销售额	销项（应纳）税额	价税合计		含税（免税）销售额	销项（应纳）税额
				1	2	3	4	5	6	7	8	9=1+3+5+7	10=2+4+6+8	11=9+10	12	13=11−12	14=13÷（100%+税率或征收率）×税率或征收率
二、简易计税方法征税	全部征税项目	6%征收率	8							—	—			—	—	—	—
		5%征收率	9							—	—			—	—	—	—
		4%征收率	10							—	—			—	—	—	—
		3%征收率的货物及加工修理修配劳务	11							—	—			—	—	—	—
		3%征收率的应税服务	12							—	—						
	其中：即征即退项目	即征即退货物及加工修理修配劳务	13	—	—	—	—	—	—	—	—			—	—	—	—
		即征即退应税服务	14	—	—	—	—	—	—	—	—						
三、免抵退税	货物及加工修理修配劳务		15	—	—		—		—	—	—		—	—	—	—	—
	应税服务		16	—	—		—		—	—	—		—				—
四、免税	货物及加工修理修配劳务		17				—		—	—	—		—	—	—	—	—
	应税服务		18	—	—		—		—	—	—		—				—

附表 2　　增值税纳税申报表附列资料（二）

（本期进项税额明细）

税款所属时间：2015 年 3 月 1 日至 2015 年 3 月 31 日

纳税人名称：（公章）　　金额单位：元（列至角分）

一、申报抵扣的进项税额				
项目	栏次	份数	金额	税额
（一）认证相符的税控增值税专用发票	1=2+3			
其中：本期认证相符且本期申报抵扣	2	5	275 715.72	32 490.56
前期认证相符且本期申报抵扣	3			
（二）其他扣税凭证	4=5+6+7+8			
其中：海关进口增值税专用缴款书	5			
农产品收购发票或者销售发票	6			
代扣代缴税收缴款凭证	7		—	
运输费用结算单据	8			
	9	—	—	—
	10	—	—	—
（三）外贸企业进项税额抵扣证明	11	—	—	
当期申报抵扣进项税额合计	12=1+4+11			

二、进项税额转出额		
项目	栏次	税额
本期进项税转出额	13=14 至 23 之和	
其中：免税项目用	14	
非应税项目用、集体福利、个人消费	15	
非正常损失	16	
简易计税方法征税项目用	17	
免抵退税办法不得抵扣的进项税额	18	
纳税检查调减进项税额	19	
红字专用发票通知单注明的进项税额	20	
上期留抵税额抵减欠税	21	
上期留抵税额退税	22	
其他应作进项税额转出的情形	23	

三、待抵扣进项税额				
项目	栏次	份数	金额	税额
（一）认证相符的税控增值税专用发票	24	—	—	—
期初已认证相符但未申报抵扣	25			
本期认证相符且本期未申报抵扣	26			
期末已认证相符但未申报抵扣	27			
其中：按照税法规定不允许抵扣	28			
（二）其他扣税凭证	29=30 至 33 之和			
其中：海关进口增值税专用缴款书	30			
农产品收购发票或者销售发票	31			
代扣代缴税收缴款凭证	32		—	
运输费用结算单据	33			
	34			

续表

四、其他				
项目	栏次	份数	金额	税额
本期认证相符的税控增值税专用发票	35			
代扣代缴税额	36	—	—	

附表3　　增值税纳税申报表附列资料（三）

（应税服务扣除项目明细）

税款所属时间：2015年3月1日至2015年3月31日

纳税人名称：（公章）　　武汉智慧树广告策划有限公司　　金额单位：元（列至角分）

项目及栏次	本期应税服务价税合计额（免税销售额）	应税服务扣除项目				
		期初余额	本期发生额	本期应扣除金额	本期实际扣除金额	期末余额
	1	2	3	4=2+3	5（5≤1且5≤4）	6=4-5
17%税率的有形动产租赁服务						
11%税率的应税服务						
6%税率的应税服务						
3%征收率的应税服务						
免抵退税的应税服务						
免税的应税服务						

附表4　　固定资产进项税额抵扣情况表

纳税人识别号：420102767991338　　纳税人名称（公章）：武汉智慧树广告策划有限公司

填表日期：2015年4月10日　　金额单位：元（列至角分）

项目	当期申报抵扣的固定资产进项税额	当期申报抵扣的固定资产进项税额累计
增值税专用发票	3 513.33	3 513.33
海关进口增值税专用缴款书		
合　　计	3 513.33	3 513.33

知识训练

1. 单项选择题

（1）下列项目中，不属于增值税征税范围的是（　　）。

A. 商品期货　　B. 提供加工劳务

C. 销售不动产　　D. 典当行销售典当物品

（2）下列各项中，属于增值税征收范围的是（　　）。

A. 提供餐饮服务　　B. 提供金融服务

C. 提供旅游服务　　　　　　　　　　D. 提供交通运输服务

（3）下列行为属于视同销售货物，应征收增值税的是（　　）。

A. 某商店为服装厂代销儿童服装

B. 某批发部门将外购的部分饮料用于职工福利

C. 某企业将外购的水泥用于基建工程

D. 某企业将外购的洗衣粉用于个人消费

（4）下列应确定为增值税一般纳税人的是（　　）。

A. 年应税销售额在 100 万元以上的百货商店

B. 个人（个体经营者除外）

C. 不经常发生增值税应税行为的企业

D. 非企业性单位

（5）下列货物中，应按 13%的税率计征增值税的是（　　）。

A. 古旧图书　　B. 汽车　　C. 酸奶　　D. 食用植物油

（6）纳税人既经营增值税应税劳务，又兼营营业税应税劳务且又未分别核算的，其兼营的营业税应税劳务收入与增值税的应税劳务收入应（　　）。

A. 由主管税务机关核定　　　　　　B. 一并征收增值税

C. 一并征收营业税　　　　　　　　D. 按照最高税率征税

（7）某服装厂受托加工一批演出服装，衣料由某剧团提供，某剧团支付加工费 9 000 元，增值税由（　　）缴纳。

A. 服装厂　　　　　　　　　　　　B. 剧团

C. 服装厂代扣代缴　　　　　　　　D. 剧团代扣代缴

（8）某木材厂是增值税一般纳税人，本月向小规模纳税人购进原木 1 000 立方，单价 600 元/立方，取得普通发票，则木材厂该批木材的进项税额为（　　）元。

A. 85 000　　B. 65 000　　C. 50 000　　D. 0

（9）纳税人为销售货物而出租包装物收取押金，对其逾期未收回包装物而不再退还的押金，应并入销售额征收增值税，并入销售额的押金所适用的税率是（　　）。

A. 包装物的适用税率　　　　　　　B. 所包装货物的适用税率

C. 包装物和所包装货物的平均税率　D. 3%的征收率

（10）下列行为属于增值税混合销售行为的有（　　）。

A. 计算机公司从事计算机销售，又对外提供修理服务

B. 饭店在提供餐饮服务的同时销售酒水

C. 防盗门商店销售产品并进行安装

D. 建材商店销售建材，又为其他客户提供装饰服务

（11）甲企业销售给乙企业一批货物，乙企业因资金紧张，无法支付货币资金，经双方友好协商，乙企业用自产的产品抵顶欠款，则下列表述正确的是（　　）。

A. 甲企业收到乙企业的抵顶货物不应作购货处理

B. 乙企业发出抵顶货款的货物不应作销售处理，不应计算销项税额

C. 甲、乙双方发出的货物都作销售处理，但收到的货物所含增值税额一律不能计入进项税额

D. 甲、乙双方都应作购销处理，可对开增值税专用发票，分别核算销售额和购进

额，并计算销项税额和进项税额

（12）对纳税人为销售货物而出租出借包装物收取的押金，其增值税正确的计税方法是（　　）。

A. 单独记账核算的，一律不并入销售额征税，对逾期收取的包装物押金，均计入销售额征税

B. 酒类包装物押金，一律并入销售额计税，其他货物押金，单独记账核算的，不计入销售额征税

C. 无论会计如何核算，均应计入销售额计算缴纳增值税

D. 对销售除啤酒、黄酒外的其他酒类产品收取的包装物押金，均应计入当期销售额征税，其他货物押金，单独记账且未逾期者，不计算缴纳增值税

（13）采取赊销方式销售货物，增值税纳税义务的发生时间是（　　）。

A. 收到销售额的当天　　B. 货物发出的当天

C. 合同约定的收款日期的当天　　D. 取得索取销售额凭据的当天

（14）某商场赊销货物一批，合同约定的收款时间是8月20日，直到8月月末仍没有收到货款，该批货物销售处理的方法正确的是（　　）。

A. 不作销售处理，不计算缴纳增值税　　B. 应作销售处理，并计算缴纳增值税

C. 应作销售处理，可缓征增值税　　D. 不作销售处理，但应计算缴纳增值税

（15）下列销售业务中，可以开具增值税专用发票的是（　　）。

A. 向个人消费者销售应税货物　　B. 向个人消费者销售免税货物

C. 将自产货物用于对外投资　　D. 将自产货物用于集体福利

2. 多项选择题

（1）根据我国现行增值税的规定，纳税人提供下列劳务应当缴纳增值税的有（　　）。

A. 汽车的修配　　B. 房屋的修理　　C. 房屋的装潢　　D. 受托加工白酒

（2）在以下单位中，属于增值税纳税人的是（　　）。

A. 进口固定资产设备的企业　　B. 销售商品房的公司

C. 销售杂货的个体户　　D. 生产销售家用电器的公司

（3）我国现行增值税法规，按（　　）将增值税纳税人划分为一般纳税人和小规模纳税人。

A. 主管税务机关的行政级别　　B. 会计核算是否健全

C. 经营规模（年销售额）的大小　　D. 盈利的多少

（4）在下列各项行为中，应当征收增值税的是（　　）。

A. 将货物交付他人代销

B. 销售代销的货物

C. 将自产、委托加工或购买的货物分配给股东或者投资者

D. 将自产、委托加工或购买的货物无偿赠送他人

（5）下列货物中，应按13%税率征收增值税的货物有（　　）。

A. 粮食、鲜奶　　B. 报纸、杂志　　C. 农业机械配件　　D. 生产用进口机器

（6）增值税的销售额为纳税人销售货物或者提供应税劳务从购买方或承受应税劳务方收取的全部价款和价外费用。其价外费用的范围包括（　　）。

A. 销售汽车的同时代办保险而向顾客收取的保险费

B. 销售货物向对方收取的违约金

C. 销售货物向对方收取的增值税销项税额

D. 销售货物向对方收取的包装费

（7）增值税一般纳税人取得的下列凭据中，可据以抵扣进项税额的是（　　）。

A. 外购免税农产品的收购凭证

B. 外购大型设备取得的增值税专用发票

C. 外购原材料支付运费取得的运输企业增值税专用发票

D. 购买货物途中发生非正常损失货物的增值税专用发票

（8）我国适用的出口货物的税收政策有（　　）。

A. 出口免税并退税　　B. 出口免税不退税

C. 出口退税不免税　　D. 出口不免税也不退税

（9）纳税人销售的下列货物中，属于免征增值税的有（　　）。

A. 由残疾人直接进口供正常人使用的物品

B. 农业生产者销售农业产品

C. 小规模纳税人提供应税劳务和销售货物

D. 销售古旧图书

（10）下列关于增值税申报地点表述正确的有（　　）。

A. 固定业户应当向机构所在地主管税务机关申报纳税

B. 非固定业户应当向销售地或劳务发生地主管税务机关申报纳税

C. 进口货物应当向报关地海关申报纳税

D. 总机构和分支机构不在同一县（市）的，应当分别向各自所在地主管税务机关申报纳税，但经批准也可由总机构汇总向机构所在地主管税务机关申报纳税

3. 判断题

（1）增值税一般纳税人将自产的货物无偿赠送他人，不征收增值税。（　　）

（2）在同一县（市）并实行统一核算的两个机构之间发生的货物转移行为，应认定为视同销售行为。（　　）

（3）纳税人采取折扣方式销售货物，销售额和折扣额不在同一张发票上分别注明的，可按折扣后的销售额征收增值税。（　　）

（4）某企业将已经抵扣进项税额的购进货物用于修建礼堂，应将该货物的进项税额从当期发生的进项税额中转出。（　　）

（5）增值税小规模纳税人不得领用增值税专用发票。（　　）

（6）采取还本销售方式销售货物，销售额是货物的销售价格减除还本支出后的余额。（　　）

（7）固定业户到外县（市）销售货物的，应当向其机构所在地主管税务机关申请开具外出经营活动税收管理证明，并向销售地主管税务机关申报纳税。（　　）

（8）一般纳税人销售货物或提供应税劳务，只能向购买方开具增值税专用发票，不能开具普通发票。（　　）

（9）增值税出口退税，可由企业选择“免、抵、退”税办法或“先征后退”办法。（　　）

（10）转让土地、房屋的收入应当征收增值税。（　　）

4．计算题（单项选择）

（1）某百货商店为小规模纳税人，2015年6月销售商品收入（含增值税）88 192.00元，当月该企业应纳的增值税是（　　）元。

A．2 568.69　　B．4 992　　C．3 527.68　　D．2 645.76

（2）某生产喷雾器的农机厂为增值税一般纳税人，2015年3月生产销售喷雾器，取得不含税销售收入50万元；为农民修理喷雾器取得修理费收入10万元（不含税）。当月购入零配件增值税专用发票上注明的税款为3.4万元，零配件已入库。该厂3月应纳的增值税额为（　　）万元。

A．6.8　　B．4.8　　C．4.4　　D．7.8

（3）某商业企业小规模纳税人从某副食品工厂购进各种小食品销售。某月购进各种小食品共30 000元，该纳税人采用价税合并方式当月销售小食品45 000元，其应纳增值税税额为（　　）元。

A．450　　B．6 538.46　　C．1 310.68　　D．2 179.49

（4）某啤酒厂为增值税一般纳税人，某月向小规模纳税人销售啤酒，开具普通发票注明金额81 900元；同时收取包装物押金1 000元；则当月此项业务的增值税销项税额为（　　）元。

A．2 414.56　　B．2 385.44　　C．12 045.30　　D．11 900

（5）某图书中心（增值税一般纳税人）批发图书一批，每册定价23.40元（含税），共计1 000册。由于购买数量多，按七折优惠价成交，并将折扣额与销售额开具在同一张发票上，同时约定10天内付款享受2%的折扣，20天内付款享受1%的折扣。购买方第9天付款，则销项税额为（　　）元。

A．2 380　　B．1 820　　C．2 548　　D．1 783.60

（6）某超市为增值税一般纳税人，某月采取“以旧换新”方式销售电动车，开出普通发票20张，共收到货款40 000元，并注明已扣除旧货折价10 000元，则该超市当月此项业务的增值税销项税额为（　　）元。

A．5 811.97　　B．6 800　　C．7 264.96　　D．8 500

（7）某增值税一般纳税人向农业联产承包户购进棉花一批，支付货款10 000元，取得普通发票，则棉花的采购成本为（　　）元。

A．10 000　　B．8 300　　C．8 700　　D．11 300

（8）某外贸进出口公司进口卷烟一批，到岸价格为80 000元，应纳关税160 000元，应纳消费税200 000元。其进口环节应纳增值税税额为（　　）元。

A．74 800　　B．40 800　　C．13 600　　D．0

（9）某超市（增值税一般纳税人）月末盘点发现由于管理不善库存的外购糖果受潮变质，账面成本为20 000元，则不得抵扣的进项税额为（　　）元。

A．2 905.98　　B．3 978　　C．3 400　　D．0

（10）某商业企业（增值税一般纳税人）月初进口外国干果一批，缴纳进口增值税税额17 000元，并取得海关完税凭证。本月内销货物300 000元（不含税），本月国内销售应纳的增值税为（　　）元。

A．51 000　　B．34 000　　C．17 000　　D．0

技能训练

一、增值税一般纳税人纳税申报实训

（一）实训目的

（1）熟悉增值税纳税申报流程。
（2）熟悉、掌握增值税一般纳税人申报原理。
（3）掌握增值税纳税申报表及附表的填制。
（4）熟悉、掌握增值税的账务处理。

（二）实训程序

发票数据采集→填写增值税附表资料→增值税纳税申报主表填报。

（三）实训资料

益天办公用品责任有限公司为增值税一般纳税人。主营业务为办公用品的销售。纳税人识别号为 310103092742315。2015 年 3 月发生如下业务。

1. 进项抵扣数据

益天办公用品责任有限公司 2015 年 2 月销售一般货物和劳务期末留抵税额为 31 026.49 元，2015 年 3 月进项税资料如下。

（1）购进货物取得进项税额抵扣联发票资料如下。

发票代码	发票号码	货物或应税劳务名称	不含税金额	税额	销货单位	纳税人识别号	认证日期
2201112142	00386205	打印机	16 913.06	2 875.22	三合科技有限公司	220165719643251	2015-03-21
1101101270	00562021	电脑	3 520.19	598.43	联想科技有限公司	110132957001526	2015-03-05
2201112142	00386186	复印机	368 926.86	62 717.57	三合科技有限公司	220165719643251	2015-03-06
小计			389 360.11	66 191.22			

注：购入电脑符合对购进固定资产进项税抵扣的规定，经税务机关允许可以抵扣购进电脑支付的进项税额，报表人员应根据允许抵扣的固定资产进项税额填写固定资产进项税额抵扣情况表。

（2）运输发票抵扣联数据。益天公司 2015 年 3 月购货取得进项货物运输业增值税专用发票资料如下。

① 运输业增值税专用发票数据如下。

发票代码	发票号码	货物或应税劳务名称	含税金额	销货单位	纳税人识别号	认证日期
5100133730	00036101	打印机	23 055.71	内江凌丰汽车运输有限责任公司	51100272362522X	2015-03-21

注：起运地、经由，到达地：河南郑州到浙江杭州。

② 海关完税凭证数据。

完税证号码	进口口岸代码	完税金额	税率	完税税额
530120111012152190-L02	5301	10 369.20	17%	1 762.76
小计		10 369.20		1 762.76

注：货物名称为打印机；计量单位为台；数量为1。

2. 销项发票数据

益天公司2015年3月实现销售数据如下。

（1）防伪税控专用发票存根联上的信息（发票存根联图片略）如下。

发票代码	发票号码	货物或应税劳务名称	不含税金额	税额	购货单位	纳税人识别号
3301112142	00000025	打印机	168 392.00	28 626.64	立天实业有限公司	330124719535921
3301112142	00000026	打印机	245 132.19	41 672.47	新大印刷有限公司	110165712567527
3301112142	00000027	打印机	9 816.13	1 668.74	鑫鑫科技有限公司	220124714619921
小　计			423 340.32	71 967.85		

（2）其他销项发票情况。益天公司2015年3月销售打印机实现销售并开具增值税普通发票资料如下。

普通发票代码	发票起止号码	合计含税销售额
3300133620	10001075～10001121	173 097.77

（3）益天公司2015年3月销售打印机未开具发票销售资料如下。

无票视同销售或纳税检查调整	不含销售额
无票销售收入	31 590.15

任务：（1）计算当月应纳增值税税额。

（2）根据发生业务进行账务处理。

（3）正确填写增值税纳税申报表主表及各附表。

二、增值税小规模纳税人的纳税申报实训

（一）实训目的

（1）熟悉、掌握增值税小规模纳税人“纳税申报表”填写及申报原理。

（2）熟悉增值税小规模纳税人不含税销售额公式计算及小规模纳税人征收率。

（3）熟悉、掌握《中华人民共和国增值税法》及其暂行条例基本原理。

（二）实训程序

计算当期不含税销售额→填写增值税小规模纳税人“纳税申报表”。

（三）实训材料

深圳市菱电制冷设备销售有限公司为增值税小规模纳税人，2015 年 3 月主要业务如下。

（1）企业为安民农副产品贸易有限公司进行了检修冷件温度传感电路，费用 200 元；同时销售了 2 瓶氟利昂 520 元，2 副空调过滤网 240 元，以上款项未收回。

深圳市国家税务局通用机打发票

记账联

发票代码 134051322121

发票号码 00091688

网络发票号：00091688

开票日期：2015年3月5日　　行业分类：其他

付款方名称	安民农副产品贸易有限公司	销售方名称	深圳市菱电制冷设备销售有限公司
付款方地址及电话		销售方地址及电话	
车牌号/识别号		销售方识别号	
付款方银行及账号		销售方银行及账号	

品名	数量	含税单价	金额
检修冷件温度传感电路	1	200.00	200.00
氟利昂	2	260.00	520.00
空调过滤网	2	120.00	240.00
开票金额（大写）玖佰陆拾元整		¥960.00	

国税2011.12×40000份×3 杭州国瑞印务有限公司承印

第二联 记账收款方记账凭证 手开无效

本发票开具总金额限十万元以内有效　开票人：祁玲　　开票单位（未盖章无效）

（2）企业为深圳市兴隆建筑安装有限责任公司进行空调移机、安装共花费 800 元，以及销售了 2 对空调不锈钢加厚版支架 116 元，2 瓶空调氟利昂 510 元，以上款项已经通过银行转账收讫。

深圳市国家税务局通用机打发票

记账联

发票代码 134051322121

发票号码 00091689

网络发票号：

开票日期：2015年3月6日　　行业分类：其他

付款方名称	深圳市兴隆建筑安装有限责任公司	销售方名称	深圳市菱电制冷设备销售有限公司
付款方地址及电话		销售方地址及电话	
车牌号/识别号		销售方识别号	
付款方银行及账号		销售方银行及账号	

品名	数量	含税单价	金额
空调移机、安装	1	800.00	800.00
空调不锈钢加厚版支架	2	116.00	116.00
2瓶空调氟利昂	2	255.00	510.00
开票金额（大写）壹仟肆佰贰拾陆元整		¥1426.00	

国税2011.12×40000份×3 杭州国瑞印务有限公司承印

第二联 记账收款方记账凭证 手开无效

本发票开具总金额限十万元以内有效　开票人：祁玲　　开票单位（未盖章无效）

（3）企业为深圳大润发有限公司进行了冷库设备及安装取得收入 17 600 元，款项未收回。

深圳市国家税务局通用机打发票

记账联

发票代码 134051322121

发票号码 00091690

网络发票号:

开票日期：2015年3月6日　　行业分类：其他

付款方名称	深圳大润发有限公司	销售方名称	深圳市菱电制冷设备销售有限公司
付款方地址及电话		销售方地址及电话	
车牌号/识别号		销售方识别号	
付款方银行及账号		销售方银行及账号	

品名	数量	含税单价	金额
冷库设备安装	1	8800.00	8800.00
开票金额（大写） 捌仟捌佰元整			￥8800.00

本发票开具总金额限十万元以内有效　开票人：祁玲　　开票单位（未盖章无效）

国税2011.12×40000份×3 杭州国瑞印务有限公司承印

第二联 记账收款方记账凭证 手开无效

深圳市国家税务局通用机打发票

记账联

发票代码 134051322121

发票号码 00091691

网络发票号:

开票日期：2015年3月6日　　行业分类：其他

付款方名称	深圳大润发有限公司	销售方名称	深圳市菱电制冷设备销售有限公司
付款方地址及电话		销售方地址及电话	
车牌号/识别号		销售方识别号	
付款方银行及账号		销售方银行及账号	

品名	数量	含税单价	金额
冷库设备安装	1	8800.00	8800.00
开票金额（大写） 捌仟捌佰元整			￥8800.00

本发票开具总金额限十万元以内有效　开票人：祁玲　　开票单位（未盖章无效）

国税2011.12×40000份×3 杭州国瑞印务有限公司承印

第二联 记账收款方记账凭证 手开无效

（4）3月20日，销售自己使用过的固定资产收到含税收入3 500元。

深圳市国家税务局通用机打发票

记账联

发票代码 134051322121

发票号码 00091693

网络发票号:

开票日期：2015年3月20日　　行业分类：其他

付款方名称	深圳方心装饰有限公司	销售方名称	深圳市菱电制冷设备销售有限公司
付款方地址及电话		销售方地址及电话	
车牌号/识别号		销售方识别号	
付款方银行及账号		销售方银行及账号	

品名	数量	含税单价	金额
冷机	1	3500.00	3500.00
开票金额（大写） 叁仟伍佰元整			￥3500.00

本发票开具总金额限十万元以内有效　开票人：祁玲　　开票单位（未盖章无效）

国税2011.12×40000份×3 杭州国瑞印务有限公司承印

第二联 记账收款方记账凭证 手开无效

任务：（1）计算当月增值税应纳税额。

（2）根据发生业务进行账务处理。

（3）填写增值税小规模纳税申报表。

提示：小规模纳税人起征点的规定。

项目三

消费税纳税实务

【工作过程描述】

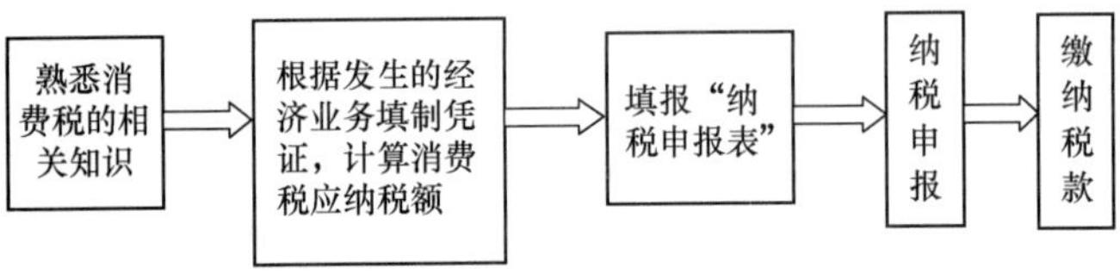

【技能目标】

能利用消费税的相关知识进行消费税应纳税额的计算并进行纳税申报。

项目引入

广州佳丽宝有限公司为增值税一般纳税人，纳税人识别号为 440010664000120，主要从事成套化妆品生产、销售等业务。期初库存外购香精买价 10 万元，当期购进香精买价 0 万元，期末库存外购香精买价 2 万元。

2015 年 4 月发生如下业务，如图 3-1～图 3-3 所示。

4400141620 **广东增值税专用发票** N007178913

（印章：全国统一发票监制章 广东 国家税务总局监制）

记账联

开票日期：2015年04月12日

购货单位	名　　称：广州英菲贸易有限公司 纳税人识别号：440100673469719 地 址 、电 话：广州市白云区太和道3629号 020-873452920 开户行及账号：广州银行科学城支行800182292308010	密码区	5<-/566<273>21/0990// >/59220556+4/75>+980/ -7->-0008+8//525889<0 *1>-28*036+55-170>>0+	加密版本：01 4400141620 07178913

货物或应税劳务名称	规格型号	单位	数量	单价	金额	税率	税额
佳丽宝牌化妆品		套	500.00	698.32189	349160.95	17%	59357.36
合　计					¥349160.95		¥59357.36
价税合计（大写）	肆拾万零捌仟伍佰壹拾捌元叁角壹分				（小写）¥408519.31		

销货单位	名　　称：广州佳丽宝有限公司 纳税人识别号：440010664000120 地 址 、电 话：广州市越秀区明月一路369号 020-87342690 开户行及账号：招商银行广州市越秀支行 62220236285056	备注	（印章：广州佳丽宝有限公司）

收款人：　　复核：　　开票人：　　销货单位：章

国税函〔2012〕314号厦门安妮股份有限公司

第一联：记账联 销货方记账凭证

图 3-1

4400141620 **广东增值税专用发票** N0071798917

（印章：全国统一发票监制章 广东 国家税务总局监制）

记账联

开票日期：2015年04月18日

购货单位	名　　称：深圳市盛业实业有限公司 纳税人识别号：440301745190291 地 址 、电 话：深圳市福田区深南路265号 0755-88062302 开户行及账号：农行福田支行 622150259332026	密码区	5<-/566<273>21/0990// >/59220556+4/75>+980/ -7->-0008+8//525889<0 *1>-28*036+55-170>>0+	加密版本：01 4400141620 071798917

货物或应税劳务名称	规格型号	单位	数量	单价	金额	税率	税额
kanebo化妆品		套	2500	795.369118	1988422.80	17%	338031.88
合　计					¥1988422.80		¥338031.88
价税合计（大写）	贰佰叁拾贰万陆仟肆佰伍拾肆元陆角捌分				（小写）¥2326454.68		

销货单位	名　　称：广州佳丽宝有限公司 纳税人识别号：440010664000120 地 址 、电 话：广州市越秀区明月一路369号 020-87342690 开户行及账号：招商银行广州市越秀支行 62220236285056	备注	（印章：广州佳丽宝有限公司）

收款人：　　复核：　　开票人：　　销货单位：章

国税函〔2012〕314号厦门安妮股份有限公司

第一联：记账联 销货方记账凭证

图 3-2

4400141620　　**广东增值税专用发票**　　N007198919

广东

记账联

开票日期：2015年04月25日

购货单位	名　　称：山西华晨科技有限公司 纳税人识别号：140400538916950 地址、电话：山西长治市长子东旺　728748 开户行及账号：中国农业银行长治市城区支行　04761001423658				密码区	5<-/566<273>21/0990// >/59220556+4/75>+980/ -7->-0008+8//525889<0 *1>-28*036+55-170>>0+	加密版本：01 4400141620 07198919
货物或应税劳务名称	规格型号	单位	数量	单价	金额	税率	税额
kanebo化妆品		套	1500	795.3689866	1193053.48	17%	202819.09
合　　计					¥1193053.48		¥202819.09
价税合计（大写）	壹佰叁拾玖万伍仟捌佰柒拾贰元伍角柒分				（小写）¥1395872.57		
销货单位	名　　称：广州佳丽宝有限公司 纳税人识别号：440010664000120 地址、电话：广州市越秀区明月一路369号　020-87342690 开户行及账号：招商银行广州市越秀支行　62220236285056				备注	广州佳丽宝有限公司	

收款人：　　复核：　　开票人：　　销货单位：章

国税函〔2012〕314号厦门安妮股份有限公司

第一联：记账联　销货方记账凭证

图 3-3

化妆品的消费税税率为 30%。本期生产领用前期购买的香精如表 3-1 所示。

表 3-1　　领料单

仓库：2　　2015 年 4 月 7 日

编号	类别	材料名称	规格	单位	数量		实际价格	
					请领	实发	单价	金额
010204		香精	20kg	桶	8	8	10 000.00	80 000.00
合计								80 000.00
用途	生产化妆品		领料部门		发料部门		财务部门	
			负责人	领料人	核准人	发料人	审核	会计
			张路	王琦	刘均	张鹏	沈玲	闫丽

会计记账联

任务：（1）计算广州佳丽宝有限公司本期应纳消费税税额。

（2）进行账务处理。

（3）根据广州佳丽宝有限公司发生的业务进行消费税纳税申报。

相关知识

消费税是以特定消费品和消费行为作为课税对象所征收的一种税，属于流转税的范畴。它是在征收增值税的基础上，选择少数消费品再征收一道消费税。

目前，世界上已有一百多个国家开征了这一税种或类似税种。我国的消费税是在 1994 年税费改革中新设置的一个税种，规定对 11 种需要限制或调节的消费品开征了消费税。2006

年，为了进一步完善消费税制，对消费税的征收范围进行了调整。2008 年，为了配合增值税转型改革，相关部门对《中华人民共和国消费税暂行条例》与《中华人民共和国消费税暂行条例实施细则》进行了修订，并于 2009 年 1 月 1 日起施行。2014 年 11 月 25 日，经国务院批准，财政部、国家税务总局发布（财税［2014］93 号）《关于调整消费税政策的通知》，该通知自 2014 年 12 月 1 日起执行。

一、消费税的征税范围及税目

《消费税暂行条例》规定了对 5 类产品 13 个税目征收消费税，大致可以分为 3 类：一是影响生态环境和消耗自然资源的消费品，如汽车、摩托车、成品油、木制一次性筷子、鞭炮、焰火、实木地板等；二是过度消费不利于人类健康的消费品，如烟、酒等；三是以少数高收入群体为消费主体的奢侈品类消费品，如高尔夫球及球具、游艇、高档手表及珠宝玉石等。

具体税目如下。

（一）烟

凡是以烟叶为原料加工生产的产品，不论使用何种辅料，均属于本税目的征收范围。本税目下设卷烟、雪茄烟和烟丝 3 个子目。

（1）卷烟按价格和来源分为两类：①甲类卷烟，是指每标准条（200 支）不含增值税调拨价格在 70 元（含）以上的卷烟、进口卷烟和政府规定的其他卷烟（如白包卷烟、手工卷烟）；②乙类卷烟，是指每标准条不含增值税调拨价格价格在 70 元以下的卷烟。

（2）雪茄烟包括各种规格、型号的雪茄烟。

（3）烟丝包括以烟叶为原料加工生产的不经卷制的散装烟。

（二）酒

本税目下设白酒、黄酒、啤酒和其他酒 4 个子目。

酒是指酒精度在 1 度以上的各种酒类饮料。包括白酒、黄酒、啤酒和其他酒。

（1）白酒是以粮食或干鲜薯类为原料，经糖化、发酵后，采用蒸馏方法酿制而成的白酒，包括粮食白酒和薯类白酒。

（2）黄酒是指以各种原料酿制的黄酒和酒精度在 12 度（含）的土甜酒。

（3）啤酒按价格和来源分为两类：①甲类啤酒，是指每吨出厂价（含包装物及包装物押金）在 3 000 元（含 3 000 元，不含增值税）以上的啤酒和娱乐业、饮食业自制的啤酒；②乙类啤酒，是指每吨出厂价（含包装物及包装物押金）不足 3 000 元（不含增值税）的啤酒。

（4）其他酒是指白酒、黄酒、啤酒以外，酒精度在 1 度以上的各种酒，包括糠麸酒、其他原料酒、土甜酒、复制酒、果木酒、汽酒、药酒等。调味料酒不征收消费税。

（三）化妆品

本税目征收范围包括各类美容、修饰类化妆品、高档护肤类化妆品和成套化妆品。

美容、修饰类化妆品是指香水、香水精、香粉、口红、指甲油、胭脂、眉笔、唇笔、蓝眼油、眼睫毛以及成套化妆品。高档护肤类化妆品征收范围另行规定。

舞台、戏剧、影视演员化妆用的上妆油、卸妆油、油彩、发胶和头发漂白剂，不属于本税目的征收范围。

（四）贵重首饰及珠宝玉石

本税目包括各种金银珠宝首饰和经采掘、打磨、加工的各种珠宝玉石。

（1）金银珠宝首饰，是指以金、银、白金、宝石、珍珠、钻石、翡翠、珊瑚、玛瑙等珍贵稀有物质以及其他金属、人造宝石等制作的各种纯金银首饰及镶嵌首饰。

（2）珠宝玉石，是指经采掘、打磨、加工的各种珠宝玉石。

（五）鞭炮、焰火

本税目包括各种鞭炮、焰火。体育上用的发令纸、鞭炮药引线，不按本税目征收。

（六）成品油

本税目下设汽油、柴油、石脑油、溶剂油、航空煤油、润滑油和燃料油 7 个子目。

航空煤油暂缓征收消费税；利用废弃的动物油和植物油为原料生产的纯生物柴油免征消费税；自 2009 年 1 月 1 日起，对成品油生产企业在生产成品油过程中，作为燃料、动力及原料消耗掉的自产成品油，免征消费税。

（七）摩托车

本税目包括气缸容量 250 毫升和 250 毫升（不含）以上的摩托车两种。发动机气缸总工作容量小于 250 毫升的三轮摩托车不征收消费税。

（八）小汽车

汽车是指由动力驱动，具有 4 个或 4 个以上车轮的非轨道承载的车辆。本税目下设乘用车、中轻型商用客车 2 个子目。

（1）乘用车包括含驾驶员座位在内最多不超过 9 个座位（含）的在设计和技术特性上用于载运乘客和货物的各类乘用车。

（2）中轻型商用客车包括含驾驶员座位在内的座位数在 10～23 座（含 23 座）的在设计和技术特性上用于载运乘客和货物的各类中轻型商用客车。

对于购进乘用车和中轻型商用客车整车改装生产的企业，应按规定征收消费税。

车身长度大于 7 米（含），并且座位在 10～23 座（含 23 座）以下的商用客车，不属于中轻型商用客车征收范围，不征收消费税。

电动汽车不属于本税目征收范围。沙滩车、雪地车、卡丁车、高尔夫车不属于消费税征税范围，不征收消费税。

（九）高尔夫球及球具

高尔夫球及球具是指从事高尔夫球运动所需的各种专用装备，包括高尔夫球、高尔夫球杆及高尔夫球包（袋）等。高尔夫球杆的杆头、杆身和握把属于本税目的征收范围。

（十）高档手表

高档手表是指销售价格（不含增值税）每只在 10 000 元（含）以上的各类手表。

（十一）游艇

游艇是指艇身长度大于 8 米（含）小于 90 米（含），内置发动机，可以在水上移动，主要用于水上运动和休闲娱乐等非牟利活动的各类机动艇。

（十二）木制一次性筷子

木制一次性筷子又称卫生筷子，是指以木材为原料经过锯断、浸泡、旋切、刨切、烘干、筛选、打磨、倒角、包装等环节加工而成的各种规格的木制一次性筷子。未经打磨、倒角的木制一次性筷子属于本税目征税范围。

（十三）实木地板

实木地板是指以木材为原料，经锯割、干燥、刨光、截断、开榫、涂漆等工序加工而成的块状或条状的地面装饰材料，包括各种规格的实木地板、实木指接地板、实木复合地板及用于装饰墙壁、天棚的侧端面为榫、槽的实木装饰板。未经涂饰的素板也属于本税目征税范围。

小贴士

自 2015 年 2 月 1 日起对电池（铅蓄电池除外）、涂料征收进口环节消费税，适用税率均为 4%。对无汞原电池、金属氢化物蓄电池（又称“氢镍蓄电池”）、锂原电池、锂离子蓄电池、太阳能电池、燃料电池、全钒液流电池以及施工状态下挥发性有机物含量 420 克/升（含）的涂料免征进口环节消费税。

自 2016 年 1 月 1 日起对铅蓄电池征收进口环节消费税，适用税率为 4%。

二、消费税纳税义务人

凡在我国境内生产、委托加工、进口和零售应税消费品的单位和个人均为消费税纳税义务人。单位是指企业、行政单位、事业单位、军事单位、社会团体及其他单位；个人是指个体经营者及其他个人。

在我国境内是指生产、委托加工和进口属于应当征收消费税的消费品的起运地或所在地在境内。

知识链接

消费税与增值税的关系

消费税与增值税构成流转额交叉征税（双层征收）的格局。缴纳增值税的货物并不都缴纳消费税，而缴纳消费税的货物都是增值税征收范围的货物，都同时缴纳增值税，且属于增值税 17%税率的货物的范围，不涉及低税率，但若是增值税小规模纳税人，会涉及增值税的征收率。消费税除了在上述征税对象范围方面与增值税有差异外，还存在如下差异，如表 3-2 所示。

表 3-2　　消费税与增值税的差异

差异方面	增值税	消费税
征税范围	①销售或进口的货物；②提供加工、修理修配劳务、应税服务	①生产应税消费品；②委托加工应税消费品；③进口应税消费品；④零售应税消费品
纳税环节	多环节征收，同一货物在生产、批发、零售、进出口多环节征收	纳税环节相对单一，除卷烟在批发环节又征收一次消费税外，其余的都是单一环节征收
计税依据	计税依据具有单一性，只有从价定率计税	计税依据具有多样性，包括从价定率计税、从量定额计税和复合计税
与价格的关系	增值税属于价外税	消费税属于价内税

三、消费税的税率

我国现行消费税的计税方法有从价计征、从量计征和复合计征 3 种，相应的消费税有比例税率、定额税率和复合税率 3 种形式。各种应税消费品的具体税率如表 3-3 所示（此表调整截止 2015 年 1 月 13 日财税［2015］11 号的规定）。

表 3-3　　消费税税目税率表

<table>
<tr><th colspan="2">税目</th><th>征税范围</th><th>计税单位</th><th>税率</th></tr>
<tr><td colspan="5">一、烟</td></tr>
<tr><td colspan="5">1. 卷烟</td></tr>
<tr><td rowspan="2">生产环节</td><td>（1）甲类卷烟</td><td>每标准条（200 支）不含增值税调拨价格在 70 元（含）以上</td><td>支</td><td>56%加 0.003 元/支</td></tr>
<tr><td>（2）乙类卷烟</td><td>每标准条不含增值税调拨价格在 70 元以下</td><td>支</td><td>36%加 0.003 元/支</td></tr>
<tr><td>批发环节</td><td>甲、乙类卷烟</td><td></td><td></td><td>11%加 0.005 元/支</td></tr>
<tr><td colspan="2">2. 雪茄烟</td><td></td><td>支</td><td>36%</td></tr>
<tr><td colspan="2">3. 烟丝</td><td></td><td>支</td><td>30%</td></tr>
<tr><td colspan="5">二、酒</td></tr>
<tr><td colspan="2">1. 白酒</td><td></td><td>斤（500 克）或 500 毫升</td><td>20%加 0.5 元/500 克（或 500 毫升）</td></tr>
<tr><td colspan="2">2. 黄酒</td><td></td><td>吨</td><td>240 元/吨</td></tr>
<tr><td colspan="5">3. 啤酒</td></tr>
<tr><td colspan="2">（1）甲类啤酒</td><td>每吨出厂价格（含包装物及包装物押金 3 000 元（含 3 000 元，不含增值税）以上的及娱乐业、饮食业自制的</td><td>吨</td><td>250 元/吨</td></tr>
<tr><td colspan="2">（2）乙类啤酒</td><td>每吨不足 3 000 元</td><td>吨</td><td>220 元/吨</td></tr>
<tr><td colspan="2">4. 其他酒</td><td></td><td></td><td>10%</td></tr>
<tr><td colspan="2">三、化妆品</td><td>含成套化妆品</td><td></td><td>30%</td></tr>
<tr><td colspan="5">四、贵重首饰及珠宝玉石</td></tr>
<tr><td colspan="2">1. 金银首饰、铂金首饰和钻石饰品</td><td></td><td></td><td>5%</td></tr>
<tr><td colspan="2">2. 其他贵重首饰和珠宝玉石</td><td></td><td></td><td>10%</td></tr>
<tr><td colspan="2">五、鞭炮、焰火</td><td></td><td></td><td>15%</td></tr>
</table>

续表

税目	征税范围	计税单位	税率
六、成品油			
1. 汽油		升	1.52 元
2. 柴油		升	1.20 元
3. 航空煤油		升	1.20 元
4. 石脑油		升	1.52 元
5. 溶剂油		升	1.52 元
6. 润滑油		升	1.52 元
7. 燃料油		升	1.20 元
七、摩托车			
1. 汽车容量（排气量，下同）	250 毫升		3%
2. 汽缸容量	250 毫升以上		10%
八、小汽车			
1. 乘用车			
（1）气缸容量（排气量，下同）	在 1.0 升（含）以下的		1%
（2）气缸容量	1.0 升以上至 1.5 升（含）的		3%
（3）气缸容量	1.5 升以上至 2.0 升（含）的		5%
（4）气缸容量	2.0 升以上至 2.5 升（含）的		9%
（5）气缸容量	2.5 升以上至 3.0 升（含）的		12%
（6）气缸容量	3.0 升以上至 4.0 升（含）的		25%
（7）气缸容量	在 4.0 升（含）以下的		40%
2. 中轻型商用客车			5%
九、高尔夫球及球具			10%
十、高档手表			20%
十一、游艇			10%
十二、木制一次性筷子			5%
十三、实木地板			5%

小贴士

自 2009 年 5 月 1 日起，在卷烟批发环节加征一道 5%的从价税；自 2015 年 5 月 10 日起，将卷烟批发环节从价税税率 5%提高至 11%，并按 0.005 元/支加征从量税。

四、消费税应纳税额的计算

（一）自产自销应税消费品应纳税额的计算

1. 从价定率应纳税额的计算

消费税按从价定率方法计算时，其计算公式如下。

应纳税额=应税消费品的销售额×适用税率

（1）销售额的一般规定。销售额是指纳税人销售应税消费品向购买方收取的全部价款和价外费用。其中，价款是指不含增值税的销售价格。也就是说，消费税计税依据与增值税计税依据相同。

【学中练 3-1】某化妆品生产企业为增值税一般纳税人。2015 年 3 月 15 日，该企业向某大型商场销售一批化妆品，开具增值税专用发票，取得不含增值税销售额 30 万元，增值税 5.1 万元；3 月 20 日向某单位销售一批化妆品，开具普通发票，取得含增值税销售额 11.7 万元。计算该化妆品生产企业上述业务应缴纳的消费税额（化妆品适用消费税率为 30%）。

解析：普通发票上的金额为含税销售额，要换算为不含税销售额。

化妆品应税销售额=30+11.7÷（1+17%）=40（万元）。

应缴纳的消费税额=40×30%=12（万元）。

小贴士

一般情况下，对于生产应税消费品的企业来说，消费税和增值税的计税依据是一致的，即都是以不含增值税的销售额作为计税依据的。

（2）销售的特殊规定。

① 对包装物的处理规定如下。

应税消费品连同包装物销售的，无论包装物是否单独计价，也不论在会计上如何核算，均应并入应税消费品的销售额中缴纳消费税。如果包装物（酒类另有规定）不作价随同产品销售，而是收取押金，此项押金则不应并入应税消费品的销售额中征税。但对因逾期未收回的包装物不再退还的和已收取的超过 12 个月的押金，应并入应税消费品的销售额，按照应税消费品的适用税率征收消费税。

对酒类产品生产企业销售酒类产品（黄酒、啤酒除外）而收取的包装物押金，无论押金是否返还与会计上如何核算，均需并入酒类产品销售额中，依酒类产品的适用税率征收消费税。

② 纳税人通过自设非独立核算门市部销售的自产应税消费品，应当按照门市部对外销售额或者销售数量征收消费税。

【学中练 3-2】某化妆品生产企业将生产的化妆品通过自设的独立核算门市部销售，2012 年 3 月销售额为 80 000 元（不含增值税），其出厂价为 70 000 元。该企业应纳消费税为 80 000×30%=24 000（元）。

③ 纳税人用于换取生产资料和消费资料、投资入股和抵偿债务等方面的应税消费品，应当以纳税人同类应税消费品的最高销售价格作为计税依据计算消费税。

【学中练 3-3】某汽车制造厂以自产的 5 辆小汽车（汽缸容量 1.8 升，税率 5%）换取钢材厂生产的一批钢板。该厂生产的该型号小汽车销售价格分别为 10 万元/辆、9.8 万元/辆、9.6 万元/辆（以上价格均不含增值税），计算用于换取钢板的小汽车应纳的消费税为：100 000×5×5%=25 000（元）。

④ 白酒生产企业向商业销售单位收取的“品牌使用费”是随着应税白酒的销售向购货方收取的，属于应税白酒销售价款的组成部分，因此，不论企业采取何种方式或以何种名义收取价款，均应并入白酒的销售额中缴纳消费税。

白酒生产企业销售给销售单位的白酒，生产企业消费税的计税价格低于销售单位对外不含税销售价格 70%以下的，税务机关应核定消费税最低计税价格；生产企业消费税计税价格高于销售单位对外销售价格70%（含）以上的，税务机关暂不核定消费税最低计税价格。已核定最低计税价格的白酒生产企业实际销售价格高于消费税最低计税价格的，按实际销售价格申报纳税；实际销售价格低于消费税最低计税价格的，按最低计税价格申报纳税。已核定最低计税价格的白酒，销售单位对外销售价格持续上涨或下降时间达到3个月以上、累计上涨或下降幅度在20%（含）以上的白酒，税务机关应重新核定最低计税价格。

⑤ 对纳税人采取以旧换新方式销售金银首饰的，按实际收到不含增值税的销售额为计税依据计征消费税。

⑥ 纳税人兼营不同税率的应税消费品，应当分别核算不同税率应税消费品的销售额和销售数量。未分别核算销售额和销售数量，或者将不同税率的应税消费品组成成套消费品销售的，从高适用税率。

2. 从量定额应纳税额的计算

现行消费税的征税范围中，只有啤酒、黄酒和成品油计税方法按从量定额办法计算，其计算公式为：

应纳税额=应税消费品数量×单位税额

（1）销售数量的确定。销售数量是指纳税人生产、加工和进口应税消费品的数量，具体规定如下。

① 销售应税消费品的，为应税消费品的销售数量。

② 自产自用应税消费品的，为应税消费品的移送使用数量。

③ 委托加工应税消费品的，为纳税人收回的应税消费品数量。

④ 进口的应税消费品，为海关核定的应税消费品进口征税数量。

（2）计量单位的换算标准。《消费税暂行条例》规定，黄酒、啤酒以吨为税额单位；成品油以升为税额单位。如纳税人应税消费品数量的计量单位与税率表不同，须按表3-4的标准换算。

表3-4 **计量单位换算标准**

应税消费品名称	换算标准	应税消费品名称	换算标准
啤酒	1吨=988升	溶剂油	1吨=1 282升
黄酒	1吨=962升	润滑油	1吨=1 126升
柴油	1吨=1 176升	燃料油	1吨=1 015升
汽油	1吨=1 388升	航空煤油	1吨=1 246升
石脑油	1吨=1 385升		

【学中练3-4】某啤酒厂2015年4月销售乙类啤酒500吨，每吨售价2 800元，请计算4月该啤酒厂应纳消费税税额。

解析：每吨出厂价在3 000元以下的，适用单位税额220元。

应纳税额=销售数量×定额税率=500×220=110 000（元）。

3. 从价定率和从量定额复合征收应纳税额的计算

现行消费税的征收范围中，卷烟、白酒采用从量定额和从价定率相结合的复合计算方法。其计算公式为如下。

应纳税额=应税消费品的销售额×适用税率+应税消费品的销售数量×单位税额

【学中练3-5】2015年2月，某粮食白酒企业销售白酒20吨，每吨售价2万元（不含增值税），另收取包装物押金3 510元，请计算该企业2015年2月应缴纳消费税税额。

解析：白酒是复合计税的，白酒消费税定额税率为0.5元/斤，比例税率为20%；除黄酒、啤酒外的其他酒类产品收取的包装物押金，无论包装物是否单独计价，均应并入应税消费品的销售额中征收消费税。

应税消费品的销售额=2×20+0.351÷（1+17%）=40.3（万元）。

应纳税额=40.3×20%+20×2 000×0.5÷10 000=4.02+2=10.06（万元）。

（二）外购或委托加工收回应税消费品已纳税款的扣除

为了避免重复征税，现行消费税规定，将外购应税消费品或委托加工收回的应税消费品继续生产应税消费品销售的，准予将外购或委托加工收回应税消费品已缴纳的消费税税款扣除。税法规定应按当期生产领用数量计算准予扣除外购或委托加工收回的应税消费品已纳消费税税款。扣除范围如下。

（1）以外购或委托加工收回的已税烟丝为原料生产的卷烟。

（2）以外购或委托加工收回的已税化妆品为原料生产的化妆品。

（3）以外购或委托加工收回的已税珠宝玉石为原料生产的贵重首饰及珠宝玉石。

（4）以外购或委托加工收回的已税鞭炮焰火为原料生产的鞭炮焰火。

（5）以外购或委托加工收回的已税摩托车为原料生产的摩托车。

（6）以外购或委托加工收回的已税石脑油为原料生产的应税消费品。

（7）以外购或委托加工收回的已税木制一次性筷子为原料生产的木制一次性筷子。

（8）以外购或委托加工收回的已税润滑油为原料生产的润滑油。

（9）以外购或委托加工收回的已税杆头、杆身和握把为原料生产的高尔夫球杆。

（10）以外购或委托加工收回的已税实木地板为原料生产的实木地板。

需要说明的是，纳税人用外购或委托加工收回的已税珠宝玉石生产的改在零售环节征收消费税的金银首饰（镶嵌首饰），在计税时一律不得扣除外购珠宝玉石的已纳税款。

上述当期准予扣除外购或委托加工收回的应税消费品已纳消费税税款的计算公式如下。

当期准予扣除的外购或委托加工收回的应税消费品已纳税款
=当期准予扣除的外购应税消费品买价×外购应税消费品适用税率

当期准予扣除的外购或委托加工应税消费品买价
=期初库存的外购应税消费品买价+当期购进的外购应税消费品买价
-期末库存的外购应税消费品买价

【学中练3-6】某卷烟生产企业，某月初库存外购应税烟丝金额30万元，当月又外购应税烟丝金额50万元（不含增值税），月末库存烟丝金额10万元，其余被当月生产卷烟领用。请计算该卷烟厂当月准许扣除的外购烟丝已缴纳的消费税税额。

解析：烟丝适用的消费税税率为30%。

当月准许扣除的外购烟丝买价=30+50−10=70（元）。

当月准许扣除的外购烟丝已缴纳的消费税税额=70×30%=21（万元）。

（三）自产自用应税消费品应纳税额的计算

自产自用是指纳税人生产的应税消费品，没有用于直接对外销售，而是用于连续生产应税消费品或其他方面。

纳税人自产自用的应税消费品，用于连续生产应税消费品的，不纳税。例如，卷烟厂用自己生产出的烟丝连续生产卷烟，烟丝和卷烟均为应税消费品，将来销售卷烟时，用于连续生产卷烟的烟丝无须缴纳消费税，只对生产的卷烟征收消费税。这样可以体现税不重征的公平原则。

纳税人自产自用的应税消费品，除用于连续生产应税消费品外，凡用于其他方面的，于移送使用时纳税。用于其他方面的是指纳税人用于生产非应税消费品和在建工程，管理部门、非生产机构，提供劳务以及用于馈赠、赞助、集资、广告、样品、职工福利、奖励等方面的应税消费品。例如，化妆品厂把自己生产的化妆品赠送或赞助给明星使用，兼作商品广告；鞭炮厂把生产的烟花爆竹以福利的形式发给职工；汽车制造厂把生产出的小汽车提供给上级主管部门使用；原油加工厂用生产出的应税消费品石脑油裂解制成石油化工企业所需的原料乙烯，乙烯就属于非应税消费品。

纳税人自产自用应税消费品凡用于其他方面的应当按照纳税人生产的同类消费品的销售价格计算纳税，如果当月同类消费品各期销售价格高低不同，应按销售数量加权平均计算。但销售的应税消费品有下列情况之一的，不得列入加权平均计算：一是销售价格明显偏低又无正当理由的；二是无销售价格的。如果当月无销售或者当月未完结，应按照同类消费品上月或最近月份的销售价格计算纳税。

小贴士

纳税人用于换取生产资料和消费资料、投资入股和抵偿债务等方面的应税消费品，应当以纳税人同类应税消费品的最高销售价格作为计税依据计算消费税。

没有同类消费品销售价格的，按照组成计税价格计算纳税。实行从价定率办法计算纳税的组成计税价格计算公式如下。

组成计税价格=（成本+利润）/（1-消费税税率）

应纳税额=组成计税价格×适用税率

实行复合计税办法计算纳税的组成计税价格计算公式如下。

组成计税价格=（成本+利润+自产自用数量×定额税额）/（1-消费税税率）

其中，成本是指应税消费品的产品生产成本；利润是指根据应税消费品的全国平均成本利润率计算的利润。应税消费品全国平均成本利润率由国家税务总局确定。具体规定如表 3-5 所示。

表 3-5　　应税消费品全国平均成本利润率

货物名称	利润率（%）	货物名称	利润率（%）
甲类卷烟	10	贵重首饰及珠宝玉石	6
乙类卷烟	5	汽车轮胎	5
雪茄烟	5	乘用车	8
烟丝	5	摩托车	6
粮食白酒	10	高尔夫球及球具	10
薯类白酒	5	高档手表	20
其他酒	5	游艇	10
酒精	5	木制一次性筷子	5
化妆品	5	实木地板	5
鞭炮、焰火	5	越野车	6

【学中练 3-7】某汽车制造厂将 15 辆新研制的中轻型商用车赞助给福利事业单位，因该种车处于试生产阶段，没有核定价格。该厂生产一辆中轻型商用车的成本为 8 万元。请计算该厂应纳的消费税。

解析：没有同类消费品销售价格的，按照组成计税价格计算纳税。

组成计税价格=8×（1+5%）÷（1−5%）=8.84（万元）。

该厂应纳消费税=8.84×15×5%=6.63（万元）。

（四）委托加工应税消费品应纳税额的计算

1. 委托加工应税消费品的确定

作为委托加工应税消费品必须具备两个条件：一是由委托方提供原料和主要材料；二是受托方只收取加工费和代垫部分辅助材料加工的应税消费品。以下行为均不为委托加工应税消费品：由受托方提供原材料生产的应税消费品；受托方先将原材料卖给委托方，然后再接受加工的应税消费品；由受托方以委托方名义购进原材料生产的应税消费品。以上三种行为不论纳税人在财务上是否作销售处理，都不得作为委托加工应税消费品，而应当按照销售自制应税消费品缴纳消费税。

从 2012 年 9 月 1 日起，委托方将收回的应税消费品，以不高于受托方的计税价格出售的，为直接出售，不再缴纳消费税；委托方以高于受托方的计税价格出售的，不属于直接出售，需按照规定申报缴纳消费税，在计税时准予扣除受托方已代收代缴的消费税。

2. 组成计税价格的计算

委托加工的应税消费品，于委托方提货时，由受托方代收代缴消费税（但受托方为个人经营者的，应由委托方收回后在委托方所在地缴纳消费税），并且按照受托方的同类消费品的销售价格计算纳税。同类消费品的销售价格是指受托方（即代收代缴义务人）当月销售的同类消费品的销售价格。如果当月同类消费品各期销售价格高低不同，应按销售数量加权平均计算。但销售的应税消费品有下列情况之一的，不得列入加权平均计算：一是销售价格明显偏低又无正当理由的；二是无销售价格的。如果当月无销售或者当月未完结，应按照同类消费品上月或最近月份的销售价格计算纳税。没有同类消费品销售价格的，按照组成计税价格计算纳税。组成计税价格的计算公式如下。

组成计税价格=（材料成本+加工费）/（1−消费税税率）

应纳税额=组成计税价格×适用税率

实行复合计税办法计算纳税的组成计税价格计算公式为：

组成计税价格=（材料成本+加工费+委托加工数量×定额税额）/（1−消费税税率）

“材料成本”是指委托方所提供加工材料的实际成本。委托加工应税消费品的纳税人，必须在委托加工合同上如实注明（或以其他方式提供）材料成本，凡未提供材料成本的，受托方所在地主管税务机关有权核定其材料成本。

“加工费”是指受托方加工应税消费品向委托方所收取的全部费用（包括代垫辅助材料的实际成本，不包括增值税税金）。

【学中练 3-8】甲企业委托乙企业加工材料（非金银首饰），原材料的实际成本为 200 000 元，加工费用为 80 000 元，该材料的消费税税率为 30%，则该委托加工物资应该缴纳的消费税税额是多少？

解析：没有同类消费品销售价格的，按照组成计税价格计算纳税。

组成计税价格=（材料成本+加工费）/（1-消费税税率）

=（200 000+80 000）/（1-30%）=400 000（元）。

应纳税额=组成计税价格×适用税率=400 000×30%=120 000（元）。

（五）进口环节应纳消费税的计算

纳税人进口应税消费品的，按照组成计税价格计算纳税。

（1）实行从价定率办法应纳税额的计算。

组成计税价格=（关税完税价格+关税）/（1-消费税税率）

应纳税额=组成计税价格×适用税率

（2）实行从量定额办法应纳税额的计算。

应纳税额=应税消费品数量×消费税单位税额

（3）实行从价定率和从量定额复合计税办法应纳税额的计算。

组成计税价格=（关税完税价格+关税+进口数量×消费税定额税率）/（1-消费税税率）

应纳税额=组成计税价格×适用税率+应税消费品数量×消费税单位税额

五、消费税的账务处理

（一）账户设置

消费税的账务处理是通过设置和运用“应交税费——应交消费税”明细科目进行的。该科目通过采用“三栏式”账页记账，贷方登记按规定应缴纳的消费税；借方登记实际缴纳的消费税或者待扣的消费税；期末贷方余额表示欠缴的消费税，借方余额表示多缴的消费税。

消费税是价内税，企业因出售应税消费品而收取的消费税，已通过“主营业务收入”等科目体现为企业收入，企业缴纳的消费税就成为一项支出，一般应列为当期损益，这是消费税与增值税在账务处理上的主要区别。因此，计提消费税时，除计入“应交税费——应交消费税”明细科目外，还应同时记入“营业税金及附加”等损益类科目。

（二）销售自产应税消费品的账务处理

【学中练 3-9】2015 年 3 月，A 化妆品公司采取直接收款方式销售化妆品 3 000 套，不含增值税出厂价 120 元/套，增值税税率为 17%，已开出专用发票。实际生产成本为 80 元/套，款项均已通过银行收讫。

（1）确认销售收入时，账务处理如下。

借：银行存款　　421 200

　　贷：主营业务收入　　360 000

　　　　应交税费——应交增值税（销项税额）　　61 200

（2）计算应缴纳消费税时，账务处理如下。

应纳消费税税额=360 000×30%=108 000（元）。

借：营业税金及附加　　108 000

　　贷：应交税费——应交消费税　　108 000

（三）自产自用应税消费品的账务处理

企业自产自用应税消费品，用于连续生产应税消费品的，不缴纳消费税；用于其他方面的，应于移送时缴纳消费税。

1. 不作销售的账务处理

【学中练 3-10】2015 年 8 月，B 汽车制造厂将自产的一辆 Y 型小轿车，提供给管理部门使用，账面价值 110 000 元，公允价值（不含增值税）180 000 元，增值税税率为 17%，消费税税率为 5%。相关账务处理如下。

应纳增值税税额=180 000×17%=30 600（元）。

应纳消费税税额=180 000×5%=9 000（元）。

借：固定资产　　149 600
　　贷：库存商品　　110 000
　　　　应交税费——应交增值税（销项税额）　　30 600
　　　　　　　　——应交消费税　　9 000

2. 作销售的账务处理

【学中练 3-11】2015 年 8 月，C 啤酒厂将自己生产的奥京啤酒 20 吨发给职工作为福利；10 吨用于赞助。该啤酒每吨生产成本为 2 000 元，出厂价格（不含增值税）为 2 500 元，增值税税率为 17%。相关账务处理如下。

应纳增值税税额=2 500×（20+10）×17%=12 750（元）。

应纳消费税税额=220×（20+10）=6 600（元）。

借：应付职工薪酬　　58 500
　　销售费用　　29 250
　　贷：主营业务收入　　75 000
　　　　应交税费——应交增值税（销项税额）　　12 750
借：主营业务成本　　60 000
　　贷：库存商品　　60 000
借：营业税金及附加　　6 600
　　贷：应交税费——应交消费税　　6 600

（四）委托加工应税消费品的账务处理

1. 委托加工产品收回后直接用于销售（不加价）

如果委托方将委托加工的应税消费品收回后直接用于销售，应将受托方代收代缴的消费税和支付的加工费一并委托加工应税消费品的成本，借记“委托加工物资”“自制半成品”或“生产成本”等科目，贷记“应付账款”“银行存款”等科目。

【学中练 3-12】A 企业委托 B 企业（均为一般纳税人）加工烟丝，发出材料的实际成本为 4 000 元，加工费为 800 元（不含税价），B 企业同类、同量烟丝的销售收入为 8 000 元。A 企业将烟丝提回后直接销售，取得收入 7 900 元（不含税），烟丝的加工费及 B 企业代缴的消费税均未结算。

受托方代收代缴的消费税=8 000×30%=2 400（元）。

（1）发出材料时，账务处理如下。

借：委托加工物资 4 000
　贷：原材料 4 000

（2）提回烟丝时，计算应付的加工费、消费税等，账务处理如下。

应付的加工费、消费税等=2 400+800+800×17%=3 336（元）。

借：委托加工物资 3 200
　应交税费——应交增值税（进项税额） 136
　贷：应付账款——B 企业 3 336

（3）烟丝入库时，账务处理如下。

借：库存商品 7 200
　贷：委托加工物资 7 200

（4）销售烟丝时，账务处理如下。

借：应收账款 9 243
　贷：主营业务收入 7 900
　　应交税费——应交增值税（销项税额） 1 343

B 企业的会计处理如下。

（1）收到材料时，做备查记录。

（2）交回烟丝时，计算应收的加工费。

借：应收账款——A 企业 3 336
　贷：主营业务收入 800
　　应交税费——应交增值税（销项税额） 136
　　　——应交消费税 2 400

2. 委托加工产品收回后用于连续生产应税消费品或加价销售

如果委托加工的应税消费品收回后用于连续生产应税消费品或加价销售的，按规定准予扣除已纳税款。因此，委托方应按受托方代扣代缴的税款，借记"应交税费——应交消费税"科目，贷记"应付账款""银行存款"等科目。

【学中练 3-13】沿用【学中练 3-12】资料，A 企业将烟丝提回后投入卷烟生产，生产出的卷烟全部售出，销售收入为 15 000 元（不含增值税），该类卷烟的消费税税率为 36%。销售卷烟从价从量应纳的消费税为 6 000 元。B 企业的账务处理同上例。

A 企业相关账务处理如下。

（1）发出材料时账务处理同上例（1）。

（2）计算应付的加工费及消费税时，账务处理如下。

借：委托加工物资 800
　应交税费——应交消费税 2 400
　应交税费——应交增值税（进项税额） 136
　贷：应付账款——B 企业 3 336

（3）收回入库时，账务处理如下。

借：原材料（如果是加价销售烟丝，此科目为库存商品） 4 800
　贷：委托加工物资 4 800

（4）销售卷烟（或加价的烟丝）确认销售收入时，账务处理如下。

借：应收账款等 17 550

贷：主营业务收入　　15 000

　　应交税费——应交增值税（销项税额）　　2 550

（5）销售卷烟（或加价的烟丝）计算应交消费税时，账务处理如下。

借：营业税金及附加　　6 000

　　贷：应交税费——应交消费税　　6 000

（6）当月实际上缴消费税时，账务处理如下。

借：应交税费——应交消费税　　3 600

　　贷：银行存款　　3 600

六、消费税的纳税申报

（一）消费税纳税义务发生时间

消费税纳税义务发生时间，以货款结算方式或行为发生时间分别确定。

（1）纳税人销售的应税消费品，其纳税义务发生时间按不同的销售结算方式分别如下。

① 采取赊销和分期收款结算方式的，为书面合同约定的收款日期的当天，书面合同没有约定收款日期或者无书面合同的，为发出应税消费品的当天。

② 采取预收货款结算方式的，为发出应税消费品的当天。

③ 采取托收承付和委托银行收款方式的，为发出应税消费品并办妥托收手续的当天。

④ 采取其他结算方式的，为收讫销售款或者取得索取销售款凭据的当天。

（2）纳税人自产自用应税消费品的，其纳税义务发生时间为移送使用的当天。

（3）纳税人委托加工应税消费品的，其纳税义务发生时间为委托方提货的当天。

（4）纳税人进口的应税消费品，其纳税义务发生时间为报关进口的当天。

（二）消费税的纳税期限

按照《消费税暂行条例》的规定，消费税的纳税期限分别1日、3日、5日、10日、15日、1个月或者1个季度。纳税人的具体纳税期限，由主管税务机关根据纳税人应纳税额的大小分别核定；不能按照固定期限纳税的，可以按次纳税。

纳税人以1个月或1个季度为一期纳税的，自期满之日起15日内申报纳税；以1日、3日、5日、10日或者15日为一期纳税的，自期满之日起5日内预缴税款，于次月1日起至15日内申报纳税并结清上月应纳税款。

纳税人进口应税消费品，应当自海关填发税款缴款书之日起15日内缴纳税款。

（三）纳税环节

消费税属于价内税，并实行单一环节征收（卷烟除外），一般在应税消费品的生产、委托加工和进口环节缴纳。特殊情况的有：卷烟在生产环节征收消费税后，在批发环节再次征收消费税；金银首饰、钻石及钻石饰品在零售环节征收消费税。

（四）消费税的纳税地点

（1）纳税人销售的应税消费品，以及自产自用的应税消费品，除国务院财政、税务主管部门另有规定外，应当向纳税人机构所在地或者居住地的主管税务机关申报纳税。

（2）委托加工的应税消费品，除受托方为个人外，由受托方向机构所在地或者居住地的主管税务机关解缴消费税税款。受托方为个人的，由委托方向机构所在地的主管税务机关申报纳税。

（3）进口的应税消费品，由进口人或者代理人向报关地海关申报纳税。

（4）纳税人到外县（市）销售或委托外县（市）代销自产应税消费品的，于应税消费品销售后，回纳税人核算地或所在地缴纳消费税。

（5）纳税人的总机构与分支机构不在同一县（市）的应在生产应税消费品的分支机构所在地缴纳消费税；但经国家税务总局及所属税务分局批准，纳税人分支机构应纳消费税税款，也可由总机构汇总向总机构所在地主管税务机关缴纳。

（6）纳税人销售的应税消费品，如因质量等原因由购买者退回的，经所在地主管税务机关审核批准后，可退还已征收的消费税税款，但不可以自行抵减应纳税款。

（五）纳税申报

消费税纳税人应按有关规定及时办理纳税申报，并如实填写“消费税纳税申报表”。为了在全国范围内统一、规范消费税纳税申报资料，加强消费税管理的基础工作，国家税务总局制定了“烟类应税消费品消费税纳税申报表”“酒类应税消费品消费税纳税申报表”“成品油应税消费品消费税纳税申报表”“小汽车应税消费品消费税纳税申报表”“其他应税消费品消费税纳税申报表”和“卷烟消费税纳税申报表（批发）”。具体表格略。

七、出口应税消费品退（免）税

（一）出口退（免）税范围认定

出口退（免）税的应税消费品，必须同时是实行增值税出口退税的货物。有出口经营权的生产性企业自营出口或生产企业委托外贸企业代理出口自产的应税消费品，依据其实际出口数量免征消费税，不予办理退还消费税；有出口经营权的外贸企业购进应税消费品直接出口，以及外贸企业受其他外贸企业委托代理出口应税消费品，出口免税并退税；其他企业出口应税消费品的，不予退税。

（二）出口货物退税率的规定

消费税出口退税率为应税消费品的适用征税率。企业出口不同税率应税消费品的，应分别核算出口消费品的销售额和销售数量，未分别核算或划分不清的，从低适用出口退税率。

（三）出口应税消费品退税额的计算

基本计算公式如下。

从价定率计征的：

应退消费税税款=出口货物的工厂销售额×税率

从量定额计征的：

应退消费税税款=出口数量×单位税额

复合计征的：

应退消费税税款=出口货物的工厂销售额×税率+出口数量×单位税额

【学中练 3-14】某外贸公司 2015 年 3 月从生产企业购入化妆品一批，取得增值税专用发票注明价款 18 万元，增值税 3.06 万元，当月该批化妆品全部出口取得销售收入 30 万元。则该外贸公司出口化妆品应退的消费税为：

应退消费税税额=出口应税消费品的工厂销售额×消费税税率=18×30%=5.4（万元）。

（四）已退税应税消费品退关或退货的处理

已退税应税消费品发生退关或退货的，应补缴所退消费税，具体规定如下。

出口的应税消费品办理退税后发生退关或者国外退货进口时予以免税的，报关出口者必须及时向其所在地主管税务机关申报补缴已退的消费税税款。

纳税人直接出口的应税消费品办理免税后发生退关或国外退货，进口时已予以免税的，经所在地主管税务机关批准，可暂不办理补税，待其转为国内销售时，再向其主管税务机关申报补缴消费税。

项目实施

一、计算本月应纳消费税税额

由于生产领用的香精所含的消费税可以抵减，可以抵减的数量为 80 000.00×30%=24 000.00（元）。那么，广州佳丽宝化妆品公司本期应纳消费税为：

本期应纳消费税税额=349 160.95×30%−24 000=80 748.29（元）。

二、账务处理

（1）售给广州英菲贸易公司佳丽宝化妆品时，账务处理如下。

	借方	贷方
借：银行存款	40 851.31	
贷：主营业务收入		349 160.95
应交税费——应交增值税（销项税额）		59 357.36

由于另外两笔业务与此业务相似，账务处理略。

（2）生产领用时，账务处理如下。

	借方	贷方
借：应交税费——应交消费税	24 000	
贷：待抵扣税额——待抵扣消费税		24 000
借：生产成本	80 000	
贷：原材料——香精		80 000

（3）计提消费税时，账务处理如下。

	借方	贷方
借：营业税金及附加	104 748.29	
贷：应交税费——应交消费税		104 748.29

（4）实际缴纳时，账务处理如下。

	借方	贷方
借：应交税费——应交消费税	80 748.29	
贷：银行存款		80 748.29

三、填写“消费税纳税申报表”

广州佳丽宝公司 2015 年 4 月的“消费税纳税申报表”如表 3-6 所示。

表 3-6　　**其他应税消费品消费税纳税申报表**

税款所属期：2015 年 4 月 1 日至 2015 年 4 月 30 日

纳税人名称（公章）：　　　　纳税人识别号：□□□□□□□□□□□□□□□□□□

填表日期：2015 年 5 月 5 日　　　　金额单位：元（列至角分）

项目 应税消费品名称	适用税率	销售数量	销售额	应纳税额
化妆品	30%		349 160.95	104 748.29
合计	—	—	—	104 748.29

本期准予抵减税额：24 000.00	声明 此纳税申报表是根据国家税收法律的规定填报的，我确定它是真实的、可靠的、完整的。 经办人（签章）： 财务负责人（签章）： 联系电话：
本期减（免）税额：	
期初未缴税额:	
本期缴纳前期应纳税额：	（如果你已委托代理人申报，请填写） 授权声明 为代理一切税务事宜，现授权 （地址）为 本纳税人的代理申报人，任何与本申报表有关的往来文件，都可寄予此人。 授权人签章：
本期预缴税额：	
本期应补（退）税额：80 748.29	
期末未缴税额:	

以下由税务机关填写

受理人（签章）：　　　　受理日期：　　年　　月　　日　　　　受理税务机关（章）：

附表 1　　**本期准予扣除税额计算表**

税款所属期：2015 年 4 月 1 日至 2015 年 4 月 30 日

纳税人名称（公章）：　　　　纳税人识别号：□□□□□□□□□□□□□□□□□□

填表日期：2015 年 5 月 5 日　　　　金额单位：元（列至角分）

项目	应税消费品名称				合计
当期准予扣除的委托加工应税消费品已纳税款计算	期初库存委托加工应税消费品已纳税款				—
	当期收回委托加工应税消费品已纳税款				—
	期末库存委托加工应税消费品已纳税款				—
	当期准予扣除委托加工应税消费品已纳税款				
当期准予扣除的外购应税消费品已纳税款计算	期初库存外购应税消费品买价	100 000.00			—
	当期购进应税消费品买价	0			—
	期末库存外购应税消费品买价	20 000.00			—
	外购应税消费品适用税率	30%			—
	当期准予扣除外购应税消费品已纳税款	24 000.00			24 000.00
本期准予扣除税款合计		24 000.00			24 000.00

附表 2　　准予扣除消费税凭证明细表

税款所属期：2015 年 4 月 1 日至 2015 年 4 月 30 日
纳税人名称（公章）：　　纳税人识别号：
填表日期：2015 年 5 月 5 日　　金额单位：元（列至角分）

应税消费品名称	凭证类别	凭证号码	开票日期	数量	金额	适用税率	消费税税额
香精	付	3	2015-3-3	7	70 000.00	30%	21 000.00
合计	—	—	—	—	—	—	21 000.00

附表 3　　本期代收代缴税额计算表

税款所属期：2015 年 4 月 1 日至 2015 年 4 月 30 日
纳税人名称（公章）：　　纳税人识别号：
填表日期：2015 年 5 月 5 日　　金额单位：元（列至角分）

项目 \ 应税消费品名称				合计
适用税率				—
受托加工数量				—
同类产品销售价格				—
材料成本				—
加工费				—
组成计税价格				—
本期代收代缴税款				

附表 4　　生产经营情况表

税款所属期：2015 年 4 月 1 日至 2015 年 4 月 30 日
纳税人名称（公章）：　　纳税人识别号：
填表日期：2015 年 5 月 5 日　　金额单位：元（列至角分）

项目 \ 应税消费品名称	佳丽宝化妆品	Kanebo 化妆品		
生产数量	800 套	5 000 套		
销售数量	500 套	4 000 套		
委托加工收回应税消费品直接销售数量				
委托加工收回应税消费品直接销售额				
出口免税销售数量				
出口免税销售额				

知识训练

1. 单项选择题

（1）依据消费税法律制度规定，下列项目应缴纳消费税的是（　　）。

A. 商场零售化妆品 B. 进口服装 C. 进口卷烟 D. 超市零售白酒

（2）纳税人自产自用的应税消费品用于连续生产应税消费品的（ ）。

A. 不纳税 B. 只纳消费税

C. 只纳增值税 D. 既纳消费税又纳增值税

（3）应税消费品的全国平均成本利润率由（ ）确定。

A. 国家税务总局 B. 国务院

C. 财政部 D. 省、自治区、直辖市税务局

（4）按照国家有关规定，纳税人委托个体经营者加工应税消费品，一律（ ）消费税。

A. 由受托人代收代缴 B. 由委托方收回后在委托方所在地缴纳

C. 由委托方收回后在受托方所在地缴纳 D. 不缴纳

（5）根据《消费税暂行条例》及其实施细则的规定，纳税人销售应税消费品向购买方收取的下列税金、价外费用中，不应并入应税消费品销售额征收消费税的是（ ）。

A. 向购买方收取的手续费 B. 向购买方收取的价外基金

C. 向购买方收取的增值税税款 D. 向购买方收取的消费税税款

（6）纳税人经营不同税率应税消费品，其税率运用正确的是（ ）。

A. 未分别核算不同税率消费品的，从低适用税率计算消费税

B. 分别核算不同税率消费品的，从高适用税率计算应纳消费税

C. 将不同税率消费品组成套装销售，分别核算各自销售额，分别按各自适用税率计算应纳税额

D. 将不同税率消费品组成套装销售，从高适用税率计算应纳税额

（7）受托加工应税消费品受托方代收代缴消费税的时间为（ ）。

A. 委托方交付原材料时 B. 委托方支付加工费时

C. 委托方提货时 D. 委托方收回后销售时

（8）下列各项中，符合《消费税暂行条例》有关应按当期生产领用数量计算准予扣除外购的应税消费品已纳消费税税款规定的是（ ）。

A. 外购已税白酒生产的药酒 B. 外购已税化妆品生产的化妆品

C. 外购已税白酒生产的巧克力 D. 外购已税珠宝玉石生产的金银镶嵌首饰

（9）根据我国《消费税暂行条例》的规定，消费税纳税人以 1 个月为一期纳税的，其申报纳税的期限为自期满之日起（ ）。

A. 5 日内 B. 10 日内 C. 15 日内 D. 30 日内

（10）我国消费税中适合复合征收的应税消费品是（ ）。

A. 卷烟和白酒 B. 卷烟和黄酒 C. 卷烟和成品油 D. 卷烟和啤酒

2. 多项选择题

（1）下列产品征收消费税的有（ ）。

A. 珠宝玉石 B. 汽油 C. 烟丝 D. 啤酒

（2）下列应税消费品在零售环节征收消费税的有（ ）。

A. 柴油 B. 金银首饰 C. 酒 D. 珠宝玉石

（3）应缴纳消费税的产品的销售数量确定的原则是（ ）。

A. 销售应税消费品的，为应税消费品的销售数量

B. 自产自用应税消费品的，为应税消费品的移送使用数量

C. 进口应税消费品的，为海关核定的应税消费品进口征税数量

D. 委托加工应税消费品的，为纳税人收回的应税消费品数量

（4）下列情形需要交纳消费税的是（　　）。

A. 卷烟厂生产出用于卷烟的烟丝

B. 原油加工厂用生产出的汽油调和制成溶剂汽油

C. 石化工厂把自己生产的柴油用于本厂基建工程的车辆使用

D. 汽车制造厂把自己生产的小汽车提供给上级主管部门使用

（5）纳税人自产自用的应税消费品，凡用于其他方面，没有同类消费品销售价格的，按照组成计税价格计算税额。下列各选项中不是组成计税价格计算公式的是（　　）。

A.（成本+利润）/（1-消费税税率）

B. 含增值税的销售额/（1+增值税税率或征收率）

C.（完税价格+关税）/（1-消费税税率）

D.（成本+利润）/（1+消费税税率）

（6）下列情形不属于委托加工应税消费品的是（　　）。

A. 委托方提供原料和主要材料，受托方只收取加工费和代垫部分辅助材料加工的应税消费品

B. 由受托方提供原材料生产的应税消费品

C. 受托方先将原材料卖给委托方，然后再接受加工的应税消费品

D. 由受托方以委托方名义购进原材料生产的应税消费品

（7）纳税人用于（　　）的应税消费品，应以其同类应税消费品的最高销售额为依据计算消费税。

A. 投资入股　　B. 抵偿债务　　C. 换取生产资料　D. 换取消费资料

（8）根据消费税法律制度的规定，下列各项中，属于消费税计税方法的有（　　）。

A. 从价定率　　B. 从量定额

C. 从价定率和从量定额　　D. 从量定率

（9）下列应按从量定额征收消费税的应税消费品有（　　）。

A. 啤酒　　B. 汽油　　C. 黄酒　　D. 柴油

（10）下列各项中，不符合消费税纳税义务发生时间规定的有（　　）。

A. 自产自用的应税消费品，为移送使用的当天

B. 进口的应税消费品，为取得进口货物的当天

C. 采取赊销结算方式的应税消费品，为销售合同规定的收款日期的当天

D. 采取预收款结算方式的应税消费品，为收到预收款的当天

3. 判断题

（1）消费税只在应税消费品的生产、委托加工和进口环节缴纳，实行的是价内税。（　　）

（2）征收了消费税的产品不需要再交纳增值税。（　　）

（3）消费税的纳税人采取分期收款结算方式的，其纳税义务发生时间为销售合同规定的收款日期的当天。（　　）

（4）纳税人用外购的已纳税珠宝玉石生产的改在零售环节征收消费税的金银首饰在计算应缴纳的消费税时一律不得扣除外购珠宝玉石的已纳税款。（　　）

（5）委托加工组价公式中的“加工费”，是指受托方加工应税消费品向委托方收取的全

部费用，含代垫辅料的实际成本，但不含增值税。 （ ）

（6）委托加工的应税消费品，受托方在交货时已代收代缴消费税，委托方收回后直接出售（不加价）的不再征收消费税。 （ ）

（7）外购已税的白酒生产的药酒在计征消费税时可按当期生产领用数量计算准予扣除的已纳消费税税款。 （ ）

（8）纳税人通过自设非独立核算门市部销售的自产应税消费品，应当按照门市部对外销售额（或者销售数量）征收消费税。 （ ）

（9）委托加工应税消费品的，委托方为纳税义务人，受托方为代收代缴义务人。 （ ）

（10）消费税与增值税的计税依据均为含消费税但不含增值税的销售额，因而两税的税额计算方法也是完全一致的。 （ ）

4．单项计算题

（1）某外贸进出口公司当月从国外进口 14 辆小轿车。每辆小轿车海关的关税完税价格均为 8 万元。已知轿车关税税率为 110%，消费税税率为 5%，则进口这些轿车应缴纳（ ）万元消费税。

A. 6.16　　B. 12.38　　C. 5.6　　D. 8

（2）甲啤酒厂自产特制啤酒 5 吨用于某地啤酒节，已知其成本为 20 万元，成本利润率为 10%，消费税单位税额为每吨 250 元，下列各项中，符合其纳税情况的有（ ）。

A. 应缴纳消费税 250 元　　B. 应缴纳消费税 1 250 元

C. 应缴纳消费税 2 000 元　　D. 应缴纳消费税 2 200 元

（3）甲酒厂 2014 年 12 月销售自制粮食白酒 10 吨，取得不含税价款 2.5 万元。已知白酒消费税比例税率为 20%，定额税率为 0.5 元/斤，则甲酒厂应缴纳的消费税税额为（ ）元。

A. 16 250　　B. 2 400　　C. 3 750　　D. 15 000

（4）甲酒厂受托为 A 单位加工粮食白酒 50 吨，甲酒厂同类的白酒售价为每吨 0.65 万元（不含税），A 单位提供粮食不含税价 15 万元，支付加工费 4 万元。已知白酒消费税比例税率为 20%，定额税率为 0.5 元/斤，则 A 单位提货时，甲酒厂代收代缴消费税为（ ）万元。

A. 14.46　　B. 11.5　　C. 8.13　　D. 6.33

（5）某高尔夫球具厂接受某俱乐部委托加工一批高尔夫球具，俱乐部提供主要材料不含税成本为 8 000 元，球具厂收取含税加工费和代垫辅料费 2 808 元，球具厂没有同类球具的销售价格。已知高尔夫球及球具消费税率为 10%，则该俱乐部应缴纳的消费税为（ ）元。

A. 1 155.56　　B. 1 123.56　　C. 1 150　　D. 1 213.56

技能训练

（一）实训目的

（1）熟悉消费税纳税申报流程。

（2）掌握“增值税纳税申报表”及附表的填制。

（3）熟悉、掌握消费税的账务处理。

（二）实训程序

填写消费税附表资料→消费税纳税申报主表填报。

（三）实训资料

浙江长城卷烟厂（增值税一般纳税人）2015年4月生产销售情况：2015年4月10日，该厂外购烟丝一批，取得增值税专用发票注明销售额 120 万元；期初库存外购烟丝买价 50 万元，当期购进烟丝买价 120 万元，期末库存外购烟丝买价 40 万元。当期销售情况如下。

3301142140　　**浙江增值税专用发票**　　NO01623894

浙江

记账联

开票日期：2015年04月15日

购货单位	名　　称：财刀网股份有限公司 纳税人识别号：330165719597888 地 址 、电 话：杭州市滨江区南环路3738号　0571-56688114 开户行及账号：农行高新支行　300166735050001251			密码区	5<-/566<273>21/0990// >/59220556+4/75>+980/ -7->-0008+8//525889<0 *1>-28*036+55-170>>0+	加密版本：01 3301142140 01623894	
货物或应税劳务名称		规格型号	单位	数量	单价	金额	税率	税额
甲级烟			箱	150	20000.00	3000000.00	17%	510000.00
合　　计						¥3000000.00		¥510000.00
价税合计（大写）	叁佰伍拾壹万元整					（小写）¥3510000.00		
销货单位	名　　称：浙江长城卷烟厂 纳税人识别号：330114666025756 地 址 、电 话：杭州市滨江区晖路362号　0571-56688103 开户行及账号：浦东发展银行滨江支行　9843015470086			备注			

收款人：　　复核：　　开票人：　　销货单位：章

国税函〔2012〕314号厦门安妮股份有限公司

第一联：记账联　销货方记账凭证

3301142140　　**浙江增值税专用发票**　　NO01623895

浙江

记账联

开票日期：2015年04月16日

购货单位	名　　称：财刀网股份有限公司 纳税人识别号：330165719597888 地 址 、电 话：杭州市滨江区南环路3738号　0571-56688114 开户行及账号：农行高新支行　300166735050001251			密码区	5<-/566<273>21/0990// >/59220556+4/75>+980/ -7->-0008+8//525889<0 *1>-28*036+55-170>>0+	加密版本：01 3301142140 01623895	
货物或应税劳务名称		规格型号	单位	数量	单价	金额	税率	税额
乙级烟			箱	250	20000.00	5000000.00	17%	850000.00
合　　计						¥5000000.00		¥850000.00
价税合计（大写）	伍佰捌拾伍万元整					（小写）¥5850000.00		
销货单位	名　　称：浙江长城卷烟厂 纳税人识别号：330114666025756 地 址 、电 话：杭州市滨江区晖路362号　0571-56688103 开户行及账号：浦东发展银行滨江支行　9843015470086			备注			

收款人：　　复核：　　开票人：　　销货单位：章

国税函〔2012〕314号厦门安妮股份有限公司

第一联：记账联　销货方记账凭证

3301142140　　**浙江增值税专用发票**　　N001623896

记账联

开票日期: 2015年04月17日

购货单位	名　　称: 财刀网股份有限公司 纳税人识别号: 330165719597888 地址、电话: 杭州市滨江区南环路3738号　0571-56688114 开户行及账号: 农行高新支行　300166735050001251				密码区	5<-/566<273>21/0990// >/59220556+4/75>+980/ -7->-0008+8//525889<0 *1>-28*036+55-170>>0+	加密版本: 01 3301142140 01623895
货物或应税劳务名称	规格型号	单位	数量	单价	金额	税率	税额
丙级烟		箱	200	10000.00	2000000.00	17%	340000.00
合　计					¥2000000.00		¥340000.00
价税合计（大写）	贰佰叁拾肆万元整				（小写）¥2340000.00		
销货单位	名　　称: 浙江长城卷烟厂 纳税人识别号: 330114666025756 地址、电话: 杭州市滨江区晖路362号　0571-56688103 开户行及账号: 浦东发展银行滨江支行　9843015470086				备注		

收款人:　　　　复核:　　　　开票人:　　　　销货单位: 章

国税函〔2012〕314号厦门安妮股份有限公司

第一联：记账联　销货方记账凭证

2015 年 4 月 26 日该厂销售给本厂职工丙级烟 8 标准箱共计 6 万元。

任务:（1）计算本月应纳消费税税额。

（2）根据发生业务进行账务处理。

（3）填制烟类消费税纳税申报表及其附表。

项目四

营业税纳税实务

【工作过程描述】

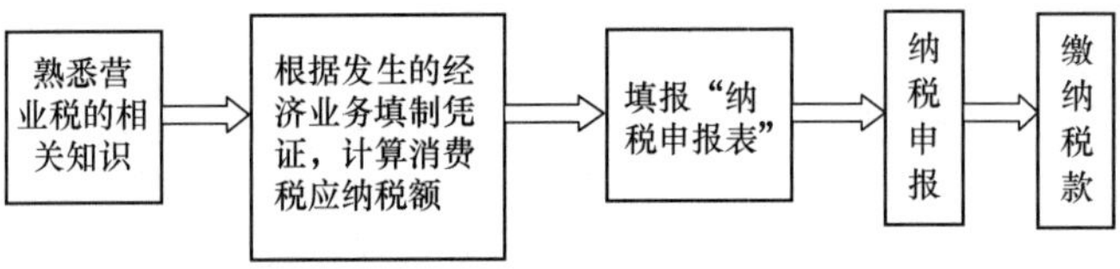

【技能目标】

能利用营业税的相关知识进行营业税应纳税额的计算并进行纳税申报。

项目引入

浙江千山温泉度假酒店是一家集餐饮、住宿和娱乐为一体的综合性餐饮企业，酒店设有餐饮部、客房部、娱乐部等经营部门。浙江省卡拉 OK 歌舞厅纳税税率为 5%。2015 年 2 月酒店开具发票资料如图 4-1～图 4-4 所示。

浙江省地方税务局通用机打发票

存 根 联

发票代码 233021401001
发票号码 01742187

开票日期：2015年02月16日　　行业分类：服务业——旅店业

浙地税印110380×11.03×500000份×2联 浙江圣地票证印制中心承印

纳税人识别号：	33011007905326	机打号码：	01495367
机器编号：		税控防伪码：	83320843931948455126
付款户名：	财刀网股份有限公司	付款方式：	转账

房号	到店时间	离店时间	天数	单价	金额
			156	809.00	126204.00

合计人民币（大写）：壹拾贰万陆仟贰佰零肆元整　　¥126204.00

备注：

开票人：王玲　　收款人：赵一丹　　收款单位盖章　　手写无效

第三联 存根联 收款方留底备查 手开无效

图 4-1

浙江省地方税务局通用机打发票

存 根 联

发票代码 233021401001
发票号码 01742191

开票日期：2015年02月19日　　行业分类：服务业——旅店业

浙地税印110380×11.03×500000份×2联 浙江圣地票证印制中心承印

纳税人识别号：	33011007905326	机打号码：	01495367
机器编号：		税控防伪码：	83320843931948455126
付款户名：	个人	付款方式：	转账

房号	到店时间	离店时间	天数	人数	单价	金额
			53		2569.00	136157.00

合计人民币（大写）：壹拾叁万陆仟壹佰伍拾染元整　　¥136157.00

备注：

开票人：王玲　　收款人：赵一丹　　收款单位盖章　　手写无效

第三联 存根联 收款方留底备查 手开无效

图 4-2

其他无票销售情况：餐饮收入 785 000.00 元；住宿收入 315 224.00 元；卡拉 OK 门票收入 170 000.00 元，点歌费收入 60 000.00 元。

任务：（1）计算该企业当月应纳营业税税额。

（2）根据发生业务进行账务处理。

（3）正确填写建筑业纳税申报表主表及各附表。

浙江省地方税务局通用机打发票

存 根 联

发票代码 233021401001
发票号码 01795367

开票日期：2015年02月16日　　行业分类：服务业——餐饮业

浙地税印110380×11.03×50000份×2联
浙江圣地票证印制中心承印

纳税人识别号：	330100079304524	机打号码：	01495367	
机器编号：		税控防伪码：	83320843931948455129	
付款户名：	个人	付款方式：	转账	
项目及摘要	单位	数量	单价	金额
餐费				125000.00
合计人民币（大写）：	壹拾贰万伍仟元整		¥125000.00	
备注：				
开票人：李静	收款人：王刚	收款单位盖章		手写无效

第三联 存根联 收款方留底备查 手开无效

图 4-3

浙江省地方税务局通用机打发票

存 根 联

发票代码 233021401001
发票号码 01795366

开票日期：2015年02月20日　　行业分类：服务业——餐饮业

浙地税印110380×11.03×50000份×2联
浙江圣地票证印制中心承印

纳税人识别号：	330100079304524	机打号码：	01495367	
机器编号：		税控防伪码：	83320843931948455129	
付款户名：	税友集团有限公司	付款方式：	转账	
项目及摘要	单位	数量	单价	金额
餐费				355000.00
合计人民币（大写）：	叁拾伍万伍仟元整		¥35500.00	
备注：				
开票人：李静	收款人：王刚	收款单位盖章		手写无效

第三联 存根联 收款方留底备查 手开无效

图 4-4

相关知识

营业税是对我国境内提供应税劳务、转让无形资产或者销售不动产的单位和个人，就其取得的营业额征收的一种流转税。

现行的营业税法是 2008 年 11 月 10 日国务院发布的修订后的《中华人民共和国营业税暂行条例》；同年 12 月 15 日，财政部、国家税务总局又发布了《中华人民共和国营业税暂行条例实施细则》，二者均自 2009 年 1 月 1 日起实施。为了进一步完善税制，经国务院常务会议决定，自 2012 年 1 月 1 日起，在部分地区和部分行业开展增值税改革试点，逐步将目前征收营业税的行业和行为改征增值税。

知识扩展

营业税改征增值税的原因

在我国现行税制结构中，增值税和营业税是最为重要的两个流转税税种。增值税覆盖了除建筑业之外的第二产业，第三产业的大部分行业则课征营业税。但随着市场经济的发展，这种税制显现出其不合理性。

（1）增值税和营业税并行，破坏了增值税的抵扣链条。增值税具有“中性”的优点，即在筹集政府收入的同时并不对经济主体施加“区别对待”，客观上有利于引导企业在公平竞争中做大做强。但要充分发挥增值税的中性效应，前提之一就是税基尽可能宽广，最好包含所有的商品和服务。而现行税制中，增值税征税范围较狭窄，导致其中性效应大打折扣。

（2）将大部分第三产业排除在增值税的征税范围之外，对服务业发展造成了不利影响。

（3）两套税制并行造成了税收征管实践中的一些困境。比如，在现代市场经济中，商品和服务捆绑销售的行为越来越多，要准确划分商品和服务各自的比例也越来越难。

在新形势下，逐步将增值税征税范围扩大至全部的商品和服务，以增值税取代营业税，符合国际惯例，是必然选择。

一、营业税的征税范围

（一）征收范围的一般规定

营业税的征税范围是在我国境内提供应税劳务、转让无形资产或销售不动产的行为。

应税劳务是指属于建筑业、金融保险业、文化体育业、娱乐业、服务业（部分）税目征收范围的劳务。转让无形资产主要是指转让土地使用权。

境内是指提供或者接受劳务的单位或个人在境内、所转让或者出租土地使用权的土地在境内、销售或者出租的不动产在境内。

提供应税劳务、转让无形资产或销售不动产是指有偿提供，但单位或者个体工商户聘用的员工为本单位或者雇主提供条例规定的劳务不包括在内。

（二）征税范围的特殊规定

1. 混合销售行为

一项销售行为如果既涉及应税劳务又涉及货物，则为混合销售行为。纳税义务人的混合销售行为应该缴纳何种税，取决于该纳税义务人的主要经营范围。对于从事货物的生产、批发或者零售的企业、企业性单位和个体经营者，包括以从事货物的生产、批发或者零售为主，并兼营营业税应税劳务的企业、企业性单位和个体经营者在内，其混合销售行为视为销售货物，不征收营业税；其他单位和个人的混合销售行为，视为提供应税劳务，征收营业税。

纳税义务人的下列混合销售行为，应当分别核算应税劳务的营业额与货物的销售额，其应税劳务的营业额缴纳营业税，货物的销售额不缴纳营业税；未分别核算的，由主管税务机关核定其应税劳务的营业额。

（1）提供建筑业劳务的同时销售自产货物的行为。

（2）财政部、国家税务总局规定的其他情形。

2. 兼营应税劳务与货物或非应税劳务行为

纳税义务人兼营应税行为和货物或者非应税劳务的，应当分别核算应税行为的营业额与货物或者非应税劳务的销售额，其应税行为营业额缴纳营业税，货物或者非应税劳务销售额缴纳增值税；未分别核算的，由主管税务机关核定其应税行为营业额。

兼营不同税目应税行为的，应分别核算不同税目应税行为的营业额，并按各自的税率缴纳营业税；未分别核算的，从高适用税率缴纳营业税。

3. 视同发生应税行为

（1）单位或个人将不动产或者土地使用权无偿赠送给其他单位或个人。

（2）单位或个人自建建筑物后销售，其所发生的自建行为。

（3）财政部、国家税务总局规定的其他情形。

二、营业税纳税义务人和扣缴义务人

（一）纳税义务人

1. 一般规定

在我国境内提供应税劳务、转让无形资产、销售不动产的单位和个人，为营业税的纳税义务人。单位是指企业、行政单位、事业单位、军事单位、社会团体及其他单位。个人是指个体工商户和其他个人。

2. 特殊规定

单位的承包、租赁、挂靠经营的，承包人、承租人、挂靠人（统称承包人）发生应税行为，承包人以发包人、出租人、被挂靠人（统称发包人）的名义对外经营并由发包人承担相关法律责任的，以发包人为纳税义务人，否则，以承包人为纳税义务人。建筑安装业务实行分包或转包的，以分包人或转包人为纳税义务人。

（二）扣缴义务人

（1）委托银行机构发放贷款，以受托发放贷款的金融机构为扣缴义务人。

（2）建筑安装业务实行分包或转包的，以总承包人为扣缴义务人。但纳税义务人提供建筑业劳务，符合下列情形之一的，无论工程是否实行分包，可以建筑单位或个人为扣缴义务人：①纳税义务人从事跨地区（包括省、市、县）工程提供建筑业应税劳务的；②纳税义务人在劳务发生地没有办理税务登记或临时税务登记的。

（3）境外单位或个人在境内发生应税行为而在境内未设有经营机构的，其应纳税款以代理者为扣缴义务人；没有代理者的，以受让者或者购买者为扣缴义务人。

（4）单位或个人进行演出由他人售票的，以售票者为扣缴义务人。

三、营业税的税目和税率

营业税的税目按行业、类别不同，共设置了7个，税率实行分行业、类别比例税率。

（一）营业税的税目

1. 建筑业

建筑业是指建筑安装工程作业等，包括建筑、安装、修缮、装饰和其他工程作业等项内容。

其他工程作业包括代办电信工程、水利工程、道路修建、疏浚、钻井、拆除建筑物、平整土地、搭脚手架、爆破等。

2. 金融保险业

金融保险业是指经营金融、保险的业务。

金融指经营货币资金融通的业务，包括贷款、金融商品转让，金融经纪和其金融业务。保险指将通过契约形式集中起来的资金，用以补偿被保险人的经济利益的活动。

> **小贴士**
>
> 邮政储蓄属于金融保险业。

3. 文化体育业

文化体育业是指经营文化、体育活动的业务，包括文化业和体育业。

（1）文化业指经营文化活动的业务，包括表演、经营游览场所和其他文化业。

表演是指进行戏剧、歌舞、时装、健美、杂技、民间艺术、武术、体育等表演活动的业务。经营游览场所是指公园、动（植）物园及其他各种游览场所销售门票的业务。其他文化业是指举办文学、艺术、科技讲座、讲演、报告会及图书馆的图书和资料的借阅业务等。

（2）体育业指举办各种体育比赛和为体育比赛或体育活动提供场所的业务。

> **小贴士**
>
> 以租赁方式为文化活动、体育比赛提供场所，不按本税目征税，按“服务业——租赁业”税目征税。

4. 娱乐业

娱乐业是指为娱乐活动提供场所和服务的业务。本税目征收范围包括经营歌厅、舞厅、卡拉 OK 歌舞厅、音乐茶座、台球、高尔夫球、保龄球、游艺等娱乐场所，以及娱乐场所为顾客进行娱乐活动提供服务的业务。

> **小贴士**
>
> 娱乐场所为顾客提供的饮食服务及其他各种服务，按娱乐业征收营业税。

5. 服务业

服务业是指利用设备、工具、场所、信息或技能为社会提供服务的业务，包括（其中的已“营改增”）旅店业、饮食业、旅游业、租赁业（其中的有形动产租赁已“营改增”）、代理业和其他服务业。

旅店业是指提供住宿服务的业务。

饮食业是指通过同时提供饮食和饮食场所为顾客提供饮食消费的业务。

旅游业是指为旅游者安排住宿、交通工具和提供导游服务的业务。

> **小贴士**
>
> 单位和个人在旅游景点经营索道、旅游游船、观光电梯、观光电车、景区环保运输车取得的收入按“服务业——旅游业”征收营业税。

租赁业是指在约定的时间内将场地、房屋等转让给他人使用的业务。

小贴士

①交通部门有偿转让高速公路收费权行为，按“服务业——租赁业”征收营业税；②有形动产租赁已“营改增”，按“现代服务业——有形动产租赁”项目征收增值税。

代理业是指委托人办理受托事项的业务。

小贴士

纳税义务人提供的货物运输代理服务、代理报关服务已“营改增”，按“现代服务业——物流辅助服务”项目征收增值税。

其他服务业指除上述列举业务以外的服务业务，如沐浴、理发、印染、照相、美术、裱画、打字、誊写、制图、复印、录音等。

小贴士

纳税义务人提供的原来属于服务业的广告业、仓储业服务已纳入“营改增”，分别按“现代服务业——文化创意服务”项目和“现代服务业——物流辅助服务”项目征收增值税。

【学中练 4-1】下列各项业务中，应按照“服务业——租赁业”征收营业税的有（　　）。

A. 融资租赁业务　　B. 出租文化场所

C. 转让土地使用权　　D. 交通部门有偿转让高速公路收费权行为

解析：根据营业税法规定，A 应按照“现代服务业——有形动产租赁”税目征收增值税；B、D 属于“服务业——租赁业”的征税范围；C 应按照“转让无形资产”税目征收营业税。

6. 转让无形资产

转让无形资产是指转让无形资产的所有权或使用权的行为，主要是指转让土地使用权。

小贴士

原来属于转让无形资产中的转让专利权、转让非专利技术已“营改增”，按“现代服务业——研发和技术服务”项目征收增值税；转让商标权、转让著作权已“营改增”，按“现代服务业——文化创意服务”项目征收增值税；出租电影拷贝，已“营改增”，按“现代服务业——广播影视服务”项目征收增值税。

以土地使用权投资入股、参与接受投资方利润分配、共同承担投资风险的行为不征收营业税。

7. 销售不动产

销售不动产是指有偿转让不动产所有权的行为，包括销售建筑物或构建物和销售其他土地附着物。在销售不动产时连同不动产所占的土地所有权一并转让的行为，比照销售不动产征税。

以不动产投资入股，参与接受投资方利润分配、共同承担投资风险的行为，不征营业税。在投资后转让股权的，也不征收营业税。

（二）营业税的税率

营业税的税目、税率（见表 4-1）。

表 4-1　　营业税税目、税率表

税目	税率
建筑业	3%
金融保险业	5%
文化体育业	3%
娱乐业	5%～20%
服务业	5%
转让无形资产	5%
销售不动产	5%

营业税税目、税率的调整由国务院决定；纳税义务人经营娱乐业具体适用的税率，由省、自治区、直辖市人民政府根据当地的实际情况，在《营业税暂行条例》规定的幅度内决定。

四、营业税的税收优惠

（一）营业税的起征点

对经营营业税应税项目的个人（包括个体工商户和其他个人），营业税规定了起征点。营业税的起征点是指纳税义务人的各项营业额合计达到起征点。具体规定如下。

（1）按期纳税的，为月营业额 5 000～20 000 元。

（2）按次纳税的，为每次（日）营业额 300～500 元。

省、自治区、直辖市财政厅（局）、税务局应当在规定的幅度内，根据实际情况确定本地区适用的起征点，并报财政部、国家税务总局备案。

小贴士

财税［2014］71 号规定，自 2014 年 10 月 1 日至 2015 年 12 月 31 日，对月营业额不超过 3 万元的营业税纳税义务人，免征营业税。政策范围涵盖小微企业、个体工商户和其他个人。

（二）《营业税暂行条例》规定的免税项目

（1）托儿所、幼儿园、养老院、残疾人福利机构提供的育养服务、婚姻介绍、殡葬服务。

（2）残疾人员个人为社会提供的劳务。

（3）医院、诊所和其他医疗机构提供的医疗服务。

（4）学校及其他教育机构提供的教育劳务，学生勤工俭学提供的劳务。

（5）农业机耕、排灌、病虫害防治、植物保护、农牧保险以及相关技术培训业务，家禽、牲畜、水生动物的配种和疾病防治。

（6）纪念馆、博物馆、文化馆、文物保护单位管理机构、美术馆、展览馆、书画院、图书馆在自己的场所举办的文化活动的门票收入；宗教场所举办文化、宗教活动的门票收入。

（7）境内保险机构为出口货物提供的保险产品，包括出口货物保险和出口信用保险。

（三）国务院规定的减免税项目

（1）将土地使用权转让给农业生产者用于农业生产，免征营业税。

（2）中国人民银行对金融机构的贷款业务，不征营业税。

（3）从2015年3月31日起，个人将购买不足2年的住房对外销售的，全额征收营业税；个人将购买2年以上（含2年）的非普通住房对外销售的，按照其销售收入减去购买房屋的价款后的差额征收营业税；个人将购买2年以上（含2年）的普通住房对外销售的，免征营业税。个人自建自住房，免征营业税；企业、行政事业单位按房改成本价、标准价出售住房的收入免征营业税。

（4）对按政府规定价格出租的公有住房和廉租房免征营业税；自2008年3月起，对个人不区分用途，在3%税率的基础上，减半征收营业税。

（5）对高校后勤实体经营公寓和教师公寓及为高校教学后勤服务取得的租金和服务性收入，免征营业税。但对利用学生公寓或教师公寓等高校后勤服务设施向社会人员提供服务取得的租金和其他服务性收入，按现行规定计征营业税。

（6）对政府举办的职业学校设立的主要为在校学生提供实习场所，并由学校出资自办、学校负责经营管理、经营收入归学校所有的企业，对其从事营业税暂行条例“服务业”税目规定的服务项目（桑拿、按摩、氧吧等除外）取得的收入，免征营业税。

（7）个人无偿赠与不动产、土地使用权，属于下列情形之一的，暂免征收营业税：①离婚财产分割；②无偿赠与配偶、父母、子女、祖父母、外祖父母、孙子女、外孙子女、兄弟姐妹；③无偿赠与对其有直接抚养或者赡养义务的抚养人或者赡养人，免征营业税；④房屋所有权人死亡，依法取得房屋产权的法定继承人、遗嘱继承人或者受遗赠人。

（8）保险公司开展的1年期以上返还性人身保险业务的保费收入。

（9）国办发［2004］10号文件规定，自2004年1月1日起，对为安置自谋职业的城镇职业的城镇退役士兵就业而新办的服务型企业（桑拿、按摩、氧吧等除外）当年新安置自谋职业的城镇退役士兵达到职工总数30%以上，并与其签订1年以上期限劳动合同的，经县以上民政部门认定，税务机关审核，3年内免征营业税。

（10）财税［2014］39号文件的规定，对持“就业失业登记证”（注明“自主创业税收政策”或附着“高校毕业生自主创业证”）人员从事个体经营的，在3年内按每户每年8 000元为限额依次扣减其当年实际应缴纳的营业税、城市维护建设税、教育费附加、地方教育附加和个人所得税。限额标准最高可上浮20%，各省、自治区、直辖市人民政府可根据本地区实际情况在此幅度内确定具体限额标准，并报财政部和国家税务总局备案。本通知的执行期限为2014年1月1日至2016年12月31日。

（11）对政府举办的高等、中等和初等学校（不含下属单位）开设进修班、培训班取得的收入全部归学校所有的，免征营业税。

五、营业税应纳税额的计算

纳税义务人提供应税劳务、转让无形资产或者销售不动产，按照应税营业额（计税依据）和规定的税率计算应纳税额。计算公式如下。

应纳税额=营业额×适用税率

营业额是纳税义务人提供的应税劳务、转让无形资产或销售不动产向对方收取的全部价款和价外费用。价外费用包括收取的手续费、基金、集资费、代收款项、代垫款项、罚息及其他各种性质的价外费用，但不包括同时符合以下条件的代为收取的政府性基金或者行政性事业性收费。

（1）由国务院或者财政部批准设立的政府性基金，由国务院或者省级人民政府及其财政、价格主管部门批准设立的行政事业性收费。

（2）收取时开具省级以上财政部门印制的财政票据。

（3）所收款项全额上缴财政。

（一）提供应税劳务应纳税额的计算

1. 建筑业

建筑业的计税营业额为纳税义务人承接建筑安装、修缮、装饰和其他工程作业向建设单位收取的工程价款及价位费用。实际业务还需注意以下规定。

（1）建筑业的总承包人将工程分包或转包给他人的，以全部承包额减去付给分包人或者转包人的价款后的余额为营业额。

（2）纳税义务人从事建筑劳务（不含装饰劳务）的，其营业额应当包括工程所用原材料以及其他物资和动力的价款，但不包括建设方提供的设备的价款。从事安装工程作业，凡所安装的设备价值作为安装工程产值的，其营业额应包括设备的价款。

（3）纳税义务人自建自用的房屋不纳营业税，如纳税义务人（不包括个人自建自用销售）将自建房屋对外销售，其自建行为应按建筑业缴纳营业税，再按销售不动产征收营业税。

（4）纳税义务人提供装饰劳务的，按照其向客户实际收取的人工费、管理费和辅助材料费等收入（不含客户自行采购的材料价款和设备价款）确认营业额。

【学中练 4-2】某建筑公司 2015 年年初承包一项建筑工程，6 月该工程完工，建筑公司取得工程价款 150 万元，发包单位还给予建筑公司提前竣工奖 10 万元。建筑公司在施工期间，发生劳动保护费 7 万元，临时设施费 5 万元，支付职工工资 30 万元，购买建筑材料支出 45 万元。计算该建筑公司 6 月应缴纳营业税的营业额。

解析：根据营业税法规定，建筑安装企业向建设单位收取的工程价款及价外费用，都应并入营业额征收营业税。本例中，发包单位给予的提前竣工奖属于价外费用，应计入营业额中；建筑公司在施工期间发生的劳动保护费、临时设施费、支付的职工工资以及购买建筑材料的支出均包括，不得扣除。因此，该企业 6 月应纳税的营业额=150+10=160（万元）。

2. 金融保险业

金融业的计税营业额是贷款利息收入、金融商品转让收益及从事金融经纪业务和其他金融业务的手续费收入。保险业的计税营业额是利息收入、保费收入以及其他收入之和。具体规定如下。

（1）一般贷款业务的营业额为贷款利息收入（包括各种加息、罚息）。

（2）转贷业务营业额为贷款利息收入减去借款利息支出后的余额。

（3）金融商品转让业务。金融商品转让业务应以卖出价减去买入价后的余额为计税营业额。其中“卖出价”是指卖出原价，不得扣除卖出过程中支付的相关税费；“买入价”是指购入原价，不包括购入过程中支付的相关税费，但股票、债券持有期间取得的红利收入可以从买入价中扣除。

小贴士

国家税务总局公告2013年第63号规定，自2013年12月1日起，纳税义务人从事金融商品转让业务，不再按股票、债券、外汇、其他四大类来划分，统一归为“金融商品”，不同品种金融商品买卖出现的正负差，在同一个纳税期内可以相抵，按盈亏相抵后的余额为营业额计算缴纳营业税；若相抵后仍出现负差的，可结转下一个纳税期相抵，但在年末时仍出现负差的，不得转入下一个会计年度。

（4）金融经纪业务和其他金融业务以其收取的全部手续费（佣金）为营业额。

（5）保险业务。

① 初保业务营业额为全部保费收入。

② 储金业务营业额为储金的利息（即纳税义务人在纳税期内的储金平均余额乘以人民银行公布的1年期存款利率折算的月利率计算的利息额）。

③ 保险业务开展无赔偿奖励业务的，以向投保人实际收取的保费为营业额。

【学中练4-3】某商业银行2015年第一季度发生下列业务：取得人民币贷款利息收入400万元，逾期贷款利息收入100万元，外汇贷款利息收入50万元，同时支付境外的借款利息为30万元；转让某种债券的收入200万元，买入价为150万元；销售黄金30万元，其购入价为25万元。试计算该商业银行2015年第一季度应纳的营业税额。

解析：银行销售金银业务应缴纳增值税，贷款业务收入不得扣减利息支出。

（400+100+50）×5%+（200−150）×5%=30（万元）。

3. 文化体育业

文化体育业的计税营业额是纳税义务人经营文化体育活动实际取得的全部价款。

单位或个人进行演出，以全部票价收入或包场收入减去付给提供演出场所的单位、演出公司或经纪人的费用后的余额为营业额。

【学中练4-4】某歌星在某市的艺术中心进行演出，由艺术中心代售门票，取得门票收入100万元，其中支付给艺术中心场地租金10万元，支付给经纪人佣金12万元。请计算该歌星应缴纳的营业税。

解析：单位或个人进行演出，以全部票价收入或包场收入减去付给提供演出场所的单位、演出公司或经纪人的费用后的余额为营业额。

纳营业税=（100−10−12）×3%=2.34（万元）。

4. 娱乐业

娱乐业计税营业额以向顾客收取的各项费用为营业额，包括门票费、台位费、点歌费、烟酒饮料收费以及其他收费。

【学中练4-5】某歌舞厅2015年5月收入如下：门票收入20 000元，台位收入18 000元，饮料收入15 000元，点歌收入12 000元；发生工资性支出10 000元，办公费、水电费及外购烟酒饮料等支出35 000元。请计算该歌舞厅5月应纳的营业税。

解析：娱乐业应以向顾客收取的各项费用为营业额。

应纳营业税=（20 000+18 000+15 000+12 000）×20%=13 000（元）。

5. 服务业

服务业的计税营业额为纳税义务人提供代理业、旅店业、饮食业、旅游业或其他服务业的应税劳务而向对方收取的全部价款和价外费用。

（1）一般代理业（货物运输代理服务、代理报关已列入“营改增”试点，此部分除外）以代理者向委托方实际收到的报酬为营业额。

（2）福利彩票机构发行福利彩票取得的收入不征收营业税；对福利彩票机构以外的代销单位销售福利彩票取得的手续费收入应征收营业税。

（3）旅店业的营业额为提供住宿服务的各项收入。

（4）饮食业的营业额为向顾客提供饮食消费服务而收取的餐饮收入。

小贴士

自 2012 年 1 月 1 日起，旅店业和饮食业纳税义务人销售非现场消费的食品应当缴纳增值税，不缴纳营业税。

（5）旅游企业组织旅游团到境外旅游，在境外改由其他旅游企业接团的，以全部旅游所得减去付给该接团企业的旅游费后的余额为营业额。旅游企业组团在境内旅游的，以收取的旅游费减去为旅游者支付给其他单位或个人的住宿费、餐费、交通费、旅游景点门票和支付给其他接团旅游企业的旅游费后的余额为营业额。改由其他旅游企业接团的，比照境外旅游办法确定营业额。

（6）代购货物行为同时具备以下条件的，应按服务业征收营业税：受托方不垫付资金；销售方将发票开给委托方，应由受托方将该项发票转交给委托方；受托方按销售方实际收取的销售额和增值税额对委托方结算货款并另收取手续费。

（7）不动产租赁业务的营业额为经营租赁业务所取得的租金收入全额，不得扣除任何费用。

（8）消费者持服务单位销售或赠与的固定面值的消费卡进行消费，应视为该服务单位提供了服务业的应税劳务，对该服务单位应征收营业税，其营业额为消费者持卡消费时，服务单位所冲减的有价消费卡面值额。

【学中练 4-6】某国际大酒店 2015 年 6 月的营业收入如下：餐厅收入 150 万元；客房收入 200 万元；歌舞厅收入 50 万元；娱乐室收入 30 万元；车队收入 50 万元；出租会议中心收入 50 万元；发廊收入 20 万元；洗衣收入 7 万元；商场销售收入 80 万元。计算酒店本月的计税营业额。

解析：酒店的餐厅收入应属于“服务业——饮食业”的征税范围，其计税营业额为 150 万元；客房收入属于“服务业——旅店业”，计税营业额为 200 万元；歌舞厅、娱乐室的收入属于“娱乐业”，计税营业额=50+30=80（万元）；车队收入属于“交通运输业”，征收增值税，不缴营业税；会议中心场租收入属于“服务业——租赁业”，计税营业额为 50 万元；发廊、洗衣收入属于“服务业——其他服务业”，计税营业额为 27 万元；商场销售收入应缴纳增值税，不缴营业税。

（二）转让无形资产应纳税额的计算

转让无形资产的计税营业额为转让无形资产向对方收取的全部价款及价外费用。

（1）纳税义务人转让土地使用权，以全部收入减去土地使用权购置或者受让原价后的余额为营业额。

（2）纳税义务人转让抵债所得的土地使用权，以全部收入减去抵债时该项土地使用权作价后的余额为营业额。

（3）以地换房和以房换地（一方提供土地使用权，另一方提供资金）合作建房并按协议分配住房的，其以地换房一方按“转让无形资产”税目征收营业税，以房换地一方按“销售不动产”税目征收营业税。

【学中练 4-7】某企业 2015 年将一块因抵债获得的土地使用权以 500 万元价格出售。该土地使用权抵债时作价为 350 万元。计算该企业此项业务应纳营业税税额。

解析：纳税义务人转让抵债所得的土地使用权，以全部收入减去抵债时该项土地使用权作价后的余额为营业额。

应纳营业税=（500−350）×5%=7.5（万元）。

（三）销售不动产应纳税额的计算

销售不动产的计税营业额为纳税义务人销售不动产而向不动产购买者收取的全部价款和价外费用。

（1）纳税义务人销售或转让其购置的不动产，以全部收入减去不动产的购置原价后的余额为营业额。

（2）纳税义务人销售或转让抵债所得的不动产，以全部收入减去抵债时该项不动产作价后的余额为营业额。

（四）其他情况应纳税额的计算

对于纳税义务人提供劳务、销售不动产和转让无形资产的价格明显偏低而又无正当理由的，税务机关有权按下列顺序核定其营业额。

（1）按纳税义务人当月提供的同类应税劳务或销售的同类不动产的平均价格核定。

（2）按纳税义务人最近时期提供的同类应税劳务或销售的同类不动产的平均价格核定。

（3）按组成计税价格核定。

组成计税价格=计税营业成本或工程成本×（1+成本利润率）/（1−营业税税率）

成本利润率由各省、自治区、直辖市人民政府所属税务机关确定。

【学中练 4-8】某房地产公司 2015 年 2 月自建一幢办公楼，后因一些原因将其出售一半，经查实该办公楼建筑总成本为 2 000 万元，无同类建筑价格，该楼所处的地区成本利润率为 10%；该房地产公司对外销售部分办公楼取得的销售收入为 1 500 万元。该公司按建筑业和销售不动产的计税营业额各为多少？

解析：自建自用部分不纳营业税，自建销售部分要按建筑业税目缴纳营业税，并且销售部分也要按销售不动产税目缴纳营业税。

自建房屋销售部分的组成计税价格=2 000×50%×（1+10%）÷（1−3%）=1 134.02（万元）。

销售不动产的计税营业额=1 500（万元）。

六、营业税的账务处理

（一）账户设置

企业按规定应缴纳的营业税，应该设置“应交税费——应交营业税”账户。其账户借方发生额反映企业已缴纳的营业税；其贷方发生额反映企业应缴纳的营业税。期末借方余额反映企业多缴纳的营业税；期末贷方余额反映企业尚未缴纳的营业税。

（二）提供应税劳务的账务处理

纳税人提供应税劳务，计算应交营业税时的会计分录如下。

借：营业税金及附加

　　贷：应交税费——应交营业税

【学中练 4-9】某建筑公司承包一项工程，工期一年，总承包收入 1 500 万元。其中，装修工程 300 万元分包给 A 公司负责。该建筑公司完成工程累计发生合同成本 1 000 万元，项目如期完工。

解析：计提营业税及代扣营业税计算如下。

计提营业税=（1 500−300）×3%=36（万元）。

代扣营业税=300×3%=9（万元）。

该建筑公司相关账务处理如下。

借：银行存款	15 000 000	
贷：主营业务收入		12 000 000
应付账款		3 000 000
借：营业税金及附加	360 000	
应收账款——A 公司	90 000	
贷：应交税费——应交营业税		450 000

缴纳营业税时账务处理如下。

借：应交税费——应交营业税	450 000	
贷：银行存款		450 000

【学中练 4-10】某宾馆 8 月取得住宿收入 120 万元、餐费收入 100 万元、卡拉 OK 歌舞厅收入 10 万元、保龄球馆收入 15 万元。该宾馆所在省份卡拉 OK 歌舞厅和保龄球馆税率均为 5%，请计算该宾馆应纳的营业税。

解析：住宿、餐饮、保龄球应纳营业税=（1 200 000+1 000 000+100 000+150 000）×5%=125 000（元）

其会计分录为如下。

借：银行存款	2 450 000	
贷：主营业务收入		2 450 000
借：营业税金及附加	125 000	
贷：应交税费——应交营业税		125 000

（三）销售不动产的账务处理

企业销售不动产分为房地产开发企业销售不动产和非房地产开发企业销售不动产两种情况。房地产开发企业销售不动产应缴纳的营业税通过“营业税金及附加”账户进行核算，而非房地产开发企业销售不动产应缴纳的营业税则通过 “固定资产清理”账户进行核算。

1. 房地产开发企业销售不动产

【学中练 4-11】甲房地产开发公司采用预收款方式销售一批商品房给乙公司，销售价格为 8 000 万元。2015 年 2 月，甲公司收到乙公司支付的预收款 4 000 万元；2015 年 5 月，甲公司与乙公司进行结算，甲公司开具销售发票金额共计 8 000 万元，当月乙公司又支付了 3 000

万元，尚有1 000万元留待以后支付（本例题只核算营业税，其他税费暂不考虑）。

解析：《营业税暂行条例实施细则》第二十五条明确规定，纳税人转让土地使用权或销售不动产，采用预收款方式的，其纳税义务发生时间为收到预收款的当天。

甲房地产开发公司相关的账务处理如下。

（1）2015年2月收到乙公司支付的预收款4 000万元。

借：银行存款　　40 000 000

　　贷：预收账款　　40 000 000

（2）按预收款计算应纳营业税=40 000 000×5%=2 000 000（元）。

借：应交税费——应交营业税　　2 000 000

　　贷：银行存款　　2 000 000

（3）2015年5月与乙公司结算，销售不动产的销售收入全部实现，并按开具的销售发票全额结转主营业务收入。

借：银行存款　　30 000 000

　　预收账款　　40 000 000

　　应收账款　　10 000 000

　　贷：主营业务收入　　80 000 000

（4）按实现销售收入的全额计提应交营业税，并补缴差额。

应纳营业税=80 000 000×5%=4 000 000（元)。

借：营业税金及附加　　4 000 000

　　贷：应交税费——应交营业税　　4 000 000

（5）补缴营业税=4 000 000−2 000 000=2 000 000（元）。

借：应交税费——应交营业税　　2 000 000

　　贷：银行存款　　2 000 000

2. 非房地产开发企业销售不动产

【学中练4-12】某企业对外销售建筑物一幢，原值1 000万元，已提折旧160万元。出售该建筑物取得收入900万元，发生清理费用5万元。请进行相关账务处理。

（1）转入清理时，财务处理如下。

借：固定资产清理　　8 400 000

　　累计折旧　　1 600 000

　　贷：固定资产　　10 000 000

（2）发生固定资产清理费用时，账务处理如下。

借：固定资产清理　　50 000

　　贷：银行存款　　50 000

（3）确认销售收入时，账务处理如下。

借：银行存款　　9 000 000

　　贷：固定资产清理　　9 000 000

（4）计提应纳营业税=9 000 000×5%=450 000（元），账务处理如下。

借：固定资产清理　　450 000

　　贷：应交税费——应交营业税　　450 000

（5）实际缴纳时，账务处理如下。

借：应缴税费——应交营业税　　450 000
　　贷：银行存款　　450 000

（6）结转清理净收益时，账务处理如下。

借：固定资产清理　　100 000
　　贷：营业外收入——处置固定资产净收益　　100 000

七、营业税纳税申报

（一）营业税纳税义务发生时间

1. 一般规定

营业税纳税义务发生时间为纳税义务人提供应税劳务、转让无形资产或者销售不动产，并收讫营业收入款项或者取得索取营业收入款项凭据的当天。

2. 特殊规定

（1）纳税义务人转让土地使用权或者销售不动产，采取预收款方式的，其纳税义务发生时间为收到预收款的当天。

（2）纳税义务人提供建筑业或者租赁业（不动产租赁）劳务，采取预收款方式的，其纳税义务发生时间为收到预收款的当天。

（3）纳税义务人将不动产或者土地使用权无偿赠送给其他单位或者个人的，其纳税义务发生时间为不动产所有权、土地使用权转移的当天。

（4）纳税义务人发生自建行为的，其纳税义务发生时间为销售自建建筑物的纳税义务发生时间。

营业税扣缴义务发生时间为纳税义务人营业税纳税义务发生的当天。

（二）营业税的纳税期限

营业税的纳税期限分别为 5 日、10 日、15 日、1 个月或者 1 个季度。纳税义务人的具体纳税期限，由主管税务机关根据纳税义务人应纳税额的大小分别核定；不能按照固定期限纳税的，可以按次纳税。

小贴士

银行、财务公司、信托投资公司、信用社、外国企业常驻代表机构的纳税期限为 1 个季度。保险公司的纳税期限为 1 个月。其他纳税义务人的纳税期限由主管税务机关核定。

纳税义务人以 1 个月或者 1 个季度为一个纳税期的，自期满之日起 15 日内申报纳税；以 5 日、10 日或者 15 日为一个纳税期的，自期满之日起 5 日内预缴税款，于次月 1 日起 15 日内申报纳税并结清上月应纳税款。

扣缴义务人解缴税款的期限，依照以上规定执行。

（三）营业税的纳税地点

营业税由税务机关征收。营业税的纳税地点规定如下。

（1）纳税义务人提供应税劳务（建筑业劳务除外）应当向其机构所在地或者居住地的主管税务机关申报纳税。

（2）纳税义务人转让、出租土地使用权，应当向土地所在地的主管税务机关申报纳税。

（3）纳税义务人销售、出租不动产应当向不动产所在地的主管税务机关申报纳税。

（4）建筑业纳税义务人应按下列规定确定建筑业营业税的纳税地点。

① 纳税人提供建筑劳务，应当向劳务发生地税务机关纳税，即从事建筑安装业务，应当在所承包的工程所在地缴纳营业税。

② 纳税人承包的工程跨省、自治区、直辖市的（以下简称跨省工作），应当向其机构所在地税务机关纳税。

③ 纳税人承包省内跨县（市）工程的营业税纳税地点，由省、自治区、直辖市人民政府所属税务机关确定纳税地点。

跨省施工工程是指建筑安装企业承包的跨越两个或两个以上省施工的工程，而不是指建筑安装企业跨省去承包工程。

省内跨县（市）施工工程是指在一个省的范围内，建筑安装企业承包的跨越两个或两个上以上的县（市）的工程，而不是指施工企业是否在本省施工。

（5）扣缴义务人应当向其机构所在地或者居住地的主管税务机关申报缴纳其扣缴的税款。

纳税义务人应当向劳务发生地、土地或者不动产所在地的主管税务机关申报纳税；而自应当申报纳税之月起超过6个月没有申报纳税的，由其机构所在地或者居住地的主管税务机关补征税款。

项目实施

一、计算本月应纳营业税税额

（1）旅店业营业额=262 361.00+315 224.00=577 585.00（元）。

应纳营业税税额=577 585×5%=28 879.25（元）。

（2）餐饮业营业额=480 000.00+785 000.00=1 265 000.00（元）。

应纳营业税税额=1 265 000×5%=63 250.00（元）。

（3）娱乐业营业额=170 000.00+60 000.00=230 000.00（元）。

应纳营业税税额=230 000.00×5%=11 500.00（元）。

二、账务处理

（1）旅店业的会计分录如下。

借：银行存款　　577 585.00

　　贷：主营业务收入　　577 585.00

借：营业税金及附加　　28 879.25

　　贷：银行存款　　28 879.25

（2）餐饮业、卡拉OK歌舞厅的会计分录与旅店业均一样，故略去。

三、填制“营业税纳税申报表”

“营业税申报表”的填写如表4-2和表4-3所示。

表 4-2

服务业营业税纳税申报表

（适用于服务业营业税纳税人）

纳税人识别号：

纳税人名称（公章）

税款所属时间：自 2015 年 2 月 1 日至 2015 年 2 月 28 日　　填表日期：2015 年 3 月 9 日　　金额单位：元（列至角分）

应税项目	营业额				税率（%）	本期税款计算			税款缴纳							
	应税收入	应税减除项目金额	应税营业额	免税收入		小计	本期应纳税额	免（减）税额	期初欠缴税额	前期多缴税额	本期已缴税额			本期应缴税额计算		
											小计	已缴本期应纳税额	本期已缴欠缴税额	小计	本期期末应缴税额	本期期末应缴欠缴税额
1	2	3	4=2−3	5	6	7=8+9	8=（4−5）×6	9=5×6	10	11	12=13+14	13	14	15=16+17	16=8−13	17=10−11−14
旅店业	577 585.00		577 585.00		5%		28 879.25								28 879.25	
餐饮业	1 265 000.00		1 265 000.00		5%		63 250.00								63 250.00	
旅游业																
合计			1 842 585.00		—										92 129.25	

表 4-3

娱乐业营业税纳税申报表

（适用于娱乐业营业税纳税人）

纳税人识别号：

纳税人名称（公章）

税款所属时间：自 2015 年 2 月 1 日至 2015 年 2 月 28 日　　填表日期：2015 年 3 月 9 日　　金额单位：元（列至角分）

应税项目	营业额				税率（%）	本期税款计算			税款缴纳							
	应税收入	应税减除项目金额	应税营业额	免税收入		小计	本期应纳税额	免（减）税额	期初欠缴税额	前期多缴税额	本期已缴税额			本期应缴税额计算		
											小计	已缴本期应纳税额	本期已缴欠缴税额	小计	本期期末应缴税额	本期期末应缴欠缴税额
1	2	3	4=2−3	5	6	7=8+9	8=（4−5）×6	9=5×6	10	11	12=13+14	13	14	15=16+17	16=8−13	17=10−11−14
歌厅																

续表

应税项目		营业额				税率（%）	本期税款计算			税款缴纳							
		应税收入	应税减除项目金额	应税营业额	免税收入		小计	本期应纳税额	免（减）税额	期初欠缴税额	前期多缴税额	本期已缴税额			本期应缴税额计算		
												小计	已缴本期应纳税额	本期已缴欠缴税额	小计	本期期末应缴税额	本期期末应缴欠缴税额
1		2	3	4=2−3	5	6	7=8+9	8=（4−5）×6	9=5×6	10	11	12=13+14	13	14	15=16+17	16=8−13	17=10−11−14
舞厅																	
卡拉OK歌舞厅	夜总会																
	练歌房	230 000.00				5%	11 500.00	11 500.00							11 500.00	11 500.00	
	恋歌房																
音乐茶座	酒吧																
高尔夫球																	
台球、保龄球																	
游艺场																	
网吧																	
其他																	
合计						—	11 500.00	11 500.00							11 500.00	11 500.00	

知识训练

1．单项选择题

（1）下列项目中，属于营业税征收范围的有（　　）。

A．加工修理修配　　B．转让土地使用权

C．商业零售　　D．法院根据国家规定直接收取的诉讼费

（2）下列业务中，不属于营业税征收范围的是（　　）。

A．销售不动产　　B．典当业销售死当物品

C．出租自建建筑物　　D．房屋装饰劳务

（3）纳税人兼有不同税目应交营业税行为的，须分别核算不同税目的营业额、转让额、销售额；未分别核算的（　　）。

A．从高适用税率　B．从低适用税率　C．适用平均税率　D．适用增值税税率

（4）转让土地使用权的营业税纳税义务人是（　　）。

A．转让者　　B．受让者

C．转让者和受让者　　D．转让者、受让者和中介者

（5）邮政储蓄按（　　）税目征收营业税。

A．金融业　　B．邮政业

C．服务业中的代理业　　D．服务业中的其他服务业

（6）体育运动队取得的出场费按（　　）征收营业税。

A．文化体育业　　B．服务业中的其他服务业

C．服务业中的租赁业　　D．娱乐业

（7）娱乐场所为顾客进行娱乐活动提供的饮食和销售的烟酒收入应（　　）。

A．按服务业征收营业税

B．按娱乐业征收营业税

C．按销售货物和服务业分别征收增值税和营业税

D．分别按服务业、娱乐业征收营业税

（8）我国营业税采用（　　）形式。

A．定额税率　B．累进税率　C．超率累进税率　D．比例税率

（9）按照现行营业税的优惠政策，下列说法不正确的是（　　）。

A．个人将购买超过5年的普通住房对外销售，免征营业税

B．个人将购买超过6年的普通住房对外销售，免征营业税

C．个人将购买不足5年的住房对外销售，按其销售收入减去购买房屋的价款后的余额征收营业税

D．个人将购买超过5年的非普通住房对外销售，按其销售收入减去购买房屋的价款后的余额征收营业税

（10）营业税计税价格的组成公式为（　　）。

A．计税价格=营业成本或工程成本×（1+成本利润率）/营业税税率

B．计税价格=营业成本或工程成本×（1−成本利润率）/（1+营业税税率）

C．计税价格=营业成本或工程成本×（1+成本利润率）/（1+营业税税率）

D．计税价格=营业成本或工程成本×（1+成本利润率）/（1−营业税税率）

（11）纳税人转让土地使用权或销售不动产，采取预收款方式的，其纳税义务的时间为（　　）。

A. 所有权转移的当天　　B. 收到预收款的当天
C. 收到全部价款的当天　　D. 所有权转移并收到全部款项的当天

（12）单位将不动产无偿赠与他人，视同销售不动产征收营业税，其纳税义务发生时间为（　　）。

A. 将不动产交付对方使用的当天　　B. 不动产所有权转移的当天
C. 签订不动产赠与文书的当天　　D. 承受不动产人缴纳契税的当天

（13）营业税的纳税期限除特殊情况外，一般规定为（　　）。

A. 3日、5日、10日或15日　　B. 5日、10日、15日或1个月
C. 7日、10日、15日或1个月　　D. 20日、30日、1个月或1个季度

（14）（　　）营业税的纳税期限是1个季度。

A. 金融业　　B. 保险业　　C. 典当业　　D. 娱乐业

（15）下列营业税纳税地点的确定，不正确的是（　　）。

A. 纳税人提供应税劳务（建筑业除外），应当向其机构所在地主管税务机关申报纳税
B. 纳税人从事建筑业劳务，应当向应税劳务发生地主管税务机关申报纳税
C. 纳税人转让土地使用权，应当向其机构所在地主管税务机关申报纳税
D. 纳税人销售不动产，应当向不动产所在地主管税务机关申报纳税

2. 多项选择题

（1）营业税服务业税目征收范围包括（　　）。

A. 旅游业　　B. 修理修配　　C. 仓储业　　D. 不动产租赁业

（2）下列表述中，符合营业税有关扣缴义务人规定的是（　　）。

A. 建筑安装业务实行分包或转包的，以总承包人为扣缴义务人
B. 建筑安装业务实行分包或转包的，以分包或转包人为扣缴义务人
C. 个人进行演出由他人售票的，以售票者为扣缴义务人
D. 个人进行演出由他人售票的，以演出人为扣缴义务人

（3）下列行为按建筑业征收营业税的是（　　）。

A. 建筑、安装　　B. 修缮、装饰　　C. 平整土地　　D. 道路修建

（4）按照现行制度规定，免征营业税的项目有（　　）。

A. 农业机耕收入
B. 医院为患者提供的医疗服务
C. 普通汽车驾驶学校培训汽车驾驶员的收入
D. 美术馆举办美术展销的门票收入

（5）残疾人个人从事的下列业务，按规定免征营业税的有（　　）。

A. 导游服务　　B. 转让著作权
C. 与他人合伙经营饮食业　　D. 自己开办小吃店

（6）施工单位向建设单位收取的（　　）应并入计税营业额中征收营业税。

A. 材料差价款　　B. 抢工费　　C. 优质工程奖　　D. 施工机构迁移费

（7）按照营业税法规定，娱乐业计税营业额为经营娱乐业向顾客收取的（　　）。

A. 门票收费　　B. 点歌费

C. 销售烟酒饮料收费　　D. 服务费

（8）下列各项中，适用5%营业税税率的有（　　）。

A. 饮食业　　B. 转让土地使用权

C. 建筑业　　D. 金融保险业

（9）北京市某建筑公司提供的下列劳务应在北京其机构所在地缴纳营业税的有（　　）。

A. 承包从天津至石家庄的高速公路工程业务

B. 承包太原市一商务楼的建筑工程

C. 承包郑州市一体育场的建筑工程

D. 承包从天津至北京的普通公路施工工程

（10）下列各项中，应视同发生应税行为征收营业税的有（　　）。

A. 个人将不动产无偿赠送给单位　　B. 单位将土地使用权无偿赠送给个人

C. 单位自建自用房屋的行为　　D. 单位自建房屋销售的行为

3. 判断题

（1）营业税是价外税。（　　）

（2）在我国境内提供各种劳务的收入均应缴纳营业税。（　　）

（3）一项销售行为如果既涉及营业税应税劳务又涉及货物，则为兼营行为。（　　）

（4）混合销售行为只征收增值税，不征收营业税。（　　）

（5）银行金银买卖业务应按照金融业缴纳营业税。（　　）

（6）单位或个人自建建筑物后销售，其自建行为视同提供应税劳务，因此分别按建筑业、销售不动产缴纳两道营业税。（　　）

（7）在销售不动产时，连同不动产所占土地使用权一并转让的行为，要分别按销售不动产和无形资产征收营业税。（　　）

（8）纳税人营业额未达到营业税起征点的，免征营业税；达到起征点的，就超过起征点的部分计算缴纳营业税。（　　）

（9）对境内保险机构为出口货物提供保险劳务应当征收营业税。（　　）

（10）纳税人销售不动产价格明显偏低而无正当理由的，主管税务机关有权核定其营业额。（　　）

4. 计算题

（1）某旅游企业取得收入10万元，旅行团付给其他单位餐费1万元、住宿费1万元、交通费1万元，自己购买办公用品1万元，则该旅游企业的营业税计税营业额应为（　　）万元。

A. 10　　B. 6　　C. 7　　D. 8

（2）某建筑安装公司6月取得全部工程结算收入850万元，支付给其他分包单位分包工程款150万元，则该建筑安装公司6月应纳税额为（　　）万元。

A. 21　　B. 25.5　　C. 4.5　　D. 35

（3）甲建筑工程公司向乙公司转让闲置办公用房一幢（购置原价为700万元），取得转让收入1 300万元，则应纳营业税为（　　）。

A. 65万元　　B. 30元　　C. 35万元　　D. 0万元

（4）李某将一套闲置不用的住宅用房对外出租，取得租金收入5 000元，则李某应纳营业税为（　　）。

A. 150元　　B. 200元　　C. 250元　　D. 0元

（5）2015年5月，某房地产公司采用预收款方式将一栋自建写字楼出售给甲公司。该合同规定销售价格为6 000万元，当月甲公司预付了3 000万元，余款在以后两个月内结清。已知销售不动产营业税税率为5%，则该房地产公司5月份应缴纳的营业税税额为（　　）万元。

A. 150　　B. 300　　C. 0　　D. 75

技能训练

（一）实训目的

（1）熟悉营业税纳税申报流程。

（2）掌握"营业税纳税申报表及附表"的填制。

（3）熟悉、掌握营业税的账务处理。

（二）实训程序

填写营业税附表资料→营业税纳税申报主表填报。

（三）实训资料

广厦建筑公司2014年发生以下业务（由于票据分多次开具，鉴于篇幅有限，票据略）。

（1）与B公司签订土建工程甲工程，收取工程款1 000万元，其中劳务费600万元，材料费300万元，外购设备100万元；B公司为工程提供材料价值为300万元、设备价值为500万元。

（2）与C公司签订玻璃幕墙安装工程乙工程，收取工程款300万元，其中自产玻璃幕墙250万元，安装费50万元（注：玻璃幕墙不作为营业税计税依据）。

（3）与D公司签订装饰工程丙工程，收取工程款100万元，其中材料款40万元、劳务费60万元；D公司提供材料价值为100万元。

上述3个工程均在2014年完工。

任务：（1）计算该企业当月应纳营业税税额。

（2）根据发生业务进行账务处理。

（3）正确填写建筑业纳税申报表主表及各附表。

项目五

关税纳税实务

【工作过程描述】

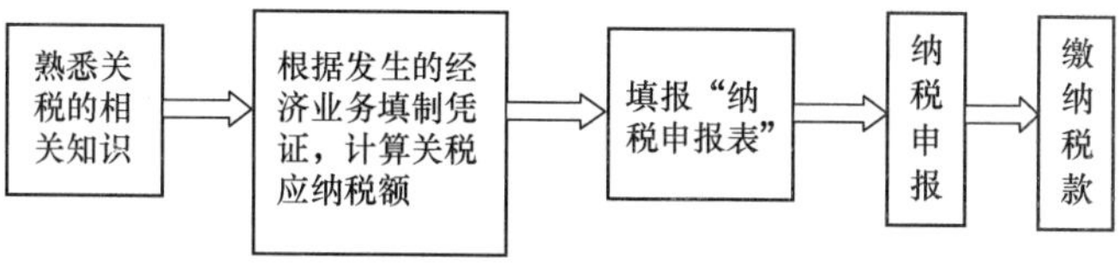

【技能目标】

能利用关税的相关知识进行关税应纳税额的计算和纳税申报。

项目引入

杭州顺达外贸公司为增值税一般纳税人，有自营进出口资格。2015 年 5 月 11 日，该公司发生以下进出口业务。

（1）从意大利进口一批化妆品，支付国外的买价 300 万元、国外的经纪费 5 万元、买方采购代理人佣金 8 万元；支付运抵我国海关前的运输费 30 万元、装卸费和保险费 15 万元；支付海关地再运往顺达外贸公司所在地的运输费 10 万元、装卸费和保险费 2 万元。意大利与我国均是世界贸易组织成员国，化妆品税率是 10%。

（2）出口日本一批山羊板皮，海关核定的离岸价格为 240 万元，成本为 180 万元，货款已收讫。出口关税税率为 20%。出口货物报关单如表 5-1 所示。

任务：（1）计算顺达公司进口、出口时应缴纳的关税税额。

（2）根据发生业务进行账务处理。

（3）填制“海关关税缴款书”

表 5-1　　中华人民共和国海关出口货物报关单

预录入编号：　　　　　　　　　　　　　　　　　　　　　　　　海关编号：

出口口岸	备案号	出口日期	申报日期
杭州		2015-05-13	2015-05-11

经营单位	运输方式	运输工具名称	提运单号
杭州顺达贸易有限公司	空运	KK-8726	HJSNBE 148762

发货单位	贸易方式	征免性质	结汇方式
杭州顺达贸易有限公司	一般贸易	一般征税	信用证

许可证号	运抵国（地区）	指运港	境内货源地
15062488	意大利	大阪	杭州

批准文号	成交方式	运费	保费	杂费
	FOB			

合同协议号	件数	包装种类	毛重（千克）	净重（千克）
TXT264	5	箱	568	492

集装箱号	随附单据	生产厂家
GATU20150513118	XK0526011	内蒙山羊制品厂

标记唛码及备注

TXT264 C/NO.1-66

项目	商品编号	商品名称、规格型号	数量及单位	最终目的国（地区）	单价	总价	币制	征免
01	41039011	山羊板皮	492 千克	日本		240 万元	502	照章

税费征收情况

录入员　录入单位　　兹声明以上申报无讹并承担法律责任 报关员 申报单位（签章） 单位地址 邮编　　电话　　填制日期	海关审单批注及放行日期（签章） 审单　　审价 征税　　统计 查验　　放行

相关知识

关税是指一国海关依法对准许进出关境的货物和物品征收的一种流转税。我国现行关税的基本规范以《中华人民共和国海关法》为法律依据，从《中华人民共和国进出口关税条例》等为基本法规。我国现行的《海关法》是 1987 年 1 月 22 日通过、2000 年 7 月 8 日修订的。

小贴士

关境不同于国境，国境是一个地理概念，指主权国家的领土范围。关境是一个经济概念，指国家征收关税的领域。通常情况下，国境的范围与关税的领域大小是一致的，货物、物品进出国境即是进出关境。但有时也不一致，如有些国家在国境内设立自由贸易区、保税区、自由贸易港等，使关境小于国境，如我国的香港和澳门保持自由港地位；当几个国家组成关税同盟时，成员国之间相互取消关税，对外执行共同的关税税则，这会使成员国的国境小于关境。

关税一般分为进口关税、出口关税和过境关税。我国目前对进出境货物征收的关税分为进口关税和出口关税两类。

一、关税的征税范围和纳税义务人

（一）关税的征税范围

关税的征税范围为进出口我国关境的货物和物品。货物是指贸易性商品；物品指入境旅客随身携带的行李物品、个人邮递物品、各种运输工具上的服务人员携带进口的自用物品、馈赠物品以及其他方式进入关境的个人物品。

小贴士

关税与增值税、消费税均属于对商品的征税。其区别在于：增值税和消费税是对国内生产或消费的商品的征税；关税是对进出国境或关境的商品的征税。从这个意义上说，增值税和消费税可以称为国内商品税，关税可以称为进出口商品税。

（二）关税的纳税义务人

关税的纳税义务人，是进口货物的收货人、出口货物的发货人、进境物品的所有人。进出口货物的收货人、发货人是依法取得对外贸易经营权，并进口或者出口货物的法人或其他社会团体。进境物品的所有人包括入境旅客随身携带的行李物品的持有人；各种运输工具上服务人员入境时携带自用物品的持有人；馈赠物品以及其他方式入境个人物品的所有人；进口个人邮件的收件人。

二、关税的税目和税率

（一）税目

关税的税目和税率由《海关进出口税则》规定。《海关进出口税则》中的商品分类目录，由类、章、项目、一级子目和二级子目 5 个等级、8 位数码组成。按照税则归类总规则及其归类方法，每一种商品都能找到一个最适合的对应税目。

（二）税率

关税税率为差别比例税率，分为进口关税税率、出口关税税率和特别关税。

1. 进口关税税率

自2002年1月1日起，我国进口税则设有最惠国税率、协定税率、特惠税率、普通税率、关税配额税率等税率。对进口货物在一定期限内可以实行暂定税率。

（1）最惠国税率。最惠国税率适用于原产于与我国共同适用最惠国待遇条款的世界贸易组织（WTO）成员国或地区的进口货物，或原产于与我国签订有相互给予最惠国待遇条款的双边贸易协定的国家或地区的进口货物，以及原产于我国境内的进口货物。

> **小贴士**
>
> 对于货物的原产地，我国基本上采用全部产地生产标准和实质性加工标准。全部产地生产标准是指完全在一个国家内生产制造。实质性加工标准是指多国参与生产，以最后一个对货物进行加工可以视为实质性加工的国家作为原产国。

（2）协定税率。协定税率适用于原产于我国参加的含有关税优惠条款的区域性贸易协定有关缔约方的进口货物，如曼谷协定税率。

（3）特惠税率。特惠税率适用于原产于与我国签订有特殊优惠关税协定的国家或地区的进口货物，如曼谷协定特惠税率。

（4）普通税率。普通税率适用于原产于上述国家或地区以外的其他国家或地区的进口货物。

（5）关税配额税率。按照国家规定实行关税配额管理的进口货物，如对部分进口农产品和化肥产品实行关税配额制度，关税配额内的，适用较低的关税配额税率；关税配额外的，其税率的适用按上述税率形式的规定执行，适用较高的配额外税率。

> **小贴士**
>
> 根据经济发展的需要，国家对部分进口原材料、零配件、农药原药和中间体、乐器及生产设备实行暂定税率。适用最惠国税率的进口货物有暂定税率的，应当适用暂定税率；适用协定税率、特惠税率的进口货物有暂定税率的，应当从低适用税率；适用普通税率的进口货物，不适用暂定税率。现行税则对200多个税目的进口商品实行暂定税率。

适用最惠国税率、协定税率、特惠税率的国家或者地区名单，由国务院关税税则委员会决定。

2. 出口关税税率

我国出口关税实行从价税。目前，我国仅对少数资源性产品及易于竞相杀价、需要规范出口秩序的半制成品征收出口关税。未订有出口关税税率的货物，不征出口关税。

3. 特别关税

为了应对个别国家对我国出口货物的歧视，任何国家或者地区如对进口原产于我国的货物征收歧视性关税或者给予其他歧视性待遇的，海关可以对原产于该国或者地区的进口货物征收特别关税。特别关税包括报复性关税、反倾销税与反补贴税、保障性关税。

（1）报复性关税。报复性关税是指对违反与我国签订或者共同参加的贸易协定及相关协定，对我国在贸易方面采取禁止、限制、加征关税或者其他影响正常贸易的国家或地区所采取的一种进口附加税。

（2）反倾销税与反补贴税。反倾销税与反补贴税是指进口国海关对外国的倾销商品，在征收关税的同时附加征收的一种特别关税，其目的在于抵消他国补贴。

（3）保障性关税。保障性关税是指当某类货物进口量剧增，对我国相关产业带来巨大威胁或损害时，按照世界贸易组织有关规则，采取的一般保障措施，主要是采取提高关税的形式。

为了逐步完善关税的税率结构，更好地发挥关税的作用，从 1997 年 7 月 1 日起，我国对部分进口货物实行从量定额、从量定额和从价定率混合使用的复合税率和滑准税率。

三、关税的税收优惠

我国《海关法》规定，减免进出口关税的权限属于中央政府，在未经中央政府许可的情况下，各地海关不得擅自决定减免，以保证国家关税政策统一。关税减免主要可分法定减免税、特定减免税和临时减免税 3 种类型。

（一）法定减免税

法定减免税是税法中明确列出的减税或免税。符合税法规定可予以减免税的进出口货物，纳税义务人无须提出申请，海关可按规定直接予以减免税，海关对法定减免税货物一般不进行后续管理。享受法定减免税待遇的主要货物如下。

（1）关税税额在人民币 50 元以下的一票货物。

（2）外国政府、国际组织无偿赠送的物资。

（3）无商业价值的广告品和货样。

（4）进出境运输工具装载的途中必需的燃料、物料和饮食用品。

（5）因故退还的中国出口货物，可以免征进口关税，但已征收的出口关税不予退还。

（6）因故退还的境外进口货物，可以免征出口关税，但已征收的进口关税不予退还。

（7）进口货物有下列情形的，经海关查明属实，可酌情减免进口关税：在境外运输途中或者起卸时，遭受损坏或损失的；起卸后海关放行前，因不可抗力遭受损坏或损失的；海关检验时已经破漏、损坏或腐烂，经证明不是保管不慎造成的。

（二）特定减免税

特定减免税亦称政策性减免税，是指在关税基本法规确定的法定减免税以外，由国务院或国务院授权的机关颁布法规、规章特别规定的减免。特定减免税货物一般有地区、企业和用途的限制，海关需要进行后续管理，并进行减免税统计。特定减免税包括以下货物。

（1）科学研究机构和学校进口的科学研究和教学用品。

（2）进口的残疾人个人专用品。

（3）进口的扶贫、慈善性捐赠物资。

（4）国家鼓励发展的国内投资项目和外商投资项目进口的设备。

（5）加工贸易产品、边境贸易进口物资、保税区进出口货物、出口加工区进出口货物等。

（三）临时减免税

临时减免税是指以上法定和特定减免税以外的其他减免税，即由国务院根据《海关法》对某个单位、某类商品、某个项目或某批进出口货物的特殊情况，给予特别照顾，一案一批，专文下达的减免税。一般有单位、品种、期限、金额或数量等限制，不能比照执行。

我国加入世界贸易组织后，为遵循统一、规范、公平、公开的原则，有利于统一税法、公平税赋、平等竞争，国家严格控制减免税，一般不办理个案临时性减免税，对特定减免税也在逐步规范、清理，对不符合国际惯例的税收优惠政策将逐步予以废止。

四、关税的税额计算

（一）计税依据

进、出口关税完税价格是进口关税的计税基础。

1. 进口货物的完税价格

进口货物的完税价格，由海关以进口应税货物的成交价格以及该货物运抵我国境内输入地点起卸前的运输及相关费用、保险费为基础审查确定。货物成交价格，是指卖方向中国境内销售该货物时，买方为进口货物向卖方实付、应付的价款总额。

（1）下列费用应包含在进口货物的完税价格中。

① 由买方负担的除购货佣金以外的佣金和经纪费。购货佣金是指买方为购买进口货物向自己的采购代理人支付的劳务费用。经纪费是指买方为购买进口货物向代表买卖双方利益的经纪人支付的劳务费用。

② 由买方负担的与该货物视为一体的容器的费用。

③ 由买方负担的包装材料和包装劳务费用。

④ 与该货物的生产和向我国境内销售有关的，由买方以免费或者以低于成本的方式提供并可以按适当比例分摊的料件、工具、模具、消耗材料及类似货物后的价款，以及在境外开发、设计等相关服务的费用。

⑤ 作为卖方向我国境内销售该货物的一项条件，应当由买方直接或间接支付的、与该货物有关的特许权使用费。

⑥ 卖方直接或间接从买方获得的该货物进口后转售、处置或者使用的收益。

（2）下列费用、税收，如进口时在货物的价款中列明，不计入该货物的完税价格。

① 厂房、机械、设备等货物进口后进行建设、安装、装配、维修和技术服务的费用。

② 进口货物运抵境内输入地点起卸后的运输及其相关费用、保险费。

③ 进口关税及国内税收。

（3）进口货物关税完税价格中的运费和保险费按下列规定确定。

① 进口货物的运费，应当按照实际支付的费用计算。如果进口货物的运费无法确定，海关应当按该货物进口同期运输行业公布的运费率（额）计算运费。运输工具作为进口货物，利用自身动力进境的，海关在审定关税完税价格时，可以不另行计算运费。

② 进口货物的保险费，应当按实际支付的费用计算。如果进口货物的保险费无法确定或未实际发生，海关应当按照“货价加运费”两者总额的0.3%计算保险费。

③ 邮运进口货物的，应当以邮费作为运输费、保险费。

④ 以境外边境口岸价格条件成交的铁路或公路运输进口货物的，海关应当按照境外边境口岸价格的1%计算运输费、保险费。

小贴士

不同成交价格条件下的进口货物完税价格计算公式如下。

以CIF（到岸价格）成交的，完税价格=CIF

以CFR（离岸价格+运输费）成交的，完税价格=（CFR+保险费）=CFR×（1+保险费率）

以FOB（离岸价格）成交的，完税价格=（FOB+运输费+保险费）=（FOB+运输费）×（1+保险费率）

（4）进口货物的成交价格不能确定的，由海关依法估定该货物的完税价格。

① 相同货物成交价格方法。与该货物同时或者大约同时向中华人民共和国境内销售的相同货物的成交价格。

② 类似货物成交价格方法。与该货物同时或者大约同时向中华人民共和国境内销售的类似货物的成交价格。

③ 倒扣价格方法。与该货物进口的同时或者大约同时，将该进口货物、相同或者类似的进口货物在第一级销售环节销售给无特殊关系买方最大销售总量的单位价格，但应当扣除以下费用：同等级或者同种类货物在中华人民共和国境内第一级销售环节销售时通常的利润和一般费用以及通常支付的佣金；进口货物运抵境内输入地点起卸后的运输及其相关费用、保险费；进口关税及国内税收。

④ 计算价格方法。按照下列各项总和计算的价格：生产该货物所使用的料件成本和加工费用，向中华人民共和国境内销售同等级或者同种类货物通常的利润和一般费用，该货物运抵境内输入地点起卸前的运输及其相关费用、保险费。

⑤ 其他合理方法估定的价格。按照前四项的规定，仍不能确定货物的成交价格时，进口货物的完税价格，由海关按照合理的方法估定。一般多按进口货物的成本总和确定：生产该进口货物所使用的原材料和进行生产、装配或其他加工所发生的费用；此类进口货物出口销售中获得的平均利润（含销售所必需的费用）；该进口货物运至我国输入地点起卸前的各项费用。

2. 出口货物的完税价格

出口货物的完税价格由海关以出口货物的成交价格以及该货物运至中国境内输出地点装载前的运输及其相关费用、保险费为基础审查确定。但出口关税不计入完税价格。其计算公式为：

出口货物的完税价格=离岸价格/（1+出口关税税率）

出口货物的成交价格是指该货物出口时卖方为出口该货物应当向买方直接收取和间接收取的价款总额。离岸价格不包含离境口岸至境外口岸之间的运输费、保险费。

（二）关税应纳税额的计算

关税应纳税额的计算方法根据计税标准不同可分为从价税、从量税、复合税和滑准税等。

1.从价税应纳税额的计算

从价税是指以进（出）口货物的完税价格为计税依据的一种关税计征方法。其应纳关税税额的计算公式为：

关税应纳税额=应税进（出）口货物数量×单位完税价格×适用税率

【学中练 5-1】某进出口公司报关进口商品一批，离岸价为 300 000 美元，支付国外运费 30 000 美元，保险费为 8 000 美元。国内规定进口税率为 30%，进口报关当日人民银行公布的市场汇率为 1 美元=6.50 元人民币。请计算该公司应纳关税税额。

解析：进口货物的完税价格，由海关以进口应税货物的成交价格以及该货物运抵我国境内输入地点起卸前的运输及相关费用、保险费为基础审查确定。该公司应纳关税税额计算如下。

关税完税价格=（300 000+30 000+8 000）×6.50=2 197 000（元）。

应纳关税税额=2 197 000×30%=659 100（元）。

2.从量税应纳税额的计算

从量税是指以进（出）口货物的数量为计税依据的一种关税计征方法。其应纳关税税额的计算公式为：

关税应纳税额=应税进（出）口货物数量×关税单位税额

【学中练 5-2】某公司进口美国产“蓝带”牌啤酒 600 箱，每箱 24 瓶，每瓶容积 500 毫升，到岸价格为 3 000 美元，进口当日外汇市场汇率为 1 美元=6.60 元人民币，适用优惠税 3 元／升。请计算该公司应纳关税税额。

解析：该公司应纳关税税额计算如下。

应税进口货物数量=600×24×500=7 200 000（毫升）=7 200（升）。

应纳进口关税税额=7 200×3=21 600（元）。

3. 复合税应纳税额的计算

复合税，是指对某种进（出）口货物同时使用从价和从量计征的一种关税计征方法。其应纳关税税额的计算公式为：

关税应纳税额=关税完税价格×税率+应税进（出）口货物数量×关税单位税额

【学中练 5-3】某公司进口 2 台美国产摄像机，每台完税价格为 15 000 美元，进口报关当日人民银行公布的市场汇率为 1 美元=6.50 元人民币，从量税为每台人民币 13 280 元，从价税率为 3%，请计算该公司应纳关税税额。

解析：我国对录（放、摄）像机、数码照相机、摄录一体机实行复合关税。该公司应采用复合税计算方法计算应纳关税税额。

（1）从价税应纳税额的计算如下。

关税税额=15 000×2×6.50×3%=5 850（元）。

（2）从量税应纳税额的计算如下。

关税税额=13 280×2=26 560（元）。

（3）复合税应纳税额的计算如下。

关税税额=从价税+从量税=5 850+26 560=32 410（元）。

4. 滑准税应纳税额的计算

滑准税是指关税的税率随着进口货物价格的变动而反方向变动的一种税率形式，即价格越高，税率越低，税率为比例税率。因此，对实行滑准税率的进口货物应纳税额的计算方法仍同于从价税的计算方法。

现行税则《进（出）口商品从量税、复合税、滑准税税目税率表》后注明了滑准税税率的计算公式，该公式是一个与应税进（出）口货物完税价格相关的取整函数。

关税应纳税额=应税进（出）口货物数量×单位完税价格×滑准税税率

【学中练 5-4】某进出口公司进口摩托车 1 000 辆，经海关审定的货价为 200 万美元。另外，运抵我国关境内输入地点起卸包装费 10 万美元，运输费 8 万美元、保险费 2 万美元，假设人民币汇价为 1 美元=6.60 元人民币；该批摩托车进口关税税率为 23%。计算进口该批摩托车应缴纳的关税税额。

解析：该公司应缴关税税额计算如下。

该批摩托车的完税价格=200+10+8+2=220（万美元）。

应缴关税税额=220×6.60×23%=333.96（万元）。

五、关税的账务处理

（一）账户设置

企业应在“应交税费”账户下设置“应交进口关税”和“应交出口关税”两个明细科目，分别用来核算企业发生的和实际缴纳的进出口关税，其贷方反映企业在进出口报关时经海关核准应缴纳的进出口关税，借方反映企业实际缴纳的进出口关税，余额在贷方反映企业应缴纳而未缴纳的进出口关税。

（二）自营进出口业务关税的账务处理

企业自营进口商品计算应纳关税额时，借记“在途物资”“库存商品”“原材料”等账户，贷记“应交税费——应交关税”账户；按规定时间缴纳税款时，借记“应交税费——应交关税”账户，贷记“银行存款”账户。企业自营出口商品计算应纳关税额时，借记“营业税金及附加”等账户，贷记“应交税费——应交关税”账户。

【学中练 5-5】某工业企业进口 A 材料，到岸价格为 50 000 美元，汇率为 1∶6.48。该企业对外付汇进口 A 材料，关税税率为 30%，材料已验收入库。代征增值税税率为 17%。则该企业相关的账务处理如下。

解析：

关税应纳税额=关税完税价格×税率=50 000×6.48×30%=97 200（元）。

增值税组成计税价格=关税完税价格+关税=50 000×6.48×（1+30%）=421 200（元）。

应交增值税=组成计税价格×增值税税率=421 200×17%=71 604（元）。

（1）购入外汇时，账务处理如下。

	借方	贷方
借：银行存款——美元户	324 000	
贷：银行存款——人民币户		324 000

（2）对外付汇，支付税款时，账务处理如下。

	借方	贷方
借：材料采购——A 材料	421 200	
应交税费——应交增值税（进项税额）	71 604	
贷：银行存款——美元户		324 000
银行存款——人民币户		71 604
应交税费——应交关税		97 200

（3）货物到达企业验收入库时，账务处理如下。

	借方	贷方
借：原材料——A 材料	421 200	
贷：材料采购——A 材料		421 200

（4）缴纳关税时，账务处理如下。

	借方	贷方
借：应交税费——应交关税	97 200	
贷：银行存款		97 200

【学中练 5-6】某进出口公司自营出口商品一批，该商品的离岸价为 30 万元，成本为 18 万元，出口关税税率为 20%，出口款项未收，税款以银行转账支票付讫。相关账务处理如下。

解析：

应纳出口关税税额=300 000÷（1+20%）×20%=50 000（元）。

（1）出口确认收入并结转成本时，账务处理如下。

借：应收账款　　300 000

　　贷：主营业务收入　　300 000

借：主营业务成本　　180 000

　　贷：库存商品　　180 000

（2）计提出口关税时，账务处理如下。

借：营业税金及附加　　50 000

　　贷：应交税费——应交关税　　50 000

（3）向海关缴纳出口关税时，账务处理如下。

借：应交税费——应交关税　　50 000

　　贷：银行存款　　50 000

六、关税纳税申报

（一）纳税义务发生时间

进口货物自运输工具申报进境之日起14日内，出口货物在货物运抵海关监管区后装货的24小时以前，应由进出口货物的纳税义务人向货物进（出）境地海关申报，海关根据税则归类和完税价格计算应缴纳的关税和进口环节代征税，并填发“税款缴款书”。

（二）纳税期限

纳税义务人应当自海关填发“税款缴款书”之日起15日内，向指定银行缴纳税款。

（三）纳税地点

为方便纳税义务人，经申请且海关同意，进（出）口货物的纳税义务人可以在设有海关的指运地（启动地）办理海关申报、纳税手续。

项目实施

一、计算进口、出口应纳关税税额

1. 计算化妆品进口时关税的应纳税额

进口关税完税价格=300+5+30+15=350（万元）。

进口关税应纳税额=350×10%=35（万元）。

2. 计算出口山羊板皮应纳的出口关税

出口关税完税价格=240÷（1+20%）=200（万元）。

出口关税应纳税额=200×20%=40（万元）。

二、账务处理

1. 进口化妆品的账务处理

（1）采购货物时。

借：材料采购——A 材料　　3 850 000

　　应交税费——应交增值税（进项税额）　　654 500

　　贷：银行存款——美元户　　3 500 000

　　　　银行存款——人民币户　　654 500

　　　　应交税费——应交关税　　350 000

（2）货物到达企业验收入库时，账务处理如下。

借：原材料——A 材料　　3 850 000

　　贷：材料采购——A 材料　　3 850 000

（3）缴纳关税时，账务处理如下。

借：应交税费——应交关税　　350 000

　　贷：银行存款　　350 000

2. 出口山羊板皮的账务处理

（1）出口确认收入并结转成本时，账务处理如下。

借：应收账款　　2 400 000

　　贷：主营业务收入　　2 400 000

借：主营业务成本　　1 800 000

　　贷：库存商品　　1 800 000

（2）计提出口关税时，账务处理如下。

借：营业税金及附加　　480 000

　　贷：应交税费——应交关税　　480 000

（3）向海关缴纳出口关税时，账务处理如下。

借：应交税费——应交关税　　480 000

　　贷：银行存款　　480 000

三、填制“海关关税专用缴款书”

（1）“进口关税专用缴款书”如图 5-1 所示。

杭州　海关　　关税　　专用缴款书

收入系统　　　　填发日期2015 年05　月11　日　　　　号码NO

收款单位	收入机关	中央金库			缴款单位或人	名称	杭州顺达外贸公司
	科目	进口关税	预算级次	中央		账号	4283 6608 4435
	收款国库	杭州市市属支库（H20677）				开户银行	工行杭州市支行

税号	货物名称	数量	单位	完税价格(￥)	税率（%）	税款金额(￥)
3304100090	唇用化妆品	1	批	3500000.00	10%	350000.00
金额人民币（大写）　叁拾伍万元整					合计（￥）	350000.00

申请单位编号	3187980005	报关单编号	224820151480063278	填制单位	收款国库（银行）
合同（批文）号	ANYSTN-BOUEY-201511	运输工具（号）	TIRUA		
缴款期限	2015年5月26日前	提/装货单号	FR2645852	制单人	
备注	一般贸易　　照章征税			复核人	

中华人民共和国杭州海关 单证专用章

第一联 收据 国库收款签章后交缴款单位或缴纳人

从填发缴款书之日起限15日内缴纳（期末遇法定节假日顺延），逾期按日征收税款总额万分之五的滞纳金

图 5-1

（2）“出口关税专用缴款书”略。

知识训练

1. 单项选择题

（1）如果一个国家的国境内设有免征关税的自由港或自由贸易区，这时（　　）。

A. 关境与国境一致　　B. 关境与国境不一致

C. 关境大于国境　　D. 关境小于国境

（2）下列各项中，不属于关税纳税义务人的是（　　）。

A. 进口货物的收货人　　B. 进出口货物的代理人

C. 出口货物的发货人　　D. 进出境物品的所有人

（3）下列各项中，符合关税法定免税规定的是（　　）。

A. 关税税款在人民币100元以下的一票货物

B. 广告品或货样

C. 外国企业无偿赠送的物资

D. 进出境运输工具装载的途中必需的燃料、物料和饮食用品

（4）以下项目中，应计入进口货物完税价格的是（　　）。

A. 货物运抵境内输入地点之后的运输费用

B. 卖方间接从买方对货物进口后使用所得中获得的收益

C. 进口关税

D. 国内保险费

（5）关税申报时间符合我国规定的是（　　）。

A. 进口货物自运输工具申报进境之日起14日内，出口货物在运抵海关监管区后装货的12小时之前

B. 进口货物自运输工具申报进境之日起15日内，出口货物在运抵海关监管区后装货的24小时之前

C. 进口货物自运输工具申报进境之日起14日内，出口货物在运抵海关监管区后装货的15日以内

D. 进口货物自运输工具申报进境之日起14日内，出口货物在运抵海关监管区后装货的24小时之前

2. 多项选择题

（1）根据关税法律制度的规定，下列各项中，属于关税纳税人的有（　　）。

A. 进口货物的收货人　　B. 出口货物的发货人

C. 携带物品进境的入境人员　　D. 邮递进境物品的收件人

（2）下列物品中，应当征收关税的有（　　）。

A. 入境旅客随身携带的行李物品

B. 邮递入境的物品

C. 运输工具上服务人员入境时携带的自用物品

D. 出境旅客随身携带的行李物品

（3）某公司从德国进口啤酒，进口环节应缴纳的税费有（　　）。

A. 关税　　B. 营业税　　C. 消费税　　D. 增值税

（4）按计税标准分类，进口关税可分为（　　）。

A. 从价税　　B. 从量税　　C. 复合税　　D. 滑准税

（5）下列属于我国进口货物税率的有（　　）。

A. 最惠国税率　　B. 特惠税率　　C. 协定税率　　D. 关税配额税率

3．判断题

（1）进口货物以海关审定的成交价格作为完税价格。（　　）

（2）出口货物的完税价格，由海关以出口货物的成交价格以及该货物运抵国境内输出地点装载前的运输及其相关费用、保险费、出口关税为基础审查确定。（　　）

（3）外国政府国际组织无偿赠送的物资，依照关税基本法的规定，可实行特定减免。（　　）

（4）滑准税是指关税的税率随着进口货物价格的变动而反方向变动的一种税率形式，即价格越高，税率越低，税率为比例税率。（　　）

（5）目前，我国为鼓励出口，对于出口的所有货物，均免征出口关税。（　　）

4．单项计算题

（1）北京某进出口公司从美国进口商品，该商品的成交价格为 200 万美元，另支付购货佣金 2 万美元、经纪费 1 万美元，从美国运抵天津海关起卸前的运输及保险费为 3 万美元，从天津运抵北京的运输费用为人民币 4 万元，汇率为 1 美元=6.8 元人民币，则该公司进口商品的完税价格为人民币（　　）万元。

A. 1 400.8　　B. 1 380.4　　C. 1 387.2　　D. 1 404.8

（2）某外贸企业出口一批货物，离岸价为 5 万美元（汇率为 1：6.5），该批出口货物应纳的关税为（　　）万元（出口关税的税率为 20%）

A. 5.42　　B. 6.5　　C. 7.8　　D. 6.42

（3）某企业进口一批货物，海关审定货价 5 000 万元，运费 20 万元，该批货物进口关税税率为 7%，则应纳关税（　　）万元。

A. 350　　B. 351　　C. 352.45　　D. 360

技能训练

（一）实训目的

（1）熟悉关税纳税申报流程。
（2）掌握关税完税凭证的填制。
（3）熟悉、掌握关税的账务处理。

（二）实训程序

根据业务资料计算应纳税额→填写关税纳税资料。

（三）实训资料

某具有进出口经营权的外贸公司，2015 年 3 月发生以下经营业务：经批准从法国进口小轿车 30 辆，每辆小轿车货款 15 万元，运抵我国海关前发生的运输费用为 9 万元、保险费用为 1.38 万元。向海关缴纳了相关税款，并取得完税凭证。小轿车关税税率为 60%。

任务：（1）计算小轿车在进口环节应缴纳的关税。

（2）根据发生业务进行账务处理。

（3）填制海关关税专用缴款书。

项目六

企业所得税纳税实务

【工作过程描述】

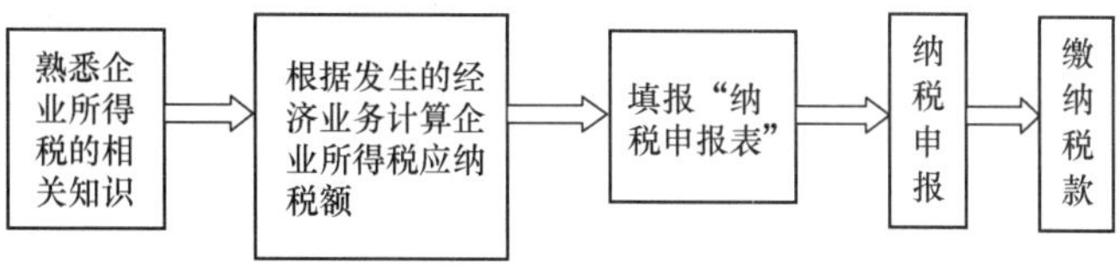

【技能目标】

能利用企业所得税的相关知识进行企业所得税应纳税额的计算并进行纳税申报。

项目引入

衡信教育科技有限公司是 A 市重点企业，属于增值税一般纳税人，税务机关核定的企业所得税征收方式为查账征收，按照实际利润预缴方式预缴企业所得税。企业财务执行新会计准则，非汇总企业，无分支机构。公司总资产为 10 000 万元，总人数为 1 000 人，公司适用的所得税税率为 25%。

衡信教育科技有限公司2015 年 5 月 1 日进行所得税汇算清缴，已经预缴所得税额 1 826 581.38 元，相关资料如表 6-1 所示。

表 6-1　　利 润 表

编制单位：衡信教育科技有限公司　　2014 年 12 月 31 日　　单位：元

项目	本期金额	上期金额
一、营业收入	122 088 000.00	
减：营业成本	61 644 240.00	
营业税金及附加	10 025 301.00	
销售费用	18 180 000.00	
管理费用	8 332 000.00	
财务费用	4 363 600.00	
资产减值损失	569 820.00	
加：公允价值变动损益（亏损以“-”号填列）	125 369.21	
投资收益（亏损以“-”号填列）	-1 256 025.00	
其中：对联营企业和合营企业的投资收益		
二、营业利润（亏损以“-”号填列）	17 842 383.21	
加：营业外收入	50 000.00	
其中：非流动资产处置利得		
减：营业外支出	518 000.00	
其中：非流动资产处置损失		
三、利润总额（亏损以“-”号填列）	17 374 383.21	
减：所得税费用	1 826 581.38	
四、净利润（净亏损以“-”号填列）	15 547 801.83	
五、其他综合收益的税后净额		
（一）以后不能重分类进损益的其他综合收益		
……		
（二）以后将重分类进损益的其他综合收益		
……		
六、综合收益总额	15 547 801.83	
七、每股收益		
（一）基本每股收益	（略）	
（二）稀释每股收益	（略）	

具体报表资料如表 6-2～表 6-6 所示（注：金额单位统一为元）。

表 6-2　　收入明细表

一级科目	明细科目	金额	备注
主营业务收入	销售货物	121 200 000.00	
其他业务收入	其他	888 000.00	为出租闲置土地的租金收入
营业外收入	政府补助收入	50 000.00	不符合不征税收入条件

表 6-3　　成本明细表

一级科目	明细科目	金额	备注
主营业务成本	销售货物	61 440 000.00	
其他业务成本	其他	204 240.00	闲置土地出租收入支付税金 155 400.00 元，对应的摊销费用为 48 840.00 元
营业外支出	捐赠支出	500 000.00	通过政府部门向地震灾区捐赠现金 250 000.00 元
	其他	18 000.00	违反借款合同规定支付银行罚款 18 000.00 元

续表

一级科目	明细科目	金额	备注
期间费用	销售费用	18 180 000.00	其中广告费支出 17 000 000.00 元、办公费 1 180 000.00 元
	管理费用	8 332 000.00	其中业务招待费 1 800 000.00 元
	财务费用	4 363 600.00	均符合税法要求

表 6-4 税收优惠

一级科目	明细科目	金额
投资收益	国债利息收入	1 503 021.26
	股息（居民企业）	1 658 200.12

表 6-5 费用调整明细表

项目	会计	税法	备注
职工薪酬	9 888 000.00	9 888 000.00	
福利费	1 435 000.00	1 384 320.00	工资 14%允许扣除
职工教育经费	268 010.00	247 200.00	工资 2.5%允许扣除，超支部分可在以后年度无限结转
工会经费	197 760.00	197 760.00	工资 2%允许扣除
罚金、罚款	30 000.00	0.00	工商滞纳金 3 万元
赞助支出	100 000.00	0.00	关联企业赞助支出 10 万元
与收入无关的支出	120 000.00	0.00	给购货方回扣 12 万元

表 6-6 企业所得税弥补亏损明细表

年度	盈利额或亏损额	备注
2009	86 000.00	
2010	25 000.00	
2011	1 695 600.00	
2012	-2 805 822.00	
2013	18 658 00.00	

任务：（1）请对该公司企业所得税进行纳税调整。

（2）请计算该公司 2014 年度应补缴的企业所得税。

（3）请填写“企业所得税纳税申报表”。

相关知识

企业所得税是指对我国境内的企业就其生产经营所得和其他所得征收的一种税，它是国家参与利润分配的重要手段。

现行企业所得税的征税依据是 2007 年 3 月 16 日由第十届全国人民代表大会通过、自 2008 年 1 月 1 日起施行的《中华人民共和国企业所得税法》（简称《企业所得税法》）和同年 11 月 28 日国务院通过、自 2008 年 1 月 1 日起施行的《中华人民共和国企业所得税法实施条例》（简称《企业所得税条例》）。随后国家财政、税务主管部门又制定了一系列部门规章和规范性文件。

小贴士

随着经济的发展和企业盈利水平的不断提高，企业所得税占全部税收收入的比重越来越高，目前的比重将近 20%。

一、企业所得税纳税义务人

企业所得税的纳税人是指在我国境内取得收入的企业和其他组织（以下统称企业）。

企业所得税的纳税人分为居民企业和非居民企业。我国对居民企业的认定，采用了注册地和实际管理机构标准相结合的办法。

> **小贴士**
>
> 个人独资企业和合伙企业不需缴纳企业所得税。企业所得税只对具有法人资格的公司等法人组织征收，而个人独资企业和合伙企业不具有法人资格，则是由业主将从企业分得的利润连同个人其他所得一起申报个人所得税。
>
> 实际管理机构是指跨国企业的实际有效的指挥、控制和管理中心，是行使居民税收管辖权的国家判定法人居民身份的主要标准。实际管理机构所在地的认定，一般以股东大会的场所、董事会的场所以及行使指挥监督权力的场所等因素来综合判断。

（一）居民企业

居民企业是指依法在中国境内成立，或者依照外国（地区）法律成立但实际管理机构在中国境内的企业。

居民企业负有无限纳税义务，应就其来源于中国境内、境外的所得缴纳企业所得税。

（二）非居民企业

非居民企业是指依照外国（地区）法律成立且实际管理机构不在中国境内，但在中国境内设立机构、场所的，或者在中国境内未设立机构、场所，但有来源于中国境内所得的企业。

非居民企业在我国设立的机构、场所包括如下几种。

（1）管理机构、营业机构、办事机构。

（2）工厂、农场、开采资源的场所。

（3）提供劳务的场所。

（4）从事建筑、装配、修理、勘探等工程作业的场所。

（5）其他从事生产经营活动的机构。

非居民企业负有限纳税义务，具体有以下两种情况。

（1）非居民企业在中国境内设立机构、场所的，应就其所设机构、场所取得的来源于中国境内的所得，以及发生在中国境外但与其所设机构、场所有实际联系的所得缴纳企业所得税。

（2）非居民企业在中国境内未设立机构、场所的，或虽设立机构、场所，但其所得与所设机构、场所没有实际联系的，应就其来源于中国境内的所得缴纳企业所得税。

所谓“实际联系”是指非居民企业在中国境内设立的机构、场所拥有据以取得所得的股权、债权，以及拥有、管理、控制据以取得所得的财产等。

> **小贴士**
>
> 非居民企业在中国境内未设立机构、场所的，或虽设立机构、场所，但其所得与所设机构、场所没有实际联系的，其来源于中国境内的所得应缴纳的企业所得税实行源泉扣缴，以支付人为扣缴义务人。

二、企业所得税的征税对象与所得来源地

（一）征税对象

企业所得税的征税对象是指企业取得的各项应税所得，包括销售货物所得；提供劳务所得；转让财产所得；股息、红利等权益性投资所得；利息所得；租金所得；特许权使用费所得；接受捐赠所得；其他所得。

（二）所得来源地

来源于中国境内、境外的所得，按照以下原则确定。

（1）销售货物所得，为交易活动发生地。

（2）提供劳务所得，为劳务发生地。

（3）不动产转让所得，为不动产所在地；动产转让所得，为转让动产的企业或机构、场所所在地；权益性投资资产转让所得，为分配所得的企业所在地。

（4）股息、红利等权益性投资所得，按照分配所得的企业所在地确定。

（5）利息所得、租金所得、特许权使用费所得，按照负担、支付所得的企业或者机构、场所所在地确定，或者按照负担、支付所得的个人的住所地确定。

（6）其他所得，由国务院财政、税务主管部门确定。

三、企业所得税的税率

我国企业所得税实行比例税率。

（1）居民企业和在中国境内设有机构、场所且所得与机构、场所有关联的非居民企业，适用税率为25%。

（2）在中国境内未设立机构、场所，或虽设立机构、场所，但取得的所得与其所设机构场所没有实际联系的非居民企业，适用税率为20%，同时可享受税收优惠，实际税率为10%。

（3）符合条件的小型微利企业，适用税率为20%。

小型微利企业是指符合以下条件的企业。

① 工业企业：年度应纳税所得额不超过30万元，从业人数不超过100人，资产总额不超过3 000 万元。

② 其他企业：年度应纳税所得额不超过 30 万元，从业人数不超过 80 人，资产总额不超过1 000万元。上述“从业人数”按企业全年平均从业人数计算，“资产总额”按企业年初和年末的自查总额平均计算。

小贴士

经国务院批准，2015年1月1日至2017年12月31日，小型微利企业减半征收企业所得税的标准由年应纳税所得额扩大到20万元以下。

（4）国家需要重点扶持的高新技术企业，适用税率为15%。

国家重点扶持的高新技术企业，需要符合下列6个方面的条件。

（1）拥有核心自主知识产权。

（2）产品属于《国家重点支持的高新技术领域》规定的范围。

（3）具有大专以上学历的科技人员占企业职工总数的30%以上，其中研发人员占企业当年职工总数的10%以上。

（4）研发费用占销售收入不低于规定比例。

（5）高新技术产品（服务）收入占企业总收入的比例不低于60%。

（6）企业研发组织管理水平、科技成果转化能力、自主知识产权数量、销售与总资产成长性等指标符合《高新技术企业认定管理工作指引的要求》。

新《企业所得税法》实行的税收优惠体系，符合所得税优惠的国际发展趋势。新《企业所得税法》的优惠政策灵活多样，这里阐述的是除优惠税率之外的税收优惠政策，包括免税、减税、加计扣除、加速折旧、减记收入、税额抵免等。

四、企业所得税的税收优惠

我国现行《企业所得税法》遵循"产业优惠为主，区域优惠为辅"的原则制定相关优惠政策。主要税收优惠政策如下。

（一）从事农、林、牧、渔业项目所得的税收优惠

从事农、林、牧、渔业项目的所得，包括免征和减征两部分。

1. 免征企业所得税项目的所得

企业从事下列项目的所得，免征企业所得税。

（1）蔬菜、谷物、薯类、油料、豆类、棉花、麻类、糖料、水果、坚果的种植。

（2）农作物新品种的选育。

（3）中药材的种植。

（4）林木的培育和种植。

（5）牲畜、家禽的饲养。

（6）林产品的采集。

（7）灌溉、农产品初加工、兽医、农技推广、农机作业和维修等农、林、牧、渔服务业项目。

（8）远洋捕捞。

小贴士

企业从事购买农产品后直接进行销售的贸易活动产生的所得，不能享受农、林、牧、渔业项目的税收优惠政策。

2. 减半缴纳企业所得税的项目的所得

企业从事下列项目（不含国家禁止和限制发展的项目）的所得，减半缴纳企业所得税。

（1）花卉、茶以及其他饮料作物和香料作物的种植。

（2）海水养殖、内陆养殖。

（二）从事国家重点扶持的公共基础设施项目投资经营所得的税收优惠

企业从事国家重点扶持的公共基础设施项目的投资经营所得，执行"三免三减半"税收优惠政策，即自项目取得第一笔生产经营收入所属纳税年度起，第一年至第三年免征企业所得税，第四年至第六年减半征收企业所得税。

这里所称的国家重点扶持的公共基础设施建设项目，是指《公共基础设施建设项目企业所得税优惠目录》规定的港口码头、机场、铁路、公路、城市公共交通、电力、水利等项目。

依本条规定享受减免税优惠的项目，在减免税期限内转让的，受让方自受让之日起，可以在剩余期限内享受规定的减免税优惠；减免税期限届满后转让的，受让方不得就该项目重复减免税优惠（下同）。

（三）从事符合条件的环境保护、节能节水和安全生产项目所得的税收优惠

1. 环境保护、节能节水项目所得的减免税优惠

企业从事符合条件的环境保护、节能节水项目的所得，执行“三免三减半”税收优惠政策，即自项目取得第一笔生产经营收入所属纳税年度起，第一年至第三年免征企业所得税，第四年至第六年减半征收企业所得税。

符合条件的环境保护、节能节水项目，包括公共污水处理、公共垃圾处理、沼气综合开发利用、节能减排技术改造、海水淡化等。

2. 购置并使用专用设备的税收抵免

企业购置并实际使用《环境保护专用设备企业所得税优惠目录》、《节能节水专用设备企业所得税优惠目录》和《安全生产专用设备企业所得税优惠目录》规定的环境保护、节能节水、安全生产等专用设备的，该专用设备投资额的10%可以从企业当年的应纳税额中抵免；当年不足抵免的，可以在以后5个纳税年度结转抵免。

专用设备投资额是指购买专用设备发票价税合计金额，但不包括按有关规定抵扣（退还）的增值税款以及设备运输、安装和调试等费用。设备投资资金必须是企业自筹资金和银行存款，利用财政拨款购置专用设备的投资额，不得抵免企业应纳税所得额。

享受所得税税额抵免优惠的企业，应当实际购置并自身实际投入使用税法规定的专用设备；企业购置上述专用设备在5年内转让、出租的，应当停止享受企业所得税优惠，并补缴已经抵免的企业所得税税款。转让的受让方可以享有税额抵免优惠。

【学中练6-1】某增值税一般纳税人生产企业，2014年12月购置一套环保专用设备，取得增值税专用发票注明价款500万元，增值税款85万元。该设备属于《环境保护专用设备企业所得税优惠目录》规定的专用设备，并符合税额抵免条件。如果2014年该企业应纳税所得额为150万元，企业所得税税率为25%，请计算该企业2014年应缴企业所得税税额。

解析：该专用设备投资额的10%可以从企业当年的应纳税额中抵免；当年不足抵免的，可以在以后5个纳税年度结转抵免。专用设备投资额是指购买专用设备发票价税合计金额，但不包括按有关规定抵扣（退还）的增值税税款以及设备运输、安装和调试等费用。

可抵免税额=500×10%=50（万元）。

2014年该企业抵免前应纳企业所得税额=150×25%=37.5（万元）。

当年实际抵免额=37.5（万元）。

当年抵免后实际应缴纳的企业所得税税额=37.5−37.5=0（万元）。

当年尚未抵完税额为12.5万元，可以结转以后年度抵免。

（四）符合条件的技术转让所得的税收优惠

在一个纳税年度内，居民企业技术转让所得不超过500万元的部分，免缴企业所得税；超过500万元的部分，减半缴纳企业所得税。

技术转让所得=技术转让收入-技术转让成本-相关税费

小贴士

技术转让的主体必须是居民企业，且技术转让须属于财政部和国家税务总局规定范围。关联方之间发生技术转让所取得的技术转让所得，不适用本优惠政策。

（五）研究开发费和安置残疾人员所支付的工资的加计扣除

研究开发费和安置残疾人员所支付的工资的税收优惠实行的是加计扣除。加计扣除是指企业在计算应纳税所得额时，在据实扣除的基础上还可以加扣一定比例。

1. 研究开发费

研究开发费是指企业为开发新技术、新产品和新工艺（简称“三新”）而发生的研究开发费用。

（1）研发费用计入当期损益未形成无形资产的，允许再按其当年研发费用实际发生额的50%，直接抵扣当年的应纳税所得额。

（2）研发费用形成无形资产的，按照该无形资产成本的150%在税前摊销。

2. 安置残疾人员所支付的工资

企业安置残疾人员，在按照支付给残疾职工工资据实扣除的基础上，按照支付给残疾职工工资的100%加计扣除。残疾人员的范围适用《中华人民共和国残疾人保障法》的有关规定。

小贴士

企业实际支付给残疾职工工资的加计扣除部分，如果大于本年度应纳税所得额的，可准予扣除其不超过应纳税所得额的部分，超过部分在本年度和以后年度均不得扣除，亏损单位不适用工资加计扣除应纳税所得额的办法。

（六）固定资产的加速折旧

企业的固定资产由于技术进步等原因，确需加速折旧的，可以缩短折旧年限或者采取加速折旧的方法，具体包括以下两种。

（1）由于技术进步，产品更新换代较快的固定资产。

（2）常年处于强震动、高腐蚀状态的固定资产。

企业采取缩短折旧年限方法的，对其购置的新固定资产，最低折旧年限不得低于税法规定折旧年限的60%；若为购置已使用过的固定资产，其最低折旧年限不得低于税法规定最低折旧年限减去已使用年限后剩余年限的60%。最低折旧年限一经确定，一般不得变更。采取加速折旧方法的，可以采用双倍余额递减法或者年数总和法。

（七）企业综合利用资源的减计收入

综合利用资源是指企业以《资源综合利用企业所得税优惠目录》规定的资源作为主要原材料，生产国家非限制和禁止并符合国家和行业相关标准的产品取得的收入，减按90%计入收入总额。

（八）创业投资的应纳税所得额抵扣

创业投资企业采取股权投资方式投资于未上市的中小高新技术企业2年以上的，可按其投资额的 70%，在股权持有满 2 年的当年抵扣该创业投资企业的应纳税所得额；当年不足抵扣的，可以在以后纳税年度结转抵扣。

创业投资企业投资的中小高新技术企业，除应按照科技部、财政部、国家税务总局的规定，通过高新技术企业认定以外，还应符合企业职工人数不超过 500 人、年销售收入不超过 2 亿元、资产总额不超过 2 亿元的条件。

（九）民族自治地方的减免税

民族自治地方的自治机关对本民族自治地方的企业应缴纳的企业所得税中属于地方分享的部分，可以决定减征或者免征。自治州、自治县决定减征或者免征的，须报省、自治区、直辖市人民政府批准。民族自治地方是指按照《中华人民共和国民族区域自治法》的规定，实行民族区域自治的自治区、自治州、自治县。

民族自治地方内国家限制和禁止发展行业的企业，不得享受减免企业所得税的优惠。

（十）鼓励软件产业和集成电路产业发展的优惠政策

（1）软件生产企业实行增值税即征即退政策所退还的税款，由企业用于研究开发软件产品和扩大再生产，不作为企业所得税应税收入，不征收企业所得税。

（2）我国境内新办软件生产企业经认定后，自获利年度起，第一年和第二年免征企业所得税，第三至五年减半征收企业所得税。

（3）软件生产企业的职工培训费用，可按实际发生额在计算应纳税所得额时扣除。

（4）集成电路设计企业视同软件企业，享受上述软件企业的有关企业所得税政策。

（十一）鼓励证券投资基金发展的优惠政策

（1）对证券投资基金从证券市场取得的收入，包括买卖股票、债券的差价收入，股权的股息、红利收入，债券的利息收入及其他收入，暂不征收企业所得税。

（2）对投资者从证券投资基金分配中取得的收入，暂不征收企业所得税。

（3）对证券投资基金管理人运用基金买卖股票、债券的差价收入，暂不征收企业所得税。

五、企业所得税应纳税所得额的确定

应纳税所得额是企业所得税的计税依据。应纳税所得额是指企业每一纳税年度的收入总额，减除不征收收入、免税收入、各项扣除以及允许弥补的以前年度亏损后的余额。计算公式为：

应纳税所得额=收入总额-不征税收入-免税收入-各项扣除-允许弥补的以前年度亏损

由于会计和税法基于不同的目标和原则，两者存在诸多差异，导致会计利润不能直接作为企业所得税的计税依据。在计算应纳税所得额时，企业财务、会计处理办法与税收法律、行政法规的规定不一致时，应当依照税收法律、行政法规的规定计算。

（一）收入总额的确定

收入总额是企业以货币形式或非货币形式取得的各种收入，包括销售货物收入；提供劳务收入；转让财产收入；股息、红利等权益性投资收益以及利息收入；租金收入；特许权使用费收入；接受捐赠收入；其他收入。

1. 收入总额确认的一般规定

（1）销售货物收入是指企业销售商品、产品、原材料、包装物、低值易耗品以及其他存货取得的收入。

（2）提供劳务收入是指企业从事建筑安装、修理修配、交通运输、仓储租赁、金融保险、邮电通信、咨询经纪、文化体育、科学研究、技术服务、教育培训、餐饮住宿、中介代理、卫生保健、社区服务、旅游、娱乐、加工及以其他劳务服务活动取得的收入。

需要指出的是会员费。申请入会或加入会员只取得会籍，所有其他服务或商品都要另行收费，应在取得该会员费时确认收入。申请入会或加入会员后，会员在受益期内不再付费就可得到各种服务或商品的，或以低于非会员的价格销售商品或提供服务的，该会员费应在整个受益期内分期确认收入。

（3）转让财产收入是指企业转让固定资产、生物资产、无形资产、股权、债权等财产取得的收入。

（4）股息、红利等权益性投资收益是指企业因权益性投资从被投资方取得的收入，应按照被投资方做出利润分配决定的日期确认收入的实现。

（5）利息收入是指企业将资金提供给他人使用但不构成权益性投资，或者因他人占用本企业资金取得的收入，包括存款利息、贷款利息、债券利息、欠款利息等收入。利息收入按照合同约定的应付利息的日期确认收入的实现。

（6）租金收入是指企业提供固定资产、包装物或者其他有形资产的使用权取得的收入，按照合同约定的应付租金日期确认收入实现。

（7）特许权使用费收入是指企业提供专利权、非专利技术、商标权、著作权，以及其他特许权的使用权取得的收入，应按照合同约定的应付特许权使用费日期确认收入的实现。

（8）接受捐赠收入是指企业接受的来自其他企业、组织或者个人无偿给予的货币性资产、非货币性资产，按照实际收到捐赠资产的日期确认收入的实现。

（9）其他收入是指企业取得的除以上收入外的其他收入，包括企业资产溢余收入、逾期未退还包装物押金收入、确实无法偿付的应付款项、已做坏账损失处理后又收回的应收款项、债务重组收入、补贴收入、违约金收入、汇兑收益等。

2. 收入总额确定的特殊规定

（1）以售后回购方式销售商品的，销售商品应按售价确认收入，回购商品应作购进商品处理。

（2）以以旧换新方式销售商品的，应按销售商品收入一般确认规则确认收入，回收商品应作购进商品处理。

（3）以商业折扣条件销售商品的，应按扣除商业折扣后的金额确认销售商品收入，但折扣额与原价必须开在同一张发票上。

（4）以买一赠一方式组合销售商品的，应将全部销售金额按各项商品的公允价值的比例分摊确认各项商品销售收入。

小贴士

采用买赠方式销售商品的，企业所得税与增值税规定有所不同。计算增值税时赠送的实物应视同销售，而计算企业所得税时应以各项商品公允价值的比例分摊确认各项商品的收入。

（5）企业受托加工制造大型机械设备、船舶、飞机等，以及从事建筑、安装、装配工程作业或提供劳务等，持续时间超过12个月的，按纳税年度内完工进度或完成的工作量确认收入。

（6）企业发生非货币性资产交换，以及将货物、财产、劳务用于捐赠、偿债、赞助、集资、广告、样品、职工福利和进项利润分配等用途的，应当视同销售货物、转让财产和提供劳务处理。

（二）不征税收入和免税收入

小贴士

不征税收入与免税收入不同。前者是从企业所得税原理上讲应永久不列入征税范围，而后者属于企业的应税所得，但按照税法规定免予征收企业所得税的收入。

1. 不征税收入

（1）财政拨款是指各级人民政府对纳入预算管理的事业单位、社会团体等组织拨付的财政资金。但国务院和国务院财政、税务主管部门另有规定的除外。

（2）依法收取并纳入财政管理的行政事业性收费、政府性基金，行政事业性收费是指依照法律、法规等有关规定，按照国务院规定程序批准，在实施社会公共管理以及在向公民、法人或者其他组织提供特定公共服务的过程中，向特定对象收取并纳入财政管理的费用；政府性基金是指企业依照法律、行政法规等有关规定，代政府收取的具有专项用途的财政资金。

（3）国务院规定的其他不征税收入是指企业取得的，由国务院财政、税务主管部门规定专项用途并经国务院批准的财政性资金。财政性资金是指企业取得的来源于政府及其有关部门的财政补助、补贴、贷款贴息，以及其他各类财政性资金，包括直接减免的增值税和即征即退、先征后退的各种税收。

小贴士

企业如果有不征税收入，则需要将不征税收入用于支出所形成的费用，从企业当期的扣除额中减除；同样，不征税收入形成的资产，也不允许将其折旧和摊销额从应税所得额中扣除。

2. 免税收入

（1）国债利息收入。

（2）符合条件的居民企业之间的股息、红利等权益性投资收益。这部分收益属于已纳所得税收益，再次征税会造成重复征税。

（3）在中国境内设立机构、场所的非居民企业从居民企业取得的与该机构场所有实际联系的股息、红利等权益性投资收益。

小贴士

上述两项的投资收益均不包括连续持有居民企业公开发行并上市流通的股票不足12个月取得的投资收益。

（4）符合条件的非营利性组织的非营利性收入。符合条件的非营利性组织是指依法履行登记手续，从事公益性或者非营利性活动的机构。其营利性收入不属于免税收入。

小贴士

税法为了防止企业偷逃税款，规定企业将资产移送他人，资产所有权发生改变，应视同销售确定收入。例如，企业将产品赠送给他人（非公益性捐赠），或发放给职工作为奖励，或作为红利分配给股东。

（三）准予扣除的项目

1. 准予扣除项目的一般规定

在计算应税所得额时准予从收入额中扣除的项目是指纳税人每一个纳税年度发生的与取得应纳税收入有关的所有合理的支出，包括成本、费用、税金、损失和其他支出。

（1）成本是指企业在生产经营中发生的销售商品、提供劳务、转让固定资产和无形资产的成本。

（2）费用是指企业每一个纳税年度为生产、经营商品和提供劳务等所发生的销售费用、管理费用和财务费用。

（3）税金是指企业发生的除企业所得税和允许抵扣的增值税以外的各项税金及其附加。

小贴士

这里所说的可以扣除的税金，其扣除方式不同。有的税金发生时直接从当期扣除，有的税金则在发生时需要计入相关资产的成本，随着资产的处置而成为相对应的期间扣除额。因此，我们在计算应纳税所得额时，不能直接将当期缴纳的所有税金作为扣除项。

（4）损失是指企业在生产经营活动中发生的固定资产和存货的盘亏、毁损、报废损失，转让财产损失，呆账损失，坏账损失，自然灾害等不可抗力因素造成的损失以及其他损失。

企业发生的损失，减除责任人赔偿和保险赔款后的余额，依照国务院财政、税务主管部门的规定扣除。企业已经作为损失处理的资产，在以后纳税年度又全部收回或者部分收回时，应当计入当期收入。

（5）其他支出是指除上述成本、费用、税金、损失外，企业在生产经营活动中发生的与生产经营活动有关的、合理的支出。

小贴士

上述扣除项目具体反映在企业损益类账户中，如主营业务支出、其他业务支出、营业税金及附加、期间费用、营业外支出等。当会计准则规定与税法规定不一致时，应当进行纳税调整。

2. 限额扣除项目及其标准

（1）工资、薪金支出。企业发生的合理的工资、薪金支出准予据实扣除。

工资薪金是指企业支付给本企业受雇的员工各种形式的劳动报酬，包括基本工资、奖金、津贴、补贴、年终加薪、加班工资以及任职或者与受雇有关的其他支出。其合理性按以下原则确认。

① 企业制订了较为规范的员工工资薪金制度。

② 企业所制订的工资薪金制度符合行业及地区水平。

③ 企业在一定时期所发放的工资薪金是相对固定的，工资薪金的调整是有序进行的。

④ 企业对实际发放的工资薪金，已依法履行了代扣代缴个人所得税义务。

⑤ 有关工资薪金的安排，不以减少或逃避税款为目的。

（2）3 项费用支出，即职工福利费、工会经费和职工教育经费。

① 企业发生的职工福利费支出，不超过工资、薪金总额 14%的部分，准予扣除。

② 企业拨缴的工会经费，不超过工资薪金总额 2%的部分，准予扣除。

③ 除国务院财政、税务主管部门另有规定外，企业发生的职工教育经费支出，不超过工资薪金总额 2.5%的部分，准予扣除；超过部分，准予在以后纳税年度结转扣除。

小贴士

计算"三费"的"工资、薪金总额"是指关于工资规定的实际发放的工资、薪金总和。软件企业发生的职工教育经费中的职工培训费用，可以全额扣除。另外，企业对职工福利费需单独设置账册，进行准确核算，否则，税务机关可对企业发生的职工福利费进行合理核定。

（3）社会保险费。企业依照国务院有关主管部门或者省级人民政府规定的范围和标准为职工缴纳的"五险一金"，即基本养老保险费、基本医疗保险费、失业保险费、工伤保险费、生育保险费等基本社会保险费和住房公积金，准予扣除。

企业为职工支付的补充养老保险费、补充医疗保险费，分别在不超过职工工资总额 5%标准内的部分，准予扣除；超过部分，不得扣除。企业依照国家有关规定为特殊工种职工支付的人身安全保险费和符合国务院财政、税务主管部门规定可以扣除的商业保险费准予扣除。企业为投资者或者职工支付的商业保险费，不得扣除。

（4）利息支出与借款费用。企业在生产经营活动中发生的合理的不需要资本化的借款费用，准予扣除。企业为购置、建造固定资产、无形资产和经过 12 个月以上的建造才能达到预定可销售状态的存货发生借款的，在有关资产购置、建造期间发生的合理的借款费用，应当作为资本性支出计入有关资产的成本，并依照《企业所得税法实施条例》的规定扣除。

企业在生产经营活动中发生的下列利息支出，准予扣除。

① 非金融企业向金融企业借款的利息支出、金融企业的各项存款利息支出和同业拆借利息支出、企业经批准发行债券的利息支出可据实扣除；非金融企业向非金融企业借款的利息支出，不超过按照金融企业同期同类贷款利息计算的数额的部分可据实扣除，超过部分不允许扣除。

② 企业向股东或其他与企业有关联关系的自然人借款而实际发生的利息支出，若其接受关联方债权性与其权益性投资比例不超过规定比例（金融企业 5∶1，其他企业 2∶1）和税法及实施条例规定计算的部分，准予扣除；超过部分，不得在发生当期和以后年度扣除。

③ 向企业内部职工或其他人员借款的利息支出，如果借款属于真实、合法的行为，并且企业与个人已签订借款合同的，其利息支出不超过按照金融企业同期同类贷款利率计算的数额的部分，准予扣除。

【学中练 6-2】A 企业通过银行贷款项目共有两笔，第一笔贷款 50 万元，用于流动资金周转，期限 1 年，利率 5.4%；第二笔贷款 100 万元，期限 3 年，利率 5.8%，用于新建厂房。现在厂房已经完工交付使用。另外，公司通过担保公司获得短期贷款 50 万元，利率为 8%（金融企业同期同类贷款率为 5.4%），期限一年。如果你负责公司的会计工作及所得税纳税申报工作，请进行税务处理。

解析：第一笔贷款利息为 50×5.4%=2.7（万元），属于从金融企业取得的贷款，而且属于流动资金贷款，不需要资本化，会计核算上计入“财务费用”。第二笔贷款利息为 100×5.8%=5.8（万元），假设需要资本化 3 万元，则计入“在建工程” 3 万元，另外 2.8 万元计入“财务费用”。通过担保公司获得的贷款利息为 50×8%=4（万元），按照税法的规定，超出金融企业同期同类贷款率计算的部分为 4−50×5.4%=1.3（万元），不允许扣除。在纳税申报时，需要在会计利润的基础上调增应纳税所得额 1.3 万元。

（5）汇兑损失。企业在货币交易中以及纳税年度终了时，将人民币以外的货币性资产、负债按照期末即期人民币汇率中间价折算为人民币时产生的汇兑损失，除已经计入有关资产成本及与向所有者进行利润分配相关的部分外，准予扣除。

（6）业务招待费。企业发生的与生产经营活动有关的业务招待费支出，按照发生额的 60%扣除，但最高不得超过当年销售（营业）收入的 5‰。

【学中练 6-3】某企业 2014 年度销售收入净额为 2 000 万元，全年发生业务招待费 25 万元，且能提供有效凭证。该企业在计算企业所得税应纳税额时，准予扣除的业务招待费是多少？

解析：根据规定，企业发生的生产经营活动有关的业务招待费支出，按照发生额的 60%扣除，但最高不得超过当年销售（营业）收入的 5‰。业务招待费的 60%为 25×60%=15（万元），当年销售收入的 5‰为 2 000×5‰=10（万元）。因此，准予扣除的业务招待费为 10 万元。

（7）广告费和业务宣传费。企业发生的符合条件的广告费和业务宣传费支出，除国务院财政、税务主管部门另有规定外，不超过当年销售（营业）收入 15%的部分，准予扣除；超过部分，准予结转以后纳税年度扣除。

小贴士

企业申报扣除的广告费必须符合下列条件：①广告是通过工商部门批准的专门机构制作的；②已实际支付费用，并取得相应发票；③通过一定的媒体传播。广告费应与赞助支出严格区分。赞助支出是指企业发生的与生产经营活动无关的各种非广告性质支出。赞助支出是不允许扣除的。另外，对烟草企业的烟草广告费和业务宣传支出，税法规定不允许扣除。对化妆品制造、医药制造和饮料制造（不含酒精制造）企业发生的广告费和业务宣传费支出，不超过当年销售收入的 30%的部分，准予扣除，也准予在以后纳税年度结转扣除。

【学中练 6-4】某家具厂 2014 年销售收入 3 000 万元，转让技术使用权收入 200 万元，广告费和业务宣传费 640 万元，则准予扣除的广告费和业务宣传费是多少？

解析：广告费和业务宣传费扣除标准为主营业务收入和其他业务收入总和的 15%。根据题意，（3 000＋200）×15%=480（万元），因为，准予扣除的广告费和业务宣传费为 480 万元。

（8）公益性捐赠支出。企业发生的公益性捐赠支出，不超过年度利润总额 12%的部分，准予扣除。

（9）环境保护专项资金。企业依照法律、行政法规有关规定提取的用于环境保护、生态恢复等方面的专项资金，准予扣除。上述专项资金提取后改变用途的，不得扣除。

（10）保险费。企业参加财产保险，按照规定缴纳的保险费，准予扣除。

（11）租赁费。企业根据生产经营活动的需要租入固定资产支付的租赁费，按照以下方法扣除：①以经营租赁方式租入固定资产发生的租赁费支出，按照租赁期限均匀扣除。②以融资租赁方式租入固定资产发生的租赁费支出，按照规定构成融资租入固定资产价值的部分应当提取折旧费用，分期扣除。

（12）劳动保护费。企业发生的合理的劳动保护支出，准予扣除。

（13）有关资产的费用。企业之间支付的管理费、企业内营业机构之间支付的租金和特许权使用费，以及非银行企业内营业机构之间支付的利息，不得扣除。

（14）总机构分摊的费用。非居民企业在中国境内设立的机构、场所，就其中国境外总机构发生的与该机构、场所生产经营有关的费用，能够提供总机构出具的费用汇集范围、定额、分配依据和方法等证明文件，并合理分摊的，准予扣除。

（四）不得扣除的项目

在计算应纳税所得额时，下列支出不得扣除。

（1）向投资者支付的股息、红利等权益性投资收益款项。

（2）企业所得税税款。

（3）税收滞纳金及罚金、罚款和被没收财物的损失。

（4）赞助支出，即企业发生的与生产经营活动无关的各种非广告性支出。

（5）非公益性捐赠支出。

小贴士

例如，直接赞助某学校不属于公益性捐赠，不可以扣除；支付法院诉讼费是可以税前扣除的；逾期还银行款支付的罚息是可以税前扣除的。

（6）未经核定的准备金支出。

小贴士

会计基于谨慎性考虑，为防止企业虚增资产或利润，要求企业合理预计各项资产发生的减值，提取减值准备金。《企业所得税法》遵循据实扣除和确定性原则，只有各项资产实际发生损失时才可据实扣除。

（7）与取得收入无关的其他支出。

（五）亏损弥补

税法规定，纳税人某一年度发生的亏损可以用下一年度的所得弥补；下一年度的所得不足以弥补的，可以逐年延续弥补，但最长不超过 5 年。5 年内不论是盈利或亏损，都作为实际弥补期限计算。

亏损弥补的含义有两个：一是自亏损年度的下一个年度起连续 5 年不间断地计算；二是连续发生年度亏损，也必须从第一个亏损年度算起，先亏先补，按顺序连续计算亏损弥补期，不得将每个亏损年度的连续弥补期相加，更不得断开计算。

企业在汇总计算缴纳企业所得税时，其境外营业机构的盈利可以弥补境内营业机构的亏损，但境外营业机构的亏损不得抵减境内营业机构的盈利。

小贴士

税法中的亏损称为应税亏损，不是企业财务会计报告中的亏损，而是企业财务报表中的亏损额经过主管税务机关按税法规定核实调整后的金额，两者数额经常是不相等的。

【学中练 6-5】A 公司 2007～2014 年的应纳税所得额（见表 6-7）。

表6-7　　A公司2007～2014年的应纳税所得额

年度	2007	2008	2009	2010	2011	2012	2013	2014
应纳税所得额（元）	-50	-20	10	15	-5	15	15	25

计算A公司2014年应缴纳的企业所得税。

解析：（1）2007年的亏损额弥补期为2008～2012年，截至2012年还有10万元未弥补完，也不得在以后年度弥补。

（2）2008年的亏损额弥补期为2009～2013年，截至2013年还有5万元（20-15）亏损未弥补完，也不得在以后年度弥补。

（3）2011年的亏损额弥补期为2012～2016年，在2014年可全部弥补完。2014年度的应纳税所得额=25-5=20（万元）。

（4）2014年应纳企业所得税=20×25%=5（万元）。

六、资产的税务处理

《企业所得税法》规定，纳入税务处理范围的资产形式主要包括固定资产、生物资产、无形资产、长期待摊费用、投资资产、存货等，均以历史成本作为计税基础。历史成本是指企业取得该项资产时实际发生的支出。企业持有各项资产期间资产增值或者减值，除国务院财政、税务主管部门规定可以确认损益外，不得调整该资产的计税基础。

（一）固定资产

固定资产是指企业为生产产品、提供劳务、出租或者经营管理而持有的、使用时间超过12个月的非货币性资产，包括房屋、建筑物、机器、机械、运输工具以及其他与生产经营活动有关的设备、器具、工具等。

1. 固定资产的计税基础

（1）外购的固定资产，以购买价款和支付的相关税费以及直接归属于使该资产达到预定用途发生的其他支出为计税基础。

（2）自行建造的固定资产，以竣工结算前发生的支出为计税基础。

（3）融资租入的固定资产，以租赁合同约定的付款总额和承租人在签订租赁合同过程中发生的相关费用为计税基础，租赁合同未约定付款总额的，以该资产的公允价值和承租人在签订租赁合同过程中发生的相关费用为计税基础。

（4）盘盈的固定资产，以同类固定资产的重置完全价值为计税基础。

（5）通过捐赠、投资、非货币性资产交换、债务重组等方式取得的固定资产，以该资产的公允价值和支付的相关税费为计税基础。

（6）改建的固定资产，以改建过程中发生的改建支出增加计税基础。

2. 固定资产折旧的计提方法

固定资产按照直线法计算的折旧，准予扣除。

（1）企业应当自固定资产投入使用月份的次月起计算折旧；停止使用的固定资产，应当自停止使用月份的次月起停止计算折旧。

（2）企业应当根据固定资产的性质和使用情况，合理确定固定资产的预计净残值。企业不得把净残值作为调节税负的手段，预计净残值一经确定，不得变更。

3. 固定资产折旧的范围

在计算应纳税所得额时，企业按照规定计算的固定资产折旧，准予扣除。下列固定资产不得计算折旧扣除。

（1）房屋、建筑物以外未投入使用的固定资产。

（2）以经营租赁方式租入的固定资产。

（3）以融资租赁方式租出的固定资产。

（4）已足额提取折旧仍继续使用的固定资产。

（5）与经营活动无关的固定资产。

（6）单独估价作为固定资产入账的土地。

（7）其他不得计算折旧扣除的固定资产。

4. 固定资产折旧的计提年限

除国务院财政、税务主管部门另有规定外，固定资产计算折旧的最低年限如下。

（1）房屋、建筑物，为 20 年。

（2）飞机、火车、轮船、机器、机械和其他生产设备，为 10 年。

（3）与生产经营活动有关的器具、工具、家具等，为 5 年。

（4）飞机、火车、轮船以外的运输工具，为 4 年，包括汽车、电车、拖拉机、摩托车（艇）、机帆船、帆船以及其他运输工具。

（5）电子设备，为 3 年。

（二）生产性生物资产

生产性生物资产是指企业为生产农产品、提供劳务或者出租等而持有的生物资产，包括经济林、薪炭林、产畜和役畜等。

1. 生产性生物资产的计税基础

（1）外购的生产性生物资产，以购买价款和支付的相关税费为计税基础。

（2）通过捐赠、投资、非货币性资产交换、债务重组等方式取得的生产性生物资产，以该资产的公允价值和支付的相关税费为计税基础。

2. 生产性生物资产的折旧方法与和折旧年限

生产性生物资产按照直线法计算的折旧，准予扣除。企业应当自生产性生物资产投入使用月份的次月起计算折旧；停止使用的生产性生物资产，应当自停止使用月份的次月起停止计算折旧。企业应当根据生产性生物资产的性质和使用情况，合理确定生产性生物资产的预计净残值。生产性生物资产的预计净残值一经确定，不得变更。

3. 生产性生物资产的折旧的计提年限

生产性生物资产计算折旧的最低年限如下。

（1）林木类生产性生物资产，为 10 年。

（2）畜类生产性生物资产，为 3 年。

（三）无形资产

无形资产是指企业长期使用但没有实物形态的非货币性长期资产，包括专利权、商标权、著作权、土地使用权、非专利技术、商誉等。

1. 无形资产的计税基础

无形资产按照以下方法确定计税基础。

（1）外购的无形资产，以购买价款和支付的相关税费以及直接归属于使该资产达到预定用途发生的其他支出为计税基础。

（2）自行开发的无形资产，以开发过程中该资产符合资本化条件后至达到预定用途前发生的支出为计税基础。

（3）通过捐赠、投资、非货币性资产交换、债务重组等方式取得的无形资产，以该资产的公允价值和支付的相关税费为计税基础。

2. 无形资产摊销的方法与年限

无形资产按照直线法计算摊销费用，无净残值。无形资产的摊销年限不得低于10年。作为投资或者受让的无形资产，有关法律规定或者合同约定了使用年限的，可以按照规定或者约定的使用年限分期摊销。外购商誉的支出，在企业整体转让或者清算时，准予扣除。

（四）长期待摊费用

在计算应纳税所得额时，企业发生的下列支出作为长期待摊费用，按照规定摊销的，准予扣除。

（1）已足额提取折旧的固定资产的改建支出，按照固定资产预计尚可使用年限分期摊销。

（2）租入固定资产改建支出，按照合同约定的剩余租赁期限分期摊销。固定资产的改建支出是指改变房屋或者建筑物结构、延长使用年限等发生的支出。

（3）固定资产的大修理支出，按照固定资产尚可使用年限分期摊销。固定资产的大修理支出是指同时符合下列条件的支出。

① 修理支出达到取得固定资产时计税基础的50%以上。

② 修理后固定资产的使用年限延长2年以上。

（4）其他应当作为长期待摊费用的支出，自支出发生月份的次月起，分期摊销，摊销年限不得低于3年。

（五）投资资产

投资资产是指企业对外进行权益性投资和债权性投资形成的资产。具体包括会计准则中的交易性金融资产、持有至到期投资和长期股权投资。

1. 投资资产的成本

投资资产按照以下方法确定成本。

（1）通过支付现金方式取得的投资资产，以购买价款为成本。

（2）通过支付现金以外的方式取得的投资资产，以该资产的公允价值和支付的相关税费为成本。

2. 投资资产成本的扣除办法

企业对外投资期间，投资资产的成本在计算应纳税所得额时不得扣除，企业在转让或者处置投资资产时，投资资产的成本，准予扣除。

（六）存货

存货是指企业持有以备出售的产品或者商品、处在生产过程中的在产品、在生产或者提供劳务过程中耗用的材料和物料等。

1. 存货的计税基础

存货按照以下方法确定成本。

（1）通过支付现金的方式取得的存货，以购买价款和支付的相关税费为成本。

（2）通过支付现金以外的方式取得的存货，以该存货的公允价值和支付的相关税费为成本。

（3）生产性生物资产收获的农产品，以产出或者采收过程中发生的材料费、人工费和分摊的间接费用等必要支出为成本。

2. 存货成本的计算方法

企业使用或者销售存货的成本计算方法，可以在先进先出法、加权平均法、个别计价法中选用一种。计价方法一经选用，不得随意变更。

企业转让以上资产，在计算应纳税所得额时，资产的净值允许扣除。

七、企业所得税应纳税额的计算

（一）居民企业适用查账征收方式下应纳税额的计算

居民企业适用查账征收方式下，应纳税额的计算公式为：

应纳税额=应纳税所得额×适用税率

应纳税所得额的计算一般有两种方法：一是直接计算法，二是间接计算法。在间接计算法下，以会计利润总额为基础，加或减按照税法规定调整的项目金额后，即为应纳税所得额，公式如下。

应纳税所得额=会计利润总额±纳税调整项目金额

【学中练 6-6】小张在 A 公司（居民企业，主要业务为啤酒的生产、销售，适用 25%税率）从事会计工作。2014 年 A 公司发生的业务如下，请你帮助小张完成企业所得税的计算。

（1）取得销售产品收入 6 000 万元，其他业务收入 800 万元。

（2）发生销售产品成本 3 200 万元，其他业务支出 500 万元。

（3）取得国债利息收入 35 万元，从其他居民企业直接长期持有投资分得的税后投资收益 200 万元。

（4）发生销售费用 800 万元，其中广告费 600 万元；管理费用 500 万元，其中业务招待费 60 万元；全年财务费用 150 万元，其中 20 万元为超过金融企业利率的利息支出。

（5）计提无形资产减值准备 30 万元，计提存货减值准备 20 万元。

（6）全年营业外支出 120 万元，其中含通过政府部门对灾区的捐款 60 万元、直接对私立小学的捐款 30 万元、违反政府规定被工商局罚款的 6 万元。

解析：（1）该企业的会计利润总额。

企业会计利润=（6 000+800+35+200）-（3 200+500+800+500+150+120）=1 765（万元）。

（2）该企业对收入的纳税调整额。

35 万元国债利息属于免税收入，200 万元符合条件的居民企业投资收益属于免税收入，故应调减应纳税所得额 235 万元。

（3）该企业对广告费用的纳税调整额。

以营业收入6 800万元（6 000+800）为基数，不应包括营业外收入。

广告费限额=（6 000+800）×15%=1 020（万元）；1 020＞600（实际发生额），无需调整应纳税所得额。

（4）该企业对招待费的纳税调整额。

招待费限额计算：①60×60%=36（万元）；②（6 000+800）×5‰=34（万元）。

招待费限额为34万元，超支26万元（60−34），应调增应纳税所得额26万元。

（5）超过金融企业利率的利息支出20万元应调增应纳税所得额。

（6）由于规定未经核定的准备金支出不得税前扣除。计提无形资产减值准备 30 万元，存货减值准备20万元不得扣除，故应调增应纳税所得额50万元。

（7）该企业对营业外支出的纳税调整额。

捐赠限额=1 765×12%=211.8（万元），由于211.8＞60，故该企业60万元的公益性捐赠可以全额扣除；直接对私立小学的30万元捐赠不得扣除；行政罚款的6万元不得扣除。故对营业外支出的纳税调整额为36万元。

（8）该企业应纳税所得额=1 765−235+26+50+30+6=1 642（万元）。

（9）该企业应纳所得税额=1 948×25%=410.5（万元）。

（二）居民企业核定征收应纳税额的计算

居民企业如果由于种种原因，不能提供健全的会计记录，致使税务机关无法准确核准企业应纳税所得额，则使用核定征收办法。

1. 核定征收企业所得税的范围

居民企业有下列情形之一的，应采取核定征收方式征收企业所得税。

（1）依照法律、行政法规的规定可以不设账簿或应当设置但未设置账簿的。

（2）擅自销毁账簿或者拒不提供纳税资料的。

（3）虽设置账簿，但账目混乱或者成本资料、收入凭证、费用凭证残缺不全，难以查账的。

（4）发生纳税义务，未按照规定的期限办理纳税申报，经税务机关责令限期申报，逾期仍未申报的。

（5）申报的计税依据明显偏低，又无正当理由的。

2. 核定征收的办法

核定征收的办法包括核定应税所得率和核定应纳税所得额两种。

（1）核定应税所得率征收。核定应税所得率征收是指税务机关按照一定的标准、程序和方法，预先核定纳税人的应税所得率，由纳税人根据纳税年度内的收入总额或成本费用等项目的实际发生额，按预先核定的应税所得率计算缴纳企业所得税的方法。

具有下列情形之一的，核定其应税所得率。

① 能正确核算（查实）收入总额，但不能正确核算（查实）成本费用总额的。

② 能正确核算（查实）成本费用总额，但不能正确核算（查实）收入总额的。

③ 能通过合理的方法计算和推定纳税人收入总额或成本费用总额的。

采用应税所得率的方式核定征收企业所得税的，应纳所得税额计算公式如下。

应纳所得税额=应纳税所得额×适用税率

应纳税所得额=应税收入额×应税所得率

或 应纳税所得额=成本（费用）支出额/（1-应税所得率）×应税所得率

应税所得率按表 6-8 规定的幅度标准确定。

表 6-8 应税所得率表

行业	应税所得率	行业	应税所得率
农、林、牧、渔业	3%～10%	建筑业	8%～20%
制造业	5%～15%	饮食业	8%～25%
批发和零售贸易业	4%～15%	娱乐业	15%～30%
交通运输业	7%～15%	其他行业	10%～30%

【学中练 6-7】某居民企业 2014 年度财务资料显示，收入总额为 55 万元，成本总额为 54 万元。但经税务机关核实该企业未能正确核算收入，税务机关对其核定征收企业所得税，应税所得率为 10%。请计算该企业 2014 年应纳企业所得税额。

解析：应纳税所得额=成本（费用）支出额/（1-应税所得率）×应税所得率

应纳税所得额=54÷（1-10%）×10%=6（万元）。

在上例中，如果税务机关审查，认为其收入准确，成本费用无法查实，则该企业当年应纳税所得额为 55×10%=5.5（万元）。

（2）定额征收。定额征收是指税务机关按照一定的标准、程序和方法，直接核定纳税人纳税年度应纳税所得税额，由纳税人按规定进行申报缴纳的方法。

采用上述所列一种方法不足以正确核定应纳税所得额或应纳税额的，可以同时采用两种以上的方法核定。采用两种以上方法测算的应纳税额不一致时，可按测算的应纳税额从高核定。

小贴士

纳税人的生产经营范围、主营业务发生重大变化，或者应纳税所得额或应纳税额增减变化达到 20%的，应及时向税务机关申报调整已确定的应纳税额或应税所得率。

（三）非居民企业应纳税额的计算

对于非居民企业的所得有两种情况。

（1）非居民企业在中国境内设立机构、场所，该机构、场所取得了来源于中国境内和境外的所得。例如，在我国设立有代表处及其他分支机构的外国企业。这类非居民企业应当以该机构、场所为主体，就其来源于中国境内的所得以及来源于中国境外但与其机构、场所有实际联系的所得纳税。其计算方法和居民企业相同。

（2）非居民企业未设立机构、场所，有取得来自境内的所得；或者虽设立机构、场所，但取得的所得与其所设机构、场所没有实际联系，应就其来源于中国境内的所得缴纳企业所得税。其应纳税额由扣缴义务人在每次向非居民企业支付或到期应支付所得时扣缴。其计算公式为：

应纳税额=应纳税所得额×实际征收率（10%）

上式中的应纳税所得额按下列方法确定。

① 股息、红利等权益性投资收益和利息、租金、特许权使用费所得，以收入全额为应纳税所得额。

② 转让财产所得，以收入全额减除财产净值后的余额为应纳税所得额。

③ 其他所得，参照前两项规定的方法计算应纳税所得额。

【学中练 6-8】某外国企业在中国境内设立一个分公司，该分公司可在中国境内独立开展经营活动，2014 年该分公司在中国境内取得营业收入 200 万元，发生成本费用 150 万元（其中有 20 万元不得税前扣除），假设该分公司不享受税收优惠，请计算该分公司该年度在中国应缴纳的企业所得税。

解析：非居民企业在中国境内设立机构、场所的，应当就其所设机构、场所取得的来源于中国境内的所得，以及发生在中国境外且与其所设机构、场所有实际联系的所得，按 25%的税率计算缴纳企业所得税。

该分公司的应纳税所得额=200-（150-20）=70（万元）。

由于该分公司不享受税收优惠，当年该分公司应在中国缴纳所得税为：

应纳税额=70×25%=17.5（万元）。

【学中练 6-9】某外国企业在中国境内设立一个分公司，该分公司可在中国境内独立开展经营活动。2014 年，该外国企业在中国境内取得特许权使用费所得 200 万元，转让固定资产收入 150 万元，固定资产的计税基础为 100 万元。上述所得都与其分公司没有实际联系，请计算该分公司该年度在中国应缴纳的企业所得税。

解析：该外国企业的应纳所得税由扣缴义务人代扣代缴。

应纳税额=应纳税所得额×税率=[200+（150-100）]×10%=25（万元）。

（四）境外所得已纳税额的扣除

《企业所得税法》规定，纳税人来源于中国境外的应税所得，已在境外缴纳的所得税税额，准予在汇总纳税时，从其应纳税额中抵免，但不得超过抵免限额。抵免限额为该项所得依照我国《企业所得税法》规定计算的应纳税额；超过抵免限额的部分，可以在以后 5 个年度内，用每年度抵免限额抵免当年应抵税额后的余额进行抵补。

境外所得抵免额为可抵免境外所得税税额与抵免限额两者之间的较低者。该抵免限额应当分国（地区）不分项计算，计算公式如下。

抵免限额=中国境内、境外所得按税法计算的应纳税总额×（来源于某外国所得额÷中国境内、境外所得总额）

具体计算步骤如下。

① 计算企业来源于中国境内、境外的所得按税法的规定应当缴纳的企业所得税总额。

② 计算来源于特定国家（地区）应纳税所得额。

③ 计算来源于中国境内、境外应纳税所得总额。

④ 按公式计算可抵免的最高限额。

【学中练 6-10】乙企业 2014 年度境内经营所得为 500 万元，其在 B 国投资获利 100 万元，按照 B 国税法规定已缴纳企业所得税 20 万元。计算乙企业抵扣限额和应纳所得税额。

解析：（1）计算境外所得扣除限额。

境外所得税税款扣除限额=（500+100）×25%×［100÷（500+100）］=25（万元）。

（2）计算境外所得抵免额。可抵免境外所得税税额为 20 万元，抵免限额为 25 万元，因此境外所得抵免额为 20 万元。

（3）计算应纳税额。

应纳所得税额=（500+100）×25%−20=130（万元）。

【学中练 6-11】丙企业 2014 年度境内经营所得为 500 万元，其在 C 国投资获利 100 万元，按照 C 国税法规定已缴纳企业所得税 30 万元。计算丙企业抵扣限额和应纳所得税额。

解析：（1）计算境外所得扣除限额。

境外所得税税款扣除限额=（500+100）×25%×［100÷（500+100）］=25（万元）。

（2）计算境外所得抵免额。可抵免境外所得税税额为 30 万元，抵免限额为 25 万元，因此境外所得抵免额为 25 万元。

（3）计算应纳税额。

应纳所得税额=（500+100）×25%−25=125（万元）。

丙企业在境外实际缴纳所得税额 30 万元，而按我国税法规定计算的扣除限额为 25 万元，其差额 5 万元不得在本纳税年度内扣除，也不得在费用内列支，利用《企业所得税年度纳税申报表》附表六计算“境外所得应纳所得税额”和“境外所得抵免所得税额”超过抵免限额的余额，可以用以后年度的扣除限额节余抵补，抵补期最长不超过 5 年。

【学中练 6-12】我国某企业应纳税所得额为 100 万元，适用 25%的企业所得税税率。另外，该企业分别在 A、B 两国设有分支机构（我国与 A、B 两国已经缔结避免双重征税协定），在 A 国分支机构的应纳税所得额为 50 万元，A 国税率为 20%；在 B 国分支机构的应纳税所得额为 30 万元，B 国税率为 35%。假设该企业在 A、B 两国所得按我国税法计算的应纳税所得额和按 A、B 两国税法计算的应纳税所得额是一致的，两个分支机构在 A、B 两国分别缴纳 10 万元和 10.5 万元的所得税。计算该企业汇总在我国应缴纳的企业所得税税额。

解析：（1）计算境内、外所得应纳税额。

应纳税额=（100+50+30）×25%=45（万元）。

（2）计算 A、B 两国的抵免限额。

A 国抵免限额=45×［50÷（100+50+30）］=12.5（万元）。

B 国抵免限额=45×［30÷（100+50+30）］=7.5（万元）。

在 A 国缴纳的所得税为 10 万元，低于抵免限额 12.5 万元，可全额扣除；在 B 国缴纳的所得税为 10.5 万元，高于抵免限额 7.5 万元，其超过抵免限额的部分 3 万元不能扣除。

（3）计算我国应缴纳的所得税额。

应纳税额=45−10−7.5=27.5（万元）。

八、企业所得税的账务处理

所得税会计是从资产负债表出发，通过比较资产负债表上列示的资产、负债，按照企业会计准则规定确定的账面价值与按照税法规定确定的计税基础，对于两者之间的差额分别应纳税暂时性差异与可抵扣暂时性差异，确认相关的递延所得税负债与递延所得税资产，并在此基础上确定每一期间利润表中的所得税费用。企业会计准则规定，企业应采用资产负债表债务法核算所得税。

由于企业所得税内容较多，限于教材篇幅，在此不再赘述。有兴趣的读者可以参看财务会计类教材。

九、企业所得税纳税申报

（一）纳税办法

1. 居民企业的纳税办法

居民企业的企业所得税实行按年计算、分月或者分季预缴、年终汇算清缴的纳税办法。

（1）据实计算预缴。据实计算预缴是根据企业当期实现的利润总额计算出应纳税额，并据此缴税。

（2）按上年实际数计算预缴。按上年实际数计算预缴是按照上年实际缴纳的企业所得税额的1/12或1/4进行预缴。

居民企业在报送“企业所得税纳税申报表”时，应当按照主管税务机关的要求附送财务会计报告和其他有关资料。

2. 非居民企业的纳税办法

非居民企业在中国境内未设立机构、场所的，或者虽设立机构、场所但取得的所得与其所设机构、场所没有实际联系的，就其来源于中国境内的所得缴纳企业所得税时，所得应缴纳的所得税实行源泉扣缴，以支付人为扣缴义务人。税款由扣缴义务人在每次支付或者到期应支付时，从支付或者到期应支付的款项中扣缴。

对非居民企业在中国境内取得工程作业和劳务所得应缴纳的所得税，税务机关可以指定工程价款或者劳务费的支付人为扣缴义务人。

对非居民企业应当扣缴的所得税，扣缴义务人未依法扣缴或者无法履行扣缴义务的，由纳税人在所得发生地缴纳。纳税人未依法缴纳的，税务机关可以从该纳税人在中国境内其他收入项目的支付人应付的款项中追缴该纳税人的应纳税款。

扣缴义务人每次代扣的税款，应当自代扣之日起7日内缴入国库，并向所在地的税务机关报送“扣缴企业所得税报告表”。

（二）纳税地点

1. 居民企业的纳税地点

除税收法律、行政法规另有规定外，居民企业以企业登记注册地为纳税地点；但登记注册地在境外的，以实际管理机构所在地为纳税地点。

居民企业在中国境内设立不具有法人资格的营业机构的，应当汇总计算并缴纳企业所得税。

2. 非居民企业的纳税地点

非居民企业在中国境内设立机构、场所的，以机构、场所所在地为纳税地点。非居民企业在中国境内设立两个或两个以上机构、场所的，经税务机关审核批准，可以选择由其主要机构、场所汇总缴纳企业所得税。

非居民企业在中国境内未设立机构场所的，或者虽设立机构、场所但取得的所得与其所设机构、场所没有实际联系的所得，以扣缴义务人所在地为纳税地点。

（三）纳税期限

企业所得税按年计征，分月或者分季预缴，年终汇算清缴，多退少补。

按月或按季预缴的，应当自月份或者季度终了之日起 15 日内，向税务机关报送“预缴企业所得税纳税申报表”，预缴税款。

企业所得税的纳税年度，自公历 1 月 1 日起至 12 月 31 日止。企业在一个纳税年度的中间开业，或者由于合并、关闭等原因终止经营活动，使该纳税年度的实际经营期不足 12 个月的，应当以其实际经营期为一个纳税年度。企业清算时，应当以清算期间作为一个纳税年度。

自年度终了之日起 5 个月内，向税务机关报送“年度企业所得税纳税申报表”，并汇算清缴，结清应缴应退税款。

企业在年度中间终止经营活动的，应当自实际经营终止之日起 60 日内，向税务机关办理当期企业所得税汇算清缴。

（四）纳税申报

企业在纳税年度内无论盈利或者亏损，都应当依照企业所得税法规定的期限，向税务机关报送“预缴企业所得税纳税申报表”“年度企业所得税纳税申报表”、财务会计报告和税务机关规定应当报送的其他资料。

实行查账征收的企业所得税居民纳税人，需要填写的纳税申报表由“企业基础信息表”、主表和 40 张附表构成。

（1）“企业基础信息表”（见表 6-9）。

表 6-9　企业基础信息表（A00000）

<table>
<tr><td colspan="2">正常申报☐</td><td>更正申报☐</td><td>补充申报☐</td></tr>
<tr><td colspan="4">100 基本信息</td></tr>
<tr><td>101 汇总纳税企业</td><td colspan="3">是（总机构☐　按比例缴纳总机构☐）　否☐</td></tr>
<tr><td>102 注册资本（万元）</td><td></td><td>106 境外中资控股居民企业</td><td>是☐　否☐</td></tr>
<tr><td>103 所属行业明细代码</td><td></td><td>107 从事国家非限制和禁止行业</td><td>是☐　否☐</td></tr>
<tr><td>104 从业人数</td><td></td><td>108 存在境外关联交易</td><td>是☐　否☐</td></tr>
<tr><td>105 资产总额（万元）</td><td></td><td>109 上市公司</td><td>是（境内☐　境外☐）　否☐</td></tr>
<tr><td colspan="4">200 主要会计政策和估计</td></tr>
<tr><td>201 适用的会计准则或会计制度</td><td colspan="3">企业会计准则（一般企业☐　银行☐　证券☐　保险☐　担保☐）
小企业会计准则☐
企业会计制度☐
事业单位会计准则（事业单位会计制度☐　科学事业单位会计制度☐　医院会计制度☐　高等学校会计制度☐　中小学校会计制度☐　彩票机构会计制度☐）
民间非营利组织会计制度☐
村集体经济组织会计制度☐
农民专业合作社财务会计制度（试行）☐
其他☐</td></tr>
<tr><td>202 会计档案的存放地</td><td></td><td>203 会计核算软件</td><td></td></tr>
<tr><td>204 记账本位币</td><td>人民币☐　其他☐</td><td>205 会计政策和估计是否发生变化</td><td>是☐　否☐</td></tr>
<tr><td>206 固定资产折旧方法</td><td colspan="3">年限平均法☐　工作量法☐　双倍余额递减法☐　年数总和法☐　其他☐</td></tr>
</table>

续表

<table>
<tr><td>207 存货成本计价方法</td><td colspan="5">先进先出法□　移动加权平均法□　月末一次加权平均法□
个别计价法□　毛利率法□　零售价法□　计划成本法□　其他□</td></tr>
<tr><td>208 坏账损失核算方法</td><td colspan="5">备抵法□　直接核销法□</td></tr>
<tr><td>209 所得税计算方法</td><td colspan="5">应付税款法□　资产负债表债务法□　其他□</td></tr>
<tr><td colspan="6">300 企业主要股东及对外投资情况</td></tr>
<tr><td colspan="6">301 企业主要股东（前 5 位）</td></tr>
<tr><td>股东名称</td><td>证件种类</td><td>证件号码</td><td>经济性质</td><td>投资比例</td><td>国籍（注册地址）</td></tr>
<tr><td></td><td></td><td></td><td></td><td></td><td></td></tr>
<tr><td></td><td></td><td></td><td></td><td></td><td></td></tr>
<tr><td></td><td></td><td></td><td></td><td></td><td></td></tr>
<tr><td></td><td></td><td></td><td></td><td></td><td></td></tr>
<tr><td></td><td></td><td></td><td></td><td></td><td></td></tr>
<tr><td colspan="6">302 对外投资（前 5 位）</td></tr>
<tr><td>被投资者名称</td><td>纳税人识别号</td><td>经济性质</td><td>投资比例</td><td>投资金额</td><td>注册地址</td></tr>
<tr><td></td><td></td><td></td><td></td><td></td><td></td></tr>
<tr><td></td><td></td><td></td><td></td><td></td><td></td></tr>
<tr><td></td><td></td><td></td><td></td><td></td><td></td></tr>
<tr><td></td><td></td><td></td><td></td><td></td><td></td></tr>
<tr><td></td><td></td><td></td><td></td><td></td><td></td></tr>
</table>

（2）主表，即“企业所得税年度纳税申报表”，具体内容与格式见【项目实施】中表 6-4。

（3）附表。附表是对主表的补充说明，共有 40 张，具体内容与格式的部分内容如【项目实施】中表 6-5～表 6-15 所示。以上报表也可登录当地税务机关网站下载。

项目实施

一、计算应调整的应纳企业所得税税额

（1）公益性捐赠限额=17 374 383.21×12%=2 084 925.99（元）＞通过政府部门向地震灾区捐赠的现金 250 000 元，故无需调整。

（2）广告费扣除限额=122 088 000×15%=18 313 200（元）＞实际发生的 17 000 000 元，无需调整。

（3）业务招待费扣除限额的计算：①1 800 000×60%=1 080 000（元）；②122 088 000×5‰＝610 440（元）；扣除限额为 610 440 元。需调增应纳税所得额=1 800 000−610 440=1 189 560（元）。

（4）国债利息收入和投资于居民企业的收益均为免税收入，故应调减应纳税所得额=1 503 021.26＋1 658 200.12=3 161 221.38（元）。

（5）“三费”（职工福利费、职工教育经费和工会经费）调增为=（1 435 000−9 888 000×14%）＋（268 010−9 888 000×2.5%）＋（197 760−9 888 000×2%）=71 490（元）。

（6）罚金、罚款和赞助支出、与收入无关的支出均不得税前扣除，故应调增应纳税所得额=30 000＋100 000＋120 000=250 000（元）。

应纳税所得额调增=1 189 560−3 161 221.38 + 71 490 + 250 000=−1 650 171.38（元）。

（7）弥补以前年度亏损=−2 805 822 + 1 865 800=940 022（元）。

二、计算应补缴的企业所得税

2014 年应纳税所得额=17 374 383.21−1 650 171.38−940 022=14 784 189.83（元）。

2014 年应纳税额=14 784 189.83×25%=3 696 047.46（元）。

应补缴税额=3 696 047.46−1 826 581.38=1 869 466.08（元）。

三、填写“企业所得税纳税申报表”

填表顺序：把除表 6-14 以外的表 6-11～6-20 填写完后，再填写表 6-14《纳税调整项目明细表（A105000）》，最后填写表 6-10《中华人民共和国企业所得税年度纳税申报表（A 类）（A100000）》。

具体表格的填写如表 6-10～表 6-20 所示，金额的单位均为元。

表 6-10　　中华人民共和国企业所得税年度纳税申报表（A 类）（A100000）

行次	类别	项　　目	金　额
1	利润总额计算	一、营业收入（填写 A101010\101020\103000）	122 088 000.00
2		减：营业成本（填写 A102010\102020\103000）	61 644 240.00
3		营业税金及附加	10 025 301.00
4		销售费用（填写 A104000）	18 180 000.00
5		管理费用（填写 A104000）	8 332 000.00
6		财务费用（填写 A104000）	4 363 600.00
7		资产减值损失	569 820.00
8		加：公允价值变动收益	125 369.21
9		投资收益	−1 256 025.00
10		二、营业利润（1-2-3-4-5-6-7+8+9）	17 842 383.21
11		加：营业外收入（填写 A101010\101020\103000）	50 000.00
12		减：营业外支出（填写 A102010\102020\103000）	518 000.00
13		三、利润总额（10+11-12）	17 374 383.21
14	应纳税所得额计算	减：境外所得（填写 A108010）	
15		加：纳税调整增加额（填写 A105000）	1 511 050
16		减：纳税调整减少额（填写 A105000）	
17		减：免税、减计收入及加计扣除（填写 A107010）	3 161 221.38
18		加：境外应税所得抵减境内亏损（填写 A108000）	
19		四、纳税调整后所得（13-14+15-16-17+18）	15 724 211.83
20		减：所得减免（填写 A107020）	
21		减：抵扣应纳税所得额（填写 A107030）	
22		减：弥补以前年度亏损（填写 A106000）	940 022
23		五、应纳税所得额（19-20-21-22）	14 784 189.83

续表

行次	类别	项　　目	金　额
24	应纳税额计算	税率（25%）	
25		六、应纳所得税额（23×24）	3 696 047.46
26		减：减免所得税额（填写A107040）	
27		减：抵免所得税额（填写A107050）	
28		七、应纳税额（25-26-27）	3 696 047.46
29		加：境外所得应纳所得税额（填写A108000）	
30		减：境外所得抵免所得税额（填写A108000）	
31		八、实际应纳所得税额（28+29-30）	3 696 047.46
32		减：本年累计实际已预缴的所得税额	1 826 581.38
33		九、本年应补（退）所得税额（31-32）	1 869 466.08
34		其中：总机构分摊本年应补（退）所得税额（填写A109000）	
35		财政集中分配本年应补（退）所得税额（填写A109000）	
36		总机构主体生产经营部门分摊本年应补（退）所得税额（填写A109000）	
37	附列资料	以前年度多缴的所得税额在本年抵减额	
38		以前年度应缴未缴在本年入库所得税额	

表6-11　　一般企业收入明细表（A101010）

行次	项　　目	金　额
1	一、营业收入（2+9）	122 088 000.00
2	（一）主营业务收入（3+5+6+7+8）	121 200 000.00
3	1. 销售商品收入	121 200 000.00
4	其中：非货币性资产交换收入	
5	2. 提供劳务收入	
6	3. 建造合同收入	
7	4. 让渡资产使用权收入	
8	5. 其他	
9	（二）其他业务收入（10+12+13+14+15）	888 000.00
10	1. 销售材料收入	
11	其中：非货币性资产交换收入	
12	2. 出租固定资产收入	
13	3. 出租无形资产收入	888 000.00
14	4. 出租包装物和商品收入	
15	5. 其他	
16	二、营业外收入（17+18+19+20+21+22+23+24+25+26）	
17	（一）非流动资产处置利得	
18	（二）非货币性资产交换利得	

续表

行次	项　　目	金　额
19	（三）债务重组利得	
20	（四）政府补助利得	50 000.00
21	（五）盘盈利得	
22	（六）捐赠利得	
23	（七）罚没利得	
24	（八）确实无法偿付的应付款项	
25	（九）汇兑收益	
26	（十）其他	

表 6-12　　一般企业成本支出明细表（A102010）

行次	项　　目	金　额
1	一、营业成本（2+9）	61 644 240.00
2	（一）主营业务成本（3+5+6+7+8）	61 440 000.00
3	1. 销售商品成本	61 440 000.00
4	其中:非货币性资产交换成本	
5	2. 提供劳务成本	
6	3. 建造合同成本	
7	4. 让渡资产使用权成本	
8	5. 其他	
9	（二）其他业务成本（10+12+13+14+15）	204 240.00
10	1. 材料销售成本	
11	其中:非货币性资产交换成本	
12	2. 出租固定资产成本	
13	3. 出租无形资产成本	204 240.00
14	4. 包装物出租成本	
15	5. 其他	
16	二、营业外支出（17+18+19+20+21+22+23+24+25+26）	
17	（一）非流动资产处置损失	
18	（二）非货币性资产交换损失	
19	（三）债务重组损失	
20	（四）非常损失	
21	（五）捐赠支出	250 000.00
22	（六）赞助支出	100 000.00
23	（七）罚没支出	30 000.00
24	（八）坏账损失	
25	（九）无法收回的债券股权投资损失	
26	（十）其他	120 000.00

表 6-13　　　　　　　　　　期间费用明细表（A104000）

行次	项　目	销售费用	其中：境外支付	管理费用	其中：境外支付	财务费用	其中：境外支付
		1	2	3	4	5	6
1	一、职工薪酬		*	1 200 000.00	*	*	*
2	二、劳务费			800 000.00		*	*
3	三、咨询顾问费			500 000.00		*	*
4	四、业务招待费		*	1 800 000.00	*	*	*
5	五、广告费和业务宣传费	17 000 000.00	*		*	*	*
6	六、佣金和手续费						
7	七、资产折旧摊销费		*		*	*	*
8	八、财产损耗、盘亏及毁损损失		*		*	*	*
9	九、办公费	1 180 000.00	*	1 500 000.00	*	*	*
10	十、董事会费		*	32 000.00	*	*	*
11	十一、租赁费			1 500 000.00		*	*
12	十二、诉讼费		*		*	*	*
13	十三、差旅费		*	200 000.00	*	*	*
14	十四、保险费		*	200 000.00	*	*	*
15	十五、运输、仓储费					*	*
16	十六、修理费			300 000.00		*	*
17	十七、包装费		*		*	*	*
18	十八、技术转让费					*	*
19	十九、研究费用					*	*
20	二十、各项税费		*	500 000.00	*	*	*
21	二十一、利息收支	*	*	*	*	4 363 600.00	
22	二十二、汇兑差额	*	*	*	*		
23	二十三、现金折扣	*	*	*	*		*
24	二十四、其他						
25	合计（1+2+3+…+24）						

表 6-14　　　　　　　　　　纳税调整项目明细表（A105000）

行次	项　目	账载金额	税收金额	调增金额	调减金额
		1	2	3	4
1	一、收入类调整项目（2+3+4+5+6+7+8+10+11）	*	*		
2	（一）视同销售收入（填写 A105010）	*			*
3	（二）未按权责发生制原则确认的收入（填写 A105020）				
4	（三）投资收益（填写 A105030）				3 161 221.38
5	（四）按权益法核算长期股权投资对初始投资成本调整确认收益	*	*	*	

续表

行次	项　　目	账载金额	税收金额	调增金额	调减金额
		1	2	3	4
6	（五）交易性金融资产初始投资调整	*	*		*
7	（六）公允价值变动净损益		*		
8	（七）不征税收入	*	*		
9	其中：专项用途财政性资金（填写 A105040）	*	*		
10	（八）销售折扣、折让和退回				
11	（九）其他				
12	二、扣除类调整项目（13+14+15+16+17+18+19+20+21+22+23+24+26+27+28+29）	*	*		
13	（一）视同销售成本（填写 A105010）	*		*	
14	（二）职工薪酬（填写 A105050）			71 490	
15	（三）业务招待费支出			1 189 560	*
16	（四）广告费和业务宣传费支出（填写 A105060）	*	*		
17	（五）捐赠支出（填写 A105070）				*
18	（六）利息支出				
19	（七）罚金、罚款和被没收财物的损失		*	30 000.00	*
20	（八）税收滞纳金、加收利息		*		*
21	（九）赞助支出		*	100 000.00	*
22	（十）与未实现融资收益相关在当期确认的财务费用				
23	（十一）佣金和手续费支出				*
24	（十二）不征税收入用于支出所形成的费用	*	*		*
25	其中：专项用途财政性资金用于支出所形成的费用（填写 A105040）	*	*		*
26	（十三）跨期扣除项目				
27	（十四）与取得收入无关的支出		*	120 000.00	*
28	（十五）境外所得分摊的共同支出	*	*		*
29	（十六）其他				
30	三、资产类调整项目（31+32+33+34）	*	*		
31	（一）资产折旧、摊销　（填写 A105080）				
32	（二）资产减值准备金		*		
33	（三）资产损失（填写 A105090）				
34	（四）其他				
35	四、特殊事项调整项目（36+37+38+39+40）	*	*		
36	（一）企业重组（填写 A105100）				
37	（二）政策性搬迁（填写 A105110）	*	*		
38	（三）特殊行业准备金（填写 A105120）				
39	（四）房地产开发企业特定业务计算的纳税调整额（填写 A105010）	*			
40	（五）其他	*	*		
41	五、特别纳税调整应税所得	*	*		
42	六、其他	*	*		
43	合计（1+12+30+35+41+42）	*	*	1 511 050	3 161 221.38

表 6-15　　职工薪酬纳税调整明细表（A105050）

行次	项　　目	账载金额	税收规定扣除率	以前年度累计结转扣除额	税收金额	纳税调整金额	累计结转以后年度扣除额
		1	2	3	4	5（1-4）	6（1+3-4）
1	一、工资薪金支出	9 888 000.00	*	*	9 888 000.00	0	*
2	其中：股权激励		*	*			*
3	二、职工福利费支出	1 435 000.00	14%	*	1 384 320.00	50 680.00	*
4	三、职工教育经费支出	268 010.00	*				
5	其中：按税收规定比例扣除的职工教育经费	268 010.00	2.5%		247 200.00	20 810.00	
6	按税收规定全额扣除的职工培训费用			*			*
7	四、工会经费支出	197 760.00		*	197 760.00	0	*
8	五、各类基本社会保障性缴款		*	*			*
9	六、住房公积金		*	*			*
10	七、补充养老保险			*			*
11	八、补充医疗保险			*			*
12	九、其他		*				
13	合计（1+3+4+7+8+9+10+11+12）		*			71 490.00	

表 6-16　　广告费和业务宣传费跨年度纳税调整明细表（A105060）

行次	项　　目	金　额
1	一、本年广告费和业务宣传费支出	17 000 000.00
2	减：不允许扣除的广告费和业务宣传费支出	
3	二、本年符合条件的广告费和业务宣传费支出（1-2）	17 000 000.00
4	三、本年计算广告费和业务宣传费扣除限额的销售（营业）收入	122 088 000.00
5	税收规定扣除率	15%
6	四、本企业计算的广告费和业务宣传费扣除限额（4×5）	18 313 200.00
7	五、本年结转以后年度扣除额（3＞6，本行=3-6；3≤6，本行=0）	
8	加：以前年度累计结转扣除额	
9	减：本年扣除的以前年度结转额[3＞6，本行=0；3≤6，本行=8或（6-3）孰小值]	
10	六、按照分摊协议归集至其他关联方的广告费和业务宣传费（10≤3或6孰小值）	
11	按照分摊协议从其他关联方归集至本企业的广告费和业务宣传费	
12	七、本年广告费和业务宣传费支出纳税调整金额（3＞6，本行=2+3-6+10-11；3≤6，本行=2+10-11-9）	
13	八、累计结转以后年度扣除额（7+8-9）	

表 6-17　　　　　　　　　捐赠支出纳税调整明细表（A105070）

行次	受赠单位名称	公益性捐赠				非公益性捐赠	纳税调整金额
		账载金额	按税收规定计算的扣除限额	税收金额	纳税调整金额	账载金额	
	1	2	3	4	5（2−4）	6	7（5+6）
1	云南地震灾区	250 000.00	*	*	*		*
2			*	*	*		*
3			*	*	*		*
4			*	*	*		*
5			*	*	*		*
6			*	*	*		*
7			*	*	*		*
8			*	*	*		*
9			*	*	*		*
10			*	*	*		*
11			*	*	*		*
12			*	*	*		*
13			*	*	*		*
14			*	*	*		*
15			*	*	*		*
16			*	*	*		*
17			*	*	*		*
18			*	*	*		*
19			*	*	*		*
20	合　　计						

表 6-18　　资产折旧、摊销情况及纳税调整明细表（A105080）

行次	项目	账载金额			税收金额					纳税调整	
		资产账载金额	本年折旧、摊销额	累计折旧、摊销额	资产计税基础	按税收一般规定计算的本年折旧、摊销额	本年加速折旧额	其中：2014 年及以后年度新增固定资产加速折旧额（填写 A105081）	累计折旧、摊销额	金额	调整原因
		1	2	3	4	5	6	7	8	9（2-5-6）	10
1	一、固定资产（2+3+4+5+6+7）										
2	（一）房屋、建筑物										
3	（二）飞机、火车、轮船、机器、机械和其他生产设备										
4	（三）与生产经营活动有关的器具、工具、家具等										
5	（四）飞机、火车、轮船以外的运输工具										
6	（五）电子设备										
7	（六）其他										
8	二、生产性生物资产（9+10）							*			
9	（一）林木类							*			
10	（二）畜类							*			
11	三、无形资产（12+13+14+15+16+17+18）						*	*			
12	（一）专利权						*	*			
13	（二）商标权						*	*			
14	（三）著作权						*	*			
15	（四）土地使用权						*	*			
16	（五）非专利技术						*	*			
17	（六）特许权使用费						*	*			
18	（七）其他						*	*			
19	四、长期待摊费用（20+21+22+23+24）						*	*			

续表

行次	项目	账载金额				税收金额				纳税调整	
		资产账载金额	本年折旧、摊销额	累计折旧、摊销额	资产计税基础	按税收一般规定计算的本年折旧、摊销额	本年加速折旧额	其中：2014年及以后年度新增固定资产加速折旧额（填写A105081）	累计折旧、摊销额	金额	调整原因
		1	2	3	4	5	6	7	8	9（2-5-6）	10
20	（一）已足额提取折旧的固定资产的改建支出						*	*			
21	（二）租入固定资产的改建支出						*	*			
22	（三）固定资产的大修理支出						*	*			
23	（四）开办费						*	*			
24	（五）其他						*	*			
25	五、油气勘探投资						*	*			
26	六、油气开发投资						*	*			
27	合计（1+8+11+19+25+26）										*

表 6-19 **固定资产加速折旧、扣除明细表（A105081）**

行次	项目	房屋、建筑物			飞机、火车、轮船、机器、机械和其他生产设备			与生产经营活动有关的器具、工具、家具			飞机、火车、轮船以外的运输工具			电子设备			合计				
		原值	本期折旧（扣除）额	累计折旧（扣除）额	原值	本期折旧（扣除）额	累计折旧（扣除）额	原值	本期折旧（扣除）额	累计折旧（扣除）额	原值	本期折旧（扣除）额	累计折旧（扣除）额	原值	本期折旧（扣除）额	累计折旧（扣除）额	原值	本期折旧（扣除）额		累计折旧（扣除）额	
																		正常折旧额	加速折旧额	正常折旧额	加速折旧额
		1	2	3	4	5	6	7	8	9	10	11	12	13	14	15	16	17	18	19	20
1	一、六大行业固定资产																				
2	（一）生物药品制造业																				

续表

行次	项　目	房屋、建筑物			飞机、火车、轮船、机器、机械和其他生产设备			与生产经营活动有关的器具、工具、家具			飞机、火车、轮船以外的运输工具			电子设备			合　计				
		原值	本期折旧（扣除）额	累计折旧（扣除）额	原值	本期折旧（扣除）额	累计折旧（扣除）额	原值	本期折旧（扣除）额	累计折旧（扣除）额	原值	本期折旧（扣除）额	累计折旧（扣除）额	原值	本期折旧（扣除）额	累计折旧（扣除）额	原值	本期折旧（扣除）额		累计折旧（扣除）额	
																		正常折旧额	加速折旧额	正常折旧额	加速折旧额
		1	2	3	4	5	6	7	8	9	10	11	12	13	14	15	16	17	18	19	20
3	（二）专用设备制造业																				
4	（三）铁路、船舶、航空航天和其他运输设备制造业																				
5	（四）计算机、通信和其他电子设备制造业																				
6	（五）仪器仪表制造业																				
7	（六）信息传输、软件和信息技术服务业																				
8	（七）其他行业																				
9	二、允许一次性扣除的固定资产																				
10	（一）单位价值不超过 100 万元的研发仪器、设备																				
11	其中：六大行业小型微利企业研发和生产经营共用的仪器、设备																				
12	（二）单位价值不超过 5 000 元的固定资产																				
13	总　计																				

表 6-20　　免税、减计收入及加计扣除优惠明细表（A107010）

行次	项　　目	金　额
1	一、免税收入（2+3+4+5）	
2	（一）国债利息收入	1 503 021.26
3	（二）符合条件的居民企业之间的股息、红利等权益性投资收益（填写 A107011）	1 658 200.12
4	（三）符合条件的非营利组织的收入	
5	（四）其他专项优惠（6+7+8+9+10+11+12+13+14）	
6	1. 中国清洁发展机制基金取得的收入	
7	2. 证券投资基金从证券市场取得的收入	
8	3. 证券投资基金投资者获得的分配收入	
9	4. 证券投资基金管理人运用基金买卖股票、债券的差价收入	
10	5. 取得的地方政府债券利息所得或收入	
11	6. 受灾地区企业取得的救灾和灾后恢复重建款项等收入	
12	7. 中国期货保证金监控中心有限责任公司取得的银行存款利息等收入	
13	8. 中国保险保障基金有限责任公司取得的保险保障基金等收入	
14	9. 其他	
15	二、减计收入（16+17）	
16	（一）综合利用资源生产产品取得的收入（填写 A107012）	
17	（二）其他专项优惠（18+19+20）	
18	1. 金融、保险等机构取得的涉农利息、保费收入（填写 A107013）	
19	2. 取得的中国铁路建设债券利息收入	
20	3. 其他	
21	三、加计扣除（22+23+26）	
22	（一）开发新技术、新产品、新工艺发生的研究开发费用加计扣除（填写 A107014）	
23	（二）安置残疾人员及国家鼓励安置的其他就业人员所支付的工资加计扣除（24+25）	
24	1. 支付残疾人员工资加计扣除	
25	2. 国家鼓励的其他就业人员工资加计扣除	
26	（三）其他专项优惠	
27	合计（1+15+21）	3 161 221.38

知识训练

1. 单项选择题

（1）企业所得税的纳税人不包括依照中国法律、行政法规在中国境内成立的（　　）。

A. 外商投资企业　　B. 有所得的事业单位

C. 私营企业　　D. 合伙企业

（2）自 2008 年 1 月 1 日起，企业所得税的税率为（　　）。

A. 33%　　B. 27%　　C. 25%　　D. 18%

（3）企业所得税收入总额中的（　　）为不征税收入。

A. 利息收入　　B. 租金收入　　C. 接受捐赠收入　　D. 财政拨款

（4）下列各项利息收入中，不计入企业所得税应纳税所得额的是（　　）。

A. 企业债券利息收入　　B. 外单位欠款付给的利息收入

C. 购买国债的利息收入　　D. 银行存款利息收入

（5）企业发生的公益性捐赠支出，在年度利润总额（　　）以内的部分，准予在计算应纳税所得额时扣除。

A. 33%　　B. 12%　　C. 30%　　D. 3%

（6）在计算应纳税所得额时，下列可以扣除的支出是（　　）。

A. 税收滞纳金

B. 赞助支出

C. 向投资者支付的股息、红利等权益性投资收益款项

D. 消费税税金

（7）除国务院财政、税务主管部门另有规定外，企业发生的职工教育经费支出，不超过工资薪金总额（　　）的部分，准予扣除；超过部分，准予在以后纳税年度结转扣除。

A. 14%　　B. 2%　　C. 2.5%　　D. 1.5%

（8）企业纳税年度发生的亏损，准予向以后年度结转，用以后年度的所得弥补，但结转年限最长不得超过（　　）年。

A. 3　　B. 5　　C. 10　　D. 15

（9）企业发生的与生产经营活动有关的业务招待费支出，按照发生额的（　　）扣除，但最高不得超过当年销售（营业）收入的5‰。

A. 50%　　B. 60%　　C. 70%　　D. 100%

（10）企业发生的符合条件的广告费和业务宣传费支出，除国务院财政、税务主管部门另有规定外，不超过当年销售（营业）收入（　　）的部分，准予扣除。

A. 2%　　B. 8%　　C. 10%　　D. 15%

（11）林木类生产性生物资产最低折旧年限为（　　）年。

A. 3　　B. 5　　C. 10　　D. 15

（12）企业作为长期待摊费用的支出，应当自支出发生月份的次月起，分期摊销，摊销年限不得低于（　　）年。

A. 2　　B. 3　　C. 5　　D. 10

（13）企业从事的下列项目的所得，减半征收企业所得税的是（　　）。

A. 中药材的种植　　B. 海水养殖

C. 林木的培育和种植　　D. 林产品的采集

（14）企业从事环境保护、节能节水项目的所得，自（　　）起，第一年至第三年免征企业所得税，第四年至第六年减半征收企业所得税。

A. 该项目取得第一笔生产经营收入所属纳税年度

B. 该项目开始盈利年度

C. 该项目取得第一笔生产经营所得所属纳税年度

D. 该项目投产年度

（15）税法中规定的小型微利工业企业，是指年度应纳税所得额不超过（　　）万元，从业人数不超过（　　）人，资产总额不超过3 000万元的企业。

A. 10 100　　B. 20 100　　C. 30 100　　D. 40 100

（16）在一个纳税年度内，居民企业技术转让所得不超过（　　）万元的部分，免征企业所得税；超过部分，减半征收企业所得税。

A. 500　　B. 100　　C. 50　　D. 20

（17）企业为开发新技术、新产品、新工艺发生的研究开发费用，形成无形资产的，可以按照无形资产成本的（　　）摊销。

A. 50%　　B. 100%　　C. 150%　　D. 200%

（18）企业发生的与生产经营活动有关的业务招待费支出，按照发生额的（　　）扣除，但最高不得超过当年销售（营业）收入的（　　）。

A. 50%，3‰　　B. 50%，5‰　　C. 60%，3‰　　D. 60%，5‰

（19）企业应当自月份或者季度终了之日起（　　）内，向税务机关报送“预缴企业所得税纳税申报表”，预缴税款。

A. 5 日　　B. 10 日　　C. 15 日　　D. 1 个月

20. 企业应当自年度终了之日起（　　）个月内，向税务机关报送“年度企业所得税纳税申报表”，并汇算清缴，结清应缴应退税款。

A. 2　　B. 3　　C. 4　　D. 5

2. 多项选择题

（1）下列在中华人民共和国境内依法成立的企业和组织能够成为企业所得税的纳税人的有（　　）。

A. 外资企业　　B. 合伙企业　　C. 个人独资企业　　D. 私营企业

（2）企业的收入总额是指企业以货币形式和非货币形式从各种来源取得的收入，包括（　　）。

A. 销售货物收入　　B. 提供劳务收入　　C. 转让财产收入　　D. 租金收入

（3）根据《企业所得税法》规定，下列各项中准予从收入总额中扣除的项目有（　　）。

A. 化工厂为有害工种的职工向保险公司购买的人寿保险支出

B. 化妆品的广告费

C. 房地产企业支付的银行罚息

D. 商业企业发生的资产盘亏扣除赔偿部分后的净损失

（4）企业的下列支出，在计算应纳税所得额时准予扣除。（　　）

A. 企业发生的合理的工资、薪金支出

B. 赞助支出

C. 用于环境保护、生态恢复等方面的专项资金

D. 企业参加财产保险，按照规定缴纳的保险费

（5）企业使用或者销售存货的成本计算方法，可以在（　　）中选用一种。计价方法一经选用，不得随意变更。

A. 先进先出法　　B. 加权平均法　　C. 后进先出法　　D. 个别计价法

（6）采用间接法计算应纳税所得额时，下列项目中应在会计利润基础上调整增加额的项目有（　　）。

A. 查补的营业税　　B. 利息费用超标部分

C. 超标的公益性捐赠　　D. 超标的职工教育经费支出

（7）企业每一纳税年度的收入总额，减除（　　）后的余额，为应纳税所得额。

A. 不征税收入　　B. 免税收入

C. 各项扣除　　D. 允许弥补的以前年度亏损

（8）税法规定，企业收入总额中的下列收入为不征税收入。(　　)

A. 财政拨款

B. 利息收入

C. 依法收取并纳入财政管理的行政事业性收费、政府性基金

D. 接受捐赠收入

（9）有关《企业所得税法》规定的税收优惠政策，下面说法正确的有（　　）。

A. 采取缩短折旧年限方法加速折旧的，最低折旧年限不得低于实施条例规定折旧年限的60%

B. 安置残疾人员的企业，支付给残疾职工的工资在计算应纳税所得额时按100%加计扣除

C. 创业投资企业从事任何企业的创业投资，可按投资额的70%在股权持有满2年的当年抵免应纳税额

D. 符合条件的非营利性组织从事营利活动取得的收入，可作为免税收入

（10）《企业所得税法》中所称固定资产的大修理支出，是指同时符合下列条件的支出。(　　)

A. 修理支出达到取得固定资产时计税基础的50%以上

B. 修理支出达到取得固定资产时计税基础的60%以上

C. 修理后固定资产的使用年限延长5年以上

D. 修理后固定资产的使用年限延长2年以上

（11）在中国境内未设立机构、场所的非居民企业，其来源于中国境内的所得按下列办法计算缴纳企业所得税。(　　)

A. 股息、红利所得等权益性投资收益，以收入全额为应纳税所得额

B. 转让财产所得，以收入全额减除财产净值后的余额为应纳税所得额

C. 利息、租金、特许权使用费所得，以收入全额为应纳税所得额

D. 境外所得按收入总额减除与取得收入有关、合理支出后的余额为应纳税所得额

（12）下列关于企业所得税纳税地点的表述正确的有（　　）。

A. 居民企业在中国境内设立不具有法人资格的营业机构的，应当汇总缴纳企业所得税

B. 居民企业应在企业登记注册地纳税

C. 居民企业登记注册地在境外的，应在实际管理机构所在地纳税

D. 非居民企业在中国境内设立机构、场所的，应向机构、场所所在地纳税

3. 判断题

（1）企业的收入总额，不包括企业以非货币形式取得的收入。(　　)

（2）中国境内设立的外商投资企业应就来源于我国境内、境外的所得缴纳企业所得税。(　　)

（3）企业的租金收入，按照承租人支付租金的日期确认收入的实现。(　　)

（4）企业年度利润表反映全年利润总额为−20万元，则当年不需缴纳企业所得税。(　　)

（5）在计算应纳税所得额时，企业财务、会计处理办法与税收法律、行政法规的规定不一致的，应当参照财务、会计处理办法计算。（　　）

（6）居民企业来源于中国境外的应税所得，已在境外缴纳的所得税税额，可以从其当期应纳税额中抵免，抵免限额为该项所得依照《企业所得税法》规定计算的应纳税额；超过抵免限额的部分，可以无限期地用每年度抵免限额抵免当年应抵税额后的余额进行抵补。（　　）

（7）企业在生产、经营期间，向非金融机构借款的利息支出，按照实际发生数扣除。（　　）

（8）增值税一般纳税人在计算企业所得税应纳税额时，可以一次性扣除的税金包括印花税、消费税和增值税。（　　）

（9）企业的各项资产，应以重置成本为计税基础。（　　）

（10）企业的存货，不应包括处在生产过程中的在产品。（　　）

4. 单项计算题

（1）某企业 2014 年营业收入为 3 000 万元，广告费支出 500 万元，业务宣传费支出 20 万元，则 2014 年准予税前扣除的广告费和业务宣传费合计为（　　）万元。

A. 295　　B. 465　　C. 520　　D. 450

（2）某企业（不符合小微企业条件）2014 年度实现利润总额 500 万元，无其他纳税调整事项。经税务机关核实的 2013 年度亏损额为 480 万元，则该公司 2014 年度应缴纳的企业所得税为（　　）万元。

A. 125　　B. 120　　C. 5　　D. 4

（3）某企业 2014 年应纳税所得额为 200 万元，"固定资产"账户资料显示，企业当年购置环保专用设备 1 台，价值 50 万元，则该企业当年应纳税额为（　　）万元。

A. 40　　B. 45　　C. 50　　D. 60

（4）某企业 2014 年度财务资料显示，全年利润总额为 1 000 万元；自行计算应纳税所得额为 1 200 万元。经会计师事务所审查发现营业外支出列支的公益性捐赠支出 200 万元未作纳税调整。若不考虑其他纳税调整事项，该企业所得税所得额为（　　）万元。

A. 1 080　　B. 1 200　　C. 1 280　　D. 2 280

（5）某企业 2014 年工资、薪金实际支出总额为 200 万元，福利费支出 30 万元，则该企业在计算 2014 年应纳税所得额时，福利费应调增（　　）万元。

A. 0　　B. 2　　C. 20　　D. 26

（6）某企业 2014 年自行计算的应纳税所得额为 800 万元，其中技术转让所得 600 万元全额计入了应纳税所得额，假定该企业无其他纳税调整事项，则该企业 2014 年应纳企业所得税（　　）万元。

A. 200　　B. 75　　C. 62.5　　D. 50

（7）某企业为解决生产用资金周转困难，经批准允许向本企业职工借入资金 100 万元，借款期限 1 年，共支付利息 8 万元。该企业上述借款利息税前扣除限额为（　　）万元（假设银行 1 年期借款利率为 5%）。

A. 5　　B. 8　　C. 10　　D. 16

（8）某企业 2014 年销售自产产品取得收入 1 200 万元，销售边角料收入为 300 万元，接受捐赠收入为 50 万元。当年实际发生的业务招待费为 20 万元。该企业在计算应纳税所得额时可税前列支的业务招待费金额为（　　）万元。

A. 6　　B. 7.5　　C. 7.75　　D. 12

（9）某企业2014年取得营业收入总额为3 000万元，发生成本、费用和损失总额为2 600万元，缴纳增值税42万元，消费税18万元，城建税及教育费附加6万元。假定无其他纳税调整事项，该企业2014年应纳企业所得税（　　）万元。

A．100　　B．94　　C．87.5　　D．83.5

（10）某企业2014年研发支出5 000万元，其中研究阶段支出1 000万元，开发阶段符合资本化条件前发生的支出为1 000万元，符合资本化条件后发生的支出为3 000万元。假定开发的无形资产在2015年投入使用，则该企业2014年计算应纳税所得额时，应在会计利润的基础上（　　）。

A．调增1 000万元　　B．调减1 000万元

C．调增2 500万元　　D．调减2 500万元

5．综合分析题

（1）某企业经税务机关核定，2014生产经营情况为：营业收入为2 000万元；营业外收入为40万元；营业成本为1 300万元；营业税金及附加为20万元；增值税支出为60万元；管理费用为240万元，其中业务招待费为12.5万元；销售费用为385万元，其中广告费为325万元；财务费用为30万元；营业外支出为25万元，其中通过公益性社会团体向贫困山区捐赠4万元、支付税收滞纳金3万元；在成本、费用列支的实发工资为150万元，拨付工会经费2.5万元，发生职工福利费15.5万元，发生职工教育经费3.8万元。企业适用的所得税税率为25%。

2015年该企业办税员在办理企业所得税汇算清缴时作如下处理。

会计利润=2 000+40−1300−20−240−385−30−25=40（万元）。

应纳税所得额调整如下。

增值税支出调减应纳税所得额=60（万元）。

实际业务招待费的60%=12.5×60%=7.5（万元），收入的5‰=（2 000+40）×5‰=10.29（万元），税前可扣除业务招待费10.2万元，调增应纳税所得额=12.5−10.2=2.3（万元）。

广告费调增应纳税所得额=325−（2 000+40）×15%=19（万元）。

捐赠调减应纳税所得额=40×12%−4=0.8（万元）。

税收滞纳金支出调增应纳税所得额=3（万元）。

工会经费调减应纳税所得额=150×2%−2.5=0.5（万元）。

职工福利费调减应纳税所得额=150×14%−15.5=5.5（万元）。

职工教育经费调增应纳税所得额=3.8−150×2.5%=0.05（万元）。

应纳税所得额=40−60+2.3+19−0.8+3−0.5−5.5+0.05=−2.45（万元）。

应纳税所得额小于零，当年无需缴纳企业所得税。

请分析商场办税员上述所得税汇算清缴的处理是否正确？如有错误请给予更正。

（2）某企业为居民企业。2014年该企业经营情况如下：产品销售收入为560万元，产品销售成本为400万元；其他业务收入为80万元；其他业务成本为66万元；固定资产出租收为6万元；非增值税销售税金及附加为32.4万元；当期发生的管理费用为86万元；其中新技术的研究开发费用为30万元；财务费用为20万元；境外权益性投资收益为34万元（已在投资方所在地按15%的税率缴纳了所得税）；营业外收入为10万元；营业外支出为25万元（其中含公益捐赠18万元）。

要求：计算该企业本年应纳企业所得税。

（3）北海市一家居民企业为增值税一般纳税人，主要生产销售彩色电视机。假定该企业2014年度有关经营业务如下。

① 销售取得不含税收入8 600万元，与彩电配比的销售成本为5 660万元。

② 转让特许权使用费取得收入 700 万元，直接与特许权使用费转让有关的成本和费用为100万元。

③ 出租设备取得租金收入 200 万元，接受原材料捐赠取得增值税专用发票注明材料金额50万元、增值税进项税金8.5万元，取得国债利息收入30万元。

④ 购进原材料共计3 000万元，取得增值税专用发票注明进项税税额510万元；支付购料运输费用共计230万元，取得运输发票。

⑤ 销售费用1 650万元，其中广告费1 400万元。

⑥ 管理费用850万元，其中业务招待费90万元。

⑦ 财务费用 80 万元，其中含向非金融企业借款 500 万元所支付的年利息 40 万元（当年金融企业贷款的年利率为5.8%）。

⑧ 计入成本、费用中的实发工资 540 万元；发生的工会经费 15 万元、职工福利费 82 万元、职工教育经费18万元。

⑨ 营业外支出300万元，其中包括通过公益性社会团体向贫困山区的捐款150万元（其他相关资料：上述销售费用、管理费用和财务费用不涉及转让费用；取得的相关票据均通过主管税务机关认证）。

根据上述资料，计算下列税额。

① 企业2014年应缴纳的增值税。

② 企业2014年应缴纳的营业税。

③ 企业2014年实现的会计利润。

④ 广告费用应调整的应纳税所得额。

⑤ 业务招待费应调整的应纳税所得额。

⑥ 财务费用应调整的应纳税所得额。

⑦ 职工工会经费、职工福利费、职工教育经费应调整的应纳税所得额。

⑧ 公益性捐赠应调整的应纳税所得额。

⑨ 企业2014年度企业所得税的应纳税所得额。

⑩ 企业2014年度应缴纳的企业所得税。

技能训练

（一）实训目的

（1）掌握“企业所得税纳税申报表”及附表的填制。

（2）熟悉、掌握“企业所得税年度纳税申报表（A类）”纳税申报原理。

（3）熟悉、掌握《中华人民共和国企业所得税法》及其实施条例的基本原理。

（二）实训程序

收入、成本等明细表→“纳税调整明细表”→“企业所得税弥补亏损明细表”→“企业所得税年度纳税申报表”。

（三）实训资料

宗信科技有限公司是A市属国家重点高新技术企业，属于增值税一般纳税人，税务机关核定的企业所得税征收方式为查账征收，按照实际利润预缴方式预缴企业所得税。企业财务执行新会计准则，非汇总企业，无分支机构。公司总资产为5 000万元，总人数为800人，公司适用的所得税税率为15%。

实训假定2015年5月1日进行所得税汇算清缴，已经预缴所得税额65万元，相关资料如表6-21～表6-31所示。

表6-21　利润表

编制单位：衡信教育科技有限公司　　2014年12月31日　　单位：万元

项　　　目	行次	本年累计数
一、主营业务收入	1	8 200.00
减：主营业务成本	2	4 576.00
主营业务税金及附加	3	925.00
营业费用	4	1 010.00
管理费用	5	1 250.00
财务费用	6	102.00
资产减值损失	7	50.00
加：公允价值变动损益（亏损以“-”号填列）	8	20.00
投资收益（亏损以“-”号填列）	9	207.50
其中：对联营企业和合营企业的投资收益	10	
二、营业利润（亏损以“-”号填列）	11	514.50
加：　营业外收入	12	54.60
减：营业外支出	13	39.00
三、利润总额（亏损以“-”号填列）	14	530.10
减：所得税费用	15	79.52
四、净利润（净亏损以“-”号填列）	16	450.58
五、每股收益	17	
（一）基本每股收益	18	
（二）稀释每股收益	19	

具体报表资料如下（注：金额单位统一为万元）。

表6-22　收入明细表

一级科目	明细科目	金额	备注
主营业务收入	销售货物	6 800.00	
	提供劳务	600.00	
	让渡使用权	800.00	
视同销售收入	货物、财产、劳务视同销售收入	6.50	将自产产品作为员工福利成本4万元，市场价格6.5万元，未作收入处理
营业外收入	非货币性资产交易	40.00	
	债务重组	2.60	
	政府补助	12.00	

表 6-23 成本明细表

一级科目	明细科目	金额	备注
主营业务成本	销售货物	4 156.00	
	提供劳务	420.00	
视同销售成本	货物、财产、劳务视同销售成本	4.00	将自产产品作为员工福利成本 4 万元，市场价格 6.5 万元，未作收入处理
营业外支出	罚款	9.00	工商滞纳金 3 万元,合同违约金 6 万元
	其他	30.00	给购货方回扣 12 万元，环境保护支出 8 万元，关联企业赞助支出 10 万元
期间费用	销售费用	1 010.00	
	管理费用	1 250.00	
	财务费用	102.00	

表 6-24 税收优惠

一级科目	明细科目	金额
投资收益	国债利息收入	50.00
	股息（居民企业）	55.00

表 6-25 境外所得税抵免明细表（直接抵免）

国家	境外所得	境外所得税率	境外所得换算含税所得	境外已缴纳所得税（可抵免额）	可抵免限额
美国	78.00	35%	120.00	42.00	30.00
南非	24.50	30%	35.00	4.20	8.75

表 6-26 以公允价值计量资产调整表

项目	会计		税法	
	期初	期末	期初	期末
投资性房地产	0	100.00	0	79.33

表 6-27 资产折旧/摊销调整表

资产项目	会计				税法				调整额
	初始成本	净残值	折旧年限（年）	折旧(摊销）额	初始成本	净残值	折旧年限（年）	折旧（摊销）额	
办公设备	100.00	5	6 年	15.83	100.00	5	5 年	19.00	−3.17
生产设备	155.00	0	10 年	15.50	105.00	0	10 年	10.50	5.00
无形资产	413.00	0	15 年	27.53	619.5（413×150%）	0	15 年	41.30	−13.77

表 6-28 资产准备明细表

准备科目	期初余额	本期转回	本期计提	期末余额
坏账准备	20.00	10.00	30.00	40.00
存货跌价准备	50.00	0.00	30.00	80.00

表 6-29　　　　广告费费用调整表

项目	会计	税法	调整	备注
广告费	707.86			以前年度未抵扣3万元，税法扣除限额=销售（营业）收入×15%（或30%），本次实训用15%

表 6-30　　　　费用调整明细表

项目	会计	税法	调整	备注
职工薪酬	1 000.00	1 000.00	0	
福利费	210.00	140.00	70.00	工资14%允许扣除
职工教育经费	40.00	25.00	15.00	工资2.5%允许扣除，超支部分可在以后年度无限结转
工会经费	20.00	20.00	0.00	工资2%允许扣除
罚金、罚款	3.00	0	3.00	工商滞纳金3万元（不予扣除）
赞助支出	10.00	0	10.00	关联企业赞助支出10万元（不予扣除）
与收入无关的支出	12.00	0	12.00	给购货方回扣12万元（不予扣除）

表 6-31　　　　企业所得税弥补亏损明细表

年度	盈利额或亏损额	备注
2009	8.60	
2010	2.50	
2011	12.00	
2012	36.00	
2013	10.32	

任务：（1）对该公司进行纳税调整。

（2）计算该企业2014年应补缴的企业所得税。

（3）填写企业所得税纳税申报表主表及附表。

项目七

个人所得税纳税实务

【工作过程描述】

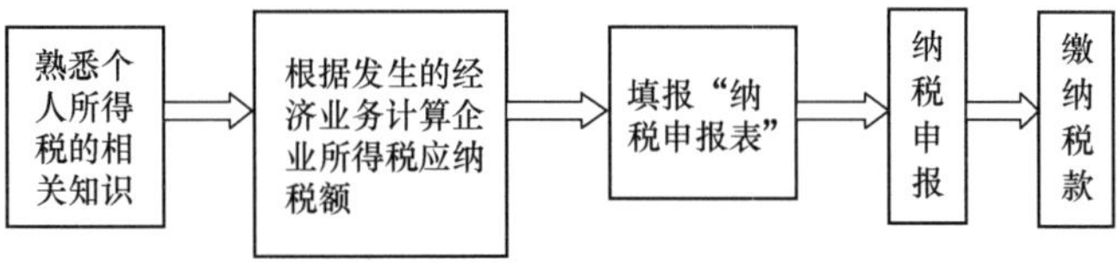

【技能目标】

能利用个人所得税的相关知识进行个人所得税应纳税额的计算并进行纳税申报。

项目引入

（1）纳税人及扣缴义务单位基本信息（见表 7-1）。

公司名称：浙江衡信教育科技有限公司；

电话：0571-56688101；

邮编：330000；

公司地址：浙江省杭州市滨江区南环路 3738 号。

表 7-1　　纳税人及扣缴义务单位基本信息

工号	姓名	性别	身份证号	职业	职务	户籍	学历
0001	何天仁	男	370101196911080017	专业技术人员	中层	滨江	本科
0002	陈体国	男	370101195609290019	专业技术人员	中层	滨江	本科
0003	伊晟	男	46010119850715007X	专业技术人员	中层	滨江	本科
0004	赵伟	男	142601198604050016	专业技术人员	中层	滨江	本科

（2）正常工资薪金收入明细表（见表 7-2）。

表 7-2　　正常工资薪金收入明细表　　单位：元

姓名	应发工资	基本养老保险金	基本医疗保险金	失业保险金	住房公积金
何天仁	10 000.00	144.00	36.00	18.00	300.00
陈体国	8 000.00	144.00	36.00	18.00	600.00
伊晟	15 896.00	186.00	72.00	52.00	800.00
赵伟	12 563.00	144.00	72.00	52.00	800.00

（3）2015 年 1 月全年一次性奖金收入明细表（见表 7-3）。

表 7-3　　全年一次性奖金收入明细表　　单位：元

姓名	年终奖	备注
伊晟	9 600.00	

任务：（1）填写“扣缴个人所得税明细报告表”。

（2）填制代扣代收税款完税凭证。

（3）根据扣缴个人所得税业务进行账务处理。

相关知识

个人所得税是对个人（自然人）取得的各项应税所得为征税对象所征收的一种税。

个人所得税最早于 1799 年在英国设立，目前世界上已有 140 多个国家开征了这种税。我国的个人所得税依据 1980 年 9 月 10 日颁布的《中华人民共和国个人所得税法》首次开征。1993 年 10 月 30 日，对《中华人民共和国所得税法》进行了修订，自 1994 年 1 月 1 日起施行。现行的《个人所得税法》是 2011 年 6 月 30 日第十一届全国人民代表大会常务委员会第二十一次会议修订的，国务院相应地对《个人所得税实施条例》进行了修订，并自 2011 年 9 月 1 日起施行。

世界各国实行的个人所得税制度一般有 3 种类型，即分类所得税制、综合所得税制和混合所得税制。这三种税制各有所长，各国在设计税制时均需根据具体情况加以运用。我国现行的个人所得税采用的是分类所得税制，即将个人取得的各种所得划分为 11 类，分别适用不同的费用减除规定和高低不等的税率及优惠办法。

一、个人所得税纳税义务人

个人所得税的纳税人可以泛指取得所得的自然人，包括中国公民、个体工商户、外籍个人以及香港、澳门、台湾同胞等。

按照住所和居住时间标准，个人所得税的纳税人可以分为居民纳税人和非居民纳税人两种，居民纳税人承担无限纳税义务，应就其来源于中国境内、境外的所得纳税；非居民纳税人承担有限纳税义务，仅就其来源于中国境内的所得纳税。

（一）居民纳税人和非居民纳税人的判定标准

为了有效行使税收管辖权，我国根据国际惯例，对居民纳税义务人和非居民纳税义务人的划分，采用了国际上常用的住所标准和居住时间标准。

1. 住所标准

我国税法将在中国境内有住所的个人界定为“因户籍、家庭、经济利益关系而在中国境内习惯性居住的个人”。

习惯性居住（或住所）是税法上判断居民和非居民的一个重要标准。习惯性居住不是指实际居住地或在某一个特定时期内的居住地。例如，张三被派往国外学习进修，虽然学习期间不在中国居住，但学习结束后，则又回到中国境内居住，那么仍将他判定为在中国习惯性居住。

2. 居住时间标准

我国税法规定的时间是一个纳税年度内在中国境内住满 365 日，即以居住满一年为时间标准，达到这个标准的个人即为居民纳税人。在居住期间内临时离境的，即在一个纳税年度中一次离境不超过 30 日或者多次离境累计不超过 90 日的，不扣减日数，连续计算。

我国税法规定的住所标准和居住时间标准，是判定居民身份的两个并列性标准，个人只要符合或达到其中任何一个标准，就可以被认定为居民纳税人。

小贴士

“居住满一年”指公历 1 月 1 日至 12 月 31 日止，在中国境内住满 365 天，而不是任意 12 个月。

（二）居民纳税人与非居民纳税人的纳税义务范围

具体纳税义务范围规定见表 7-4。

表 7-4　居民纳税人与非居民纳税人的纳税义务范围

纳税人	住所标准	居住时间标准	境内所得		境外所得	
			境内支付	境外支付	境内支付	境外支付
居民纳税人	在中国境内有住所	不适用	√	√	√	√
	无住所，在中国境内居住满一年	1～5 年	√	√	√	免税
		超过 5 年	√	√	√	√
非居民纳税人	无住所且居住时间不满一年	不满 90 天	√	免税		
		90 天～1 年	√	√		
	无住所且不居住		√			

二、个人所得税的征税范围

个人所得税的征税范围是个人取得的应税所得。《个人所得税法》列举征税的个人所得共有11项。

（一）工资、薪金所得

工资、薪金所得，是指个人因任职或者受雇而取得的工资、奖金、年终加薪、劳动分红、津贴、补贴以及与任职或者受雇有关的其他所得。

根据我国目前个人收入的构成情况，规定有些不属于工资、薪金的补贴、津贴或收入不具有工资、薪金性质，不应计入该项目所得，具体包括独生子女补贴；执行公务员工资制度未纳入基本工资总额的补贴、津贴差额和家属成员的副食品补贴；托儿费补贴；差旅费补贴、误餐补助（单位以误餐的名义发放的补助除外）。

（二）个体工商户的生产、经营所得

个体工商户的生产、经营所得具体包括如下几种。

（1）个体工商户从事工业、手工业、建筑业、交通运输业、商业、餐饮业、服务业、修理业以及其他行业生产、经营所得。

（2）个人经政府有关部门批准，取得执照，从事办学、医疗、咨询以及其他服务活动所得。

（3）上述个体工商户和个人取得的与生产、经营有关的各项应纳税所得。

（4）其他个人从事个体工商业生产、经营所得。

小贴士

个体工商户和从事生产、经营的个人，取得的与自身生产、经营活动无关的其他各项所得，不计入个体工商户的生产、经营所得征收个人所得税。如对外投资取得的股息所得，应按“利息、股息、红利所得”税目的规定单独计征个人所得税。

个人独资企业和合伙企业的投资者取得的生产、经营所得划归本税目。

（三）对企、事业单位的承包经营、承租经营所得

对企、事业单位的承包经营、承租经营所得是指个人承包经营、承租经营以及转包、转租所得，包括个人在承包、承租经营期内按月或者按次取得的工资、薪金性质的所得。

根据经营形式和分配方式的不同，个人对企业事业单位的承包、承租所得应进行如下税务处理。

（1）企业实行个人承包、承租经营后，凡工商登记仍为企业的，不管其分配形式如何，均应先按照《企业所得税法》的有关规定缴纳企业所得税。承包、承租经营者按照承包、承租经营合同（协议）规定取得的所得，再按照《个人所得税法》的有关规定缴纳个人所得税。在适用应税所得项目时，具体可分为以下两类。

① 承包、承租人对经营成果不拥有所有权，仅是按合同（协议）规定取得一定的所得，其所得应按工资、薪金所得项目征税。

② 承包、承租人按合同（协议）的规定只向发包、出租方交纳一定费用后，企业经营成果归其所有的，承包、承租人取得的所得，按对企、事业单位的承包、承租经营所得项目征税。

（2）企业实行个人承包、承租经营后，如工商登记改变为个体工商户的，应依照个体工商户的生产经营项目征收个人所得税，不再征收企业所得税。

（四）劳务报酬所得

劳务报酬所得是指个人独立从事各种非雇佣的劳务所得，具体是指个人从事设计、装潢、安装、制图、化验、测试、医疗、法律、会计、咨询、讲学、新闻、广播、翻译、审稿、书画、雕刻、影视、录音、演出、表演、广告、展览、技术服务、经纪服务、代办服务以及其他劳务所得。

小贴士

① 工资、薪金所得与劳务报酬所得的主要区别是看是否有雇佣关系；工资、薪金所得属于非独立个人劳动所得，存在雇佣关系；劳务报酬所得主要指个人独立从事某种技艺，提供劳务取得的所得，属于独立个人劳动所得，不存在雇佣关系。

② 退休人员再任职取得的收入按“工资、薪金所得”税目征收个人所得税。

③ 自2004年1月2日起，对商品营销活动中，企业和单位对营销成绩突出的非雇员以培训班、研讨会、工作考察等名义组织的旅游活动，通过免收差旅费、旅游费对个人实行的营销业绩奖励，应根据所发生的费用全额作为该营销人员当期的劳务收入，按“劳务报酬所得”税目征收个人所得税。

④ 个人不在企业任职、受雇，仅在企业担任董事、监事而取得的董事费、监事费，按“劳务报酬所得”征收个人所得税；个人在企业任职、受雇同时兼任董事、监事的，应将取得的董事费、监事费与个人工资收入合并，按“工资、薪金所得”征收个人所得税。

（五）稿酬所得

稿酬所得是指个人因其作品以图书、报刊等形式出版、发表而取得的报酬。作者去世后，财产继承人取得的稿酬，也应按“稿酬所得”税目征收个人所得税。

小贴士

任职、受雇于报纸、杂志等单位的记者、编辑等专业人员，因在本单位的报纸、杂志上发表作品取得的所得，按“工资、薪金所得”征收个人所得税。出版社的专业作者撰写、编写或翻译的作品，由本社以图书形式出版而取得的稿酬收入，应按“稿酬所得”征收个人所得税。

（六）特许权使用费所得

特许权使用费所得是指个人提供专利权、商标权、著作权、非专利技术以及其他特许权的使用权取得的所得。

小贴士

作者将自己的文字作品、原件或复印件公开拍卖取得的所得，应按“特许权使用费所得”计征个人所得税。剧本作者从电影、电视剧的制作单位取得的剧本使用费，不区分剧本的使用方是否为其任职单位，统一按“特许权使用费所得”征收个人所得税。

（七）利息、股息、红利所得

利息、股息、红利所得是指个人因拥有债权、股权而取得的利息、股息、红利所得。

（八）财产租赁所得

财产租赁所得是指个人出租或转租建筑物、土地使用权、机器设备、车船以及其他财产的所得。

小贴士

房地产开发企业与商店购买者个人签订协议，以优惠价格出售其商店给购买者个人，个人购买者在一定期限内必须将购买的商店无偿提供给房地产开发企业对外出租使用。对购买者个人少支出的购买价款，按照“财产租赁所得”征收个人所得税。

（九）财产转让所得

财产转让所得是指个人转让有价证券、股权、建筑物、土地使用权、机器设备、车船以及其他财产的所得。

（十）偶然所得

偶然所得是指个人因得奖、中奖、中彩以及其他偶然性因素取得的所得。

小贴士

企业对累计消费达到一定额度的个人按消费积分反馈礼品不征收个人所得税。但企业对累计消费达到一定额度的顾客，给予额外抽奖机会，个人的获奖所得按“偶然所得”项目征收个人所得税。

（十一）经国务院财政部门确定征税的其他所得

除了上述十项所得以外需要征税的其他各项所得的具体内容由国务院财政部确定。

小贴士

自2011年6月9日起，企业向个人赠送礼品，属于下列情形之一的，对个人取得的该项所得，按“其他所得”项目征收个人所得税：①企业在业务宣传、广告等活动中，随机向本单位以外的个人赠送的礼品；②企业在年会、座谈会、庆典以及其他活动中向本单位以外的个人赠送礼品。企业赠送的礼品为自产产品的，按该产品的市场销售价格确定个人应税所得；赠送的礼品为外购的，按该商品的实际购置价格确定个人应税所得。

三、个人所得税的税率

个人所得税区分不同的项目，规定了超额累进税率和比例税率两种形式。具体规定如下。

（一）工资、薪金所得

工资、薪金所得适用3%～45%的7级超额累进税率如表7-5所示。

表 7-5　　工资、薪金所得适用税率表

级数	全月应纳税所得额（含税级距）	全月应纳税所得额（不含税收入—扣除标准）	税率（%）	速算扣除数
1	不超过 1 500 元的部分	不超过 1 455 元的部分	3	0
2	超过 1 500～4 500 元的部分	超过 1 455～4 155 元的部分	10	105
3	超过 4 500～9 000 元的部分	超过 4 155～7 755 元的部分	20	555
4	超过 9 000～35 000 元的部分	超过 7 755～27 255 元的部分	25	1 005
5	超过 35 000～55 000 元的部分	超过 27 255～41 255 元的部分	30	2 755
6	超过 55 000～80 000 元的部分	超过 41 255～57 505 元的部分	35	5 505
7	超过 80 000 元的部分	超过 57 505 元的部分	45	13 505

注：① 本表所列含税级距与不含税级距，均为按照税法规定减除有关费用后的所得额。

② 含税级距适用于由纳税人负担税款的工资、薪金所得；不含税级距适用于由他人（单位）代付税款的工资、薪金所得。

（二）个体工商户生产、经营所得和承包、承租经营所得

个体工商户（包括个人独资企业和合伙企业）的生产经营所得和对企、事业单位的承包、承租经营所得适用 5%～35%的 5 级超额累进税率（见表 7-6）。

表 7-6　　个体工商户的生产、经营所得和对企、事业单位承包、承租经营所得适用税率表

级数	全月应纳税所得额		税率（%）	速算扣除数
	含税级距	不含税级距		
1	不超过 15 000 元的	不超过 14 250 元的	5	0
2	超过 15 000～30 000 元的部分	超过 14 250～27 750 元的部分	10	750
3	超过 30 000～60 000 元的部分	超过 27 750～51 750 元的部分	20	3 750
4	超过 60 000～10 0000 元的部分	超过 51 750～79 750 元的部分	30	9 750
5	超过 100 000 元的部分	超过 79 750 元的部分	35	14 750

注：① 本表所列含税级距与不含税级距，均为按照税法规定以每一纳税年度的收入总额减除成本、费用以及损失后的所得额。

② 含税级距适用于个体工商户的生产、经营所得和由纳税人负担税款的对企、事业单位的承包、承租经营所得；不含税级距适用于由他人（单位）代付税款的对企、事业单位的承包、承租经营所得。

小贴士

个人独资企业和合伙企业生产经营所得，比照个体工商户生产经营所得适用上述 5 级超额累计税率。

（三）劳务报酬所得

劳务报酬所得使用 20%的比例税率。同时，税法规定对劳务报酬所得一次收入畸高的，实行加成征收。劳务报酬所得一次收入畸高是指个人一次取得劳务报酬超过 20 000 元。其应纳税所得额超过 20 000～50 000 元的部分，加征五成；超过 50 000 元的部分，加征十成。综

合上述结果，对劳务报酬所得实际上是20%、30%和40%的3级超额累进税率的形式，具体见表7-7。

表7-7　　劳务报酬所得个人所得税税率表

级数	每次应纳税所得额	税率（%）	速算扣除数
1	不超过20 000元的	20	0
2	超过20 000～50000元的部分	30	2 000
3	超过50 000元	40	7 000

（四）稿酬所得

稿酬所得使用20%的比例税率。同时，可按照应纳税额减征30%，其实际税率为14%。

（五）特许权使用费所得，利息、股息、红利所得，财产租赁所得，财产转让所得及偶然所得和其他所得

上述所得使用20%的比例税率。

四、个人所得税的税收优惠

（一）免税项目

（1）省级人民政府、国务院部委和中国人民解放军军以上单位，以及外国组织、国际组织颁发的科学、教育、技术、文化、卫生、体育、环境保护等方面的奖金。

（2）国债和国家发行的金融债券利息。

（3）按照国家统一规定发给的补贴、津贴，如按照国务院规定发放的政府特殊津贴、院士津贴、资深院士津贴等。

（4）福利费、抚恤金、救济金。

（5）保险赔款。

（6）军人的转业安置费、复员费。

（7）按照国家统一规定发给干部、职工的安家费、退职费（符合退职条件的）、退休工资、离休工资、离休生活补助费。

小贴士

对离（退）休干部和职工，再就业取得的工资、薪金所得，依法应征收个人所得税。实行内部退养的个人，在其办理内部退养手续后至法定离（退）休年龄之前从原任职单位取得的工资、薪金，不属于离（退）休工资，应缴纳个人所得。

（8）依照我国有关法律规定应予免税的各国驻华使馆、领事馆的外交代表、领事官员和其他人员的所得。

（9）中国政府参加的国际公约、签订的协议中规定免税的所得。

（10）经国务院财政部门批准免税的所得。

（二）减税项目

（1）残疾、孤老人员和烈属的所得。

（2）因严重自然灾害造成重大损失的。

（3）其他经国务院财政部门批准的减税项目。

上述减税项目的减征幅度和期限，由省、自治区、直辖市人民政府规定。

（三）暂免征税项目

根据《财政部、国家税务总局关于个人所得税若干政策问题的通知》和有关文件的规定，对下列所得暂免征收个人所得税。

（1）外籍个人以非现金形式或实报实销形式取得的住房补贴、伙食补贴、搬迁费、洗衣费，以及按合理标准取得的境内外出差补贴、探亲费、语言训练费、子女教育费等。

（2）外籍个人从外商投资企业取得的股息、红利所得。

（3）符合下列条件之一的外籍专家取得的工资、薪金所得，可免征个人所得税。

① 根据世界银行专项贷款协议由世界银行直接派往我国工作的外国专家。

② 联合国组织直接派往我国工作的专家。

③ 为联合国援助项目来华工作的专家。

④ 援助国派往我国专为该国无偿援助项目工作的专家。

⑤ 根据两国政府签订文化交流项目、来华工作两年以内的文教专家，其工资、薪金所得由该国负担的。

⑥ 根据我国大专院校交流项目来华工作两年以内的文教专家，其工资、薪金所得由该国负担的。

⑦ 通过民间科研协定来华工作的专家，其工资、薪金所得由该国政府机构负担的。

（4）个人举报、协查各种违法、犯罪行为而获得的奖金。

（5）个人办理代扣代缴手续取得的手续费。

（6）个人转让自用达 5 年以上且是唯一家庭用房取得的所得。

（7）个人购买福利彩票、赈灾彩票、体育彩票，一次中奖在 1 万元以下的暂免征收个人所得税，超过 1 万元的，全额征收。

（8）企业和个人按照国家或地方政府规定的比例，提取并向指定金融机构实际缴付的“三险一金”（即住房公积金、医疗保险、基本养老保险、失业保险），免征个人所得税，

（9）达到离休、退休年龄的，但确因工作需要，适当延长离休、退休年龄的高级专家（指享受国家发放的政府特殊津贴的专家、学者），其在延长离休、退休期间的工资、薪金所得，视同离休、退休工资免征个人所得税。

（10）储蓄存款利息所得暂免征收个人所得税。

（11）在上海、深圳证券交易所转让上市公司公开发行的股票所得免征个人所得税。

（12）对个人按市场价格出租住房取得的所得，减按 10%的税率征收个人所得税。

五、个人所得税应纳税额的计算

个人所得税的计税依据为纳税人取得的应纳税所得额，即纳税人取得的收入总额中扣除税法规定的费用扣除额后的余额。个人所得税应纳税额的计算相关规定总结如表 7-8 所示。

表 7-8　　个人所得税应纳税额计算相关规定

<table>
<tr><th>应税项目</th><th>纳税期限</th><th>费用扣除</th><th>适用税率</th></tr>
<tr><td>工资、薪金所得</td><td>月</td><td>① 一般规定：3 500；
② 特殊规定：4 800</td><td>7 级超额累进</td></tr>
<tr><td>个体工商户的生产、经营所得</td><td>年</td><td rowspan="2">成本、费用、损失和税金</td><td>5 级超额累进</td></tr>
<tr><td>承包经营、承租经营所得</td><td>年</td><td>5 级超额累进（对经营成果有所有权）
7 级超额累进（对经营成果无所有权）</td></tr>
<tr><td>劳务报酬</td><td>次</td><td rowspan="4">定额和定率相结合：
① 收入≤4 000 元，定额扣除 800；
② 收入>4 000 元，定率扣除：20%</td><td>3 级超额累进</td></tr>
<tr><td>稿酬所得</td><td>次</td><td>20%×（1-30%）=14%</td></tr>
<tr><td>特许权使用费所得</td><td>次</td><td>20%</td></tr>
<tr><td>财产租赁所得</td><td>次</td><td>20%</td></tr>
<tr><td>财产转让所得</td><td>次</td><td>财产原值和合理费用</td><td>20%</td></tr>
<tr><td>利息、股息、红利所得</td><td>次</td><td rowspan="2">无扣除</td><td>20%</td></tr>
<tr><td>偶然所得</td><td>次</td><td>20%</td></tr>
</table>

（一）工资、薪金所得的计税方法

1. 计税依据的确定

工资、薪金所得实行按月计征办法。因此，工资、薪金所得以个人每月收入额固定减除 3 500 元费用后的余额为应纳税所得额。

对在中国境内无住所而在中国境内取得工资、薪金所得的纳税义务人和在中国境内有住所而在中国境外取得工资、薪金所得的纳税义务人，税法根据其平均收入水平、生活水平以及汇率变化情况，确定每月再附加减除费用标准，两者合计共 4 800 元。附加减除费用所适用的具体范围如下。

① 在中国境内的外商投资企业和外国企业中工作的外籍人员。

② 应聘在中国境内企业、事业单位、社会团体、国家机关中工作的外籍专家。

③ 在中国境内有住所而在中国境外任职或者受雇取得工资、薪金所得的个人。

④ 财政部确定的其他人员。

此外，附加减除费用也适用于华侨和香港、澳门、台湾同胞。

工资、薪金所得应纳税所得额的计算公式为：

应纳税所得额=月工资、薪金收入-费用扣除标准（3 500 元或 4 800 元）

小贴士

近年国家根据社会经济发展状况，对个人所得税的扣除标准进行了几次调整。2005 年 12 月 31 日以前的扣除标准为 800 元；2006 年 1 月 1 日至 2008 年 2 月 29 日的扣除标准是 1 600 元；从 2008 年 3 月 1 日起，每月扣除标准调整为 2 000 元；2011 年 9 月 1 日每月扣除标准又调整为 3 500 元。

2. 应纳税额的计算

（1）一般工资、薪金所得应纳税额的计算。

应纳税额=应纳税所得额×适用税率-速算扣除数

【学中练 7-1】甲公司是一个中外合资企业，本月员工王某取得工资收入 6 000 元，缴纳“三险一金”共 1 000 元；杰克是一名外籍工程师，取得工资收入 8 000 元。请计算两人当月应纳个人所得税。

解析：王某为中国公民，每月扣除标准为 3 500 元，所缴纳的社会保险费免税。杰克为外籍人士，符合附加减除费用的条件，每月扣除标准为 4 800 元。

王某应纳税额=应纳税所得额×适用税率−速算扣除数=（6 000−1 000−3 500）×10%−105=45（元）。

杰克应纳税额=应纳税所得额×适应税率−速算扣除数=（8 000−4 800）×10%−105=215（元）。

（2）雇主为雇员负担个人所得税的计算。在实际工作中，有的雇主常常为纳税人负担税款，即支付给纳税人的报酬是不含税的净所得（或称为税后所得）。这种情况下，计算时需要将纳税人的不含税收入换算成含税收入（应纳税所得额），再计算应纳税额。计算公式为：

应纳税所得额=（不含税收入−费用扣除标准−速算扣除数）/（1−适用税率）

上面公式中的速算扣除数和税率是指不含税所得按照不含税级距对应的内容，具体见表 7-5。

【学中练 7-2】境内某公司代其雇员（中国公民）缴纳个人所得税。2015 年 8 月支付给雇员张某的不含税工资为 6 000 元。计算该公司为张某代扣代缴的个人所得税。

解析：由于张某的工资收入为不含税收入，应换算成含税的应纳税所得额，再计算应代扣的个人所得税。

应纳税所得额=（不含税收入−费用扣除标准−速算扣除数）/（1−税率）=（6 000−3 500−105）÷（1−10%）=2 661.1（元）。

然后再根据表 7-5，确定应纳所得额对应的速算扣除数和含税级距的税率。

应纳税额=应纳税所得额×适应税率−速算扣除税=2 661.1×10%−105=161.1（元）。

（3）个人取得全年一次性奖金的应纳税额的计算。全年一次性奖金是指企、事业单位等扣缴义务人根据其全年经济效益和对雇员全年工作业绩的综合考核情况，向雇员发放的一次性奖金。

个人取得全年一次性奖金，单独作为一个月工资、薪金所得计算纳税，即不与取得当月的工资、薪金合并计算。

第一步：找税率。将雇员当月取得的全年一次性奖金除以 12 个月，按其商数确定适用税率和速算扣除数。

如果在发放年终一次性奖金的当月，雇员当月工资、薪金所得低于税法规定的费用扣除额，应将全年一次性奖金减除“雇员当月工资、薪金所得与费用扣除额差额”后的余额，按上述办法确定全年一次性奖金的使用税率和速算扣除数。

第二步：算税额。计算公式如下。

① 雇员当月工资、薪金所得≥税法规定的费用扣除额（3 500 或 4 800 元）时，

应纳税额=全年一次性奖金×适用税率−速算扣除税

② 雇员当月工资、薪金所得＜税法规定的费用扣除额（3 500 或 4 800 元）时，

应纳税额=（全年一次性奖金−雇员当月工资、薪金所得与费用扣除额的差额）×适用税率−速算扣除税

小贴士

上述计算办法，在一个纳税年度内，对每一个纳税人只允许采用一次；对雇员取得除全年一次性奖金以外的其他各种名目奖金，如半年奖、季度奖、加班奖、先进奖、考勤奖等，一律与当月工资、薪金收入合并计算个人所得税。

【学中练7-3】张先生在某一公司工作，2014年12月3日取得工资2 400元（已扣“三险一金”），当月又一次性取得年终奖金31 000元，先进奖1 000元，其应缴纳多少个人所得税？

解析：张先生当月取得的工资收入总额应为工资与先进奖之和，一起计算应交个人所得税。由于工资总额为3 400元，小于扣除标准3 500元，所以张先生此项收入不用纳税。张先生12月取得的全年一次性奖金为31 000元，应单独作为一个月工资、薪金计算纳税。

① 找税率。张先生当月的工资、薪金所得低于税法扣除标准100元，因此应将此差额从全年一次性奖金中减除后再除以12个月。

分摊后每月平均奖金=（31 000−100）÷12=2 575（元）。

根据表7-5可得到适用税率和速算扣除数分别是10%和105。

② 算税额。

应纳税额=（奖金收入−当月工资与费用扣除额3 500元的差额）×适用税率−速算扣除数

=（31 000−100）×10%−105=2 985（元）。

（二）个体工商户的生产、经营所得的计税方法

1. 计税依据的确定

对于实行查账征收的个体工商户，其生产、经营所得或应纳税所得额是每一纳税年度的收入总额减除成本、费用以及损失后的余额。计算公式为：

应纳税所得额=收入总额−（成本+费用+损失+准予扣除的税金）

（1）收入总额。收入总额是指个体工商户从事生产经营以及与生产经营有关的活动所取得的各项收入，包括商品销售收入、营运收入、劳务收入、工程价款收入、财产出租收入或转让收入、利息收入、其他收入和营业外收入。

（2）准予扣除的项目。准予扣除的有个体工商户生产经营过程中发生的成本、费用、损失和准予扣除的税金。

（3）准予在所得税前列支的部分项目。列支标准如下。

① 自2011年9月1日起，个体工商户业主的费用扣除标准统一确定为42 000元/年（3 500元/月）。

② 个体工商户向其从业人员实际支付的合理的工资、薪金支出，实际发生的工会经费、职工福利费、职工教育经费、广告和业务宣传费用、业务招待费以及借款利息支出等费用均按照企业所得税的扣除标准允许税前据实扣除。

③ 投资者及其家庭发生的生活费用不允许在税前扣除。个体工商户在生产经营过程中发生的与家庭生活混用的费用，经主管税务机关核定比例分摊，据此计算准予扣除的费用。

④ 个体工商户发生的年度亏损，经申报主管税务机关审核后，允许下一年度的经营所得弥补。下一年度所得不足弥补的，允许逐年延续弥补，但最长不得超过5年。

（4）不得在所得税前列支的项目包括：资本性支出；被没收的财物、支付的罚款；缴纳的个人所得税、税收滞纳金、罚金和罚款；各种赞助支出；自然灾害或者意外事故损失有赔偿的部分；分配给投资者的股利；用于个人和家庭的支出；个体户业主的工资支出；与生产经营无关的其他支出；国家税务总局规定不准扣除的其他支出。

小贴士

从事生产、经营的纳税人未提供完整、准确的纳税资料，不能正确计算应纳税所得额的，由主管税务机关核定其应纳税所得额。核定办法与企业相同（见“项目六 企业所得税”的相关内容）。

2. 应纳税额的计算

个体工商户的生产、经营所得适用5级超额累进税率。计算公式为：

应纳税额=应纳税所得额×使用税率−速算扣除税

个体工商户的应纳税额实行按年计算、分月或分季预缴，年终汇算清缴，多退少补的方法。

【学中练7-4】张某开办了一家酒店，属于个体经营，会计核算规范。2014年该酒店营业额为280 000万元，发生原材料费为80 000万元，缴纳水、电、气费用共30 000元，其他税费合计20 000元，租赁费10 000元。计算张某2014年应缴纳的个人所得税。

解析：（1）业主个人扣除标准为每月3 500元。

应纳税所得额=280 000−80 000−30 000−20 000−10 000−3 500×12=98 000（元）。

（2）根据表7-6，可得到张某使用的税率为30%，速算扣除数为9 750元。

12月应纳税额=98 000×30%−9 750=19 650（元）。

（三）对企事业单位承包、承租经营所得的计税方法

1. 计税依据的确定

对企、事业单位的承包、承租经营所得是以每一纳税年度的收入总额，减除必要费用后的余额，为应纳税所得额。其计算公式为：

应纳税所得额=年度收入总额−每月必要费用合计

公式说明：①收入总额是指纳税人按照承包经营、承租经营合同规定分得的经营利润和工资、薪金性质的所得。

②“必要费用”是指按每月减除3 500元，相当于减除个人的生计及其他费用。

2. 应纳税额的计算

对企、事业单位的承包、承租经营所得适用5级超额累进税率。计算公式为：

应纳税额=应纳税所得额×适用税率−速算扣除税

【学中练7-5】张某承包一招待所，每年从税后利润中上缴承包费50 000元，2014年餐馆税后利润为200 000元，张某全年领取工资60 000元。请计算2014年张某共缴纳多少个人所得税？

解析：纳税年度收入总额=2 500×3+1 500×1+（95 000−50 000）=54 000（元）。

年应纳税所得额=200 000−50 000+60 000−3 500×12=168 000（元）。

应纳个人所得税=168 000×35%−6 750=52 050（元）。

（四）劳务报酬所得的计税方法

1. 计税依据的确定

劳务报酬所得以个人每次取得的收入，定额或定率减除规定费用后的余额为应纳税所得额。每次收入不超过 4 000 元的，定额减除费用 800 元；每次收入在 4 000 元以上的，定率减除 20%的费用。计算公式如表 7-9 所示。

表 7-9　　劳务报酬个人所得税应纳税所得额计算方法

情况	扣除办法	计算公式
每次收入≤4 000 元	定额减除 800 元	应纳税所得额=每次收入-800 元
每次收入＞4 000 元	定率扣除 20%的费用	应纳税所得额=每次收入×（1-20%）

劳务报酬所得因其一般具有不固定、不经常性，不便于按月计算，所以规定按次计算。凡属于一次性收入的，以取得该项收入为一次；属于同一项目连续性收入的，以 1 个月内取得的收入为一次。

上述劳务报酬所得中的“同一项目”，是指劳务报酬所得列举的 29 项具体劳务项目中的某一单项。实际生活中会出现某个人兼有多个不同的劳务报酬所得，应当分别按不同的项目所得定额或定率减除费用。

2. 应纳税额的计算

劳务报酬所得适用三级超额累进税率，计算公式如下。

应纳税额=应纳税所得额×适用税率-速算扣除税

【学中练 7-6】某歌星于 2015 年 5 月到郑州参加商业演出，一次取得演出费 50 000 元（含税）。请计算该歌星应纳的个人所得税。

解析：应纳税所得额=50 000×（1-20%）=40 000（元）。

应纳税额=40 000×30%-2 000=10 000（元）。

（五）稿酬所得的计税方法

1. 计税依据的确定

稿酬所得以个人每次取得的收入，定额或定率减除规定费用后的余额为应纳税所得额。每次收入不超过 4 000 元的，定额减除费用 800 元；每次收入在 4 000 元以上的，定率减除 20%的费用。

稿酬所得以每次出版、发表取得的收入为一次。“次”的有关规定如下。

（1）个人每次以图书、报刊方式出版发表同一作品，不论出版单位是预付还是分笔支付稿酬，或者加印该作品后再付稿酬，均应合并为一次。

（2）在两处或两处以上出版、发表或再版同一作品而取得的稿酬，应就各处取得的所得分次纳税。

（3）个人的同一作品在报刊上连载，应合并其连载所得为一次。连载后又出书取得稿酬的，或先出书后连载取得稿酬的，视同再版稿酬分次纳税。

（4）作者去世后，对取得其遗作稿酬的，按稿酬所得纳税。

2. 应纳税额的计算

稿酬所得适用 20%的比例税率，并减征 30%，实际税率为 14%。计算公式如下。

应纳税额=应纳税所得额×适用税率×（1-30%）=应纳税所得额×14%

【学中练 7-7】某作家于 2014 年 10 月发表一篇短篇小说，获得稿酬 3 000 元（含税）。2015 年 5 月因小说加印，该作家又获得稿酬 5 000 元。请计算该作家应缴的个人所得税。

解析：根据收入“次”的有关规定，该作家两次稿酬应作为一次收入，须合并计算纳税。又因为两次所得不是同时取得，实际计税时分两次缴纳。

（1）取得第一次稿酬时应纳税额=（3 000-800）×20%×（1-30%）=308（元）。

（2）取得第二次稿酬时应和第一次合并计算。

应纳税额=（3 000+5 000）×（1-20%）×20%×（1-30%）=896（元）。

第二次应纳税额=896-308=588（元）。

（六）特许权使用费所得的计税方法

1. 计税依据的确定

特许权使用费所得以个人每次取得的收入，定额或定率减除规定费用后的余额为应纳税所得额。每次收入不超过 4 000 元的，定额减除费用 800 元；每次收入在 4 000 元以上的，定率减除 20%的费用。其中，每次收入是指一项特许权的一次许可使用所取得的收入。

2. 应纳税额的计算

特许权使用费所得适用 20%的比例税率。计算公式为：

应纳税额=应纳税所得额×适用税率

【学中练 7-8】某高级工程师于 2015 年 6 月取得非专利技术使用权收入 3 000 元，7 月又取得另一项专利权转让收入 50 000 元。请计算该高级工程师这两项收入应缴纳的个人所得税。

解析：按两次收入纳税。

第 1 次取得的收入应纳个人所得税额=（3 000-800）×20%=440（元）。

第 2 次取得是收入应纳个人所得税额=50 000×（1-20%）×20%=8 000（元）。

（七）财产租赁所得的计税方法

1. 计税依据的确定

财产租赁所得一般以个人每次取得的收入，定额或定率减除规定费用后的余额为应纳税所得额。每次收入不超过 4 000 元的，定额减除费用 800 元；每次收入在 4 000 元以上的，定率减除 20%的费用。财产租赁所得以一个月内取得的收入为一次。

在确定财产租赁的应纳税所得额时，纳税人在出租财产过程中缴纳的税金和教育费附加，可持完税（缴款）凭证，从其财产租赁收入中扣除。准予扣除的项目除了规定费用和有关税费外，还准予扣除能够提供有效、准确凭证，证明由纳税人负担的该出租财产实际开支的修缮费用。允许扣除的修缮费用，以每次 800 元为限。一次扣除不完的，准予在下一次继续扣除，直到扣完为止。具体来说，纳税人取得的租赁收入，应以此扣除以下费用。

（1）财产租赁过程中缴纳的税费，包括营业税、城建税、教育费附加和房产税。

（2）向出租方支付的租金（应有合法支付凭据；适用于转租业务）。

（3）由纳税人负担的该出租资产实际开支的修缮费用（每次扣 800 元为限，未扣的部分允许在以后扣除）。

（4）税法规定的费用扣除标准如下。

每次（月）收入≤4 000 元，定额减除费用 800 元；每次（月）收入＞4 000 元以上，定率减除20%的费用。

应纳税所得额的计算公式如下。

① 每次（月）收入≤4 000元时

应纳税所得额=［每次（月）收入额-准予扣除的项目-修缮费用（800元为限）］-800

② 每次（月）收入＞4 000元时

应纳税所得额=［每次（月）收入额-准予扣除的项目-修缮费用（800元为限）］×（1-20%）

2. 应纳税额的计算

财产租赁所得适应20%的税率。个人按市场价格出租的居民住房取得的所得，减按10%的税率。计算公式为：

应纳税额=应纳税所得额×适用税率（20%或10%）

【学中练7-9】张某租用一套门面房开设一家超市，并将旁边的一间转租给陈军，每月取得租金收入2 000元，全年共取得租赁收入24 000元。张某1月因租金收入需缴纳营业税、城建税等110元，发生修缮费700元。请计算张某1月应缴纳的个人所得税。

解析：应纳所得税额=（2 000-110-700）-800=490（元）。

应纳税额=490×20%=98（元）。

（八）财产转让所得的计税方法

1. 计税依据的确定

财产转让所得以个人每次转让财产取得的收入额减除财产原值和合理税费后的余额为应纳税所得额。计算公式为：

应纳税所得额=每次收入额-财产原值-合理税费

其中，合理税费是指卖出财产时按照规定支付的有关费用，如营业税、城市维护建设税、教育费附加、印花税、土地增值税和交易费用等。

2. 应纳税额的计算

财产转让所得适用20%的比例税率。计算公式为：

应纳税额=应纳税所得额×适用税率

【学中练7-10】刘某拥有唯一一套住房，于2005年购得。2015年6月因工作调动，刘某将住房转让，取得收入380 000元。办理转让手续时刘某支付有关税费12 000元。住房原价为180 000元。

解析：（1）应纳税所得额=380 000-180 000-12 000=188 000（元）。

（2）应纳税额=188 000×20%=37 600（元）。

但税法规定，个人转让自用达5年以上且是唯一家庭用房取得的所得，暂免征收个人所得税。因此，刘某不需要缴纳个人所得税。

（九）利息、股息、红利所得、偶然所得和其他所得的计税方法

1. 计税依据的确定

（1）利息、股息、红利所得、偶然所得和其他所得以个人每次取得的收入额为应纳税所得额，不得从收入额中扣除任何费用。

（2）对个人投资者从上市公司取得的股息、红利所得，暂减按50%计入个人应纳税所得额。

（3）对证券基金公司从上市公司分配取得的股息、红利所得，在代扣代缴个人所得税时，

也暂减按 50%计入个人应纳税所得额。

2. 应纳税额的计算

利息、股息、红利所得、偶然所得和其他所得适用 20%的比例税率。计算公式为：

应纳税额=应纳税所得额（每次收入额）×适用税率

【学中练 7-11】2015 年 6 月王某购买福利彩票中奖 8 000 元；参加某商场举办的有奖销售活动中奖 20 000 元。请计算王某上述所得应缴纳的个人所得税。

解析：王某购买福利彩票中奖所得不超过 1 万元，暂免征收个人所得税；参加商场有奖销售活动所得应按“偶然所得”项目征收个人所得税。

应纳税额=20 000×20%=4 000（元）。

六、个人所得税的特殊计税方法

（一）公益、救济性捐赠扣除的计税方法

个人将其所得通过中国境内的社会团体、国家机关向教育和其他社会公益事业以及遭受严重自然灾害地区、贫困地区的捐赠，捐赠额未超过纳税义务人申报的应纳税所得额 30%的部分，可以从其应纳税所得额中扣除。计算公式如下。

（1）捐赠扣除限额=申报的应纳税所得额×30%。

（2）允许扣除的捐赠额等于实际捐赠额与扣除限额之间的较小者。

（3）应纳税额=（应纳税所得额-允许扣除限额）×适用税率-速算扣除数。

【学中练 7-12】某歌星参加某单位举办的演唱会，取得出场费收入 100 000 元，将其中 30 000 元通过当地教育机构捐赠给某希望小学。计算该歌星取得的出场费收入应缴纳的个人所得税。

解析：（1）未扣除捐赠的应纳税所得额=100 000×（1-20%）=80 000（元）。

（2）捐赠扣除限额=80 000×30%=24 000（元），由于实际捐赠额大于扣除限额，税前只能按扣除限额扣除。

（3）应缴纳的个人所得税额=（80 000-24 000）×40%-7 000=15 400（元）。

个人通过非营利性社会团体和国家机关进行的下列公益、救济性捐赠支出，在计算缴纳个人所得税时，准予在税前的所得额中全额扣除。

（1）向红十字会事业的捐赠。

（2）向农村义务教育的捐赠。

（3）向公益性青少年活动场所（包括新建）的捐赠。

（4）向汶川地震灾区的捐赠，允许在当年个人所得税前全额扣除。

小贴士

①农村义务教育的范围，是指政府和社会力量举办的农村乡镇（不含县和县级市政府所在地的镇）、村的小学和初中以及属于这一阶段的特殊教育学校。纳税人对农村义务教育与高中在一起的学校的捐赠，也享受本通知规定的所得税前扣除政策；②接受捐赠或办理转赠的非营利的社会团体和国家机关，应按照财务隶属关系分别使用由中央或省级财政部门统一印（监）制的捐赠票据，并加盖接受捐赠或转赠单位的财务专用印章，税务机关据此对捐赠单位和个人进行纳税所得扣除。

（二）境外缴纳税额抵免的计税方法

居民纳税人负有无限纳税义务，需就其来源于中国境内、境外的所得征税。但纳税人从中国境外取得的所得，已在境外缴纳的个人所得税，准予在应纳税额中扣除，扣除限额不得超过该纳税义务人境外所得依照我国《个人所得税法》计算的应纳税额。

境外所得应纳税额可按下列步骤计算。

第一步，计算境外实际缴纳的税额。

纳税人从中国境外取得的所得，依照该所得来源国家或者地区的法律应当缴纳并且实际已经缴纳的税额。纳税人需提供境外税务机关填发的完税凭证原件。

第二步，计算抵免限额。

抵免限额为准予抵免的实缴境外税款最多不能超过境外所得按我国税法计算的应纳税额。

我国个人所得税的抵免限额采用分国限额法，即区别不同国家或者地区和不同应税项目，依照我国税法规定的费用减除标准和适用税率计算的应纳税额；同一个国家或者地区内不同应税项目，依照我国税法计算的应纳税额之和，为该国家或者地区的抵免限额。

第三步，判断允许抵免额。

允许抵免额为来自一国或地区所得的抵免限额与境外实际缴纳税额总的较小者。

（1）境外实际缴纳的税额＞抵免限额时，允许抵免限额=抵免限额。

超限额部分不得在本纳税年度的应纳税额中扣除，但是可以在以后纳税年度的该国家或者地区扣除限额的余额中补扣，补扣期限最长不得超过 5 年。

（2）境外实际缴纳的税额＜抵免限额时，允许抵免限额=境外实际缴纳税额。

纳税义务人应当在中国缴纳差额部分的税款。

第四步，计算应纳税额。

应纳税额=境外所得按照中国税法计算的应纳税额-允许抵免额

【学中练 7-13】某纳税人在同一纳税年度，从 A、B 两国取得应税收入。其中：在 A 国一公司任职，取得工资、薪金收入 69 600 元（平均每月 5 800 元），因提供一项专利技术使用权，一次取得特许权使用费收入 30 000 元，该两项收入在 A 国缴纳个人所得税 5 000 元；因在 B 国出版著作，获得稿酬收入（版税）15 000 元，并在 B 国缴纳该项收入的个人所得税 1 720 元。请计算其应纳税额。

解析：（1）A 国所纳个人所得税的抵减。

① 由于该纳税人符合工资薪金扣除附加费用的规定，所以应扣除 4 800 元。

工资、薪金所得每月应纳税额=（5 800−4 800）×3%=30（元）。

全年应纳税额=30×12=360（元）。

② 特许权使用费所得应纳税额=30 000×（1−20%）×20%=4 800（元）。

抵免限额=360+4 800=5 160（元），在 A 国实际缴纳 5 000 元。

需在中国补缴差额部分的税款=5 160−5 000=160（元）。

（2）B 国所纳个人所得税的抵减。

抵免限额=[15 000×（1−20%）×20%×（1−30%）=1 680（元）。

在 B 国实际缴纳 1 720 元，超出抵减限额 40 元，不能在本年度扣除，但可在以后 5 个纳税年度的该国减除限额的余额中补减。

综合上述计算结果，该纳税义务人在本纳税年度中的境外所得，应在中国补缴个人所得税

160 元。其在 B 国缴纳的个人所得税未抵减完的 40 元，可在以后年度按我国税法规定补扣。

七、个人所得税的账务处理

（一）企业代扣代缴个人所得税的账务处理

1. 账户设置

企业在发生支付个人所得的业务时，需要先从个人所得中扣除应缴个人所得税，然后在税法规定的时间内到税务机关申报缴纳代扣的个人所得税。企业应设置账户“应交税费——应交代扣个人所得税”，来核算应代扣代缴个人所得税的代扣和代缴业务。

2. 账务处理

（1）支付工资、薪金代扣代缴所得税的账务处理。工资、薪金所得项目的所得税，由支付工资、薪金所得的单位代扣代缴。而单位代扣代缴的个人所得税，实际上是个人工资、薪金所得的一部分。

① 代扣时，账务处理如下。

借：应付职工薪酬

　　贷：应交税费——应交个人所得税

② 上缴代扣的个人所得税时，账务处理如下。

借：应交税费——应交个人所得税

　　贷：银行存款

【学中练 7-14】A 公司 2015 年 6 月共发生应付职工工资总额为 120 000 元。其中：生产工人工资 60 000 元，车间管理人员工资 30 000 元，公司管理部门人员工资 30 000 元。按照税法规定核算唯嘉公司应代扣代缴个人所得税共 2 000 元。请分析企业对工资及个人所得税的账务处理。

解析：① 月末核算工资费用时，账务处理如下。

借：成产成本　　60 000

　　制造费用　　30 000

　　管理费用　　30 000

　　贷：应付职工薪酬　　120 000

② 支付工资时，账务处理如下。

借：应付职工薪酬　　120 000

　　贷：银行存款　　118 000

　　　　应交税费——应交个人所得税　　2 000

（2）支付劳务报酬、特许权使用费、稿费、财产租赁费等个人所得时代扣代缴所得税的账务处理。企业支付给个人的劳务报酬、特许权使用费、稿费、财产租赁费应缴纳的所得税，一般由支付单位代扣代缴。

支付个人所得并代扣税额时，账务处理如下。

借：管理费用等科目

　　无形资产（如果特许权符合无形资产的确认条件）

　　贷：银行存款

　　　　应交税费——应交个人所得税

（3）企业支付股息、红利时所得税的账务处理。企业支付给个人股东的股息、红利所得属于企业利润分配的业务。

支付个人股东股息、红利所得时，账务处理如下。

借：应付利润

　　贷：银行存款

　　　　应交税费——应交个人所得税

（二）个体工商户、个人独资、合伙企业的投资人个人所得税的账务处理

个体工商户、个人独资和合伙企业设置"所得税"科目核算，核算本期负担的个人所得税；设置"应交税费"科目核算个人所得税的核算和缴纳情况。

【学中练 7-15】某个体企业某一纳税年度经过主管税务机关核定，按照上年度实际缴纳的个人所得税金额，确定本年度各月份的预缴个人所得税的金额。上年度实际缴纳的个人所得税金额为 36 000 元。请计算该企业本年各月份应预缴的个人所得税，并进行账务处理。

解析：本年各月份预缴的个人所得税=36 000÷12=3 000（元）。

（1）每月预缴时，账务处理如下。

借：应交税费——应交个人所得税　　3 000

　　贷：银行存款　　3 000

（2）年终汇算清缴的个人所得税金额为 48 000 元，账务处理如下。

借：所得税　　48 000

　　贷：应交税费——应交个人所得税　　48 000

（3）因为企业全年已经预缴了个人所得税 36 000 元，所以，还应补缴 12 000 元。

补缴个人所得税时，账务处理如下。

借：应交税费——应交个人所得税　　12 000

　　贷：银行存款　　12 000

（4）假定年终汇算清缴的个人所得税金额为 32 000 元，而全年已经预缴了个人所得税 36 000 元，则多交的金额应由主管税务机关退回。

企业实际收到退税时，账务处理如下。

借：银行存款　　4 000

　　贷：应交税费——应交个人所得税　　4 000

八、个人所得税纳税申报

个人所得税的税款征收方式主要有两种：一是代扣代缴；二是自行纳税申报。

（一）代扣代缴

代扣代缴也叫源泉扣缴，是指按税法规定负有扣缴税款义务的单位和个人，在向个人支付应纳税所得时，应计算应纳税额，从其所得中扣除并缴入国库，同时向税务机关报送扣缴个人所得税报表的一种纳税方法。税务机关应根据扣缴义务人所扣缴的税款，付给 2%的手续费，由扣缴义务人用于代扣代缴费用开支和奖励办税人员。

扣缴义务人向个人支付下列所得时，应代扣代缴个人所得税：工资、薪金所得；对企、事业单位承包、承租经营所得；劳务报酬所得；稿酬所得；特许权使用费所得；财产租赁所得；

财产转让所得；利息、股息、红利所得；偶然所得；经国务院财政部门确定征税的其他所得。

扣缴义务人必须依法履行个人所得税全员全额扣缴申报义务，即扣缴义务人向个人支付应税所得时，不论其是否属于本单位人员，均应代扣代缴其应纳的个人所得税款。

扣缴义务人在扣缴税款时，必须向纳税人开具税务机关统一印制的代扣代收税款凭证。对个人工资、薪金所得，可能纳税人众多，不便一一开具的，经主管税务机关同意，可不开具，但应告知纳税人。纳税人索要代扣代收凭证的，扣缴义务人不得拒绝。

扣缴义务人应当在代扣税款的次月15日内将代扣的税款缴入国库，向主管税务机关报送“扣缴个人所得税报告表”、代扣代收税款凭证和包括每个纳税人姓名、单位、职务、收入、税款等内容的“支付个人收入明细表”。

（二）自行纳税申报

1. 自行纳税申报的纳税人

纳税人有下列情形之一的，应按规定到主管税务机关办理纳税申报。

（1）年所得12万元以上的。

（2）从中国境内两处或者两处以上取得工资、薪金所得的。

（3）从中国境外取得所得的。

（4）取得应税所得，没有扣缴义务人的。

（5）国务院规定的其他情形。

对于年所得12万元以上的纳税人，无论取得的各项所得是否已足额缴纳了个人所得税，均应当于纳税年度终了后向主管税务机关办理纳税申报。

对于第（2）项至第（4）项情形的纳税人，均应当于取得所得后向主管税务机关办理纳税申报。年所得12万元以上的纳税人、从中国境外取得所得的纳税人均指居民纳税人。

2. 自行纳税申报的纳税期限

除特殊情况外，纳税人应当在取得应纳税所得的次月15日内向主管税务机关申报所得并缴纳税款，具体规定如下。

（1）年所得12万元以上的纳税人，在纳税年度终了后3个月内向主管税务机关办理纳税申报。

（2）对个体工商户和个人独资、合伙企业投资者取得的生产、经营所得应纳的税款，实行按年计算，分月（季）预缴，由纳税人在每月（季）终了后15日内办理申报预缴；纳税年度终了后3个月内汇算清缴，多退少补。

（3）纳税人年终一次性取得对企事业单位的承包经营、承租经营所得的，自取得所得之日起30日内办理纳税申报；在1个纳税年度内分次取得承包经营、承租经营所得的，在每次取得所得后的次月15日内申报预缴，纳税年度终了后3个月内汇算清缴，多退少补。

（4）从中国境外取得所得的纳税人，在纳税年度终了后30日内向中国境内主管税务机关办理纳税申报。

（5）纳税人取得其他各项所得须申报纳税的，在取得所得的次月15日内向主管税务机关办理纳税申报。

3. 自行申报纳税的申报方式

个人所得税的自行纳税申报方式主要有本人直接申报纳税、委托他人代为申报纳税和采用邮寄方式三种。

4. 自行申报纳税的申报地点

自行纳税申报地点一般应为收入来源地的税务机关。但是，如果纳税人在两处以上取得工资、薪金所得的，可选择并固定在一地税务机关申报纳税；从境外取得所得的，应向境内户籍所在地或经常居住地税务机关申报纳税。

项目实施

一、计算本月应纳个人所得税税额

（1）何天仁应纳个人所得税所得额=10 000−3 500−144−36−18−300=6 002（元）。
应纳个人所得税=6 002×20%−555=645.40（元）。

（2）陈体国应纳个人所得税所得额=8 000−3 500−144−36−18−600=3 702（元）。
应纳个人所得税=3 702×10%−105=265.20（元）。

（3）伊晟应纳个人所得税所得额=15 896−3 500−186−72−52−800=11 286（元）。
应纳个人所得税=11 286×25%−1 005=1 816.50（元）。

（4）赵瑞伟应纳个人所得税所得额=12 563−3 500−144−72−52−800=7 995（元）。
应纳个人所得税=7 995×20%−555=1 044.00（元）。

（5）何天仁全年一次性奖金应纳税所得额=9 600÷12=800（元）。
应纳个人所得税=9 600×3%=288（元）。

二、账务处理

（1）计提时，账务处理如下。

借：应付职工薪酬　　3 999.10
　　贷：应交税费——应交个人所得税　　3 999.10

（2）上缴时，账务处理如下。

借：应交税费——应交个人所得税　　3 999.10
　　贷：银行存款　　3 999.10

三、填制“扣缴个人所得税明细报告表”和完税凭证

“扣缴个人所得税明细报告表”的填写如表7-10所示。完税证明如图7-1所示。

中华人民共和国
个人所得税完税证明　　No

（印章：全国统一式样 国家税务总局监制）

主管税务机关：杭州市滨江区地税局　　填发日期：2015年02月11日

纳税人姓名	何天仁	纳税人身份证件号码	370101196911080017
纳税项目		税款所属时期	实缴税款
一、工资薪酬所得		2015.01	645.40
二、其他各项所得			
金额合计（大写）人民币陆佰肆拾伍元肆角整		￥645.40	纳税机关（盖章）

纳税人作完税凭证

图7-1

表 7-10

扣缴个人所得税明细报告表（国内人员适用）

正常申报☑ 自查补报☐ 被查补报☐ 延期申报预缴☐ 汇缴申报☐ 　　　　金额单位：人民币元(列至角分)

扣缴义务人纳税人编码	3101060050451	扣缴义务人税务登记号	310106696939568	扣缴义务人名称	浙江衡信教育科技有限公司	单位社保编号		在职人员总数	4	联系电话	0571-56688101
实际经营地址	浙江省杭州市滨江区南环路 3738 号			开户银行	工行杭州支行			账号			

身份证明类别	身份证明号码	纳税人姓名	所得项目	所得项目子目	所属时间（起）	所属时间（止）	所得来源地	收入总额	其中：已申报收入额	免税收入额	按规定扣除项目：社保费	按规定扣除项目：住房公积金	按规定扣除项目：其他	允许扣除的费用额	法定减除费用额	准予扣除的捐赠额	税款负担方式	雇主负担比例	雇主负担税额	应纳税所得额	税率	速算扣除数	应纳税额	已申报应纳税额	批准减免税额	可抵缴税额	应扣补（退）税额
1	2	3	4	5	6	7	8	9	10	11	12	13	14	15	16	17	18	19	20	21	22	23	24=21×22−23	25	26	27	28=24−25−26−27
身份证	370101196911080017	何天仁	工资薪金		2015.1.1	2015.1.31	杭州	10 000.00			144.00	300.00	54.00		3 500.00					6 002.00	20%	555	645.40				645.40
同上	370101195609290019	陈体国	工资薪金		2015.1.1	2015.1.31	杭州	8 000.00			144.00	600.00	54.00		3 500.00					3 702.00	10%	105	265.20				265.20
同上	46010119850715007X	伊晟	工资薪金		2015.1.1	2015.1.31	杭州	15 896.00			186.00	800.00	124.00		3 500.00					11 286.00	25%	1 005	1 816.50				1 816.50
同上	142601198604050016	赵伟	工资薪金		2015.1.1	2015.1.31	杭州	12 563.00			144.00	800.00	124.00		3 500.00					7 995.00	20%	555	1 044.00				1 044.00
同上	370101196911080017	伊晟	年终一次性奖金		2014.1.1	2014.12.31	杭州	9 600.00												9 600.00	3%		9 600.00				288.00
本页小计																											3 999.10
合计																											3 999.10
附列资料共　　份																											

扣缴义务人声明	我声明：此扣缴申报表是根据《中华人民共和国个人所得税法》及相关法律法规的规定填报的，我确信它是真实的、可靠的、完整的。如有不实，我愿承担法律责任。	代理人声明	我声明：此扣缴申报表是根据《中华人民共和国个人所得税法》及相关法律法规的规定填报的，我确信它是真实的、可靠的、完整的。如有不实，我愿承担法律责任。
法人代表（签章）：张燕华　财务负责人（签章）：马芸　填表人（签章）：冯丽			经办人（签章）：

知识训练

1．单项选择题

（1）某院校教授为其他企业从事技术改造，所得到的报酬应按（　　）项目缴纳个人所得税。

A．劳务报酬　　B．工资、薪金所得
C．偶然所得　　D．奖金

（2）根据《个人所得税法》的规定，对个人转让土地使用权取得的所得，应按（　　）项目计算征收个人所得税。

A．财产转让所得　　B．财产租赁所得
C．特许权使用费所得　　D．劳务报酬所得

（3）下列项目中，可以免征个人所得税的有（　　）。

A．民间借贷利息
B．个人举报协查各种违法犯罪行为而获得的奖金
C．在商店购物时获得的中奖收入
D．本单位自行规定发给的补贴、津贴

（4）在中国境内有住所，并在中国境内的外商投资企业、外国企业工作取得工资、薪金的个人，缴纳个人所得税时允许扣除的费用标准是（　　）。

A．每月4 800元　　B．每月减除收入的20%
C．每月3 500元　　D．没有任何扣除

（5）企、事业单位的承包、承租经营所得可以扣除的是（　　）。

A．成本、费用、损失和税金
B．收入总额的20%
C．按月扣除800元
D．从收入总额中扣除800元或定率扣除20%

（6）下列项目中，适用于减征规定的是（　　）。

A．工资、薪金所得　　B．劳务报酬所得
C．稿酬所得　　D．特许权使用费所得

（7）财产转让所得应以转让所得收入减除财产原值和（　　）后的余额，为个人所得税的应纳税所得额。

A．800元　　B．转让收入的10%～30%
C．财产原值的10%～30%　　D．合理费用

（8）《个人所得税法实施条例》规定，纳税义务人在中国境外某地区实际缴纳的个人所得税税额超过该地区抵扣限额的部分，其最长补扣期限为（　　）。

A．一年　　B．两年　　C．三年　　D．五年

（9）扣缴义务人申报缴纳已代扣的个人所得税的纳税期限为（　　）。

A．按次缴纳　　B．次月7日内　　C．次月15日内　　D．年终了30日

（10）个体工商业户的生产经营所得应纳税额的缴纳方法为（　　）。

A．代扣代缴　　B．按月纳税
C．按年纳税

D. 按年计算、分月预缴，年终汇算清缴，多退少补

2. 多项选择题

（1）个人所得税的居民纳税人是指（　　）。

A. 在中国境内有住所的个人

B. 在中国境内无住所又不居住的个人

C. 在中国境内无住所居住不满一年的个人

D. 在中国境内无住所但在一个纳税年度内居住满一年的个人

（2）下列补贴、津贴不计入工资、薪金所得，不予征收个人所得税的有（　　）。

A. 独生子女补贴　B. 托儿补贴费　C. 差旅费津贴　D. 误餐补助

（3）下列说法中，符合《个人所得税法》关于个体工商业户税收规定的有（　　）。

A. 对外投资而分得的利润，按利息、股息、红利所得项目征税

B. 对外投资而分得的利润，按个体工商业户生产、经营所得项目征税

C. 取得与生产、经营活动无关的各项应税所得，按个体工商业户生产、经营所得项目征税

D. 取得与生产、经营活动无关的各项应税所得，分别按规定项目征税

（4）我国个人所得税采用了（　　）。

A. 比例税率　B. 超额累进税率　C. 定额税率　D. 全额累进税率

（5）下列项目中，适用超额累进税率的有（　　）。

A. 工资、薪金所得　B. 个体工商户生产经营所得

C. 对企、事业单位的承包经营所得　D. 财产转让所得

（6）个人所得税中，享受附加减除费用的个人包括（　　）。

A. 在境内外商投资企业工作的港、澳、台同胞

B. 在境内外商投资企业工作的外籍人员

C. 在境内国有企业工作的外籍专家

D. 在境外受雇佣的中国居民

（7）个人所得税中，下列说法确的有（　　）。

A. 劳务报酬所得按月征收

B. 劳务报酬所得按次征收

C. 如在同一活动中，个人兼有不同的劳务报酬所得，则应合并各项所得统一纳税

D. 凡属于同一项目连续性收入的，以一个月内取得的收入为一次，据以确定应纳税所得额

（8）下列个人所得，在计算个人所得税时，不得减除费用的有（　　）。

A. 劳务报酬所得　B. 稿酬所得　C. 利息所得　D. 偶然所得

（9）根据个人所得税法律制度规定，个人通过境内非营利社会团体进行下列的捐赠中，在计算缴纳个人所得税时，准予税前全额扣除的有（　　）。

A. 向贫困地区的捐赠　B. 向农村义务教育的捐赠

C. 向红十字会的捐赠　D. 向公益性青少年活动场所的捐赠

（10）下列情形中纳税人必须自行到税务机关申报并缴纳个人所得税的是（　　）。

A. 在两处以上取得工资薪金所得的

B. 个人取得的应税所得，没有扣缴义务人的

C．取得应税所得，没有扣缴义务人的

D．在中国境外取得所得的

3．判断题

（1）在中国境内无住所，且居住不满1年的个人属于非居民纳税人。（　　）

（2）个人获得的省级人民政府颁发的科学、教育、科技、文化、卫生、体育、环境保护等方面的奖金免征个人所得税。（　　）

（3）个人取得的储蓄存款利息免征个人所得税。（　　）

（4）个人购买社会福利彩票中奖的收入，免征个人所得税。（　　）

（5）个人作品在报刊、杂志上先连载后又出书取得的稿酬所得，应分两次计征个人所得税。（　　）

（6）劳务报酬所得、稿酬所得、特许权使用费所得、财产租赁所得，按每次收入额减除收入20%后的余额为应纳税所得额。（　　）

（7）个人直接向灾区的捐赠，未超过纳税人申报的应纳税所得30%以内的部分，可从其应纳税所得额中扣除。（　　）

（8）根据《中华人民共和国个人所得税法》的规定，纳税人从中国境外取得的所得，准予其在应纳税额中据实扣除已在境外缴纳的个人所得税。（　　）

（9）我国个人所得税采取代扣代缴和自行纳税申报两种方法。（　　）

（10）某人在甲地取得工资4 500元，在乙地取得工资6 200元，甲地和乙地的支付者分别扣缴了该人的个人所得税，按税法规定该人还应该自行申报缴纳个人所得税。（　　）

4．单项计算题

（1）中国公民王某，2015年7月在中国境内取得工资3 000元，取得上季度奖金5 000元。王某7月应纳个人所得税为（　　）元。

A．135　　B．345　　C．450　　D．695

（2）中国公民王某，2014年12月在中国境内取得工资2 500元，年终一次性奖金12 000元，王某12月应纳个人所得税为（　　）元。

A．330　　B．360　　C．435　　D．1 745

（3）王工程师退休后，月退休工资3 000元，后又受聘于另一家单位，每月工资2 500元。王工程师每月应纳个人所得税为（　　）元。

A．95　　B．145　　C．545　　D．0

（4）某歌星一次演出收入为90 000元，应纳个人所得税（　　）元。

A．18 600　　B．19 600　　C．21 800　　D．28 680

（5）王教授2015年1月在人民邮电出版社出版教材一本，获稿酬8 000元。因市场需要，2015年8月王教授又因该教材的加印获得稿酬3 000元。王教授两次获得的稿酬收入应缴纳的个人所得税为（　　）元。

A．1 204　　B．1 232　　C．1 460　　D．1 540

（6）王某2011年取得特许权使用费两次，一次收入为3 000元，另一次收入为4 500元。王某两次特许权使用费所得应纳的个人所得税税额为（　　）元。

A．1 160　　B．1 200　　C．1 340　　D．1 500

（7）居民纳税人王小姐2015年将位于市区的一套自有居住用房出租用于居住，租期半年，共取得租金收入18 000元（暂不考虑税费）。王小姐取得的租金收入应缴纳的个人所得税为（　　）元。

A. 2 880　　B. 1 440　　C. 2 640　　D. 1 320

技能训练

（一）实训目的

（1）熟悉扣缴的个人所得税纳税申报流程。

（2）掌握扣缴"个人所得税纳税申报表"的填制。

（3）熟悉、掌握扣缴个人所得税的账务处理。

（二）实训程序

根据发生的业务填写"扣缴个人所得税明细表"资料。

（三）实训资料

1. 纳税人及扣缴义务单位基本信息

公司名称：宏远集团公司；

电话：0571-56688101；

邮编：330000；

公司地址：浙江省杭州市六一路 999 号。

工号	姓名	性别	身份证号	职业	职务	户籍	学历
0010	洪艺芳	男	370101196911080017	专业技术人员	中层	滨江	本科
0011	叶美珍	男	370101195609290019	专业技术人员	中层	滨江	本科
0012	林芳	男	46010119850715007X	专业技术人员	中层	滨江	本科
0013	陈小勇	男	142601198604050016	专业技术人员	中层	滨江	本科
0014	吴若泉	男	230101198005040054	专业技术人员	中层	滨江	本科

2. 工资薪金收入明细

单位：元

工号	姓名	应发工资	基本医疗保险金	基本养老保险金	失业保险金	住房公积金
0010	洪艺芳	9 653.12	193.06	772.25	96.53	1 013.58
0011	叶美珍	5 632.91	112.66	450.63	56.33	591.46
0012	林芳	8 596.56	171.93	687.72	85.97	902.64
0013	陈小勇	7 565.31	151.31	605.22	75.65	794.36
0014	吴若泉	5 068.13	101.36	405.45	50.68	532.15

3. 非工资薪金收入明细表

单位：元

工号	姓名	所得项目	收入额	实际捐赠额	准予扣除的捐赠额	允许扣除的税费
0024	马申	劳务报酬所得	126 930.56	2 300.25	2 300.25	0.00
0026	孟荣	稿酬所得	8 692.69	1 200.00	1 200.00	0.00
0028	杨子	特许权使用费所得	256 300.00	3 600.00	3 600.00	6 896.51
0032	陈小华	劳务报酬所得	96 050.36	2 500.00	2 500.00	0.00
0010	洪艺芳	利息股息红利所得	10 293.26	600.00	600.00	0.00
0012	林芳	财产转让所得	10 6930.00	125 00.00	12 500.00	5 693.00
0016	伊晟	偶然所得	125 000.00	8 000.00	8 000.00	0.00

4. 全年一次性奖金收入明细表

工号	姓名	年终奖
0010	洪艺芳	9 600.00
0011	叶美珍	16 050.00
0012	林芳	13 520.00
0013	陈小勇	12 531.00
0014	吴若泉	160 000.00

任务：（1）填写“扣缴个人所得税明细报告表”（国内人员适用）。

（2）根据发生业务进行个人所得税扣缴的账务处理。

项目八

资源税类纳税实务

【工作过程描述】

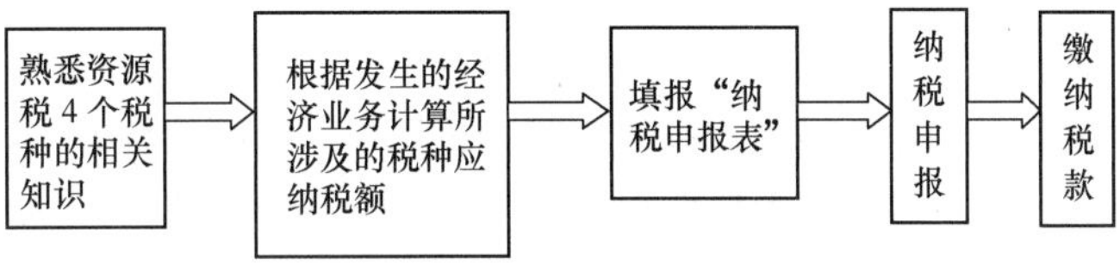

【技能目标】

能利用资源税的相关知识进行资源税应纳税额的计算并进行纳税申报。

项目引入

天伦实业集团是一家多种经营的公司（增值税一般纳税人，纳税人识别号为410101071989435）。2014年，该公司承包新密一煤矿，承包期为10年。2015年3月有关资源税资料：①3月对外销售原煤3万吨，不含增值税售价为350元/吨；②使用本矿的原煤加工成洗选煤5万吨用于销售，不含增值税售价为450元/吨；③本月后勤部门领用原煤100吨。已知该原煤和洗选煤的折算率为80%，原煤适用税率为4%。

天伦集团城镇土地使用税资料如下所述。实际占地面积为80 000平方米，其中：①小学和幼儿园共占地10 000平方米；②公司外供公共使用的绿地面积为6 000平方米，公司内绿地面积为1 000平方米；③公司将2 000平方米的城镇土地提供给当地派出所使用；④除上述土地外，其余均为天伦集团生产经营使用。已知当地城镇土地使用税每季征收一次，该地区税额为每年 2 元/平方米。

任务：（1）计算该公司 2015 年 3 月应纳的资源税和 2015 年第 1 季度城镇土地使用税税额。

（2）根据业务进行账务处理。

（3）填写“资源税纳税申报表”和“城镇土地使用税纳税申报表”。

相关知识

一、资源税

（一）资源税概述

目前，我国开征的资源税是以部分自然资源为课税对象，对在我国境内开采应税矿产品和生产盐的单位和个人，就其应税资源产品销售额或销售数量和自用数量为依据而征收的一种税。

现行资源税的基本规范，是自 2011 年 11 月 1 日起执行的修订后的《中华人民共和国资源税暂行条例》。2014 年 10 月 9 日，财政部、国家税务总局发布了关于煤炭资源税改革的财税［2014］72 号文件，自 2014 年 12 月 1 日起执行。

（二）资源税的纳税义务人

在中华人民共和国领域及管辖海域开采应税矿产品或者生产盐的单位和个人，为资源税纳税义务人。单位是指企业、行政单位、事业单位、军事单位、社会团体和其他单位；个人是指个体工商户和其他个人。

收购未税矿产品的单位为资源税扣缴义务人，包括独立矿山、联合企业及其他收购未税矿产品的单位。独立矿山是指只有采矿或只有选矿并实行独立核算、自负盈亏的企业，其生产的原矿和精矿主要用于对外销售。联合企业是指采矿、选矿、冶炼连续生产的企业或采矿、冶炼连续生产的企业。其他收购未税矿产品的单位包括收购未税矿产品的个体工商户。

（三）资源税的征税范围

现行资源税的征税范围是在我国境内开采的应税矿产品和生产盐两大类，具体包括以下几种。

（1）原油，指开采的天然原油，不包括人造石油。

（2）天然气，指专门开采或与原油同时开采的天然气，暂不包括煤矿生产的天然气。

（3）煤炭，包括原煤和以未税原煤加工的洗、选煤（以下简称洗选煤）。

（4）其他非金属矿原矿，指除原油、天然气、煤炭和井矿盐以外的非金属矿原矿，包括宝石、金刚石、玉石、石墨、石英砂、萤石等。

小贴士

矿泉水等水气矿产，属于“其他非金属矿原矿—未列举名称的其他非金属矿原矿”。水气矿产还包括地下水、二氧化碳气、硫化氢气、氦气、氡气等。

（5）黑色金属矿原矿，包括铁矿石、锰矿石和铬矿石等。

（6）有色金属矿原矿，包括铜矿石、铅锌矿石、铝土矿石、锡矿石、锑矿石、镍矿石和黄金矿石等。

（7）盐，包括固体盐、液体盐。固体盐是指海盐原盐、湖盐原盐和井矿盐；液体盐是指卤水，即氯化钠含量达到一定浓度的溶液。

（四）资源的税率

我国现行资源税采取从量定额和从价定率的办法征收，实施“普遍征收、级差调节”的原则。具体税率如表 8-1 所示。

表 8-1　　资源税税目税率表

税目		税率
一、原油		6%～10%
二、天然气		6%～10%
三、煤炭		2%～10%
四、其他非金属矿原矿	普通非金属矿原矿	每吨或每立方米 0.5～20 元
	贵重非金属矿原矿	每千克或每克拉 0.5～20 元
五、黑色金属矿原矿		2～30 元/吨
六、有色金属矿原矿	稀土矿	0.4～30 元/吨
	其他有色金属矿原矿	0.4～60 元/吨
七、盐	固体盐	10～60 元/吨
	液体盐	2～10 元/吨

纳税人具体适用的税率，在“资源税税目税率表”规定的税率幅度内，根据纳税人所开采或生产应税产品的资源品位、开采条件等情况，由财政部商国务院有关部门确定；财政部未列举名称且未确定具体适用税率的其他非金属矿原矿和有色金属矿原矿，由省、自治区、直辖市人民政府根据实际情况确定，报财政部和国家税务总局备案。

纳税人在开采主矿产品过程中拌采的其他应税矿产品，凡未单独规定适用税率的，一律按主矿产品或视同主矿产品税目征收资源税。开采或生产不同税目应税产品的，应分别核算不同税目应税产品的销售额或销售量；未分别核算或不能准确提供不同税目应税产品销售额或销售量的，从高适用税率。

扣缴义务人代扣代缴资源税适用税率按如下规定执行：独立矿山、联合企业收购未税矿产品，按本单位应税产品税率代扣代缴；其他收购单位收购的未税矿产品，按税务机关核定的应税产品税率代扣代缴。

（五）资源税税收优惠

资源税按应税产品的资源品位、开采条件以及资源等级分别规定了不同的税率，资源赋存条件差、等级低的应税产品已经适用了较低的税率，因此，资源税税收优惠项目相对较少，现行优惠政策主要有以下几种。

（1）开采中用于加热、修井用原油免税；开采生产中意外事故或自然灾害，酌情减免。

（2）自2012年2月1日起，对冶金矿山铁矿石资源税，暂减按规定税率标准的80%征收。

（3）我国油气田稠油、高凝油和高含硫天然气减征40%；3次采油资源税减征30%；低丰度油气田资源税暂减征20%；深水油田气减征30%；油田范围内运输稠油过程中用于加热的原油天然气免征资源税。

（4）对衰竭期煤矿开采的煤炭，资源税减征30%；对充填开采置换出来的煤炭，资源税减征50%。纳税人开采的煤炭，同时符合上述减税情形的，纳税人只能选择其中一项执行，不能叠加使用。

（5）进口应税矿产品不征资源税，出口应税矿产品不免征也不退资源税。

（6）国务院规定的其他减免税项目，如对地面抽采煤气层暂不征收资源税。

纳税人的减免税项目需单独核算，未单独核算或不能准确提供课税数量的，不得减免。

（六）资源税应纳税额的计算

1. 计税依据的确定

资源税的计税方法有两种：从价计征和从量计征。从价计征是根据应税产品的销售额和规定的比例税率计算税额；从量计征是根据应税产品的销售量和规定的定额税率计算税额。计税依据确定的具体规定如下。

（1）销售额。销售额为纳税人销售开采或生产的应税产品向购买方收取的全部价款和价外费用，但不包括收取的增值税销项税额。

纳税人将其开采的原煤，自用于连续生产洗选煤的，在原煤移送使用环节不缴纳资源税；自用于其他方面的，视同销售原煤。

纳税人将其开采的原煤加工为洗选煤销售的，以洗选煤销售额乘以折算率作为应税煤炭销售额计算缴纳资源税。

（2）销售数量。具体规定如下。

① 直接确定。销售所开采或生产的应税矿产品的，以销售数量为课税数量；自用的以自用数量为课税数量（非销售或自用的不征税，如存于仓库的原矿）。

② 折算确定。

a. 不能准确提供应税数量时，课税数量=应税产品产量/折算比。

b. 金属矿和非金属矿产品原矿，无法准确掌握纳税人移送使用原矿数量时，课税数量=精矿实际销售或自用量/选矿比。

c. 自产液体盐加工固体盐时，以加工的固体盐的数量，按固体盐税额征税；以外购已税液体盐加工应税固体盐时，所耗用的液体盐的已纳税额可以抵扣。

d. 原油中的稠油、高凝油与稀油划分不清或不易划分时，按原油的数量计税。

2. 应纳税额的计算

（1）从价计征：应纳税额=销售额×比例税率。

（2）从量计征：应纳税额=课税数量×单位税额。

【学中练8-1】某铜矿山12月销售铜矿石原矿4万吨，移送入选精矿2万吨，选矿比例为20%。另将10月收购的未税铜矿石原矿10万吨全部售出（该矿山铜矿属于五等，按规定适用1.2元/吨单位税额）。

解析：金属矿和非金属矿产品原矿，无法准确掌握纳税人移送使用原矿数量时，课税数量=精矿实际销售或自用量/选矿比。

销售铜矿石原矿应纳资源税=4×1.2=4.8（万元）。

入选精矿所用原矿应纳税额=2÷20%×1.2=12（万元）。

该矿山合计应纳资源税额=4.8+12=16.8（万元）。10月收购的未税铜矿石已于10月代扣代缴了资源税，本月不再缴纳资源税。

【学中练 8-2】某油田2015年5月生产原油5 000吨，当月销售3 000吨，每吨不含税价为2 000元，加热、修井自用100吨。已知该油田原油适用资源税税率为10%，请计算该油田5月应缴纳的资源税税额。

解析：根据规定，开采中用于加热、修井用的原油免征资源税。纳税人开采或生产原油销售的，以销售额为计税依据。

应缴纳的资源税=3 000×20 000×10%=60 000（元）。

【学中练 8-3】某盐场2015年7月以自产液体盐3.6万吨和外购液体盐2万吨（已按5元/吨缴纳了资源税）加工固体盐1.8万吨对外销售，取得销售收入1 080万元。固体盐税额为30元/吨。请计算该盐场7月应纳资源税税额。

解析：根据规定，自产液体盐加工固体盐，以加工的固体盐的数量按固体盐税额征税；以外购已税液体盐加工应税固体盐，所耗用的液体盐的已纳税额可以抵扣。

应纳税额=1.8×30-2×5=44（万元）。

（七）资源税的账务处理

企业核算资源税，应在“应交税费”账户下设“应交资源税”明细账户。贷方反映企业应缴纳的资源税额；借方反映企业已经缴纳或允许抵扣的资源税；余额在贷方，表示应交而未缴的资源税，如果为借方余额，表示多缴资源税。

1. 销售应税矿产品的账务处理

企业开采或生产的应税产品对外销售时，应按照产品销售数量和适用单位税额计算应缴资源税，并借记“营业税金及附加”账户，贷记“应交税费——应交资源税”账户；上缴资源税时，借记“应交税费——应交资源税”账户，贷记“银行存款”等账户。

2. 自产自用应税矿产品的账务处理

企业计算出自产自用的应税产品应缴纳的资源税时，应借记“生产成本”“制造费用”等账户，贷记“应交税费——应交资源税”账户；上缴资源税时，借记“应交税费——应交资源税”账户，贷记“银行存款”账户。

3. 收购未税矿产品的账务处理

企业收购未税矿产品时，应按实际支付的收购价款，借记“物资采购”等账户，贷记“银行存款”等账户；同时按应代扣代缴的资源税额，借记“物资采购”等账户，贷记“应交税费——应交资源税”账户；上缴资源税时，借记“应交税费——应交资源税”账户，贷记“银行存款”账户。

（八）资源税的纳税申报

1. 纳税义务发生时间

纳税人纳税义务发生时间依据应税产品用于销售或自产自用分别确定。

（1）纳税人销售应税产品的纳税义务发生时间，一般为收讫销售款或者取得索取销售款凭据的当天。具体规定如下。

① 纳税人采取分期收款结算方式的，为销售合同规定的收款日期的当天。

② 纳税人采取预收货款结算方式的，为发出应税产品的当天。

③ 纳税人采取其他结算方式的，为收讫销售款或者取得索取销售款凭据的当天。

（2）纳税人自产自用应税产品的纳税义务发生时间，为移送使用应税产品的当天。

（3）扣缴义务人代扣代缴税款的纳税义务发生时间，为支付首笔货款或首次支付货款凭据的当天。

2. 纳税期限

纳税人的纳税期限为1日、3日、5日、10日、15日或者一个月，由主管税务机关根据实际情况核定。不能按固定期限纳税的，可以按次纳税。

纳税人以1个月为一期纳税的，自期满之日起10日内申报纳税；以1日、3日、5日、10日或者15日为一期纳税的，自期满之日起5日内预缴税款，于次月1日起10日内申报纳税并结清上月税款。扣缴义务人的解缴税款期限，比照前两款的规定执行。

3. 纳税地点

（1）纳税人应当向应税产品的开采或者生产所在地主管税务机关缴纳。

（2）纳税人跨省开采，其下属生产单位与核算单位不在同一省、自治区、直辖市的，对其开采的矿产品，一律在开采地纳税，其应纳税款由独立核算、自负盈亏的单位，按照开采地的实际销售量（或者自用量）及适用的单位税额计算划拨。

（3）纳税人在本省、自治区、直辖市范围内开采或者生产应税产品，其纳税地点需要调整的，由省、自治区、直辖市税务机关决定。

（4）扣缴义务人代扣代缴的资源税，应当向收购地主管税务机关缴纳。

4. 纳税申报

资源税纳税义务人，应该按照主管税务机关核定的纳税期限，如实填写并报送“资源税纳税申报表”。该表从量计征的内容与格式如表8-2所示，从价计征的表格内容与格式如项目实施中的表8-9所示。

表8-2　资源税纳税申报表

（按从量定额办法计算应纳税额的纳税人适用）

税款所属期限：自　年　月　日至　年　月　日

填表日期：　年　月　日　　　　金额单位：元（列至分角）

纳税人识别号 □□□□□□□□□□□□□□□□□□□

栏次	征收品目	征收子目	计税单位	销售量	单位税额	本期应纳税额	本期减免数量	本期减免税额	减免性质代码	本期已纳税额	本期应补（退）税额
	1	2	3	4	5	6=4×5	7	8	9	10	11=6-8-10
合计											

续表

<table>
<tr><td colspan="6">以下由纳税人填写：</td></tr>
<tr><td>纳税人声明</td><td colspan="5">此纳税申报表是根据《中华人民共和国资源税暂行条例》及其《实施细则》的规定填报的，是真实的、可靠的、完整的。</td></tr>
<tr><td>纳税人签章</td><td></td><td>代理人签章</td><td></td><td>代理人身份证号</td><td></td></tr>
<tr><td colspan="6">以下由税务机关填写：</td></tr>
<tr><td>受理人</td><td></td><td>受理日期</td><td>年　月　日</td><td>受理税务机关签章</td><td></td></tr>
</table>

本表一式两份，一份纳税人留存，一份税务机关留存。

填表说明：

（1）本表适用于资源税纳税人填报（国家税务总局另有规定者除外）。

（2）纳税人识别号是纳税人在办理税务登记时由主管税务机关确定的税务编码。

（3）征收品目是指资源税实施细则规定的税目，征收子目是同一税目下属的子目。

（4）“计税单位”是指《资源税实施细则》所附“资源税税目税率明细表”所规定的计税单位。“销售量”包括视同销售应税产品的自用数量。

（5）“本期减免销量”是指“本期减免税额”对应的应税产品减免销售量。

“减免性质代码”，按照国家税务总局制定下发的最新“减免性质及分类表”中的最细项减免性质代码填报。

二、城镇土地使用税

（一）城镇土地使用税概述

城镇土地使用税是国家在城市、县城、建制镇和工矿区范围内，对使用土地的单位和个人，以其实际占用的土地面积为计税依据，按照规定的税额计算征收的一种税。

我国现行城镇土地使用税的主要法律依据是 2006 年 12 月 31 日颁布、2007 年 1 月 1 日起施行的《国务院关于修改〈中华人民共和国城镇土地使用税暂行条例〉的决定》。之后，财政部、国家税务总局又陆续发布了一些有关城镇土地使用税的规定、办法，这些构成了我国城镇土地使用税法律制度。

（二）城镇土地使用税的纳税义务人

城镇土地使用税的纳税义务人是指在城市、县城、建制镇、工矿区范围内使用土地的单位和个人。具体规定如下。

（1）拥有土地使用权的单位和个人，以拥有人为纳税人。

（2）土地使用权拥有者不在本地的，以实际使用人或代管人为纳税人。

（3）使用权不确定或有纠纷的，以实际使用人为纳税人。

（4）使用权共有的，共有各方为纳税人（各方按实际使用面积计税）。

（三）城镇土地使用的征税范围

城镇土地使用税的征税范围，包括在城市、县城、建制镇、工矿区范围内的国家所有和集体所有的土地，不包括农村土地。

（1）城市是指经国务院批准设立的市，其征税范围包括市区和郊区。

（2）县城是指县人民政府所在地，其征税范围为县人民政府所在地的城镇。

（3）建制镇是指经省、自治区、直辖市人民政府批准设立的，符合国务院规定的镇建制标准的镇，其征税范围为镇人民政府所在地，不包括所辖的行政村。

（4）工矿区是指工商业比较发达，人口比较集中，符合国务院规定的建制镇标准，但尚未设立建制镇的大中型企业所在地。开征城镇土地使用税的工矿区须经省、自治区、直辖市人民政府批准。

建立在城市、县城、建制镇、工矿区以外的工矿企业则不需缴纳城镇土地使用税。

自 2009 年 1 月 1 日起，公园、名胜古迹内的索道公司经营用地，应按规定缴纳城镇土地使用税。

（四）税率

城镇土地使用税采用定额税率，为调节不同地区、不同地段之间的土地级差收入，采用有差别的幅度税额，按大、中、小城市和县城、建制镇、工矿区分别规定每平方米土地使用税年应纳税额。城市大小的划分以公安部门登记在册的非农业正式户口人数为依据。城镇土地使用税定额税率如表 8-3 所示。

表 8-3　城镇土地使用税定额税率表

级 别	非农业人口（人）	每平方米年税额（元）
大城市	50 万人以上	1.5～30
中等城市	20 万～50 万	1.2～24
小城市	20 万以下	0.9～18
县城、建制镇、工矿区	—	0.6～12

注：每个幅度税额的差距为 20 倍。

经省、自治区、直辖市人民政府批准，经济落后地区城镇土地税使用税的适用税额标准可适当降低，但降低额不得超过表 8-3 规定的最低税额的 30%。经济发达地区城镇土地使用税适用税额标准可适当提高，但须报财政部批准。

（五）城镇土地使用的税收优惠

下列土地免征城镇土地使用税。

（1）国家机关、人民团体、军队自用的土地。

（2）由国家财政部门拨付事业经费的单位自用的土地。

（3）宗教寺庙、公园、名胜古迹自用的土地。

（4）市政街道、广场、绿化地带等公共用地。

（5）直接用于农、林、牧、渔业的生产用地。

（6）经批准开山填海整治的土地和改造的废弃土地，从使用的月份起免缴土地使用税 5～10 年。

（7）部分特殊行业用地暂免征收城镇土地使用税：①水利设施管护用地；②高校后勤实体用地；③企业的铁路专用线及公路等用地；④港口的码头用地、盐场的盐滩和盐矿的矿井用地；⑤中国人民银行总行（含国家外汇管理局）所属分支机构自用的土地；⑥机场飞行区用地等。

（8）非营利性医疗机构、疾病控制机构和妇幼保健机构自用的土地免税。营利性医疗机构自用土地，免征城镇土地税3年。

（9）企业办的学校、医院、托儿所和幼儿园，其用地能与企业其他用地明确区分的免税。

（10）房地产开发公司开发建造商品房的用地，除经批准开发建设经济适用房的用地外，对各类房地产开发用地一律不得减免城镇土地使用税。

（11）对企业厂区以外的公共绿化用地和向社会开放的公园用地，暂免征收城镇土地使用税。

（12）对企业范围内的荒山、林地、湖泊等占地，尚未利用的，经各省、自治区、直辖市税务局审批，可暂免征收城镇土地使用税。

（13）对免税单位无偿使用纳税单位的土地，免征城镇土地使用税；对纳税单位无偿使用免税单位的土地，纳税单位照章缴纳城镇土地使用税。

（14）经营采摘、观光农业的单位和个人，直接用于采摘、观光的种植、养殖、饲养的土地免税。

（15）下列项目由省、自治区、直辖市地方税务局确定免征城镇土地使用税：个人所有的居住房屋及院落用地；免税单位职工家属的宿舍用地；向居民供热并向居民收取采暖费的供热企业用地；基建项目在建期间的土地等。

除以上规定外，纳税人缴纳土地使用税确有困难需要定期减免的，由省、自治区、直辖市税务机关审核后，报国家税务局批准。

（六）城镇土地使用税应纳税额的计算

1. 计税依据的确定

城镇土地使用税以纳税人实际占用土地面积为计税依据实行从量计征。实际占用土地面积按下列方法确定。

（1）凡由省、自治区、直辖市人民政府确定的单位组织测定的面积，以测定的面积为计税面积。

（2）尚未组织测定，但纳税人持有政府部门核发的土地使用证书的，以证书确认的土地面积为计税面积。

（3）尚未核发土地使用证书的，以纳税人申报的土地面积为计税面积，待核发土地使用证后再作调整。

2. 应纳税额的计算

应纳城镇土地使用税税额的计算公式为：

（年）应纳税额=实际占用土地面积（平方米）×税率

【学中练8-4】2015年，某企业土地使用证上标明实际占用土地60 000平方米，厂区内厂医院占地1 000平方米，幼儿园占地500平方米，绿化占地200平方米，另有600平方米健身小公园在厂区以外。该厂还将1 500平方米土地无偿提供给派出所使用。该厂所在地区城镇土地使用税年税额为2元／平方米。请计算该企业2015年应纳的城镇土地使用税。

解析：本例中，厂内医院、幼儿园、厂区外的健身小公园用地及无偿提供给免税单位使用的土地免税。厂区内的绿化用地属于征税范围。

应税土地面积=60 000-1 000-500-1 500-600=56 400（平方米）。

应纳城镇土使用税=56 400×2=112 800（元）。

（七）城镇土地使用税的账务处理

企业在缴纳城镇土地使用税时，应该通过“应交税费——应交土地使用税”账户进行会计核算。当分期计提城镇土地使用税时，应借记“管理费用”等账户，贷记该账户；缴纳城镇土地使用税时，应借记该账户，贷记“银行存款”账户。 本账户期末贷方余额反映应交而未交的城镇土地使用税。

（八）城镇土地使用的纳税申报

1. 纳税义务发生时间

（1）纳税人购置新建商品房，自房屋交付使用之次月起，缴纳城镇土地使用税。

（2）纳税人购置存量房，自办理房屋权属转移、变更登记手续，房地产权属登记机关签发房屋权属证书之次月起，缴纳城镇土地使用税。

（3）纳税人出租、出借房产的，自交付出租、出借房产次月起，缴纳城镇土地使用税。

（4）以出让或转让方式有偿取得土地使用权，由受让方从合同约定交付土地时间的次月起纳税；合同未约定交付土地时间的，由受让人从合同签订的次月起纳税。

（5）纳税人新征用的耕地，自批准征用之日起满一年时，开始缴纳城镇土地使用税。

（6）纳税人新征用的非耕地，自批准征用次月起，缴纳城镇土地使用税。

2. 纳税期限

城镇土地使用税实行按年计算、分期缴纳的征收方法，具体纳税期限由省、自治区、直辖市人民政府确定。

3. 纳税地点

城镇土地使用税纳税地点为土地所在地。在多省市占有土地的分别向土地所在地纳税。在同一省市多地区占有土地的，由省级税务局确定其纳税地点。

4. 纳税申报

城镇土地使用税的纳税人应该按照有关规定及时办理纳税申报，并如实填写“城镇土地使用税纳税申报表”，该申报表格式和内容如“项目实施”部分表 8-10 所示。

三、耕地占用税

（一）耕地占用税概述

耕地占用税是对占用耕地建房或从事其他非农业建设的单位和个人，就其实际占用的耕地面积征收的一种税。耕地占用税在纳税人获准占用耕地的环节一次性征收。

现行耕地占用税的基本规范是 2007 年 12 月 1 日国务院颁布的《中华人民共和国耕地占用税暂行条例》，自 2008 年 1 月 1 日起施行。

（二）耕地占用税的纳税人

占用耕地建房或者从事非农业建设的单位或者个人，为耕地占用税的纳税人。单位，包括国有企业、集体企业、私营企业、股份制企业、外商投资企业、外国企业以及其他企业和事业单位、社会团体、国家机关、部队以及其他单位；个人，包括个体工商户以及其他个人。

（三）耕地占用税的征税范围

耕地占用税的征税范围为一切用于建房或从事非农业建设占用国家和集体的耕地。耕地的具体范围如下。

（1）种植粮食作物、经济作物的土地，包括粮田、棉田、麻田、烟田、蔗田等。

（2）菜地，指用于种植各类蔬菜的土地。

（3）园地，包括苗圃、花圃、茶园、果园、桑园和其他种植经济林木的土地。

（4）鱼塘。

（5）其他农用土地，如已开发从事种植、养殖的滩涂、草场、水面、林地等。

（四）耕地占用税税率

我国耕地占用税实行从量计征的地区差别定额税率，以县为单位，按照人均耕地面积的多少确定每平方米耕地的适用税额。具体规定如表 8-4 所示。

表 8-4　　耕地占用税税额表

人均耕地面积	每平方米的税额（元）
不超过 1 亩的地区	10～50
超过 1 亩不超过 2 亩的地区	8～40
超过 2 亩但不超过 3 亩的地区	6～30
超过 3 亩的地区	5～25

注：以上地区以县级行政区域为单位。

对经济特区、经济技术开发区和经济发达、人均耕地特别少的地区，税额标准可以适当提高，但是最高不得超过上述规定税额的 50%。占用基本农田的，适用税额应当在上述规定的当地适用税额的基础上提高 50%。

（五）耕地占用税的税收优惠

1. 免征耕地占用税的情况

下列经批准征用的耕地免征耕地占用税。

（1）部队军事设施用地。

（2）学校、幼儿园、养老院、医院占用的耕地。

（3）直接为农业生产服务的农田水利设施用地。

2. 享受耕地占用税减税照顾的情况

下列纳税人可享受耕地占用税减税照顾。

（1）农村居民（指农业户口农民，包括渔民、牧民）在规定用地标准范围内占用耕地新建住宅、按规定税额减半征收。

（2）农村烈士家属、残疾军人、鳏寡孤独以及革命老区、少数民族聚居区和边远贫困山区生活困难的农村居民，在规定用地标准以内新建住宅缴纳耕地占用税确有困难的，经所在地乡（镇）人民政府审核，报经县级人民政府批准后，可以免征或者减征耕地占用税。

（3）铁路线路、公路线路、飞机场跑道、停机坪、港口、航道占用耕地，减按2元/平方米的税额征收耕地占用税。

（4）对民政部门所办的福利厂，应认真调查核实，确实安置残疾人就业的，可按残疾人占工厂人员的比例，酌情给予减税照顾。

依照上述规定免征或者减征耕地占用税后，纳税人改变原占地用途，不再属于免征或者减征耕地占用税情形的，应当按照当地适用税额补缴耕地占用税。

（六）耕地占用税应纳税额的计算

1. 计税依据的确定

耕地占用税以纳税人实际占用的耕地面积为计税依据，计税单位为平方米。

2. 应纳税额的计算

耕地占用税应纳税额的计算公式为：

应纳税额=实际占用耕地面积×适用税额

【学中练8-5】某市一家企业新占用20 000平方米耕地用于工业建设，所占耕地使用的定额税率为15元/平方米。计算该企业应纳的耕地占用税。

解析：耕地占用税应纳税额=20 000×15=300 000（元）。

（七）耕地占用税的会计处理

耕地占用税是在实际占用耕地之前一次性缴纳的，不存在与征税机关清算和结算的问题，因此企业按规定缴纳的耕地占用税，可以不通过“应交税费”科目核算。企业为购建固定资产而缴纳的耕地占用税，作为固定资产价值的组成部分，在实际纳税时，借记“在建工程”科目，贷记“银行存款”。

（八）耕地占用税的纳税申报

1. 纳税义务发生时间

经批准占用耕地的，耕地占用税纳税义务发生时间为纳税人收到土地管理部门办理占用农用地手续通知的当天。未经批准占用耕地的，纳税义务发生时间为纳税人实际占用耕地的当天。

2. 纳税期限

耕地占用税按照“先缴税后用地”的原则一次性征收。

土地管理部门在批准单位和个人占用耕地后，应及时通知所在地同级地方税务机关。获准征用或占用耕地的单位和个人，应当自批准之日起30日内缴纳耕地占用税。土地管理部门凭税款收据和征用耕地批准文件，划拨用地。

3. 纳税地点

耕地占用税由地方税务机关负责征收。纳税人占用耕地或其他农用地，应当在耕地或其他农用地申报纳税。

4. 申报缴纳

耕地占用税的纳税人应该按照有关规定及时办理纳税申报，并如实填写《耕地占用税纳税申报表》（各省表格不尽相同），河南省耕地占用税纳税申报表如表8-5所示。

表 8-5　　　　河南省耕地占用税纳税申报表

行政区划：

填表日期：　　年　　月　　日　　　　　　　　　　金额单位：元　面积单位：平方米

<table>
<tr><td colspan="2">纳税人名称</td><td colspan="4"></td></tr>
<tr><td colspan="2">纳税人识别号</td><td colspan="4"></td></tr>
<tr><td colspan="2">企业登记注册类型</td><td colspan="4"></td></tr>
<tr><td colspan="2">所属行业</td><td colspan="4"></td></tr>
<tr><td colspan="2">身份证照类型</td><td colspan="2"></td><td>身份证照号码</td><td></td></tr>
<tr><td colspan="2">联系电话</td><td colspan="4"></td></tr>
<tr><td colspan="2">联系地址</td><td colspan="4"></td></tr>
<tr><td colspan="2">建设项目名称</td><td colspan="4"></td></tr>
<tr><td colspan="2">占地时间</td><td colspan="2"></td><td>占地用途</td><td></td></tr>
<tr><td colspan="2">土地坐落地址</td><td colspan="4"></td></tr>
<tr><td colspan="2">占地批准文号</td><td colspan="2"></td><td>批准占地日期</td><td></td></tr>
<tr><td colspan="2">批准占地面积</td><td colspan="2"></td><td>实际占地面积</td><td></td></tr>
<tr><td colspan="2">计税面积</td><td colspan="2"></td><td colspan="2"></td></tr>
<tr><td colspan="2">减免类别</td><td colspan="2"></td><td>适用税率</td><td></td></tr>
<tr><td colspan="2">计征税额</td><td colspan="2"></td><td colspan="2"></td></tr>
<tr><td colspan="2">批准减免面积</td><td colspan="2"></td><td>批准减免面积其中免税</td><td></td></tr>
<tr><td colspan="2">减免税额</td><td colspan="2"></td><td>减免税额其中免税</td><td></td></tr>
<tr><td colspan="2">应征税额</td><td colspan="2"></td><td colspan="2"></td></tr>
<tr><td colspan="2">加征倍数</td><td colspan="2"></td><td>加征税额</td><td></td></tr>
<tr><td colspan="2">逾期天数</td><td colspan="2"></td><td>滞纳金罚率</td><td></td></tr>
<tr><td colspan="2">滞纳金</td><td colspan="2"></td><td colspan="2"></td></tr>
<tr><td colspan="2">应纳税金</td><td colspan="2"></td><td colspan="2"></td></tr>
<tr><td colspan="2">备注</td><td colspan="4"></td></tr>
<tr><td colspan="6">我声明，此纳税申报表是根据《中华人民共和国耕地占用税暂行条例》的规定填报的，我确信它是真实的、可靠的、完整的。
纳税人（签字）</td></tr>
<tr><td>受理人</td><td></td><td>受理日期</td><td></td><td>受理申报机关</td><td></td></tr>
</table>

四、土地增值税

（一）土地增值税概述

土地增值税是对转让国有土地使用权、地上建筑物及其附着物（简称转让房地产），并取得收入的单位和个人，就其取得的增值额征收的一种税。

现行土地增值税的基本规范是 1993 年 12 月 13 日国务院颁布的《中华人民共和国土地增值税暂行条例》和 1995 年 1 月 27 日财政部发布的《中华人民共和国土地增值税条例实施细则》。之后，财政部、国家税务总局又陆续发布了一些有关土地增值税的规定、办法。这些构成了我国土地增值税法律制度。

（二）土地增值税的纳税义务人

土地增值税的纳税义务人是转让国有土地使用权、地上的建筑物及其附着物并取得收入的单位和个人。单位，包括国有企业、集体企业、私营企业、股份制企业、外商投资企业、外国企业以及其他企业和事业单位、社会团体、国家机关、部队以及其他单位；个人，包括个体工商户以及其他个人。

（三）土地增值税的征税范围

（1）转让国有土地使用权。政府出让土地使用权的行为不征税。

（2）地上的建筑物及其附着物连同国有土地使用权一并转让。

土地增值税的征税范围常以3个标准来判定：转让的土地使用权是否为国家所有（必须是国有土地使用权，集体土地使用权不得转让）；土地使用权、地上建筑物及其附着物是否发生产权转让；转让房地产是否取得收入。

小贴士

以继承、赠与方式无偿转让房地产的行为，以及房地产典当、出租出借、抵押等未转让房产产权、土地使用权的行为，不征收土地增值税。

（四）土地增值税的税率

土地增值税实行四级超率累进税率，按转让房地产增值比例的大小，分档定率，超率累进。土地增值税超率累进税率如表8-6所示。

表8-6　土地增值税超率累进税率表

级数	增值额占扣除项目金额比例	税率（%）	速算扣除系数（%）
1	50%以下（含50%）	30	0
2	50%～100%（含100%）	40	5
3	100%～200%（含200%）	50	15
4	200%以上	60	35

（五）土地增值税的税收优惠

（1）纳税人建造普通住宅出售时，增值额未超过扣除项目金额20%的，免征土地增值税；增值额超过扣除项目金额20%的，就其全部增值额计税。

小贴士

普通标准住宅，是指按所在地一般民用住宅标准建造的居住用住宅。高级公寓、别墅、度假村等不属于普通标准住宅。普通标准住宅应同时满足这些条件：住宅小区建筑容积率在1.0以上；单套建筑面积在120平方米以下；实际成交价格低于同级别土地上住房平均交易价格1.2倍以下。

（2）对个人转让房地产（自用住房），凡居住满5年或以上的，免征增值税；满3年未满5年的，减半征收；未满3年的，按规定征收土地增值税。

（3）以房地产进行投资、联营。以房地产进行投资、联营的，投资、联营一方以土地（房地产）作价入股进行投资或者作为联营条件的，将房地产转让到所投资、联营的企业中，暂免征收土地增值税。对投资、联营企业将上述房地产再转让的，应征收土地增值税。

（4）房地产的互换。对于个人之间互换自有居住用房的行为，经当地税务机关审核，可免征土地增值税。

（5）合作建房。对于一方出地，另一方出资金，双方合作建房，建成后按比例分房自用的，暂免征收土地增值税；但建成后转让的，应征收土地增值税。

（6）因国家建设需要依法征用收回的房地产，免征土地增值税。

（7）个人转让房地产，自 2008 年 11 月 1 日起，对居民个人转让住房一律免征土地增值税。

（六）土地增值税应纳税额的计算

1. 计税依据的确定

土地增值税的计税依据是纳税人转让房地产取得的增值额。即纳税人转让房地产所取得的收入减去规定的扣除项目金额后的余额为增值额。其计算公式为：

增值额=转让房地产取得的应税收入-法定扣除项目

（1）转让房地产取得的应税收入的确定。转让房地产取得的应税收入是指转让国有土地使用权、地上的建筑物及其附着物时取得货币收入、实物收入和其他经济利益。

（2）销售新建房地产扣除项目的确定。准予扣除项目包括以下 5 项。

① 取得土地使用权所支付的金额，包括纳税人为取得土地使用权所支付的地价款和纳税人在取得土地使用权时按国家统一规定交纳的有关登记、过户手续费和契税。

② 房地产开发成本，即纳税人房地产开发项目实际发生的成本，包括土地的征用及拆迁补偿费、前期工程费、建筑安装工程费、基础设施费、公共配套设施费、开发间接费用等。

③ 房地产开发费用，即与房地产开发项目有关的期间费用，包括销售费用、管理费用、财务费用。根据土地增值税法规规定，房地产开发费用，不按纳税人房地产开发项目实际发生的费用进行扣除，而应按《土地增值税实施细则》规定的方法计算后扣除。具体计算方法如下。

a. 纳税人发生的利息支出，凡能够按转让房地产项目计算分摊并提供金融机构证明的，允许据实扣除，但最高不能超过按商业银行同类、同期贷款利率计算的金额；其他房地产开发费用（管理费用和销售费用），按取得土地使用权所支付的金额和房地产开发成本金额之和的 5%以内计算扣除，计算公式为：

允许扣除的开发费用=分摊的利息+（取得土地使用权支付的金额+房地产开发成本)×5%以内

b. 纳税人发生的利息支出，凡不能按转让房地产项目计算分摊或不能提供金融机构证明的，房地产开发费用（财务费用、管理费用和销售费用），按取得土地使用权所支付的金额和房地产开发成本金额之和的 10%以内计算扣除，计算公式为：

允许扣除的开发费用=分摊的利息+（取得土地使用权支付的金额+房地产开发成本）×10%以内

上述计算扣除的比例，由省、自治区、直辖市人民政府确定。

④ 与转让房地产有关的税金。房地产开发企业可扣除营业税、城市维护建设税和教育

费附加，即“两税一费”。

小贴士

由于房地产开发企业缴纳的印花税已列入管理费用，印花税不再单独计算扣除。

⑤ 财政部规定的其他扣除项目。从事房地产开发的纳税人可加计20%的扣除额。加计扣除费用=（取得土地使用权支付的金额+房地产开发成本）×20%。

【学中练 8-6】某房地产开发公司出售一栋新建的写字楼，收入总额为1.5亿元。开发该写字楼有关支出资料如下：取得土地使用权支付的地价款及各项费用为1 000万元；房地产开发成本为3 000万元；财务费用中的利息支出为500万元（可按转让项目计算分摊并提供金融机构证明）；转让环节缴纳的有关税费共计650万元。该单位所在地政府规定的其他房地产开发费用计算扣除比例为5%。请计算该写字楼项目缴纳土地增值税计税依据的金额。

解析：转让房地产取得收入金额为1.5亿元；销售新建房地产扣除项目包括5项：①取得土地使用权所支付的金额1 000万元；②房地产开发成本3 000万元；③房地产开发费用=500+（1 000+3 000）×5%=700（万元）；④与转让房地产有关的税金及附加650万元；⑤其他扣除项目金额合计=（1 000+3 000）×20%=800（万元），法定允许扣除项目金额合计=1 000+3 000+700+650+800=6 150（万元）。

缴纳土地增值税的增值额=15 000−6 150=8 850（万元）。

（3）转让旧房及建筑物扣除项目金额的确定。旧房是指已建成并办理房屋产权证或取得购房发票的房产以及虽未办理房屋产权证但已建成并交付使用的房产。转让旧房及建筑物扣除项目包括以下4项。

① 取得土地使用权支付的地价款和按国家统一规定缴纳的有关费用。但对取得土地使用权时未支付地价款或不能提供已支付地价款凭据的，不允许扣除取得土地使用权支付的金额。

② 旧房及建筑物的评估价格，即在转让旧房及建筑物时，由政府批准设立的房地产评估机构评定的重置成本乘以成新度折旧率后的价格。评估价格须经当地税务机关确认。

③ 与转让旧房及建筑物有关的税金，包括营业税、城市维护建设税、印花税和教育费附加，即“三税一费”。

④ 旧房及建筑物的评估费用。

【学中练 8-7】某生产企业转让一栋旧厂房，取得转让收入500万元，缴纳了与转让房地产有关的营业税、城市维护建设税、印花税、教育费附加合计27.5万元；该厂房原值200万元，经房地产评估机构评定的重置成本为400万元，成新率为7成；支付地价款和相关费用合计40万元，能提供单独支付地价款的凭据；支付评估费用2万元。请计算该企业转让厂房的土地增值税计税依据金额。

解析：转让房地产取得的收入金额为500万元；转让旧房及建筑物可以扣除的项目有4项。允许扣除项目金额=40+400×70%+27.5+2=349.75（万元）。

缴纳土地增值税的计税依据为增值额=500−349.75=150.25（万元）。

2. 应纳税额计算

（1）增值额的计算。增值额的计算公式为：

增值额=转让房地产的收入总额−扣除项目金额

（2）增值率的计算。土地增值税采用超率累进税率，只有在计算增值率后，才能确定具体适用税率。增值率计算公式为：

增值率=增值额÷扣除项目金额×100%

（3）应纳税额的计算。土地增值税应纳税额的计算方法有两种，即分级计算法和速算扣除法，其公式分别为：

应纳税额=∑（每级距的土地增值额×适用税率）

或　　应纳税额=土地增值额×适用税率−扣除项目金额×速算扣除系数

【学中练 8-8】2015 年某房地产开发公司销售其新建商品房一幢，取得销售收入 1.4 亿元，已知该公司支付与商品房相关的土地使用权费用及开发成本合计为 4 800 万元；该公司没有按房地产项目计算分摊银行借款利息，该商品房所在地的省政府规定计征土地增值税时房地产开发费用扣除比例为 10%；销售商品房缴纳的有关税金为 770 万元。计算该公司销售该商品房应缴纳的土地增值税。

解析：销售新建商品房可以扣除的费用共 5 项：其中土地使用费和开发成本为 4 800 万元，开发费用为 4 800×10%=480（万元），税金为 770 万元，加计扣除费用=（取得土地使用权支付的金额＋房地产开发成本）×20%=4 800×20%=960（万元）。那么：

扣除项目合计=4 800+4 800×10%+770+4 800×20%=7 010（万元）。

土地增值额=14 000−7 010=6 990（万元）。

增值率=6 990÷7 010×100%=99.7%。

适用税率为 40%，扣除系数 5%，即：

应纳土地增值税=6 990×40%−7 010×5%=2 445.5（万元）。

（七）土地增值税的会计处理

缴纳土地增值税的企业，应设置“应交税费——应交土地增值税”账户进行核算。该账户贷方登记按规定应交的土地增值税，借方登记已缴纳的土地增值税，期末贷方余额，反映尚未缴纳的土地增值税，期末借方有余额，则反映纳税人多缴或预缴的土地增值税。

从事房地产开发的企业和非从事房地产开发的企业均有可能发生房地产转让行为；而从事房地产开发的企业按其经营范围可分为主营房地产和兼营房地产两种情况。针对不同情况，企业还应分别设置“营业税金及附加”“其他业务成本”“固定资产清理”等账户，反映企业应负担的土地增值税情况。

1. 房地产开发企业的核算（以主营房地产企业为例）

对主营房地产开发企业，计算应由当期营业收入负担的土地增值税时，借记“营业税金及附加账户”，贷记“应交税费——应交土地增值税”账户；实际缴纳时，借记“应交税费——应交土地增值税”账户，贷记“银行存款”账户。

2. 非从事房地产开发企业的核算

非从事房地产开发企业转让房地产，在计算土地增值税时，借记“固定资产清理”等账户，贷记“应交税费——应交土地增值税”账户；实际缴纳时与房地产开发企业相同。

（八）土地增值税的纳税申报

1. 纳税义务发生时间

（1）转让国有土地使用权、地上的建筑物及附着物的，纳税义务发生时间为取得收入的当天。

（2）以赊销或分期收款方式转让房地产的，纳税义务发生时间为本期收到价款的当天或合同约定本期应收价款日期的当天。

（3）采取预收款方式转让房地产的，纳税义务发生时间为收到预收款的当天。

2. 纳税期限

纳税人应在转让房地产合同签订后 7 日内，到房地产所在地主管税务机关办理纳税申报，并向税务机关提交房屋及建筑物产权、土地使用权证书，土地转让、房产买卖合同，房地产评估报告及其他与转让房地产有关的资料。

纳税人因经常发生房地产转让而难以在每次转让后申报的，经税务机关审核同意后，可以定期进行纳税申报，具体期限由税务机关根据情况确定。

纳税人预售房地产取得的收入，凡当地税务机关规定预征土地增值税的，纳税人应当到主管税务机关办理纳税申报，并按规定比例预缴，待办理决算后，多退少补；凡当地税务机关规定不预征土地增值税的，也应在取得收入时先到税务机关登记或备案。

3. 纳税地点

纳税人应向房地产所在地（即房地产的坐落地）主管税务机关办理纳税申报。纳税人转让房地产坐落在两个或两个以上地区的，应按房地产所在地分别申报纳税。

4. 纳税申报

土地增值税纳税人应按照主管税务机关核定的纳税期限，如实填报“土地增值税纳税申报表”，该表的内容及格式如表 8-7 和表 8-8 所示。

表 8-7　　**土地增值税纳税申报表（一）**

（从事房地产开发的纳税人适用）

税款所属时间：　　年　　月　　日　　　　　　填表日期：　　年　　月　　日

金额单位：元（列至角分）　　面积单位：平方米

<table>
<tr><td>计算机代码</td><td colspan="3"></td><td colspan="2">纳税人名称</td><td colspan="2"></td></tr>
<tr><td>项目名称</td><td colspan="3"></td><td colspan="2">项目地址</td><td colspan="2"></td></tr>
<tr><td>业　　别</td><td></td><td>登记注册类型</td><td></td><td>纳税人地址</td><td></td><td>邮政编码</td><td></td></tr>
<tr><td>开户银行</td><td></td><td>银行账号</td><td></td><td>主管部门</td><td></td><td>电　话</td><td></td></tr>
<tr><td colspan="5">项　　目</td><td>行　次</td><td colspan="2">金　额</td></tr>
<tr><td colspan="5">一、转让房地产收入总额 1=2+3</td><td>1</td><td colspan="2"></td></tr>
<tr><td rowspan="2">其中</td><td colspan="4">货币收入</td><td>2</td><td colspan="2"></td></tr>
<tr><td colspan="4">实物收入及其他收入</td><td>3</td><td colspan="2"></td></tr>
<tr><td colspan="5">二、扣除项目金额合计 4=5+6+13+16+20</td><td>4</td><td colspan="2"></td></tr>
<tr><td colspan="5">1. 取得土地使用权所支付的金额</td><td>5</td><td colspan="2"></td></tr>
<tr><td colspan="5">2. 房地产开发成本 6=7+8+9+10+11+12</td><td>6</td><td colspan="2"></td></tr>
<tr><td rowspan="6">其中</td><td colspan="4">土地征用及拆迁补偿费</td><td>7</td><td colspan="2"></td></tr>
<tr><td colspan="4">前期工程费</td><td>8</td><td colspan="2"></td></tr>
<tr><td colspan="4">建筑安装工程费</td><td>9</td><td colspan="2"></td></tr>
<tr><td colspan="4">基础设施费</td><td>10</td><td colspan="2"></td></tr>
<tr><td colspan="4">公共配套设施费</td><td>11</td><td colspan="2"></td></tr>
<tr><td colspan="4">开发间接费用</td><td>12</td><td colspan="2"></td></tr>
</table>

续表

<table>
<tr><td colspan="2">项　　目</td><td>行 次</td><td colspan="3">金 额</td></tr>
<tr><td colspan="2">3. 房地产开发费用 13=14+15</td><td>13</td><td colspan="3"></td></tr>
<tr><td rowspan="2">其中</td><td>利息支出</td><td>14</td><td colspan="3"></td></tr>
<tr><td>其他房地产开发费用</td><td>15</td><td colspan="3"></td></tr>
<tr><td colspan="2">4. 与转让房地产有关的税金等 16=17+18+19</td><td>16</td><td colspan="3"></td></tr>
<tr><td rowspan="3">其中</td><td>营业税</td><td>17</td><td colspan="3"></td></tr>
<tr><td>城市维护建设税</td><td>18</td><td colspan="3"></td></tr>
<tr><td>教育费附加</td><td>19</td><td colspan="3"></td></tr>
<tr><td colspan="2">5. 财政部规定的其他扣除项目</td><td>20</td><td colspan="3"></td></tr>
<tr><td colspan="2">三、增值额 21=1-4</td><td>21</td><td colspan="3"></td></tr>
<tr><td colspan="2">四、增值额与扣除项目金额之比（%）22=21÷4</td><td>22</td><td colspan="3"></td></tr>
<tr><td colspan="2">五、适用税率（%）</td><td>23</td><td colspan="3"></td></tr>
<tr><td colspan="2">六、速算扣除系数（%）</td><td>24</td><td colspan="3"></td></tr>
<tr><td colspan="2">七、应缴土地增值税税额 25=21×23-4×24</td><td>25</td><td colspan="3"></td></tr>
<tr><td colspan="2">八、已缴土地增值税税额</td><td>26</td><td colspan="3"></td></tr>
<tr><td colspan="2">九、应补（退）土地增值税税额 27=25-26</td><td>27</td><td colspan="3"></td></tr>
<tr><td colspan="2">十、累计欠税余额</td><td>28</td><td colspan="3"></td></tr>
<tr><td colspan="2">十一、欠缴滞纳金</td><td>29</td><td colspan="3"></td></tr>
<tr><td>纳税人声明</td><td>我单位所申报的各种税（费）款真实、准确，如有虚假内容，愿承担法律责任。
办税员：
法定代表人（负责人）：
（章）
年　月　日</td><td>授权人声明</td><td>现委托＿＿＿＿＿为我单位纳税申报代理人。
委托合同号码：
授权人（法定代表人）：
年　月　日</td><td>代理人声明</td><td>本纳税申报是按照国家税法和税务机关规定填报的，我确信其真实、合法。
代理人：
代理机构（公章）
年　月　日</td></tr>
<tr><td colspan="6">以下由税务机关填写</td></tr>
<tr><td colspan="3">受理人：
（征税专用章）
受理日期：　　年　月　日</td><td colspan="3">稽核人员：
稽核日期：　　年　月　日</td></tr>
</table>

本表用 A3 纸竖式打印，一式两份，税务机关一份，纳税人一份。

填表说明：①项目名称为房地产开发的具体项目名称；②项目地址为房地产开发项目的具体地址；③业别为办理工商登记时所确定的行业类别；④转让房地产收入总额为纳税人转让房地产所取得的收入；⑤增值额为纳税人转让房地产所取得的收入，减除规定扣除项目金额后的余额；⑥适用税率为土地增值税实行 4 级超率累进税率，分别为 30%、40%、50%、60%；速算扣除系数分为 0%、5%、15%、35%这 4 级；⑦纳税人没有委托代理人的，每次申报必须填写“声明”栏；有委托代理人的，每次申报必须填写“授权代理人”栏，代理人填写“声明”栏。

表 8-8　　　　　　　　土地增值税纳税申报表（二）

（非从事房地产开发的纳税人适用）

税款所属时间：　　年　　月　　日　　　　　　　　　　填表日期：　　年　　月　　日

金额单位：元（列至角分）　面积单位：平方米

计算机代码			纳税人名称				
项目名称			项目地址				
业　　别		登记注册类型		纳税人地址		邮政编码	
开户银行		银行账号		主管部门		电　　话	

项　　目		行次	金　额
一、转让房地产收入总额 1=2+3		1	
其中	货币收入	2	
	实物收入及其他收入	3	
二、扣除项目金额合计 4=5+6+9		4	
1. 取得土地使用权所支付的金额		5	
2. 旧房及建筑物的评估价格 6=7×8		6	
其中	旧房及建筑物的重置成本价	7	
	成新度折扣率	8	
3. 与转让房地产有关的税金等 9=10+11+12+13		9	
其中	营业税	10	
	城市维护建设税	11	
	印花税	12	
	教育费附加	13	
三、增值额 14=1−4		14	
四、增值额与扣除项目金额之比（%）15=14÷4		15	
五、适用税率（%）		16	
六、速算扣除系数（%）		17	
七、应缴土地增值税税额 18=14×16−4×17		18	
八、累计欠税余额		19	
九、欠缴滞纳金		20	

纳税人声明	我单位所申报的各种税（费）款真实、准确，如有虚假内容，愿承担法律责任。 办税员： 法定代表人（负责人）： （章） 年　月　日	授权人声明	现委托＿＿＿＿＿为我单位纳税申报代理人。 委托合同号码： 授权人（法定代表人）： 年　月　日	代理人声明	本纳税申报是按照国家税法和税务机关规定填报的，我确信其真实、合法。 代理人： 代理机构（公章） 年　月　日

以下由税务机关填写	
受理人： （征税专用章） 受理日期：　　年　月　日	稽核人员： 稽核日期：　　年　月　日

本表用 A3 纸竖式打印，一式两份，税务机关一份，纳税人一份。

填表说明：同表 8-8。

项目实施

一、计算应纳税额

1. 资源税应纳税额的计算

外销原煤应纳资源税=30 000×350×4%=420 000（元）。

销售洗选煤应纳税额=50 000×450×80%×4%=720 000（元）。

自用原煤应纳税额=100×350×4%=1 400（元）。

天伦集团 2015 年 3 月应纳资源税合计=420 000＋720 000＋1 400=1 141 400（元）。

2. 城镇土地使用税应纳税额的计算

小学和幼儿园用地 10 000 平方米免税；公司外供公共使用的绿地 6 000 平方米免税；提供给派出所使用的 2 000 平方米免税。

每季城镇土地使用税税额=（80 000−10 000−6 000−2 000）×2÷4=31 000（元）。

二、账务处理

1. 资源税的账务处理

借：营业税金及附加　　1 141 400

　　贷：应交税费——应交资源税　　1 141 400

2. 城镇土地使用税的账务处理（每季）

借：管理费用　　31 000

　　贷：应交税费——应交城镇土地使用税　　31 000

三、填写“纳税申报表”

“资源税纳税申报表”的填写如表 8-9 所示，“城镇土地使用税纳税申报表”的填写如表 8-10 所示。

表 8-9　　资源税纳税申报表

（按从价定率办法计算应纳税额的纳税人适用）

税款所属期限：自 2015 年 03 月 01 日至 2015 年 03 月 31 日

填表日期：2015 年 04 月 07 日　　　　金额单位：元至分角

税人识别号 | 4 | 1 | 0 | 1 | 0 | 1 | 0 | 7 | 1 | 9 | 8 | 9 | 4 | 3 | 5 |

栏次	征收品目	征收子目	销售量	销售额	折算率	适用税率或实际征收率	本期应纳税额	减征比例	本期减免税额	减免性质代码	本期已纳税额	本期应补（退）税额
	1	2	3	4	5	6	7	8	9=7×8	10	11	12=7−9−11
	煤	原煤	30 100	10 535 000		4%	421 400					421 400
	煤炭	洗选煤	50 000	22 500 000	80%	4%	720 000					720 000
合计			80 100	33 035 000			1 141 400					1 141 400

续表

以下由纳税人填写：					
纳税人声明	此纳税申报表是根据《中华人民共和国资源税暂行条例》及其《实施细则》的规定填报的，是真实的、可靠的、完整的。				
纳税人签章		代理人签章		代理人身份证号	
以下由税务机关填写：					
受理人		受理日期	年　月　日	受理税务机关签章	

本表一式两份，一份由纳税人留存，另一份由税务机关留存。

表 8-10　　城镇土地使用税纳税申报表

税款所属期：　2015 年 03 月 01 日至 2015 年 03 月 31 日

纳税人名称：（公章）　　　　纳税人识别号：410101071989435

面积单位：平方米　　　　金额单位：元（列至角分）

序号	土地使用证号	坐落地点	本期实际占地面积	法定免税面积	应税面积	土地等级	适用税额	今年应缴税额	计税月份数	本期		
										应纳税额	已纳税额	应补退额税
	1	2	3	4	（5）=（3）－（4）	6	7	8	9	（10）=（8）×（9）÷12	11	（12）=（10）－（11）
	略	略	80 000	18 000	62 000	2 级	2	124 000	3	31 000		31 000
合计			80 000	18 000	62 000			124 000		31 000		31 000

本表一式两份，一份由主管税务机关受理后退还给纳税人，另一份由税务机关留存。

知识训练

1. 单项选择题

（1）下列各项中，不属于资源税纳税人的是（　　）。

A. 开采天然原油的中外合资企业　　B. 开采石灰石的个体经营者

C. 开采原煤的国有企业　　D. 进口铁矿石的私营企业

（2）纳税人开采铁矿石销售的，其资源税的计税依据为（　　）。

A. 开采数量　　B. 实际产量　　C. 计划产量　　D. 销售数量

（3）纳税人开采原油销售，征收资源税应以（　　）为计税依据。

A. 含增值税的销售额　　B. 不含增值税的销售额

C. 开采数量　　D. 销售数量

（4）自产自用应税矿产品资源税纳税义务发生时间是（　　）。

A. 开采应税矿产品　　B. 购买单位提货时

C. 销售时　　D. 移送使用时

（5）企业办的学校、医院、托儿所、幼儿园自用的土地，（　　）城镇土地使用税。

A. 应照章征收　　B. 学校用地应照章征收，其他用地不征收

C．可以定期减免十年　　D．免征

（6）城镇土地使用税的计税依据是（　　）。

A．纳税人实际征用的土地面积　　B．纳税人实际使用的耕地面积

C．纳税人实际占用的土地面积　　D．税务机关认定的建筑物占地面积

（7）下列各项中，关于耕地占用税说法正确的是（　　）。

A．占用菜地开发花圃属于耕地占用税征税范围

B．集体土地不属于耕地占用税征税范围

C．占用食品加工厂用地属于耕地占用税征税范围

D．占用鱼塘建房属于耕地占用税征税范围

（8）下列应征土地增值税的项目是（　　）。

A．出让国有土地使用权　　B．转让国有土地使用权并取得收入

C．出租房地产并取得收入　　D．国家征用房地产

（9）土地增值税的计税依据是（　　）。

A．房地产转让收入额　　B．房地产开发总投入额

C．房地产转让增值额　　D．房地产转让所得额

2．多项选择题

（1）下列资源中，应征收资源税的有（　　）。

A．与原油同时开采的天然气　　B．煤矿生产的天然气

C．原煤　　D．人造石油

（2）下列税金中，某煤矿销售一批煤炭应缴纳的有（　　）。

A．增值税　　B．营业税　　C．城市维护建设税　D．资源税

（3）下列资源中，属于资源税应税产品的是（　　）。

A．洗选煤　　B．有色金属矿　　C．井矿盐　　D．海盐原盐

（4）拥有土地使用权的单位和个人不在土地所在地或土地使用权尚未确定的，由（　　）缴纳城镇土地使用税。

A．代管人　　B．产权所有人　　C．实际使用人　　D．承典人

（5）下列用地中，可免征城镇土地使用税的有（　　）。

A．直接用于农、林、渔业的生产用地　B．机场飞行区用地

C．市政街道、绿化带用地　　D．个人所有的居住房屋及院落用地

（6）下列占用（　　）等其他农用地建房或者从事非农业建设的，应征收耕地占用税。

A．菜地　　B．牧草地　　C．农田水利用地　D．养殖水面

（7）下列属于土地增值税征税范围的有（　　）。

A．以房地产抵押到期不能清偿的债务（不转移产权）

B．政府以收取土地出让金的方式出让国有土地使用权

C．存量房地产买卖

D．以房地产作价入股再转让的

（8）下列单位和个人，属于土地增值税纳税人的有（　　）。

A．出租闲置房屋的某事业单位　　B．出售花园小区的某房地产公司

C．被国家无偿收回厂房的某化工厂　　D．出售的某手表厂厂房

（9）销售新建房计算增值额时，可从房地产转让收入中据实扣除的项目有（　　）。

A. 取得土地使用权支付的地价款　　B. 房地产开发成本

C. 房地产开发费用　　D. 与转让房地产有关的税金

（10）转让旧房时，计算土地增值税的扣除项目应包括（　　）。

A. 房屋及建筑物的评估价格　　B. 取得土地使用权支付的地价款

C. 按国家规定交纳的有关费用　　D. 转让环节缴纳的税金

3．判断题

（1）资源税采取从量定额和从价定率的办法征收，实施“普遍征收、级差调节”的原则。（　　）

（2）纳税人开采或生产应税资源产品销售的，以应税产品产量为课税数量。（　　）

（3）资源税扣缴义务人代扣代缴的纳税义务发生时间，为支付首笔货款或开具应支付货款凭据的当天。（　　）

（4）城镇土地使用税的征收范围是城市、县城、建制镇、工矿区范围内的国家所有的土地。（　　）

（5）纳税单位无偿使用免税单位的土地免征城镇土地使用税；免税单位无偿使用纳税单位的土地照章征收城镇土地使用税。（　　）

（6）几个人或者几个单位共同拥有同一块土地使用权，则由其轮流缴纳这块土地的城镇土地使用税。（　　）

（7）土地使用权未确定或权属纠纷未解决的土地，暂不缴纳城镇土地使用税。（　　）

（8）土地增值税的纳税义务人是转让国有土地使用权、地上建筑物及其附着物并取得收入的企业和个人。（　　）

（9）纳税人建筑普通标准住宅出售的，可免征土地增值税。（　　）

（10）对于个人之间互换自有居住用房的行为，经当地税务机关审核，可免征土地增值税。（　　）

4．单项计算题

（1）某煤矿为增值税一般纳税人，2015 年 4 月生产原煤 150 万吨，当月对外销售 120 万吨，开具增值税专用发票注明金额 7 500 万元；另外，该煤矿当月还生产销售天然气 3 000 万立方米，增值税专用发票上注明金额 6 000 万元。已知该煤矿原煤适用的税率为 5%，煤矿临近的石油管理局天然气适用的税率为 6%，则该煤矿当月应纳资源税税额为（　　）万元。

A. 468.75　　B. 828.75　　C. 375　　D. 735

（2）某油田 2015 年 5 月销售原油 60 000 吨，实现销售收入为 9 880 元；销售与原油同时开采的天然气 1 700 万立方米，实现销售收入为 3 450 万元；开采过程中修井用原油 4 吨。假定该油田适用的税率为 6%，天然气适用的税率为 6%，则该油田 5 月应纳资源税为（　　）万元。

A. 592.8　　B. 207　　C. 683.59　　D. 799.8

（3）某企业实际占地面积共为 30 000 平方米，其中企业子弟学校面积为 2 000 平方米，医院面积为 1 000 平方米。该企业所处地理位置的城镇土地使用税为 3 元/平方米。该企业每年应缴纳的城镇土地使用税为（　　）元。

A. 81 000　　B. 87 000　　C. 84 000　　D. 90 000

（4）某企业占用林地 140 万平方米建造花园式厂房，所占耕地适用的定额税率为 30 元/平方米。该企业应缴纳的耕地占用税为（　　）万元。

A. 800　　B. 1 400　　C. 2 100　　D. 4 200

（5）某房地产开发企业销售商品房，共取得转让收入 2 600 万元，该项目的扣除项目金额合计为 1 200 万元，其增值率为（　　）。

A. 50%　　B. 53.85%　　C. 116.67%　　D. 120%

技能训练

（一）实训目的

（1）熟悉土地增值税纳税申报流程。

（2）熟悉、掌握土地增值税的账务处理。

（3）掌握“土地增值税纳税申报表”及附表的填制。

（二）实训程序

计算应纳土地增值税税额→填写“土地增值税申报表”。

（三）实训资料

某房地产开发公司出售一幢写字楼，收入总额为 3 000 万元。开发该写字楼的支出项目为：支付土地出让金及相关费用 200 万元，房地产开发成本为 1 000 万元，管理费用与销售费用为 100 万元，利息支出为 200 万元（可按转让项目分摊并提供金融机构证明），转让环节支付的营业税等税费共计 166.5 万元（其中含印花税 1.5 万元），该公司所在地政府规定的其他房地产开发费用的计算扣除比例为 5%。

任务：（1）请计算该房地产公司应缴纳的土地增值税。

（2）根据发生业务进行账务处理。

（3）填制“土地增值税纳税申报表”。

项目九

财产税类纳税实务

【工作过程描述】

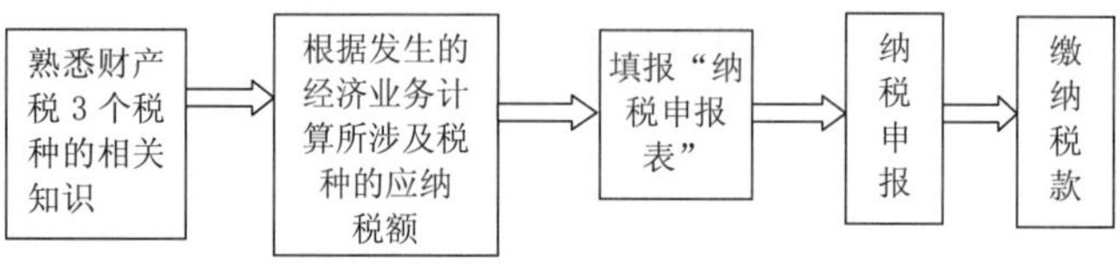

【技能目标】

能利用财产税的相关知识进行财产税应纳税额的计算并进行纳税申报。

项目引入

重庆嘉誉建材有限公司房产原值共计 6 000 万元，其中该企业所属幼儿园和医院用房原值分别为 200 万元和 500 万元，重庆市政府确定计算房产税余值的扣除比例为 30%。重庆市房产税的纳税期限，依照房产余值缴纳房产税的，按年计算，分月缴纳，征期为月份终了后 15 日内。依照房产租金缴纳房产税的，按次或按月计算，于月份终了后 15 日内或开具发票时缴纳。

重庆嘉誉建材公司有整备质量为 10 吨的货车两辆，原值合计 80 万元；大客车 1 辆；小汽车 2 辆，小汽车排量分别为 1.8 升和 2.4 升。重庆车船税税率：载货汽车的整备质量为每吨 60 元；大客车的整备质量为每辆 600 元；排量 1.6～2.0 升（含）的小汽车整备质量为每辆 360 元，排量 2.0～2.5 升（含）的小汽车整备质量为每辆 660 元。车船税按年申报，分月计算，一次性缴纳。保险机构代收车船税的，纳税人应当在购买机动车交通事故责任强制保险的同时交纳车船税。

任务:（1）计算该公司 2015 年应纳的房产税、2015 年 5 月应纳的房产税和车船税。

（2）根据业务进行房产税和车船税的账务处理。

（3）正确填写房产税和车船税纳税申报表。

相关知识

一、房产税

（一）房产税概述

房产税是以房产为征税对象，依据房产价格或房产租金收入向房产所有人或经营人征收的一种税。

现行的《中华人民共和国房产税暂行条例》(以下简称《房产税暂行条例》)是国务院 1986 年 9 月 15 日发布，并于同年 10 月 1 日起施行的。之后，国务院以及财政部、国家税务总局又陆续发布了一些有关房产税的规定、办法，这些共同构成了我国房产税法律制度。

（二）房产税的纳税义务人

房产税的纳税义务人为应税房产的产权所有人，包括产权所有人、经营管理单位、承典人、房产代管人或使用人。具体规定如下。

（1）产权属于国家所有的，以经营管理的单位为纳税人；产权属于集体和个人所有的，以集体单位和个人为纳税人。

（2）产权出典的，以承典人为纳税人。所谓产权出典，是指产权所有人将房屋、生产资料等的产权，在一定期限内典当给他人使用，而取得资金的一种融资业务。

（3）产权所有人、承典人不在房产所在地的或者产权未确定及租典纠纷未解决的，以房产代管人或使用人为纳税人。

（4）纳税单位和个人无租使用房产管理部门、免税单位及纳税单位的房产的，以使用人为纳税人。

（三）房产税的征税范围

房产税的征税范围为位于城市、县城、建制镇和工矿区内的房产。房产是以房屋形态表现的财产；房屋是有屋面和围护结构（有墙或两边有柱），能够遮风避雨，可供人们在其中生产、工作、学习、娱乐、居住或储藏物资的场所。独立于房屋之外的建筑物，如围墙、水塔、烟囱等不属于房屋，不征房产税。

房地产开发企业建造的商品房，在出售前不征收房产税；但对出售前房地产开发企业已使用或出租、出借的商品房应按规定征收房产税。

（四）房产税的税率

房产税实行比例税率，分别按从价计征和从租计征设置了两种税率。

（1）自用的房产，适用从价计征，按照房产余值计算应纳税额，适用税率为1.2%。

（2）出租的房产，适用从租计征，按照房产租金收入计算应纳税额，适用税率为12%。

从2001年1月1日起，对个人按市场价格出租的居民住房，用于居住的，可暂减按4%的税率征收房产税。

（五）房产税的税收优惠

根据《房产税暂行条例》的规定，下列房产可以免征房产税。

（1）国家机关、人民团体、军队自用的房产免征房产税。但上述单位出租的房产以及非本身业务用的生产、营业用房产不属于免税范围。

（2）由国家财政部门拨付事业经费的单位自用的房产免征房产税。

（3）宗教寺庙和公园、名胜古迹自用的房产免征房产税。

（4）个人所有非营业用的房产免征房产税。为抑制房价过快增长和房产投机行为，从2012年1月1日起，我国在上海、重庆两地进行房产税试点改革。

（5）经财政部批准免税的其他房产免征房产税。根据《关于房产税若干具体问题的解释和暂行规定》，经财政部批准免税的其他房产主要包括以下几种。

① 为了鼓励事业单位经济自立，由国家财政部门拨付事业经费的单位，其经费来源实行自收自支后，从事业单位自收自支的年度起，免征房产税三年。

② 对高校后勤实体免征房产税。

③ 为鼓励利用地下人防设施，暂不征收房产税。

④ 经有关部门鉴定，对毁损不堪居住的房屋和危险房屋在停止使用后，可免征房产税。

⑤ 老年服务机构自用的房产免征房产税。

⑥ 对按政府规定价格出租的公有住房和廉价住房，暂免征收房产税。

⑦ 向居民供热并向居民收取采暖费的供热企业暂免征收房产税。

⑧ 房屋大修理停用在半年以上的，经纳税人申请、税务机关审核，在大修理期间可免征房产税。

⑨ 对非营利性医疗机构、疾病控制机构和妇幼保健机构等卫生机构自用的房产，免征房产税。

⑩ 在基建工地为基建工地服务的各种工棚、材料棚、休息棚和办公室、食堂、茶炉房、汽车房等临时性房屋，在施工期间，一律免征房产税。工程结束后，施工企业将这种临时性房屋交还或估价转让给基建单位的，应从基建单位接收的次月起，照章纳税。

除了上述规定之外，纳税人缴纳房产税确有困难的，可以由所在省、自治区、直辖市人民政府确定，定期减税或者免税。

（六）房产税应纳税额的计算

1. 计税依据的确定

（1）纳税人自用的房产，以房产原值一次减除10%～30%折旧后的余值作为计税依据。

（2）房产出租的，以房产租金收入作为计税依据。

2．应纳税额的计算

（1）纳税人自用房产的计算公式为：

应纳税额=应税房产原值×（1－扣除比例）×1.2%

【学中练 9-1】某企业的经营用房原值为 5 000 万元，按照当地规定允许按减除 30% 后的余值计税，适用税率为 1.2%。请计算其应纳房产税税额。

解析：应纳税额=5 000×（1－30%）×1.2%=42（万元）。

（2）出租的房产计算公式为：

应纳税额=租金收入×12%

【学中练 9-2】某公司出租房屋 3 间，年租金收入为 30 000 元，适用税率为 12%，请计算其应纳房产税税额。

解析：应纳税额=30 000×12%=3 600（万元）。

（七）房产税的账务处理

企业应设置“应交税费——应交房产税”账户核算房产税。计算当期应纳房产税时，借记“管理费用”账户，贷记“应交税费——应交房产税”账户；分期（月、季、半年）申报缴纳房产税时，借记“应交税费——应交房产税”账户，贷记“银行存款”等账户。

（八）房产税的纳税申报

1. 纳税义务发生时间

（1）纳税人将原有房产用于生产经营，从生产经营之月起缴纳房产税。

（2）纳税人自行新建房屋用于生产经营，自建成之次月起缴纳房产税。

（3）纳税人委托施工企业建设的房屋，从办理验收手续之次月起缴纳房产税。

（4）纳税人购置新建商品房，自房屋交付使用之次月起缴纳房产税。

（5）纳税人购置存量房，自办理房屋权属转移、变更登记手续，房地产权属登记机关签发房屋权属证书之次月起，缴纳房产税。

（6）纳税人出租、出借房产，自交付出租、出借房产之次月起缴纳房产税。

（7）房地产开发企业自用、出租、出借本企业建造的商品房，自房屋使用或交付之次月起，缴纳房产税。

（8）自 2009 年 1 月 1 日起，纳税人因房产的实物或权利状态发生变化而依法终止房产税纳税义务的，其应纳税款的计算应截止到房产的实物或权利状态发生变化的当月末。

2. 纳税期限

房产税按年征收，分期缴纳。具体纳税期限由各省、自治区、直辖市人民政府确定。

3. 纳税地点

房产税由纳税人向房产所在地的主管税务机关缴纳。房产不在同一地方的纳税人，应当按照房产坐落的地点，分别向房产所在地的主管税务机关缴纳房产税。

4. 纳税申报

房产税的纳税人应按照有关规定，及时办理纳税申报，并如实填写“房产税纳税申报表”。各省“房产税纳税申报表”的内容及格式不尽相同，表 9-1 为上海市的“房产税纳税申报表”。

表 9-1　　　　　　　　　　　　上海市房产税纳税申报表

纳税人识别码　　　　　　纳税人代码　　　　申报所属期　　　年　月　日至　　　年　月　日

	房屋坐落地址	产权证号码	房屋结构及用途	房产原值	其中：法定免税房产原值	地下建筑折算比例	折算后的房产原值	计税房产余值	税率	计税月份数	本期应纳税额
自用房屋	1	2	3	4	5	6	(7)=[(4)-(5)]×(6)	(8)=(7)×(1-20%)	9	10	(11)=(8)×(9)×(10)÷12
小计											

	房屋坐落地址	产权证号码	房产原值	本期租金收入	其中：法定免税租金收入	税率	本期应纳税额
出租房屋	12	13	14	15	16	17	(18)=[(15)-(16)]×(17)
小计							
应纳房产税税额合计（按房产原值缴税的本期应纳税额小计+按租金收入缴税的本期应纳税额小计）=							

本表一式三联，第一联由纳税人保存；第二联由主管税务机关留存；第三联由税务机关作为税收会计原始凭证。

二、契税

（一）契税概述

契税是对在我国境内转移土地、房屋权属，依当事人所订契约，由承受单位和个人缴纳的一种税。契税是以所有权发生转移变动的不动产为征税对象，向产权承受人征收的一种财产税。

现行契税法的基本规范是国务院于 1997 年 7 月 7 日颁布并于同年 10 月 1 日起施行的《中华人民共和国契税暂行条例》。同年 10 月 28 日，财政部印发《中华人民共和国契税暂行条例实施细则》。之后，国家财政部、税务主管部门又陆续发布了一些有关契税的规定、办法，这些共同构成了我国契税法律制度。

（二）契税的纳税义务人

契税的纳税义务人是指在我国境内承受土地、 房屋权属转移的单位和个人。“承受”是指以受让、购买、受赠、交换等方式取得土地、房屋权属的行为；“单位”是指企业单位、事业单位、国家机关、军事单位和社会团体以及其他组织；“个人”是指个体经营者及其他个人。

（三）契税的征税范围

契税的具体征税范围包括以下几项内容。

（1）国有土地使用权出让。国有土地使用权出让是指土地使用者向国家交付土地使用权出让费用，国家将国有土地使用权在一定年限内让与土地使用者的行为。

（2）土地使用权的转让。土地使用权的转让是指土地使用者以出售、赠与、交换或者其他方式将土地使用权转移给其他单位和个人的行为。土地使用权的转让不包括农村集体土地承包经营权的转移。

（3）房屋买卖。房屋买卖是指房屋所有者将其房屋出售，由承受者交付货币、实物、无形资产或者其他经济利益的行为。

（4）房屋赠与。房屋赠与是指房屋所有者将其房屋无偿转让给受赠者的行为。

（5）房屋交换。房屋交换是指房屋所有者之间互相交换房屋的行为。

小贴士

除上述情形外，在实际中还有其他一些转移土地、房屋权属的形式，如以土地、房屋权属作价投资、入股；以土地、房屋权属抵债；以获奖方式承受土地、房屋权属；以预购方式或者预付集资建房款方式承受土地、房屋权属等。对于这些转移土地、房屋权属的形式，可以分别视同土地使用权转让、房屋买卖或者房屋赠与征收契税。

（四）契税的税率

契税实行幅度比例税率，税率幅度为 3%～5%。具体适用税率由省、自治区、直辖市人民政府在规定的幅度内按照本地区的实际情况确定，并报财政部和国家税务总局备案。

（五）契税的税收优惠

有下列情形之一者，减征或免征契税。

（1）国家机关、事业单位、社会团体、军事单位承受土地、房屋，用于办公、教学、医疗、科研和军事设施的，免征契税。

（2）城镇职工按规定第一次购买公有住房的，免征契税。

（3）因不可抗力灭失住房而重新购买住房的，可以酌情减免征收契税。

（4）土地、房屋被县级以上人民政府征用、占用之后，重新承受土地、房屋权属的，由各省、自治区、直辖市人民政府确定是否减免契税。

（5）承受荒山、荒沟、荒丘、荒滩土地使用权，用于农业、林业、牧业、渔业生产的，免征契税。

（6）经外交部确认，依照我国有关法律规定以及我国缔结、参加的双边和多边条约或协定，应予免税的外国驻华使馆、领事馆、联合国驻华机构、外交代表、领事官员和其他人员承受土地、房屋权属的，免征契税。

（7）公司制改造。非公司制企业整体改建为有限责任公司或股份有限公司，或者有限责任公司整体改建成股份有限公司的，对改建后的公司承受原企业土地、房屋权属的，免征契税；非公司制国有独资企业或国有独资有限责任公司，以其部分资产与他人组建新公司，且该国有独资企业在新设公司中所占股份超过 50%的，对新设公司承受该国有独资企业的土地、房屋权属的，免征契税。

（8）企业合并。合并后的企业承受原来合并各方的土地、房屋权属的，免征契税。

（9）企业分立。分设为两个或两个以上投资主体的，对派生方、新设方承受原企业土地、房屋权属的，免征契税。

（六）契税应纳税额的计算

1. 计税依据

契税的计税依据为土地、房屋权属转移时双方当事人签订的契约价格。具体规定如下。

（1）国有土地使用权出让、土地使用权出售、房屋买卖，以成交价格为计税依据。成交价格是指土地、房屋权属转移合同确定的价格，包括承受者应交付的货币、实物、无形资产或者其他经济利益。

（2）土地使用权赠与、房屋赠与，由征收机关参照土地使用权出售、房屋买卖的市场价格核定。

（3）土地使用权交换、房屋交换，以所交换的土地使用权、房屋的价格差额为计税依据。即交换价格相等时，免征契税；交换价格不等时，由多交付货币、实物、无形资产或者其他经济利益的一方缴纳契税。

（4）以划拨方式取得土地使用权经批准转让房地产时，由房地产转让者补缴契税。计税依据为补缴的土地使用权出让费用或者土地收益。

以上成交价格明显低于市场价格并且无正当理由的，征收机关可以参照市场价格核定计税依据。

2. 应纳税额的计算

契税应纳税额的计算公式为：

应纳税额=计税依据×适用税率

【学中练 9-3】居民甲有两套住房，将一套出售给居民乙，成交价格为 200 000 元；将另一套两室住房与居民丙交换成两处一室住房，并支付给丙换房差价款 60 000 元。试计算甲、乙、丙相关行为应缴纳的契税（假定税率为 4%）。

解析：房屋交换以房屋交换的价格差额为计税依据。交换价格相等时，免征契税；交换价格不等时，由多交付货币、实物、无形资产或者其他经济利益的一方缴纳契税。

（1）居民甲作为住房的出售者，第一套住房不需要缴纳契税，第二套住房用于和丙交换，并多支付了差价 60 000 元，则应按照差价纳税。

应纳契税=60 000×4%=2 400（元）。

（2）居民乙购入一套住房，作为房屋转让的承受者，应缴纳契税。

应纳契税=800 000×4%=32 000（元）。

（3）居民丙在与居民甲交换房屋时，没有支付差价，故不缴纳契税。

（七）契税的账务处理

契税是一次性征收的税收。纳税人取得土地使用权、房屋按规定应缴纳的契税，不通过“应交税费”科目核算，发生时直接计入所取得的土地使用权或房屋的成本，借记“固定资产”

“在建工程”等科目，贷记“银行存款”科目。

（八）契税的纳税申报

1. 纳税义务发生时间

契税纳税义务发生的时间，是纳税人签订土地、房屋权属转移合同的当天，或者取得其他具有土地、房屋权属转移合同性质凭证的当天。

2. 纳税期限

纳税人应当自纳税义务发生之日起 10 日内，向土地、房屋所在地的税收征收机关办理纳税申报，并在税收征收机关核定的期限内缴纳税款。

3. 纳税地点

契税实行属地征收管理。纳税人发生契税纳税义务时，应向土地、房屋所在地的税收征收机关申报纳税。

4. 纳税申报

纳税人发生契税纳税义务时，应在规定的期限内向土地、房屋所在地的税收征收机关申报纳税，并如实填写“契税纳税申报表”。该申报表的内容与格式如表 9-2 所示。

表 9-2　契税纳税申报表

填表日期：　年　月　日　　　　金额单位：元；面积单位：平方米

<table>
<tr><td rowspan="3">承受方</td><td>名称</td><td></td><td>纳税人管理码</td><td></td><td>纳税人识别号</td><td></td></tr>
<tr><td>企业登记注册类型</td><td colspan="2"></td><td>所属行业</td><td colspan="2"></td></tr>
<tr><td>身份证照类型</td><td colspan="2"></td><td>身份证照号码</td><td colspan="2"></td></tr>
<tr><td rowspan="3">转让方</td><td>名称</td><td></td><td>纳税人管理码</td><td></td><td>纳税人识别号</td><td></td></tr>
<tr><td>企业登记注册类型</td><td colspan="2"></td><td>所属行业</td><td colspan="2"></td></tr>
<tr><td>身份证照类型</td><td colspan="2"></td><td>身份证照号码</td><td colspan="2"></td></tr>
<tr><td rowspan="9">土地、房屋权属转移</td><td>房、地产项目名称</td><td colspan="5"></td></tr>
<tr><td>合同签订时间</td><td colspan="5">年　月　日</td></tr>
<tr><td>土地、房屋坐落地址</td><td colspan="5"></td></tr>
<tr><td>权属转移类别</td><td colspan="5"></td></tr>
<tr><td>权属转移面积</td><td colspan="2">土地　平方米</td><td colspan="3">房屋建筑　平方米</td></tr>
<tr><td>成交价格</td><td colspan="5"></td></tr>
<tr><td>是否二手房</td><td colspan="2"></td><td>是否住房</td><td colspan="2"></td></tr>
<tr><td>是否普通住房</td><td colspan="2"></td><td>是否家庭唯一普通住房</td><td colspan="2"></td></tr>
<tr><td colspan="2">是否家庭唯一 90 平方米及以下普通住房</td><td colspan="4"></td></tr>
<tr><td rowspan="4">拆迁情况</td><td>被拆迁房屋地址名称</td><td colspan="5"></td></tr>
<tr><td>拆迁协议编号</td><td colspan="5"></td></tr>
<tr><td>拆迁补偿额</td><td colspan="2">元</td><td>本次可使用补偿额</td><td colspan="2">元</td></tr>
<tr><td>本次使用补偿额</td><td colspan="2">元</td><td>拆迁补偿剩余额</td><td colspan="2">元</td></tr>
<tr><td>计税价格</td><td>元</td><td>适用税率</td><td>%</td><td>计征税额</td><td colspan="2">元</td></tr>
<tr><td>减免类别</td><td></td><td>拆迁减免金额</td><td>元</td><td>普通住宅减税金额</td><td colspan="2">元</td></tr>
<tr><td>减免税额</td><td>减免税金额</td><td colspan="5">元</td></tr>
</table>

续表

	减免税文书字号	
应纳税额		元
我声明，此纳税申报表是根据《中华人民共和国契税暂行条例》的规定填报的，我确信它是真实的、可靠的、完整的。 纳税人（签字、盖章）		
受理人　　年　月　日　　审核人　　年　月　日　　受理机关　　年　月　日		

（本表用A4纸竖式打印，一式两份：一份由纳税人保存；另一份由主管征收机关留存。）

三、车船税

（一）车船税概述

车船税是以在我国境内车船管理部门登记的车辆、船舶（以下简称车船）作为征税对象，向拥有车船的单位和个人征收的一种税。

现行的《中华人民共和国车船税法》《中华人民共和国车船税法实施条例》是2012年1月1日起施行的，与后来的国家税务总局2013年7月26日发布的《关于车船税征管若干问题的公告》一起，构成了我国目前的车船税法律制度。

（二）车船税的纳税义务人

车船税的纳税义务人为《车船税法》所规定的车辆、船舶的所有人或管理人。车船的所有人或者管理人未缴纳车船税的，由使用人代为缴纳。车船的管理人是指对车船具有管理使用权，不具有所有权的单位。

从事机动车交通事故责任强制保险业务的保险机构为机动车车船税的扣缴义务人，依法代收代缴车船税。

（三）车船税的征税范围

车船税的征税范围为《车船税法》中列举的车辆和船舶。

（1）车辆。车辆即指依靠燃油、电力等能源作为动力运行的机动车辆，包括载客汽车（含电车）、载货汽车（含半挂牵引车、挂车）、三轮汽车、低速货车、摩托车、专用作业车和轮式专用机动车等。

（2）船舶。船舶包括机动船舶和非机动船舶。机动船舶指依靠燃料等能源作为动力运行的船舶，如客轮、货船、气垫船等；非机动船舶指依靠人力或者其他力量运行的船舶，如木船、帆船、舢板等。

在机场、港口以及其他企业内部场所行驶或者作业，并在车船管理部门登记的车船，应当缴纳车船税。

（四）车船税的税率

车船税的税目有5类，包括乘用车、商用车、其他车辆、摩托车和船舶。车船税实行有幅度的定额税率（见表9-3）。

表 9-3　　　　　　　　　　　　　车船税税目税额表

税目		计税单位	年基准税额（元）	备注
乘用车[按发动机汽缸容量（排气量）分档]	1.0 升（含）以下	每辆	60～360	核定载客人数 9 人（含）以下
	1.0 升以上至 1.6 升（含）		300～540	
	1.6 升以上至 2.0 升（含）		360～660	
	2.0 升以上至 2.5 升（含）		660～1 200	
	2.5 升以上至 3.0 升（含）		1 200～2 400	
	3.0 升以上至 4.0 升（含）		2 400～3 600	
	4.0 升以上		3 600～5 400	
商用车	客车	每辆	480～1 440	核定载客人数 9 人以上，包括电车
	货　车	整备质量每吨	16～120	包括半挂牵引车、三轮汽车和低速载货汽车等
挂车		整备质量每吨	挂车按货车税额的 50%计算	
其他车辆	专用作业车	整备质量每吨	16～120	不包括拖拉机
	轮式专用机械车			
摩托车		每辆	36～180	
船舶	机动船舶	净吨位每吨	3～6	拖船、非机动驳船分别按照机动船舶税额的 50%计算
	游　艇	艇身长度每米	600～2 000	长度指游艇总长

（五）车船税的税收优惠

下列车船免征车船税。

（1）捕捞、养殖渔船，即在渔业船舶管理部门登记为捕捞船或者养殖船的渔业船舶。

（2）军队、武警专用的车船，即按照规定在军队、武警车船管理部门登记，并领取军用牌照、武警牌照的车船。

（3）警用车船，即公安机关、国家安全机关、监狱、劳动教养管理机关和人民法院、人民检察院领取警用牌照的车辆和执行警务的专用船舶。

（4）依照我国有关法律和我国缔结或者参加的国际条约的规定应当予以免税的外国驻华使馆、领事馆和国际组织驻华机构及其有关人员的车船。

（5）对节税能源、使用新能源的车船免征或者减半征收车船税；对受地震、洪涝等严重自然灾害影响纳税困难以及由于其他特殊原因确需减免税的车船，可以在一定期限内减征或者免征车船税。

（6）省、自治区、直辖市人民政府根据当地实际情况，可以对公共交通车船，农村居民拥有并主要在农村地区使用的摩托车、三轮汽车和低速载货汽车定期减征或者免征车船税。

小贴士

对纯电动乘用车、燃料电池乘用车、非机动车船（不包括非机动驳船），临时入境的外国车船和中国香港特别行政区、中国澳门特别行政区、中国台湾地区的车船，不征车船税。

（六）车船税应纳税额的计算

1. 计税依据的确定

车船税的计税依据，按车船种类和性能分别确定为辆、整备质量吨位、净吨位和艇身长度4种。

（1）乘用车、商用客车、摩托车以应税车辆的数量为计税依据。

（2）商用货车、挂车、专用作业车、轮式专用机械车以应税车辆的整备质量吨位为计税依据。

（3）机动船舶以净吨位为计税依据；非机动驳船、拖船按机动船舶税额的50%计税。

（4）游艇以艇身长度为计税依据。

2. 应纳税额的计算

车船税应纳税额的计算公式如下。

（年）应纳税额=计税依据×适用税率

对于购置的新车船，购置当年的应纳税额自纳税义务发生的当月起按月计算。其计算公式如下。

应纳税额=年应纳税额÷12×应纳税月份数

小贴士

自2013年9月1日起，《车船税法》及其实施条例涉及的整备质量吨位、净吨位、艇身长度等计税单位，有尾数的一律按照含尾数的计税单位据实计税，应纳税额小数点后可保留两位小数。

【学中练9-4】某运输企业拥有载货汽车20辆、挂车8辆，整备质量吨位均为10吨；客货两用车2辆，整备质量吨位为3吨；大客车3辆；排气量为1.6L的小汽车2辆。当地车船税年税额为：载货汽车每吨80元，大客车每辆960元，小汽车每辆360元。请计算该企业年应纳车船税税额。

解析：应纳税额=20×10×80+8×10×80×50%+2×3×80+3×960+2×360=23 280（元）。

【学中练9-5】某航运公司拥有机动船30辆（其中净吨位为100吨的12艘，2 000吨的8艘，5 000吨的10艘）。净吨位为100吨的，单位税额为3元；净吨位为2 000吨的，单位税额为4元；净吨位为5 000吨的，单位税额为5元。请计算该航运公司年应纳车船税税额。

解析：载货汽车以整备质量吨位为计税依据，挂车按载货汽车50%的标准计税，客、货两用车按载货汽车的计税单位和税额计征，小汽车按辆计征。

该公司年应纳车船税税额=12×100×3+8×2 000×4+10×5 000×5=317 600（元）。

（七）车船税的账务处理

企业应设置“应交税费—应交车船税”账户核算车船税。计提车船税时，应借记“管理费用”账户，贷记该账户；缴纳车船税时应借记该账户，贷记“银行存款”账户。该账户期末贷方余额反映应缴而未缴的车船税。

（八）车船税的纳税申报

1. 纳税义务发生时间

车船税纳税义务发生时间为取得车船所有权或者管理权的当月。“当月”是指购买车船的发票或其他证明文件所载月份。

在同一纳税年度内，已缴纳车船税的车船办理转让过户的，不另纳税，也不退税。

在一个纳税年度内，已完税的车船被盗抢、报废、灭失的，纳税人可以凭有关管理机关出具的证明和完税证明，向纳税所在地的主管税务机关申请退还自被盗抢、报废、灭失月份起至该纳税年度终了期间的税款。已办理退税的被盗抢车船失而复得的，纳税人应当从公安机关出具相关证明的当月起计算缴纳车船税。

小贴士

车船税纳税义务发生时间为取得车船所有权或者管理权的当月，与车船是否到管理部门登记无关。

2. 纳税期限

车船税按年申报缴纳，分月计算，一次缴纳。纳税年度为公历1月1日至12月31日，具体申报纳税期限由省、自治区、直辖市人民政府规定。由保险机构代收代缴机动车车船税的，纳税人应当在购买机动车交通事故责任强制保险的同时缴纳车船税。

3. 纳税地点

车船税由地方税务机关负责征收。车船税的纳税地点为车船的登记地或者车船税扣缴义务人所在地。依法不需要办理登记的车船，车船税的纳税地点为车船的所有人或者管理人所在地。

4. 纳税申报

车船税的缴纳方法有以下两种。

（1）由从事机动车交通事故责任强制保险的保险机构为车船税的扣缴义务人，在收取保险费时依法代收车船税。纳税人在购买机动车交通事故责任强制保险时缴纳车船税的，不再向地方税务机关申报纳税。

（2）由纳税人自行缴纳，即纳税人根据税务机关规定的时间，自己到税务机关缴纳车船税。

各省“车船税纳税申报表”的内容与格式不尽相同，可以从各省地税局网站上下载，此处略。

项目实施

一、计算房产税和车船税

1. 房产税2015年应纳税额和2015年5月应纳税额

年应纳房产税=（6 000−200−500）×（1−30%）×1.2%=44.52（万元）。

由于重庆市是按年计算，分月缴纳，月应纳房产税计算为：

5月应纳房产税=44.52÷12=3.71（万元）。

2. 车船税年应纳税额

载重汽车年应纳税额=10×2×60=1 200（元）。

大客车年应纳税额=600×1=600（元）。

小汽车年应纳税额=360×1+660×1=1 020（元）。

应纳车船税合计=1 200+600+1 020=2 820（元）。

二、账务处理

1. 房产税的账务处理

借：管理费用　　445 200

　　贷：应交税费——应交房产税　　445 200

2. 车船税的账务处理

借：管理费用　　2 820

　　贷：应交税费——应交房产税　　2 820

三、填写“纳税申报表”

重庆市“房产税纳税申报表”如表9-4所示。由于重庆嘉誉建材有限公司的车船税由保险机构代收代缴，保险机构代收代缴车船税时不需要纳税人填写车船税纳税申报表，故车船税纳税申报表的填写略去。

知识训练

1. 单项选择题

（1）按照房产居住收入计算房产税所适用的税率是（　　）。

A. 1.2%　　B. 3%　　C. 10%　　D. 12%

（2）李某将其在外省的自有住房出典给王某，则该房产的房产税纳税义务人是（　　）。

A. 李某　　B. 王某　　C. 两人都不用缴税　　D. 两人分别缴税

（3）纳税人于2014年3月自行新建房屋用于生产经营。2015年5月房屋竣工，并于7月被交给生产部门使用，则该纳税人从（　　）起，缴纳房产税。

A. 2014年3月　　B. 2015年5月　　C. 2015年6月　　D. 2015年7月

（4）房产税依照房产原值一次减除（　　）的余值计算缴纳。

A. 10%～20%　　B. 10%～30%　　C. 5%～20%　　D. 5%～30%

（5）下列行为不征收契税的是（　　）。

A. 以房抵债　　B. 以房产对外投资　　C. 房屋赠与　　D. 房屋使用权交换

（6）土地使用权交换、房屋交换，若交换价格不相等时，由（　　）交纳契税。

A. 少交付货币的一方

B. 少交付实物一方

C. 交换双方分别

D. 多交付货币、实物、无形资产或者其他经济利益的一方

（7）下列各项中，不属于车船税征税范围的是（　　）。

A. 三轮汽车　　B. 客车　　C. 摩托车　　D. 养殖渔船

（8）下列车船可以免征车船税的有（　　）。

A. 外商投资企业的汽车　　B. 武警消防车

C. 政府机关办公用车　　D. 农村居民拥有的且在农村使用的小汽车

（9）根据车船税法律制度规定，下列各项中属于载货汽车计税依据的是（　　）。

A. 排气量　　B. 整备质量吨位　　C. 净吨位　　D. 购置价格

（10）纳税人新购置车辆使用的，其车船税的纳税义务发生时间为（　　）。

A. 购置使用的当月　　B. 购置使用的次月

C. 购置使用的当年　　D. 购置使用的次年

表 9-4

重庆市房产税纳税申报表

税款所属期：自 2015 年 05 月 01 日至 2015 年 05 月 31 日　　填表日期：2015 年 06 月 05 日　　金额单位：元（列至角分）；面积单位：平方米

纳税人识别号

纳税人信息	名称	重庆嘉誉建材股份有限公司	纳税人分类	单位☑ 个人□		
	登记注册类型	股份有限公司	所属行业	建材		
	身份证照类型	身份证□　护照□　军官证□　其他______	联系人		联系方式	

一、从价计征房产税

	房产原值	其中：出租房产原值	计税比例	税率	计税月份数	本期应纳税额	减免性质代码	减免税房产的原值	本期减免税额	本期已缴税额	本期应补（退）税额
1	60 000 000.00	0	70%	1.2%	1	42 000.00		7 000 000.00	4 900.00		37 100.00
2											
3											
合计	60 000 000.00		*	*	*	42 000.00	*	7 000 000.00	4 900.00		37 100.00

二、从租计征房产税

	本期应税租金收入	适用税率	本期应纳税额	本期已缴税额	本期应补（退）税额
1		4%□　12%□			
2		4%□　12%□			
3		4%□　12%□			
合计		*			

以下由纳税人填写：					
纳税人声明	此纳税申报表是根据《中华人民共和国房产税暂行条例》和国家有关税收规定填报的，是真实的、可靠的、完整的。				
纳税人签章		代理人签章		代理人身份证号	
以下由税务机关填写：					
受理人		受理日期	年　月　日	受理税务机关签章	

本表一式两份，一份由纳税人留存，另一份由税务机关留存。

2．多项选择题

（1）下列项目中应缴房产税的有（　　）。

A．事业单位对外营业的餐厅　　B．已销售的居民住宅

C．企业自己办的幼儿园用房　　D．已用于贷款抵押的厂房

（2）房产税的计税依据是（　　）。

A．房产净值　　B．租金收入　　C．房产市价　　D．房产余值

（3）企业经办的（　　）自用房产，可免征房产税。

A．食堂　　B．托儿所　　C．医院　　D．学校

（4）房产税的纳税人有（　　）。

A．承典人　　B．房产使用人　　C．经营管理人　　D．产权所有人

（5）下列有关契税的表述中，正确的有（　　）。

A．契税的纳税人是我国境内土地、房屋权属的承受者

B．契税的征税对象是我国境内产权发生转移的不动产

C．契税实行差别比例税率

D．契税的纳税人不包括国有经济单位

（6）下列各项中，属于契税征收范围的有（　　）。

A．房屋交换　　B．房屋出租　　C．房屋买卖　　D．房屋赠与

（7）根据契税法律制度规定，契税的纳税义务发生时间为（　　）。

A．取得房地产权属转移合同性质凭证的当天

B．办理房地产权证的当天

C．签订房地产权属转移合同的当天

D．缴纳房地产预付款的当天

（8）下列属于车船税征税范围的是（　　）。

A．载客汽车　　B．载货汽车　　C．摩托车　　D．电动自行车

（9）下列各项中，属于车船税计税依据的是（　　）。

A．辆　　B．艇身长度　　C．净吨位　　D．容积

（10）可以由省、自治区、直辖市人民政府自行确定征收车船税的有（　　）。

A．非机动车船

B．城市公共交通用车

C．农村居民拥有的且在农村使用的摩托车

D．农村居民拥有的且在农村使用的小汽车

3．判断题

（1）承租人使用房产，以支付修理费抵交房产租金的，房产所有人可免纳房产税。（　　）

（2）房产税的征税范围包括城市、县城、工矿区、建制镇及农村。（　　）

（3）房地产开发企业建造的商品房在出售前，不征收房产税，但对出售前房地产开发企业已使用或出租、出售的房产应按规定征收房产税。（　　）

（4）契税的纳税地点为纳税人机构所在地的契税征收机关。（　　）

（5）取得荒山、荒沟、荒丘、荒滩土地并用于工业园建设的，免征契税。（　　）

（6）由扣缴义务人代收代缴机动车车船税的，纳税人应当在购买机动车交通事故责任强制保险的同时缴纳车船税。（　　）

（7）已办理退税的被盗抢车船失而复得的，纳税人应当从公安机关出具相关证明的当月起计算缴纳车船税。（　　）

（8）车船税按年征收，分期缴纳，具体纳税期限由省、自治区、直辖市地方税务局确定。（　　）

4．单项计算题

（1）某企业 2015 年 6 月 30 日签订房屋租赁合同一份，将价值 500 000 元的办公室从 7 月 1 日起出租给他人使用，租期 12 个月，月租 2 000 元，每月收租金 1 次。企业所在省规定计算房产余值的扣除比例为 30%，则该企业 2015 年就该房产而言应缴纳的房产税为（　　）元。

A．1 440　　B．2 880　　C．3 540　　D．4 200

（2）A、B 两人因需要互换房地产产权，经评估部门确认，A 的房地产价值为 400 万元，B 的房地产价值为 500 万元，该地区契税适用税率为 3%，则应纳契税为（　　）万元。

A．3　　B．12　　C．15　　D．0

（3）某货运公司 2015 年拥有载货汽车 10 辆、挂车 6 辆，整备质量吨位均为 20 吨；3 辆四门六座客货两用车，整备质量吨位为 3 吨；2.0 升排气量的小轿车 2 辆。该公司所在省规定载货汽车整备质量每吨税额为 50 元，2.0 升排气量的小轿车年纳税税额为每辆 480 元，则该企业 2015 年应纳车船税税额为（　　）元。

A．0　　B．14 410　　C．15 400　　D．17 410

技能训练

（一）实训目的

（1）熟悉房产税纳税申报流程。

（2）掌握契税的计算。

（3）熟悉、掌握房产税、契税的账务处理。

（4）掌握“房产税纳税申报表”的填制。

（二）实训程序

（1）计算应纳房产税税额→填写“房产税申报表”。

（2）计算转让土地所涉及的契税纳税义务人应纳契税税额。

（三）实训资料

（1）上海市国光股份有限公司（纳税人识别号为 210205578668766，房屋坐落地址和产权证号略）在其所在城市市区有房屋三幢，其中两幢用于本企业的生产经营，这两幢房产账面原值共为 400 万元；另外一幢房屋租给某私营企业，年租金收入为 20 万元（上海市政府规定允许按房产原值一次扣除 30%）。

任务：① 计算该企业全年应纳房产税税额。

② 根据发生的业务进行账务处理。

③ 填写上海市“房产税纳税申报表”。

（2）2015 年 4 月，厦门菱帅电器厂从土地管理部门购入一块土地的使用权，支付出让金 50 万元；5 月，该厂未对该土地进行任何开发就将其以 70 万元的价格转让给厦门复美纺织厂。

任务：① 计算菱帅电器厂从国家购入土地使用权应缴纳的契税。

② 根据发生的业务进行账务处理。

③ 计算复美纺织厂从菱帅电器厂购入土地使用权应缴纳的契税。

项目十

行为税类纳税实务

【工作过程描述】

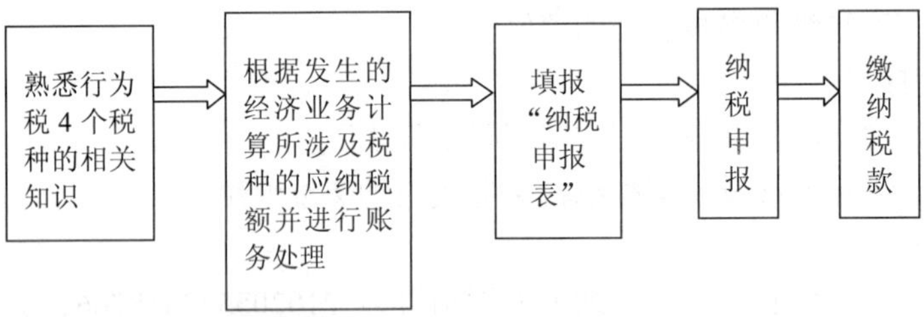

【技能目标】

能利用行为税的相关知识进行行为税各税种应纳税额的计算并进行账务处理和纳税申报。

项目引入

郑州市诚信实业有限公司地处郑州市二七区，主营业务为建材的销售。2015 年 5 月该公司“增值税纳税申报表”如表 10-1 所示，企业已将本期应纳税额进行银行转账。

表 10-1 增值税纳税申报表（适用小规模纳税人）

纳税人识别号：4 1 0 1 0 3 7 8 9 0 1 2 3 4 5

纳税人名称（公章）：郑州市诚信实业有限公司　　金额单位：元（列至角分）

税款所属期：2014 年 05 月 01 日至 2014 年 05 月 31 日　　填表日期：2015 年 06 月 08 日

<table>
<tr><th rowspan="2"></th><th rowspan="2">项　　目</th><th rowspan="2">栏次</th><th colspan="2">本期数</th><th colspan="2">本年累计</th></tr>
<tr><th>应税货物及劳务</th><th>应税服务</th><th>应税货物及劳务</th><th>应税服务</th></tr>
<tr><td rowspan="9">一、计税依据</td><td>（一）应征增值税不含税销售额</td><td>1</td><td>33 980.58</td><td></td><td>237 106.58</td><td></td></tr>
<tr><td>税务机关代开的增值税专用发票不含税销售额</td><td>2</td><td></td><td></td><td></td><td></td></tr>
<tr><td>税控器具开具的普通发票不含税销售额</td><td>3</td><td></td><td></td><td></td><td></td></tr>
<tr><td>（二）销售使用过的应税固定资产不含税销售额</td><td>4（4≥5）</td><td>7 766.99</td><td></td><td>7 766.99</td><td></td></tr>
<tr><td>其中：税控器具开具的普通发票不含税销售额</td><td>5</td><td></td><td></td><td></td><td></td></tr>
<tr><td>（三）免税销售额</td><td>6（6≥7）</td><td></td><td></td><td></td><td></td></tr>
<tr><td>其中：税控器具开具的普通发票销售额</td><td>7</td><td></td><td></td><td></td><td></td></tr>
<tr><td>（四）出口免税销售额</td><td>8（8≥9）</td><td></td><td></td><td></td><td></td></tr>
<tr><td>其中：税控器具开具的普通发票销售额</td><td>9</td><td></td><td></td><td></td><td></td></tr>
<tr><td rowspan="6">二、税款计算</td><td>本期应纳税额</td><td>10</td><td>1 174.76</td><td></td><td>7 268.54</td><td></td></tr>
<tr><td>本期应纳税额减征额</td><td>11</td><td>435.90</td><td></td><td>435.90</td><td></td></tr>
<tr><td>应纳税额合计</td><td>12=10-11</td><td>738.86</td><td></td><td>6 832.64</td><td></td></tr>
<tr><td>本期预缴税额</td><td>13</td><td></td><td></td><td></td><td></td></tr>
<tr><td>本期应补（退）税额</td><td>14=12-13</td><td>738.86</td><td></td><td></td><td></td></tr>
<tr><td></td><td></td><td></td><td></td><td></td><td></td></tr>
<tr><td rowspan="4">纳税人或代理人声明：
本纳税申报表是根据国家税收法律法规及相关规定填报的，我确定它是真实的、可靠的、完整的。</td><td colspan="6">如纳税人填报，由纳税人填写以下各栏。</td></tr>
<tr><td colspan="6">办税人员：　　　　财务负责人：
法定代表人：　　　　联系电话：</td></tr>
<tr><td colspan="6">如委托代理人填报，由代理人填写以下各栏。</td></tr>
<tr><td colspan="6">代理人名称（公章）：　　　　经办人：　　　　联系电话：</td></tr>
</table>

任务：（1）计算城建税和教育费附加、地方教育费附加。

（2）根据业务进行账务处理。

（3）填写“城建税和教育费附加、地方教育费附加纳税申报表”。

相关知识

一、印花税

（一）印花税概述

印花税是对经济活动和经济交往中书立、领受、使用税法规定应税凭证的单位和个人征收的一种行为税。凡发生书立、领受、使用应税凭证行为的，都应按照规定缴纳印花税。因纳税人主要是通过在应税凭证上粘贴印花税票来完成纳税义务，故名印花税。印花税票上直接印有固定金额，专门用于征收印花税税款。印花税票是必须粘贴在应纳税凭证上的一种有价证券，其票面金额以人民币为单位，分为1角、2角、5角、1元、2元、5元、10元、50元和100元9种。粘贴在应纳税凭证上的印花税票起完税证明作用。

1988年8月6日，国务院发布并于同年10月1日起施行《中华人民共和国印花税暂行条例》。1988年9月29日，财政部、国家税务总局颁布《中华人民共和国印花税暂行条例实施细则》。之后，财政部、国家税务总局又陆续发布了一些有关印花税的规定、办法，这些共同构成了我国印花税法律制度。

（二）印花税的纳税人

印花税的纳税人是指在中国境内书立、使用、领受《印花税法》所列举凭证的单位和个人。单位和个人是指国内各类企业、事业、机关、团体、部队以及中外合资企业、合作企业、外资企业、外国公司企业和其他经济组织及其在华机构等单位和个人，具体包括如下几种。

（1）立合同人。立合同人是指合同的当事人，即对凭证有直接权利与义务关系的单位和个人，但不包括合同的担保人、证人、鉴定人。

（2）立账簿人。立账簿人是指开立并使用营业账簿的单位和个人。

（3）立据人。立据人是指书立产权转移书据的单位和个人。

（4）领受人。领受人是指领取或接受权利许可证照的单位和个人。

（5）使用人。使用人是指在国外书立、领受，但在国内使用应税凭证的单位和个人。

小贴士

对应税凭证，凡由两方或两方以上当事人共同书立的，其当事人各方都是印花税的纳税人，应各就其所持凭证的计税金额履行纳税义务。

（三）印花税的征税范围

印花税的征收范围具体包括13个税目，分为以下5类。

（1）经济合同。经济合同是指购销、加工承揽、建设工程勘察设计、建筑安装工程承包、财产租赁、货物运输、仓储保管、借款、财产保险、技术合同或具有合同性质的凭证。

具有合同性质的凭证，是指具有合同效力的协议、契约、合约、单据、确认书及其他各种名称的凭证。办理一项业务，如果既书立合同，又开立单据，只就合同贴花；凡不书立合同，只开立单据，以单据作为合同适用的，其适用的单据应按规定贴花。融资租赁合同属于借款合同。

小贴士

一般的法律、会计、审计等方面的咨询合同，不属于应税合同，不征收印花税。

（2）产权转移书据。产权转移书据是指单位和个人产权的买卖、继承、赠与、交换、分割等所立的书据，包括财产所有权、版权、商标专用权、专利权、专有技术使用权等转移时所书立的转移书据。

财产所有权转移所立的书据，是指经政府管理机关登记注册的动产、不动产的所有权转移所立的书据，以及企业股权转让所立的书据。税法规定，土地使用权出让合同、土地使用权转让合同和商品房销售合同按照产权转移书据征收印花税。

（3）营业账簿。营业账簿是指单位和个人从事生产经营活动所设立的各种财务会计核算账簿。营业账簿按其反映内容的不同，可分为记载资金的账簿和其他账簿。记载资金的账簿，是指反映生产经营单位资本金额增减变化的账簿；其他账簿，是指除上述账簿以外的有关其他生产经营活动内容的账簿，包括日记账簿和各种明细分类账簿。

（4）权利、许可证照。权利、许可证照包括政府部门发给的房屋产权证、工商营业执照、商标注册证、专利证、土地使用证等（简称"四证一照"）。

（5）经财政部确定征税的其他凭证。

（四）印花税的税率

印花税的税率有比例税率和定额税率两种。除权利许可证照及营业账簿中的记载资金外的其他账簿适用定额税率外，其他应税项目适用比例税率，具体如表10-2所示。

表10-2　印花税税目税率表

税目	税率
借款合同	0.05‰
购销合同、建筑安装工程承包合同、技术合同	0.3‰
加工承揽合同、建设工程勘察设计合同、货物运输合同、产权转移书据、记载资金的营业账簿	0.5‰
财产租赁合同、仓储保管合同、财产保险合同	1‰
权利许可证照、营业账簿中的其他账簿	5元/件

（五）印花税的税收优惠

根据《印花税暂行条例》的规定，下列凭证免征印花税。

（1）已经缴纳印花税的凭证的副本或者抄本，但是视同正本使用者除外。

（2）财产所有人将财产赠给政府、社会福利单位、学校所立的书据。

（3）国家指定的收购部门与村民委员会、农民个人书立的农副产品收购合同。

（4）无息、贴息贷款合同。

（5）外国政府或者国际金融组织向中国政府及国家金融机构提供优惠贷款所书立的合同。

（6）农牧业保险合同。

（7）房地产管理部门与个人签订的用于生活居住的租赁合同。

（8）特殊货运凭证，主要有：①军事物资运输凭证；②抢险救灾物资运输凭证；③新建铁路的工程临管线运输凭证。

（六）印花税应纳税额的计算

1. 计税依据

印花税以应纳税凭证所记载的金额、费用、收入额或者凭证的件数为计税依据。

具体来讲，根据应纳税凭证的不同，印花税的计税依据分以下3种。

（1）合同或者具有合同性质的凭证，以凭证所载金额为计税依据，具体包括购销金额、加工或承揽收入、收取费用、承包金额、租赁金额、运输费用、仓储保管费用、借款金额、保险费收入等。

（2）营业账簿中记载资金的账簿，以实收资本和资本公积的合计金额为计税依据。

（3）权利、许可证照和营业账簿中的其他账簿，以凭证的件数为计税依据。

实务中印花税计算还应注意以下问题。

（1）同一凭证有两个或两个以上经济事项而适用不同税率的，如分别载有金额的，应分别计算应纳税额，相加后按合计税额贴花；如未分别记载金额的，按税率高的计税贴花。

（2）合同签订时无法确定计税金额的，可先按5元贴花，待结算时再按实际金额补贴花。

（3）施工单位将自己承包的建设项目，分包或转包给其他施工单位所签订的分包或转包合同，应按新的分包或转包合同所载金额贴花。

（4）未按期履行合同也应贴花。已贴花的合同，修改后所载金额增加的，其增加部分应补贴印花税票；凡多贴印花税票的，不得申请退税或抵用。

（5）应纳税凭证所载金额为外国货币的，应当按照凭证书立当日中国人民银行公布的人民币对外币的基准汇价（或者按照有关规定套算得出的汇价）折合成人民币，然后计算应纳印花税税额。

（6）印花税应纳税额不足0.1元的，免税。应纳税额在0.1元以上的，其尾数不满0.05元的不计，满0.05元的按照0.1元计算缴纳。

2. 应纳税额的计算

纳税人根据应纳税凭证的性质，分别按比例税率或者定额税率计算应纳税额。

（1）实行比例税率的凭证，印花税应纳税额的计算公式为：

应纳税额=应税凭证计税金额×比例税率

（2）实行定额税率的凭证，印花税应纳税额的计算公式为：

应纳税额=应税凭证件数×定额税率

（3）营业账簿中记载资金的账簿，印花税应纳税额的计算公式为：

应纳税额=（实收资本+资本公积）×0.5‰

（4）其他账簿按件贴花，每件5元。

【学中练10-1】某企业2015年5月开业，当年发生以下有关业务事项：领受房屋产权证、工商营业执照、土地使用证各一件；与其他企业订立转移专用技术使用权书据一份，所载金额为100万元；订立产品销售合同一份，所载金额为200万元；订立借款合同一份，所载金额为400万元；企业记载资金的账簿中“实收资本”“资本公积”为800万元；其他营业账簿10本。试计算该企业当年应缴纳的印花税税额。

解析：（1）企业领受权利、许可证照应纳税额=3×5=15（元）。

（2）企业订立产权转移书据应纳税额=1 000 000×0.5‰=500（元）。

（3）企业订立购销合同应纳税额=2 000 000×0.3‰=600（元）。

（4）企业订立借款合同应纳税额=4 000 000×0.05‰=200（元）。

（5）企业记载资金的账簿应纳税额=8 000 000×0.5‰=4 000（元）。

（6）企业其他营业账簿应纳税额=10×5=50（元）。

（7）当年企业应纳印花税税额=15+500+600+200+4 000+50=5 365（元）。

（七）印花税的账务处理

印花税属一次性征收的税种，不存在与税务机关结算清算的问题。因此，企业缴纳的印花税不需要通过“应交税费”账户核算。当企业按规定购买印花税票时，借记“管理费用”，贷记“银行存款”“库存现金”等账户。

（八）印花税的纳税申报

1. 纳税义务发生时间

印花税应当在书立或领受时贴花，具体是指在合同签订时、账簿启用时和证照领受时贴花。如果合同是在国外签订，并且不便在国外贴花的，应在将合同带入境时办理贴花纳税手续。

2. 纳税办法

印花税的纳税方法较其他税种不同，其特点是由纳税人根据税法规定，自行计算应纳税额，自行购买印花税税票，自行完成纳税义务。同时，对特殊情况要采取特定的纳税贴花方法。

税法规定，印花税应税凭证应在书立、领受时即行贴花完税，不得延至凭证生效日期贴花。同一种类应纳印花税凭证若需要频繁贴花的，纳税人可向当地税务机关申请按期汇总缴纳印花税，经税务机关核准发给许可证后，按税务机关确定的限期（最长不超过 1 个月）汇总计算纳税。

印花税的纳税办法根据税额大小、贴花次数及税收征管的需要，分别采用自行贴花法、汇总缴纳法和委托代售法。

（1）自行贴花法。自行贴花法是指纳税人自行计算应纳税额，自行购买并一次贴足印花税票的缴纳办法。此方法一般适用于应税凭证较少或贴花次数较少的纳税人。

在营业账簿上贴印花税票，须在账簿首页右上角粘贴，不准粘贴在账夹上。应纳税凭证粘贴印花税票后应立即注销。纳税人有印章的，加盖印章注销；纳税人没有印章的，可用钢笔划几条横线注销。

（2）汇总缴纳法。汇总缴纳法是指纳税人向税务机关提出申请，采取以缴款书代替贴花或者按期汇总缴纳的办法。此方法一般适用于应纳税额较大或者贴花次数频繁的纳税人。

对于一份凭证应纳税额超过 500 元的，应向当地税务机关申请填写缴款书或者完税证，将其中一联粘贴在凭证上或者由税务机关在凭证上加注完税标记代替贴花。凡汇总缴纳印花税的凭证，应加注税务机关指定的汇缴戳记，编号并装订成册后，将已贴印花或者缴款书的一联粘附册后，盖章注销，保存备查。

（3）委托代售法。 印花税票可以委托单位或个人代售，并由税务机关付给代售金额 5% 的手续费。凡代售印花税票者，应先向当地税务机关提出代售申请，必要时须提供保证人，税务机关调查核准后，应与代售户签订代售合同，发给代售许可证。

3. 纳税地点

印花税属于中央与地方共享税，证券交易印花税收入的 94%归中央政府，其余 6%和其他印花税收入归地方政府。证券交易印花税由国家税务局征收管理，其他印花税由地方税务局征收管理。

印花税一般实行就地纳税。对于全国性商品物资订货会上所签订合同应纳的印花税，由纳税人返回其所在地后及时办理贴花完税手续；对于在地方主办、不涉及省际关系的订货会上所签订合同应纳的印花税，其纳税地点由各省人民政府自行确定。

4. 纳税申报

印花税的纳税人，应按照税法的有关规定及时办理纳税申报，并如实填写“印花税纳税申报表”。各省的“印花税纳税申报表”不尽相同，重庆市“印花税纳税申报表”的格式和内容见表 10-3。

表 10-3

重庆市印花税纳税申报表

税款所属期限：自　　年　月　日至　　年　月　日　　　　填表日期：　　年　　月　　日　　　　金额单位：元（列至角分）

纳税人识别号

<table>
<tr><td rowspan="3">纳税人信息</td><td colspan="2">名称</td><td colspan="3"></td><td colspan="4">□单位　　□个人</td></tr>
<tr><td colspan="2">登记注册类型</td><td></td><td colspan="2">所属行业</td><td colspan="4"></td></tr>
<tr><td colspan="2">身份证件号码</td><td></td><td colspan="2">联系方式</td><td colspan="4"></td></tr>
<tr><td rowspan="3">应税凭证</td><td rowspan="2">计税金额或件数</td><td colspan="2">核定征收</td><td rowspan="2">适用税率</td><td rowspan="2">本期应纳税额</td><td rowspan="2">本期已缴税额</td><td colspan="2">本期减免税额</td><td rowspan="2">本期应补（退）税额</td></tr>
<tr><td>核定依据</td><td>核定比例</td><td>减免性质代码</td><td>减免额</td></tr>
<tr><td>1</td><td>2</td><td>4</td><td>5</td><td>6 = 1 × 5+2 × 4 × 5</td><td>7</td><td>8</td><td>9</td><td>10 = 6 − 7 − 9</td></tr>
<tr><td>购销合同</td><td></td><td></td><td></td><td>0.3‰</td><td></td><td></td><td></td><td></td><td></td></tr>
<tr><td>加工承揽合同</td><td></td><td></td><td></td><td>0.5‰</td><td></td><td></td><td></td><td></td><td></td></tr>
<tr><td>建设工程勘察设计合同</td><td></td><td></td><td></td><td>0.5‰</td><td></td><td></td><td></td><td></td><td></td></tr>
<tr><td>建筑安装工程承包合同</td><td></td><td></td><td></td><td>0.3‰</td><td></td><td></td><td></td><td></td><td></td></tr>
<tr><td>财产租赁合同</td><td></td><td></td><td></td><td>1‰</td><td></td><td></td><td></td><td></td><td></td></tr>
<tr><td>货物运输合同</td><td></td><td></td><td></td><td>0.5‰</td><td></td><td></td><td></td><td></td><td></td></tr>
<tr><td>仓储保管合同</td><td></td><td></td><td></td><td>1‰</td><td></td><td></td><td></td><td></td><td></td></tr>
<tr><td>借款合同</td><td></td><td></td><td></td><td>0.05‰</td><td></td><td></td><td></td><td></td><td></td></tr>
<tr><td>财产保险合同</td><td></td><td></td><td></td><td>1‰</td><td></td><td></td><td></td><td></td><td></td></tr>
<tr><td>技术合同</td><td></td><td></td><td></td><td>0.3‰</td><td></td><td></td><td></td><td></td><td></td></tr>
<tr><td>产权转移书据</td><td></td><td></td><td></td><td>0.5‰</td><td></td><td></td><td></td><td></td><td></td></tr>
<tr><td>营业账簿
（记载资金的账簿）</td><td></td><td>—</td><td></td><td>0.5‰</td><td></td><td></td><td></td><td></td><td></td></tr>
<tr><td>营业账簿（其他账簿）</td><td></td><td>—</td><td></td><td>5</td><td></td><td></td><td></td><td></td><td></td></tr>
<tr><td>权利、许可证照</td><td></td><td>—</td><td></td><td>5</td><td></td><td></td><td></td><td></td><td></td></tr>
<tr><td>合计</td><td>—</td><td>—</td><td></td><td>—</td><td></td><td></td><td></td><td></td><td></td></tr>
<tr><td colspan="10">以下由纳税人填写：</td></tr>
<tr><td>纳税人声明</td><td colspan="9">此纳税申报表是根据《中华人民共和国印花税暂行条例》和国家有关税收规定填报的，是真实的、可靠的、完整的。</td></tr>
<tr><td>纳税人签章</td><td colspan="2"></td><td colspan="2">代理人签章</td><td></td><td>代理人身份证号</td><td colspan="3"></td></tr>
<tr><td colspan="10">以下由税务机关填写：</td></tr>
<tr><td>受理人</td><td colspan="2"></td><td colspan="2">受理日期</td><td>年　月　日</td><td>受理税务机关签章</td><td colspan="3"></td></tr>
</table>

本表一式两份，一份由纳税人留存，另一份由税务机关留存。

二、车辆购置税

（一）车辆购置税概述

车辆购置税是以在中华人民共和国境内购置应税车辆为征税对象，在特定环节向车辆购置者征收的一种税。车辆购置税实行一次性征收制度，购置已征车辆购置税的车辆，不再征收车辆购置税。

现行的车辆购置税的基本规范，是国务院于 2000 年 10 月 22 日颁布并于 2001 年 1 月 1 日起施行的《中华人民共和国车辆购置税暂行条例》。

（二）车辆购置税的纳税人

车辆购置税的纳税人为在我国境内购置应税车辆的单位和个人。购置，是指购买、进口、自产、受赠、获奖或者以其他方式取得并自用应税车辆的行为。单位，包括国有企业、集体企业、私营企业、股份制企业、外商投资企业、外国企业以及其他企业和事业单位、社会团体、国家机关、部队以及其他单位。个人，包括个体工商户以及其他个人。

（三）车辆购置税的征税范围

车辆购置税的征收范围包括汽车、摩托车、电车、挂车、农用运输车。

具体征收范围依照本条例所附“车辆购置税征收范围表”执行，如表 10-4 所。车辆购置税以列举的车辆作为征税对象，未列举的车辆不纳税。车辆购置税征收范围的调整，由国务院决定并公布。

表 10-4　车辆购置税征收范围表

应税车辆	具体范围	注　　释
汽车	各类汽车	
摩托车	轻便摩托车	最高设计时速不大于 50km/h，发动机汽缸总排量不大于 50cm³ 的 2 个或者 3 个车轮的机动车
	两轮摩托车	最高设计时速大于 50km/h 或者发动机汽缸总排量大于 50cm³ 的 2 个车轮的机动车
	三轮摩托车	最高设计时速大于 50km/h 或者发动机汽缸总排量大于 50cm³ 的空车重量不大于 400kg 的 3 个车轮的机动车
电车	无轨电车	以电能为动力，由专用输电电缆线供电的轮式公共车辆
	有轨电车	以电能为动力，在轨道上行驶的公共车辆
挂车	全挂车	无动力设备，独立承载，由牵引车辆牵引行驶的车辆
	半挂车	无动力设备，与牵引车辆共同承载，由牵引车辆牵引行驶的车辆
农用运输车	三轮农用运输车	柴油发动机，功率不大于 7.4kW，载重量不大于 500kg，最高时速不大于 40km/h 的 3 个车轮的机动车
	四轮农用运输车	柴油发动机，功率不大于 28kW，载重量不大于 1 500kg，最高时速不大于 50km/h 的 4 个车轮的机动车

（四）车辆购置税的税率

车辆购置税的税率为 10%。车辆购置税税率的调整，由国务院决定并公布。

（五）车辆购置税的税收优惠

我国车辆购置税实行法定减免税。减免税范围的具体规定如下。

（1）外国驻华使馆、领事馆和国际组织驻华机构及其外交人员自用的车辆，免税。

（2）中国人民解放军和中国人民武装警察部队列入军队武器装备订货计划的车辆，免税。

（3）设有固定装置的非运输车辆，免税。

（4）防汛部门和森林消防等部门购置的由指定厂家生产的指定型号的用于指挥、检查、调度、防汛、联络的专用车辆，免税。

（5）回国服务的留学人员用现汇购买的一辆个人自用国产小汽车，免税。

（6）长期来华定居专家进口的一辆自用小汽车，免税。

（7）自2004年10月1日起，对三轮农用运输车免税。

（8）有国务院规定予以免税或者减税的其他情形的，按照规定免税、减税。

（六）车辆购置税应纳税额的计算

1. 计税依据的确定

车辆购置税的计税依据为车辆的计税价格，根据不同情况按照下列规定确定。

（1）纳税人购买自用的应税车辆的计税价格，为纳税人购买应税车辆而支付给销售者的全部价款和价外费用，不包括增值税税款。

（2）纳税人进口自用的应税车辆以组成计税价格为计税依据。其计算公式如下。

计税价格=关税完税价格+关税+消费税

（3）纳税人自产、受赠、获奖或者以其他方式取得并自用的应税车辆的计税价格，按购置该型号车辆的价格确认，不能取得购置价格的，由主管税务机关参照国家税务总局规定相同类型应税车辆的最低计税价格核定。国家税务总局参照应税车辆市场平均交易价格，规定不同类型应税车辆的最低计税价格。

（4）纳税人购买自用或者进口自用应税车辆，申报的计税价格低于同类型应税车辆的最低计税价格，又无正当理由的，按照最低计税价格征收车辆购置税。

2. 应纳税额的计算

车辆购置税实行从价定率的办法计算应纳税额。应纳税额的计算公式为：

应纳税额=计税价格×税率

【学中练10-2】张某2015年5月21日从上海大众汽车有限公司购买一辆轿车供自己使用，支付含增值税车价款106 000元，另支付代收临时牌照费150元，代收保险费352元，支付购买工具件和零配件价款2 035元，车辆装饰费250元。支付的各种价费款均由上海大众汽车有限公司开具“机动车销售统一发票”和有关票据。计算车辆购置税应纳税额。

解析：纳税人购买自用的应税车辆的计税依据，为纳税人购买应税车辆而支付给销售者的全部价款和价外费用，不包括增值税税款。代收牌照费、保险费应区别征税。凡使用代收单位（受托方）票据收取的款项，应视为代收单位价外费用，应并入计税价格中一并征税；凡使用委托方票据收取，委托方只履行代收义务和收取代收手续费的款项，应按其他税收政策规定征税。本题由于代收牌照费和保险费均有代收单位开具票据，故应视为价外费用计税。

计税价格=（106 000+150+352+2 035+250）÷（1+17%）=92 980.34（元）。

应纳税额=92 980.34×10%=9 298.03（元）。

（七）车辆购置税的账务处理

车辆购置税是在购置车辆时一次性缴纳的，不存在与征税机关清算和结算的问题，因此企业按规定交纳的车辆购置税，可以不通过"应交税费"科目核算。企业为购建的车辆自用的，作为固定资产价值的组成部分，在实际纳税时，连同车辆购置的其他支出，一并借记"固定资产"科目，贷记"银行存款"。

（八）车辆购置税的纳税申报

1. 纳税义务发生时间

纳税人应当在向公安机关车辆管理机构办理车辆登记注册前，缴纳车辆购置税，并且车辆购置税税款应当一次缴清。

2. 纳税期限

纳税人购买自用应税车辆的，应当自购买之日起 60 日内申报纳税；进口自用应税车辆的，应当自进口之日起 60 日内申报纳税；自产、受赠、获奖或者以其他方式取得并自用应税车辆的，应当自取得之日起 60 日内申报纳税。

3. 纳税地点

车辆购置税由国家税务局征收。纳税人购置应税车辆，应当向车辆登记注册地的主管税务机关申报纳税；购置不需要办理车辆登记注册手续的应税车辆，应当向纳税人所在地的主管税务机关申报纳税。

4. 纳税申报

车辆购置税实行一车一申报制度，对于购置已征车辆购置税的车辆，不再征收车辆购置税。纳税人在纳税申报时应如实填写"车辆购置税纳税申报表"，具体格式如表 10-5 所示；同时，提供车主的身份证明、车辆价格证明、车辆合格证明及税务机关要求提供的其他资料的原件和复印件，经车购办审核后，由税务机关保存有关复印件。

表 10-5　　车辆购置税纳税申报表

填表日期：　　年　　月　　日　　行业代码：　　注册类型代码：

纳税人名称：　　金额单位：元

纳税人证件名称			证件号码			
联系电话		邮政编码		地址		
车辆基本情况						
车辆类别	1. 汽车□；2. 摩托车□；3. 电车□；4. 挂车□；5. 农用运输车□。					
生产企业名称			厂牌型号			
车辆识别代号（车架号码）			发动机号码			
车辆购置信息						
机动车销售统一发票（或有效凭证）号码		机动车销售统一发票（或有效凭证）价格		价外费用		
关税完税价格		关税		消费税		
购置日期			免（减）税条件			

续表

<table>
<tr><td>申报计税价格</td><td colspan="2">计税价格</td><td>税率</td><td>应纳税额</td><td>免（减）税额</td><td>实纳税额</td></tr>
<tr><td></td><td colspan="2"></td><td>10%</td><td></td><td></td><td></td></tr>
<tr><td colspan="4">申报人声明</td><td colspan="3">授权声明</td></tr>
<tr><td colspan="4">此纳税申报表是根据《中华人民共和国车辆购置税暂行条例》《车辆购置税征收管理办法》的规定填报的，是真实、可靠、完整的。
声明人（签名或盖章）：</td><td colspan="3">如果您已委托代理人办理申报，请填写以下资料：
为代理车辆购置税涉税事宜，现授权（　　）为本纳税人的代理申报人，任何与本申报表有关的往来文件，都可交予此人。
授权人（签名或盖章）：</td></tr>
<tr><td rowspan="5">纳税人签名或盖章</td><td colspan="5">如委托代理人的，代理人应填写以下各栏</td><td rowspan="5">代理人
（签名或盖章）</td></tr>
<tr><td>代理人名称</td><td colspan="4"></td></tr>
<tr><td>经办人</td><td colspan="4"></td></tr>
<tr><td>经办人
证件名称</td><td colspan="4"></td></tr>
<tr><td>经办人
证件号码</td><td colspan="4"></td></tr>
<tr><td colspan="3">接收人：
接收日期：</td><td colspan="4">主管税务机关（章）：</td></tr>
<tr><td colspan="7">备注：</td></tr>
</table>

三、城市维护建设税

（一）城市维护建设税概述

城市维护建设税（以下简称城建税），是国家对缴纳增值税、消费税、营业税（以下简称“三税”）的单位和个人，就其实际缴纳的税额为计税依据而征收的一种税。

城建税属于特定目的的附加税，是国家为加强城市的维护建设，扩大和稳定城市维护建设资金的来源而采取的一项税收措施。

我国现行城建税的主要法律依据是 1985 年 2 月 8 日国务院发布的《中华人民共和国城市维护建设税暂行条例》。该条例自 1985 年起在全国范围内施行。条例规定对外商投资企业、外国企业和外籍个人暂不征收城建税。2010 年 10 月 18 日，国务院发布了《关于统一内外资企业和个人城市维护建设税和教育费附加制度的通知》，决定自 2010 年 12 月 1 日起，对外商投资企业、外国企业和外籍个人征收城建税和教育费附加。

（二）城建税的纳税义务人

城建税的纳税人是缴纳增值税、营业税、消费税的单位和个人。单位，包括国有企业、集体企业、私营企业、股份制企业、其他企业和行政单位、事业单位、军事单位、社会团体及其他单位，包括外资企业和外国企业。个人，包括个体工商户和其他个人，包括外籍个人。

（三）城建税的征税范围

城建税在城乡普遍征收，征税范围不仅包括城市、县城、建制镇，还包括城市、县城、建制镇以外的地区。或者说，只要是缴纳“三税”的地方，通常都属于城建税的征税范围。

（四）城建税的税率

城建税按纳税人所在地不同，设置如下三档差别比例税率。

（1）纳税人所在地为市区的，税率为7%。

（2）纳税人所在地为县城、镇的，税率为5%。

（3）纳税人所在地不在市区、县城或者镇的，税率为1%。

城建税的适用税率，应当按纳税人所在地的规定税率执行。

对下列两种情况，可按缴纳“三税”所在地的规定税率就地缴纳城建税。

（1）由受托方代征代扣“三税”的单位和个人，其代征代扣的城建税按受托方所在地适用税率。

（2）流动经营等无固定纳税地点的单位和个人，在经营地缴纳“三税”的，其城建税的缴纳按经营地适用税率。

（五）城建税的税收优惠

城建税原则上不单独减免，但因城建税具有附加税性质，当主税发生减免时，城建税也相应进行税收减免。

（1）城建税按减免后实际缴纳的“三税”税额计征，即随“三税”减免而减免。

（2）对于因减免税而需要进行“三税”退库的，城建税也可同时退库。

（3）海关对进口产品征收增值税、消费税时，不征收城建税；出口产品退还增值税、消费税时，不退还已经缴纳的城建税。即“进口不征，出口不退”。

（4）对个别缴纳城建税有困难的单位和个人，由所在省自治区、直辖市人民政府酌情给予减税或者免税照顾。

（六）城建税应纳税额的计算

1. 计税依据的确定

城建税以纳税人实际缴纳的“三税”税额为计税依据并同时征收。纳税人违反“三税”有关税法而加收的滞纳金和罚款，是税务机关对纳税人违法行为的经济制裁，不作为城建税的计税依据；但纳税人在被查补“三税”和被处以罚款时，应同时对其偷漏的城建税进行补税、征收滞纳金和罚款。

2. 应纳税额的计算

城建税纳税人的应纳税额大小是由纳税人实际缴纳的“三税”税额决定的，其计算公式为：

应纳税额=实际缴纳的增值税、消费税、营业税税额×适用税率

【学中练 10-3】某市区一企业某年3月产品销售实际缴纳增值税300 000元，缴纳消费税150 000元，转让土地使用权收入缴纳的营业税10 000元。请计算该企业应缴纳的城建税。

解析：该企业计税依据为“三税”税额，即：

“三税”税额=300 000+150 000+10 000=460 000（元）。

应纳城建税额=460 000×7%=32 200（元）。

（七）城建税的账务处理

企业应设置“应交税费—应交城市维护建设税”账户进行核算。该账户贷方反映应缴纳的城建税，借方反映已缴纳的城建税；期末贷方余额表示应缴未缴的城建税，如为期末方余额，表示多缴的城建税。企业计算应纳城建税时，应视计税依据的情况进行账务处理，借记“营业税金及附加”“固定资产清理”等账户，贷“应交税费——应交城市维护建设税”账户；实际上缴税款时，应借记“应交税费——应交市维护建设税”账户，贷记“银行存款”账户。

（八）城建税的纳税申报

城建税是一种附加税，因此，纳税人缴纳“三税”的环节，就是城建税纳税环节；纳税人缴纳“三税”的地点，就是城建税纳税地点；纳税人缴纳“三税”的期限，就是城建税纳税期限。

城建税与“三税”同时申报，纳税人应按税法规定如实填写“城市维护建设税纳税申报表”，城建税申报表格式如【项目实施】部分表10-6所示。

四、教育费附加

（一）教育费附加概述

教育费附加是国家对缴纳增值税、消费税、营业税（以下简称“三税”）的单位和个人，就其实际缴纳的流转税额为依据而征收的一种附加费。

教育费附加具有特定用途税的性质，其目的是筹集办学资金，增加教育投资。为发展基础教育，早在1984年，国务院就开征了农村教育事业经费附加。1986年4月28日，国务院发布了《征收教育费附加的暂行规定》，自1986年7月1日起施行，自此，国务院在全国范围内开征了教育费附加。2005年10月1日，国务院令第448号发布，对《征收教育费附加的暂行规定》进行了进一步修改，并于2005年10月1日起施行。

（二）教育费附加的纳税义务人

教育费附加的纳税人为缴纳增值税、消费税、营业税的单位和个人。

（三）教育费附加的征税范围

教育费附加对缴纳增值税、消费税、营业税的单位和个人征收，以其实际缴纳的增值税、营业税、消费税的税额为计征依据，分别与增值税、营业税、消费税同时缴纳。

（四）教育费附加的计征比率

现行教育费附加的征收比率为3%，除国务院另有规定者外，任何地区、部门不得擅自提高或者降低教育费附加率。

（五）教育费附加的计算

教育费附加的计算公式为：

应纳费额=实际缴纳的增值税、消费税、营业税税额×征收率

【学中练 10-4】某企业某年 6 月缴纳增值税 60 万元，同时缴纳营业税 30 万元，两税同时申报缴纳。请计算该企业应缴纳的教育费附加。

解析：应交教育费附加=（600 000+300 000）×3%=27 000（元）。

（六）教育费附加的账务处理

企业应设置“应交税费——应交教育费附加”账户核算教育费附加。计算应缴纳的教育费附加时，应借记“营业税金及附加”“固定资产清理”等账户，贷记“应交税费——应交教育费附加”账户。缴纳时，借记“应交税费——应交教育费附加”账户，贷记“银行存款”等账户。

（七）教育费附加的纳税申报

教育费附加由税务机关负责征收。教育费附加的征收管理，按照增值税、营业税、消费税的有关规定办理。依照现行有关规定，除铁道系统、中国人民银行总行、各专业银行总行、保险总公司的教育费附加随同营业税上缴中央财政外，其余单位和个人的教育费附加，均就地上缴地方财政。

教育费附加申报表如【项目实施】部分表 10-6 所示。

小贴士

由税务部门征收的与教育相关的规费除了教育费附加外，还有地方教育附加。地方教育附加自 2011 年 7 月 1 日发布《国务院关于进一步加大财政教育投入的意见》以后全面开征，征收对象同教育费附加。地方教育附加统一按增值税、消费税、营业税实际缴纳税额的 2%征收。

项目实施

一、计算应纳税额

应纳城市维护建设税=738.86×7%=51.72（元）。

应纳教育费附加=738.86×3%=22.17（元）。

应纳地方教育附加=738.86×2%=14.78（元）。

二、账务处理

（1）借：营业税金及附加　　51.72

　　贷：应交税费——应交城建税　　51.72

（2）借：营业税金及附加　　22.17

　　贷：应交税费——应交教育费附加　　22.17

（3）借：营业税金及附加　　14.78

　　贷：应交税费——应交地方教育附加　　14.78

三、填写“纳税申报表”

表 10-6　　城建税、教育费附加、地方教育附加纳税（费）申报表

税款所属期限：自 2015 年 05 月 01 日至 2015 年 05 月 31 日　　填表日期：2015 年 06 月 08 日　　金额单位：元（列至角分）

纳税人识别号

<table>
<tr><td rowspan="3">纳税人信息</td><td colspan="2">名称</td><td colspan="5">郑州市诚信实业有限公司</td><td colspan="5">☑单位　□个人</td></tr>
<tr><td colspan="2">登记注册类型</td><td colspan="4">有限责任公司</td><td>所属行业</td><td colspan="5"></td></tr>
<tr><td colspan="2">身份证件号码</td><td colspan="4"></td><td>联系方式</td><td colspan="5">略</td></tr>
<tr><td rowspan="3">税（费）种</td><td colspan="5">计税（费）依据</td><td rowspan="3">税率（征收率）</td><td rowspan="3">本期应纳税（费）额</td><td colspan="2">本期减免税（费）额</td><td rowspan="3">本期已缴税（费）额</td><td rowspan="3">本期应补（退）税（费）额</td></tr>
<tr><td colspan="2">增值税</td><td rowspan="2">消费税</td><td rowspan="2">营业税</td><td rowspan="2">合计</td><td rowspan="2">减免性质代码</td><td rowspan="2">减免额</td></tr>
<tr><td>一般增值税</td><td>免抵税额</td></tr>
<tr><td></td><td>1</td><td>2</td><td>3</td><td>4</td><td>5=1+2+3+4</td><td>6</td><td>7=5×6</td><td>8</td><td>9</td><td>10</td><td>11=7-9-10</td></tr>
<tr><td>城建税</td><td>51.72</td><td></td><td></td><td></td><td>51.72</td><td></td><td></td><td></td><td></td><td></td><td>51.72</td></tr>
<tr><td>教育费附加</td><td>22.17</td><td></td><td></td><td></td><td>22.17</td><td></td><td></td><td></td><td></td><td></td><td>22.17</td></tr>
<tr><td>地方教育附加</td><td>14.78</td><td></td><td></td><td></td><td>14.78</td><td></td><td></td><td></td><td></td><td></td><td>14.78</td></tr>
<tr><td>—</td><td></td><td></td><td></td><td></td><td></td><td></td><td></td><td></td><td></td><td></td><td></td></tr>
<tr><td>合计</td><td colspan="5">—</td><td>—</td><td></td><td colspan="2"></td><td></td><td>81.67</td></tr>
<tr><td colspan="12">以下由纳税人填写：</td></tr>
<tr><td>纳税人声明</td><td colspan="11">此纳税申报表是根据《中华人民共和国城市维护建设税暂行条例》《国务院征收教育费附加的暂行规定》《财政部关于统一地方教育附加政策有关问题的通知》和国家有关税收规定填报的，是真实的、可靠的、完整的。</td></tr>
<tr><td>纳税人签章</td><td colspan="2"></td><td colspan="2">代理人签章</td><td colspan="2"></td><td colspan="2">代理人身份证号</td><td colspan="3"></td></tr>
<tr><td colspan="12">以下由税务机关填写：</td></tr>
<tr><td>受理人</td><td colspan="2"></td><td colspan="2">受理日期</td><td colspan="2">年　月　日</td><td colspan="2">受理税务机关签章</td><td colspan="3"></td></tr>
</table>

本表一式两份，一份由纳税人留存，另一份由税务机关留存。

知识训练

1. 单项选择题

（1）车辆购置税的纳税义务人不包括（　　）。

A. 购买者　　B. 获奖者　　C. 馈赠人　　D. 受赠者

（2）下列应缴纳印花税的凭证是（　　）。

A. 房屋产权证、工商营业执照、卫生许可证、营运许可证

B. 土地使用证、专利证、烟草专卖许可证、房屋产权证

C. 商标注册证、税务登记证、土地使用证、营运许可证

D. 房屋产权证、工商营业执照、商标注册证、专利证、土地使用证

（3）根据印花税法律制度规定，记载资金的营业账簿的计税依据是（　　）。

A. “实收资本”和“资本公积”账户差额

B. “实收资本”和“资本公积”账户合计金额

C. 实收资本”和“盈余公积”账户合计金额

D. 实收资本”和“分配利润”账户合计金额

（4）根据印花税法律制度规定，下列各项中，属于印花税纳税人的是（　　）。

A. 合同的双方当事人　　B. 合同的担保人

C. 合同的代理人　　D. 合同的鉴定人

（5）下列纳税人中应缴纳城建税的是（　　）。

A. 印花税的纳税人　　B. 个人所得税的纳税人

C. 车船使用税的纳税人　　D. 既缴增值税又缴消费税的纳税人

（6）我国城建税的税率实行的是（　　）。

A. 纳税人所属行业差别比例税率　　B. 纳税人所在地差别比例税率

C. 纳税人所属行业累进税率　　D. 纳税人所在地统一累进税率

（7）地处市区的某企业无故拖欠应缴纳的增值税 20 万元，经税务人员检查后，补缴了拖欠的税款，同时加收了滞纳金 500 元（滞纳 5 天），下列对企业处理正确的是（　　）。

A. 补缴城建税 14 000 元　　B. 补缴城建税 14 000 元，滞纳金 35 元

C. 补缴城建税滞纳金 28 元　　D. 补缴城建税 14 000 元，滞纳金 140 元

（8）设在县城的乙企业按税法规定代收代缴设在市区的甲企业的消费税，则下列各项处理正确的是（　　）。

A. 由乙企业按 5%的税率代征代扣城建税

B. 由甲企业按 5%的税率回所在地缴纳

C. 由乙企业按 7%的税率代征代扣城建税

D. 由甲企业按 7%的税率自行缴纳城建税

（9）流动经营的单位在经营地缴纳“三税”的，其城建税应在（　　）缴纳。

A. 经营地按当地的适用税率计算

B. 机构所在地按当地的适用税率计算

C. 经营地但按机构所在地的适用税率计算

D. 机构所在地但按经营地的适用税率计算

（10）现行教育费附加的征收率为（　　）。

A. 1%　　B. 3%　　C. 5%　　D. 7%

2. 多项选择题

（1）下列行为应征收车辆购置税的有（　　）。

A. 某国有企业从国外购进车辆　　B. 外国驻华使馆从国外购进车辆

C. 国际组织从中国境内购置车辆　　D. 农民购买三轮农用运输车

（2）根据车辆购置税暂行条例规定，下列行为属于车辆购置税应税行为的有（　　）。

A. 应税车辆的进口并自用的行为

B. 应税车辆的购买并自用的行为

C. 自产自用应税车辆的行为

D. 以获奖方式取得并自用应税车辆的行为

（3）下列行为中，属于车辆购置税征税范围的有（　　）。

A. 汽车　　B. 摩托车　　C. 火车　　D. 挂车

（4）下列各项中，应当征收印花税的项目有（　　）。

A. 产品加工合同　　B. 法律咨询合同　　C. 技术开发合同　　D. 出版印刷合同

（5）下列各项中，应按“产权转移书据”税目征收印花税的有（　　）。

A. 商品房销售合同　　B. 房屋出租合同

C. 审计合同　　D. 转让土地使用权合同

（6）下列各项中属于印花税免税项目的有（　　）。

A. 财政贴息贷款合同　　B. 军事物资运输凭证

C. 技术合同　　D. 房屋租赁合同

（7）某生产企业生产销售化妆品，取得的销售收入应纳（　　）。

A. 增值税　　B. 消费税　　C. 城建税　　D. 教育费附加

（8）下列各项中，属于城建税的计税依据的有（　　）。

A. 实际缴纳“三税”的税额　　B. 纳税人滞纳“三税”而加收的滞纳金

C. 纳税人偷逃“三税”被处的罚款　　D. 纳税人偷逃“三税”被查补的税款

3. 判断题

（1）应税车辆在课征车辆购置税后再发生转售、赠送，购买者或者受赠者在车辆过户、转籍手续时，还要再缴车辆购置税。（　　）

（2）对应税凭证，凡有两方或两方以上当事人共同书立的，其当事人各方都是印花税的纳税人，应各就其所持凭证的计税金额履行纳税义务。（　　）

（3）某施工单位将自己承包建设项目中的安装工程部分，又转包给了其他单位，其转包部分在总承包合同中已缴过印花税，因为不必再次贴花纳税。（　　）

（4）只有同时缴纳了增值税、消费税、营业税的纳税人才需要缴纳城建税。（　　）

（5）海关对进口产品代征增值税、消费税的同时，要代征城建税。（　　）

（6）对出口货物按规定应退还的增值税、消费税，应一并退还已缴纳的城建税和教育费附加。（　　）

4. 单项计算题

（1）李某于2015年3月从某4S店购买一辆小轿车自用，支付含税价款175 500元，另又支付提前提车费600元、其他费用300元。李某应纳的车辆购置税税额为（　　）元。

A. 15 076.92　　B. 17 640　　C. 15 000　　D. 17 550

（2）A 企业与 B 加工厂签订委托加工合同，合同约定，由 B 企业代购主要材料 300 万元，并提供辅料 0.8 万元，加工费为 10 万元，则此合同双方共计应纳印花税（　　）元。

A. 1 554　　B. 3 108　　C. 54　　D. 1 904.8

（3）某乡镇企业（地处农村）3 月应缴纳增值税 6 万元、营业税 2 万元，则该企业当月应纳城建税（　　）元。

A. 200　　B. 400　　C. 600　　D. 800

（4）某企业 2015 年 2 月共缴纳增值税、消费税和关税 562 万元，其中关税 102 万元，进口环节缴纳增值税和消费税 260 万元，则该企业 2 月计算城建税的计税依据是（　　）万元。

A. 562　　B. 460　　C. 362　　D. 200

（5）市区内某卷烟厂委托县内一加工厂加工烟丝，加工后收回烟丝时，加工厂为卷烟厂代扣代缴消费税 5 万元，则应代扣代缴的城建税为（　　）元。

A. 500　　B. 1 500　　C. 2 500　　D. 3 500

技能训练

（一）实训目的

（1）熟悉印花税、城建税、教育费附加纳税申报流程

（2）熟悉、掌握印花税、城建税、教育费附加的账务处理。

（3）掌握“印花税纳税申报表”、“城建税、教育费附加纳税（费）申报表”的填制。

（二）实训程序

（1）计算应纳印花税税额→填写“印花税纳税申报表”。

（2）计算应纳城建税、教育费附加税（费）额→填写“城建税、教育费附加纳税（费）申报表”。

（三）实训资料

（1）某企业 2015 年 5 月开业，领受房产证、土地使用证、工商营业执照各一件；与其他企业订立转移专有技术使用权书据，所载金额为 100 万元；订立产品购销合同，所载金额为 180 万元；订立借款合同，所载金额为 50 万元；企业设立营业账簿 15 本，“实收资本”科目载有资金 500 万元；2015 年 8 月该企业“实收资本”科目所载资金增加为 800 万元。请计算该企业应缴纳的印花税并进行账务处理，填写“印花税纳税申报表”。

（2）某市区生产啤酒的企业 2015 年 7 月实际缴纳增值税 300 000 元、消费税 100 000 元。请计算该企业 7 月应纳城建税税额和教育费附加并进行账务处理，填写“城建税、教育费附加纳税（费）申报表”。

附录

附录A 12366热点问答

一、征收管理

1. 问：税务登记证件遗失，应如何办理补办手续？

答：纳税人、扣缴义务人遗失税务登记证件的，应当自遗失税务登记证件之日起 15 日内，书面报告主管税务机关，并将纳税人的名称、税务登记证件名称、税务登记证件号码、税务登记证件有效期、发证机关名称、发证日期在税务机关认可的报刊上发布遗失声明，凭报刊上刊登的遗失声明向主管税务机关申请补办税务登记证件。

2. 问：税务登记证丢失后在哪里刊登遗失声明，税务机关认可的报刊有哪些？

答：税务机关认可的报刊是指设区的市级（含市级）以上非娱乐性报刊。

3. 问：如果已经申报了，又发现申报错了怎么办？

答：如果因为误操作、重复申报等原因需要将网上发送的申报数据作废（必须尚未扣款），应书面填写“电子申报记录作废申请审核表”，写明作废原因，并加盖企业公章，前往申报大厅办理删除错误的数据手续后重新申报正确的数据。

4. 问：一个单位能否刻两个发票专用章？

答：可以，到税务机关备案即可。

5. 问：企业在地税办理税务注销登记时，因会计账簿丢失被地税局处罚了1 000元，现在到国税局办理税务注销登记，是否会受到重复处罚？

答：根据《行政处罚法》（主席令 1996 年第 63 号）的规定，对当事人的同一个违法行为，不得给予两次以上罚款的行政处罚。

因此，税务机关不会对会计账簿丢失的违法行为再次进行处罚，企业可凭地税局的处罚证明到国税局办理税务注销登记。但因为丢失账本而导致税款无法征收的，税务机关可以按规定对税款征收采取相关的措施。

6. 问：某公司在国税局申请代开发票时，发票上误盖了分公司的发票专用章，在发票空白处再补盖该公司的发票专用章后，此发票能否作为报销凭证使用？

答：纳税人在发票上误盖分公司的发票专用章后，应及时向国税局反映相关情况，发票依法作废后可以重新开具。

7. 问：税务机关为小规模纳税人代开专用发票有限额要求吗？

答：根据国家税务总局国税规定，代开每份“专用发票”的最高限额由各省辖市税务局规定。目前，大多数省份税务机关为小规模纳税人代开的专用发票限额为百万元。

8. 问：请问国税普通发票开具时品名应当在多少字的范围内？

答：按照普通发票开具软件规定，国税普通发票开具时品名应当在50个字节，即25（含）个字以内。

9. 问：税务机关调查企业的账簿时，应出示什么证明？

答：《中华人民共和国税收征管法实施细则》第八十六条规定：税务机关行使税收征管法第五十四条第（一）项职权时，可以在纳税人、扣缴义务人的业务场所进行；必要时，经县以上税务局（分局）局长批准，可以将纳税人、扣缴义务人以前会计年度的账簿、记账凭证、报表和其他有关资料调回税务机关检查，但是税务机关必须向纳税人、扣缴义务人开付清单，并在3个月内完整退还；有特殊情况的，经设区的市、自治州以上税务局局长批准，税务机关可以将纳税人、扣缴义务人当年的账簿、记账凭证、报表和其他有关资料调回检查，但必须在30日内退还。

10. 问：在网上办税服务厅报送申报表和财务报表的电子信息后，还需要向主管税务机关报送纸质资料吗？

答：部分省市的一部分网上申报用户可以免交纸质资料，这要视该省市对免交纸质资料的具体要求而定。

11. 问：新成立的企业同时涉及增值税和营业税项目，如何缴纳企业所得税？

答：根据《国家税务总局关于调整新增企业所得税征管范围问题的通知》（国税发〔2008〕120号）的规定，既缴纳增值税又缴纳营业税的企业，原则上按照其税务登记时自行申报的主营业务应缴纳的流转税税种确定征管归属；企业税务登记时无法确定主营业务的，一般以工商登记注明的第一项业务为准；一经确定，原则上不再调整。

2008年年底之前，国家税务局、地方税务局各自管理的企业所得税纳税人不做调整。2009年起新增企业所得税纳税人中，应缴纳增值税的企业，其企业所得税由国家税务局管理；应缴纳营业税的企业，其企业所得税由地方税务局管理。

12. 问：需要临时使用发票的单位和个人该如何办理？

答：可以凭购销商品、提供或者接受服务以及从事其他经营活动的书面证明，经办人身份证明，直接向经营地税务机关申请代开发票。依照税收法律、行政法规规定应当缴纳税款的，税务机关应当先征收税款，再开具发票。

13. 问：临时税务登记户可以领购发票吗？临时税务登记户如何开具发票？

答：可以。《国家税务总局关于进一步完善税务登记管理有关问题的公告》（2011年第21

号）规定：一、无照户纳税人的管理——从事生产、经营的纳税人，应办而未办工商营业执照，或不需办理工商营业执照而需经有关部门批准设立但未经有关部门批准的（简称无照户纳税人），应当自纳税义务发生之日起30日内申报办理税务登记。税务机关对无照户纳税人核发临时税务登记证及副本，并限量供应发票。

14. 问：上月少申报，本月是否可以网上补报?

答：不可以，补报以前月份的只能在办税服务大厅凭申报表申报。

15. 问：纳税人到银行缴纳电费，银行开具代收电费的发票，但未加盖发票专用章。银行要求纳税人到供电公司盖章，供电公司答复，无法加盖发票专用章。请问，该代收电费的发票应由哪方盖发票专用章?

答：《关于银行代收费业务使用税务发票有关问题的通知》国税发[2007]108号第二条规定，银行代收费业务专用发票套印银行代收费业务发票专用章。因此，该代收电费的发票应当由银行加盖发票专用章。

16. 问：自谋职业的城镇退役士兵享受税收优惠是否有地域限制?

答：自谋职业的城镇退役士兵，凭城镇退役士兵自谋职业证在户口所在地享受自谋职业优惠政策。

17. 问：个人所得税当月已经申报了工资薪金后发现还有股息红利等要申报，是否可以再申报一次?

答：不能，当前软件每月只能申报一次。如需当月补报，请携带相关资料前往地税大厅办理。

18. 问：查出以前年度发票违规并产生了调增项，应从何时计算收取滞纳金?

答：根据《中华人民共和国税收征收管理法》第三十一条规定，纳税人、扣缴义务人按照法律、行政法规规定或者税务机关按照法律、行政法规的规定确定的期限，缴纳或者解缴税款。

企业所得税年度申报由于多扣费用造成少缴税款，应自次年汇算清缴期结束后次日起计算加收滞纳金。

19. 问：商业企业收取的进场费开具什么发票?

答：根据《国家税务总局关于商业企业向货物供应方收取的部分费用征收流转税的通知》（国税发[2004]136号）第一条第一款规定，对商业企业向供货方收取的与商品销售量、销售额无必然联系，且商业企业向供货方提供一定劳务的收入，如进场费、广告促销费、上架费、展示费、管理费等，不属于平销返利，不冲减当期增值税进项税额，应按营业税适用税目税率征收营业税，符合上述规定收取的进场费应开具营业税票。

20. 问：商场的冠名发票背面是否可以印制三包内容?

答：对于冠名发票背面印制内容没有具体的规定，若有需要可以向主管局申请备案。

21. 问：生产企业办理出口退税的流程是什么?

答：这个问题仅适用于生产企业为增值税一般纳税人的情况，流程如下。

（1）到商务部门按规定办理务案登记。

（2）出口货物退（免）税认定。

（3）报关出口。

（4）增值税纳税申报和免、抵、退税申报。

（5）取得出口货物报关单。

（6）收汇核销并取得出口收汇核销单。

（7）单证齐全申报免抵退税。

（8）开具收入退还书。

（9）取得退税款。

二、增值税和消费税

1. 问：某按月申报的小规模商业企业10月销售额超过了80万，企业应在什么时间申请一般纳税人认定？

答：根据《增值税一般纳税人资格认定管理办法》（国家税务总局令第 22 号）第八条的规定，纳税人应当在申报期结束后 40 日内向主管税务机关报送“增值税一般纳税人申请认定表”，申请一般纳税人资格认定。因此，该企业应在 11 月 1 日起 40 日内去申请一般纳税人认定。

2. 问：未达起征点的个体工商户在销售货物时，购买方需要开具增值税专用发票的，该个体工商户是否可以到税务机关代开？

答：根据国家税务总局《关于增值税起征点调整后有关问题的批复》（国税函〔2003〕1396 号）中规定“对销售额未达到起征点的个体工商业户，税务机关不得为其代开专用发票”，但是，如果当月单笔专用发票代开额超过起征点的或当月累计销售额超过起征点，可以到主管税务机关申请代开增值税专用发票。代开增值税专用发票应持下列资料向主管税务机关申请代开。

（1）购货方《税务登记证》副本复印件一份。

（2）纳税人《税务登记证》副本。

（3）税务机关要求提供的其他资料。

3. 问：某按月申报增值税的小规模纳税人企业同时兼营营业税项目，当月销售额不超过2万，但销售额和营业额合计超过2万元，是否可以享受小微企业免征增值税的优惠政策？

答：根据《国家税务总局关于暂免征收部分小微企业增值税和营业税政策有关问题的公告》（国家税务总局公告 2013 年第 49 号）第三条的规定，增值税小规模纳税人中的企业或非企业性单位，兼营营业税应税项目的，应当分别核算增值税应税项目的销售额和营业税应税项目的营业额，月销售额不超过 2 万元（按季纳税 6 万元）的暂免征收增值税，月营业额不超过 2 万元（按季纳税 6 万元）的，暂免征收营业税。

因此，该按月申报增值税的小规模纳税人企业，兼营营业税应税项目的，若可以分别核算增值税应税项目的销售额和营业税应税项目的营业额，月销售额不超过 2 万元的暂免征收增值税。

4. 问：购买商品到一定数量销售方返还一定的资金，能不能开红字证明单？

答：根据《国家税务总局关于纳税人折扣、折让行为开具红字增值税专用发票问题的通知》（国税函 [2006]1279 号）的规定，纳税人销售货物并向购买方开具增值税专用发票后，由于购货方在一定时期内累计购买货物达到一定数量，或者由于市场价格下降等原因，销货方给予购货方相应的价格优惠或补偿等折扣、折让行为，销货方可按现行《增值税专用发票使用规定》的有关规定开具红字增值税专用发票。

5. 问：苏宁提供商铺给经销商销售货物，经销商统一在苏宁柜台结算货款，由苏宁开具

发票，苏宁与经销商结算时，苏宁从销售款中收取10%的手续费，此笔手续费是否缴纳增值税？

答：根据《国家税务总局关于商业企业向货物供应方收取的部分费用征收流转税问题的通知》（国税发[2004]136号）的规定，对商业企业向供货方收取的与商品销售量、销售额挂钩（如以一定比例、金额、数量计算）的各种返还收入，均应按照平销返利行为的有关规定冲减当期增值税进项税金，不征收营业税。

因此，苏宁从销售款中收取10%的手续费应当缴纳增值税。

6. 问：企业租赁个人的小轿车，以企业名义购买加油卡并用于该车辆的加油，取得企业抬头的增值税专用发票是否可抵扣增值税进项？

答：根据《增值税暂行条例》（国务院令第538号）第八条的规定，若企业租赁汽车用于增值税应税项目，并能取得合法有效凭证，则可以按规定抵扣增值税进项。

7. 问：一般纳税人企业购进一台背投电视用于员工培训，取得的增值税专用发票是否可以抵扣进项税金？企业购买了经营管理类书籍让员工学习，购买书籍取得的增值税专用发票是否允许抵扣增值税进项税额？

答：根据《增值税暂行条例》（国务院令第538号）第十条的规定，用于非增值税应税项目、免征增值税项目、集体福利或者个人消费的购进货物或者应税劳务，不可以从销项税额中抵扣。

因此，企业为员工培训购买的电视，属于增值税应税项目，取得的增值税专用发票能抵扣进项税金。

企业购买该书籍用于增值税应税项目，因此，可以抵扣增值税进项税额。

8. 问：企业购进一批货物，经检测发现重金属超标而被检测中心没收，该企业是否要做进项税转出？

答：根据《增值税暂行条例》（国务院令第538号）第十条的规定，下列项目的进项税额不得从销项税额中抵扣：（二）非正常损失的购进货物及相关的应税劳务。

根据《增值税暂行条例实施细则》（财政部　国家税务总局第50号令）第二十四条的规定，条例第十条第（二）项所称“非正常损失”是指因管理不善造成被盗、丢失、霉烂变质等的损失。

因此，货物经检测发现重金属超标而被没收不属于《增值税暂行条例实施细则》规定的非正常损失，不需要做进项税额转出。

9. 问：4S店将一辆原用于销售的小汽车用于自身经营，并开具机动车销售统一发票给自己，这张由4S店自己开具的机动车销售统一发票是否可以正常抵扣增值税？

答：因为此车在原购进时已经做了进项抵扣，转变用途环节仍用于应税项目，不做视同销售处理，所以取得的机动车销售统一发票不能再抵扣。

10. 问：农民专业合作社销售农产品是否可以免征增值税？

答：根据《财政部　国家税务总局关于农民专业合作社有关税收政策的通知》（财税[2008]81号）的规定，对农民专业合作社销售本社成员生产的农业产品，视同农业生产者销售自产农业产品免征增值税。

11. 问：企业在境内零售批发进口的牛肉是否可以免征增值税？

答：根据《财政部国家税务总局关于免征部分鲜活肉蛋产品流通环节增值税政策的通知》（财税[2012]75号）的规定，免征增值税的鲜活肉产品，是指猪、牛、羊、鸡、鸭、鹅及其整块或者分割的鲜肉、冷藏或者冷冻肉，内脏、头、尾、骨、蹄、翅、爪等组织。

上述产品中不包括《中华人民共和国野生动物保护法》所规定的国家珍贵、濒危野生动物及其鲜活肉类、蛋类产品。文件中对于免税商品的来源没有要求，因此，企业零售批发进口的牛肉可以免征增值税。

12. 问：纳税人销售图书是否可以免征增值税？

答：根据《财政部　国家税务总局关于延续宣传文化增值税和营业税优惠政策的通知》（财税[2013]87 号）第二条的规定，自 2013 年 1 月 1 日起至 2017 年 12 月 31 日，免征图书批发、零售环节增值税。

因此，纳税人销售图书可以享受免征增值税的优惠。

13. 问：一般纳税人企业将新鲜香蕉加工成香蕉泥销售，香蕉泥是否属于农产品可以按13%缴纳增值税的范围？

答：根据《农业产品征税范围注释》（财税字[1995]52 号）的规定，园艺植物是指可供食用的果实，如水果、果干（如荔枝干、桂圆干、葡萄干等）、干果、果仁、果用瓜（如甜瓜、西瓜、哈密瓜等），以及胡椒、花椒、大料、咖啡豆等。经冷冻、冷藏、包装等工序加工的园艺植物，也属于本货物的征税范围。各种水果罐头、果脯、蜜饯、炒制的果仁及坚果、碾磨后的园艺植物（如胡椒粉、花椒粉等），不属于本货物的征税范围。

因此，香蕉泥不属于农产品的范围，一般纳税人应按 17%的税率缴纳增值税。

14. 问：超市销售经过腌制的生的肉制品，是否可以享受免征增值税的优惠？

答：根据《财政部　国家税务总局关于免征部分鲜活肉蛋产品流通环节增值税政策的通知》（财税[2012]75 号）第一条的规定，对从事农产品批发、零售的纳税人销售的部分鲜活肉蛋产品免征增值税。免征增值税的鲜活肉产品，是指猪、牛、羊、鸡、鸭、鹅及其整块或者分割的鲜肉、冷藏或者冷冻肉，内脏、头、尾、骨、蹄、翅、爪等组织。

经过腌制的肉制品不属于上述文件中提到的鲜活肉产品，因此，超市销售腌制过的肉制品不可以享受增值税的免税优惠。

15. 问：企业将应用程序放在网络平台上，网友付费后才能下载使用，企业取得的收入应当缴纳营业税还是增值税？

答：根据《财政部　国家税务总局关于软件产品增值税政策的通知》（财税[2011]100 号）的规定，软件产品是指信息处理程序及相关文档和数据。软件产品包括计算机软件产品、信息系统和嵌入式软件产品。因此，在网络平台提供应用程序下载并收费的行为属于销售软件，应当缴纳增值税。

16. 问：某培训机构搞活动，报名参加培训即可获赠小金饰，培训机构赠送的小金饰是否需要视同销售缴纳增值税？

答：根据《增值税暂行条例实施细则》（财政部　国家税务总局第 50 号令）第七条的规定，该业务不属于混合销售，属于货物销售兼营营业税项目，无偿赠送应按销售货物征收增值税。因此，其赠送的小金饰需要缴纳增值税。

17. 问：企业提供植物盆栽租赁服务，是否属于营改增的范围？

答：根据《财政部　国家税务总局关于将铁路运输和邮政业纳入营业税改征增值税试点的通知》（财税[2013]106 号附件一）中《应税服务范围注释》的规定，有形动产经营性租赁，是指在约定时间内将物品、设备等有形动产转让他人使用且租赁物所有权不变更的业务活动。

因此，若企业只提供植物盆栽租赁服务，属于营改增有形动产租赁服务的征税范围；若企业在提供按盆租赁的同时，也提供植物的养护服务，则不属于营改增的范围，应按兼营营业税项目分别计算缴纳增值税和营业税。

18. 问：一般纳税人能否将增值税进项留抵税额抵减查补税款欠税？

答：根据《国家税务总局关于增值税一般纳税人将增值税进项留抵税额抵减查补税款欠税问题的批复》（国税函[2005]169 号）的规定，增值税一般纳税人拖欠纳税检查应补缴的增值税税款，如果纳税人有进项留抵税额，可按照《国家税务总局关于增值税一般纳税人用进项留抵税额抵减增值税欠税问题的通知》（国税发〔2004〕112 号）的规定，用增值税留抵税额抵减查补税款欠税。

因此，一般纳税人可以用增值税进项留抵税额抵减查补税款欠税。

19. 问：以千足金制作的金碗等黄金摆件，能否作为金银饰品在零售环节缴纳消费税？

答：根据《财政部　国家税务总局关于调整金银首饰消费税纳税环节有关问题的通知》（财税字[1994]95 号）的规定，金银首饰在零售环节征收消费税。但以千足金制作的金碗等黄金摆件暂不属于现行税目中“金银首饰”的范围，因此，黄金摆件不在零售环节缴纳消费税。

20. 问：个体工商户销售黄金首饰，月销售额在2万元以下是否可以比照增值税的起征点免征消费税？

答：目前《消费税暂行条例》及《消费税暂行条例实施细则》暂无对消费税起征点的规定，因此，个体工商户销售黄金首饰销售额在 2 万元以下的应正常缴纳消费税。

三、营业税

1. 问：营利性医疗机构能否免征营业税？

答：根据《中华人民共和国营业税暂行条例》第八条规定，医院、诊所和其他医疗机构提供的医疗服务免征营业税。

2. 问：不满两年的房屋转让应缴纳营业税。房产证、契税完税凭证、土地使用证填发时间不一致时，应如何缴纳？

答：纳税人申报时，同时出具房屋产权证和契税完税证明且二者所注明的时间不一致的，按照“孰先”的原则确定购买房屋的时间。

3. 问：分公司的增值税是在本地缴纳还是在总公司所在地缴纳？

答：根据《中华人民共和国增值税暂行条例》第二十二条规定，固定业户应当向其机构所在地的主管税务机关申报纳税。总机构和分支机构不在同一县（市）的，应当分别向各自所在地的主管税务机关申报纳税；经国务院财政、税务主管部门或者其授权的财政、税务机关批准，可以由总机构汇总向总机构所在地的主管税务机关申报纳税。

4. 问：加油站发售加油卡什么时候开专用发票？

答：根据《成品油零售加油站增值税征收管理办法》（国家税务总局令第 2 号）第十二条规定，发售加油卡、加油凭证销售成品油的纳税人（以下简称“预售单位”）在售卖加油卡、加油凭证时，应按预收账款方法做相关账务处理，不征收增值税。

预售单位在发售加油卡或加油凭证时开具普通发票，如购油单位要求开具增值税专用发票，待用户凭卡或加油凭证加油后，根据加油卡或加油凭证回笼记录，向购油单位开具增值税专用发票。

5. 问：郑州市外的建筑企业承接苏州市范围内的建筑工程，是否可以出具其机构所在地发票？企业到外省建筑施工，需要开具外出经营活动税收管理证明，是到国税局开具还是到地税局开具？

答：不可以。郑州市外的建筑企业承接苏州市范围内的建筑工程，应出具建筑工程所在地地方税务局监制的发票。企业可至建筑工程所在地主管地税机关申请代为开具。

纳税人到外县（市）临时从事生产经营活动的，应向主管税务机关申请开具《外出经营活动税收管理证明》。外出经营活动税收管辖涉及国税、地税两家税务机关的，由主管国税局、地税局分别开具外出经营管理证明。

四、企业所得税

1. 问：企业从政府取得的奖励、扶持资金是否应当缴纳企业所得税？

答：新《企业所得税法》及其实施条例对于不征税收入有明确规定，企业从政府取得的各类奖金、扶持资金，除了由国务院财政、税务主管部门规定专项用途并经国务院批准的财政性资金外，应并入取得当期应纳税所得额计算缴纳企业所得税。

2. 问：企业购买价值3 800元的打印机作为固定资产管理，发生的该笔支出能否在企业所得税税前一次性扣除？还是必须分年度计算折扣扣除？

答：根据《财政部　国家税务总局关于完善固定资产加速折旧企业所得税政策的通知》（财税[2014]75 号）的规定，对所有行业企业持有的单位价值不超过 5 000 元的固定资产，允许一次性计入当期成本费用在计算应纳税所得额时扣除，不再分年度计算折旧。

由于企业购买的打印机价值不超过 5 000 元，因此，允许一次性计入当期成本费用在计算应纳税所得额时扣除，不再分年度计算折旧。

企业在 2013 年 12 月 31 日前持有的单位价值不超过 5 000 元的固定资产，其折余价值部分，2014 年 1 月 1 日以后可以一次性在计算应纳税所得额时扣除。

3. 问：现在大型商场品牌调整频繁，涉及这些品牌的装修费用是否要计入长期待摊费用？房产是商场自己的，商场为提高经济效益，经常要引进新的品牌商品、淘汰不好的商品，这就涉及新引进品牌专厅的装修问题，其装修费用与房产原值比非常小。不需要计入长期待摊费用的，是否可以直接计入当期费用？

答：此类的装修费应当作为其他长期待摊费用的支出，自支出发生月份的次月起分期摊销，摊销年限不得低于三年。如果装修后使用不满三年的，剩余未摊销完的金额可以在拆除当月一次性扣除。

4. 问：企业以买一赠一等方式组合销售本企业商品的，应如何进行企业所得税税务处理？

答：企业以买一赠一等方式组合销售本企业商品的，不属于捐赠，应将总的销售金额按各项商品的公允价值的比例来分摊确认各项的销售收入（不同于增值税的规定）。

5. 问：企业组织“包元宵”活动，当场发放现金奖励，该项支出如何在企业所得税前扣除？

答：根据《企业所得税法实施条例》（国务院令第 512 号）第四十一条的规定，企业拨缴的工会经费，不超过工资、薪金总额 2%的部分，准予扣除。

企业组织“包元宵”活动的费用，由工会组织的，应由职工工会经费列支；由非工会组织的，应由职工福利费列支，符合税法规定的，可以在税前扣除。

6. 问：①企业购买手机送给员工发生的费用支出能否作为职工福利费在企业所得税税前扣除？②单位每年组织员工进行体检，体检费用及由于雾霾天气企业给每个员工购买口罩的费用，是否可以在企业所得税税前扣除？③企业承租车辆作为接送员工上下班的班车，发生的租赁费是否可以作为职工福利费在企业所得税税前扣除？④企业在离退休工资外向离退休人员支付的过节费、生活补贴以及报销的医药费，是否可以在企业所得税税前扣除？

答：根据《国家税务总局关于企业工资薪金及职工福利费扣除问题的通知》（国税函[2009]3号）第三条第（二）款的规定，为职工卫生保健、生活、住房、交通等所发放的各项补贴和非货币性福利，包括企业向职工发放的因公外地就医费用、未实行医疗统筹企业职工医疗费用、职工供养直系亲属医疗补贴、供暖费补贴、职工防暑降温费、职工困难补贴、救济费、职工食堂经费补贴、职工交通补贴等。

① 企业购买手机送给员工发生的费用支出不在上述文件的列举范围内，因此，不能作为职工福利费在企业所得税税前扣除。

② 单位每年组织员工进行体检属于上述文件的列举范围之内，可以作为职工福利费在企业所得税税前扣除。企业给员工购买口罩发生的支出可以作为职工福利费，不超过工资总额14%的部分准予在企业所得税税前扣除。

③ 企业承租车辆作为接送员工上下班的班车，可以作为职工福利费，不超过工资总额14%的部分准予在企业所得税税前扣除。

④ 若企业已为离退休人员办理了社会统筹，则上述支出不能在企业所得税税前扣除；若企业未为离退休人员办理社会统筹，则上述支出可以计入职工福利费。

7. 问：企业对健身室进行装修，发生的这笔装修费应作为其他长期待摊费用还是作为福利费在企业所得税税前扣除？

答：根据《关于企业工资薪金及职工福利费扣除问题的通知》（国税函[2009]3号）第三条第（二）项的规定，为职工卫生保健、生活、住房、交通等所发放的各项补贴和非货币性福利应作为职工福利费在企业所得税税前扣除。因此，企业为员工的健身室装修所发生的装修费应作为职工福利费，不超过工资总额14%的部分，准予在企业所得税税前扣除。

8. 问：业务招待费如果不能全额在税前扣除，是否在预缴企业所得税时进行纳税调整？

答：企业在季度预缴申报时暂按《关于印发“中华人民共和国企业所得税月（季）度预缴纳税申报表”等报表的通知》（国税函[2008]44号）填报说明的有关规定进行填报，待年终汇算清缴时再予以纳税调整。

9. 问：企业承租一套房屋的一半，并支付物业费的一半给房东。物业公司收取物业费并开具发票给房东，承租企业无法取得发票。承租企业支付的物业费能否在企业所得税前扣除？

答：根据《企业所得税法》（主席令第63号）第八条的规定，企业实际发生的与取得收入有关的、合理的支出，包括成本、费用、税金、损失和其他支出，准予在计算应纳税所得额时扣除。

因此，若企业将物业费包含在房屋租金中，并取得房屋租赁发票，企业支付的物业费可以在企业所得税税前扣除。

10. 问：按照核定征收方式缴纳企业所得税的居民企业，能否享受小微企业税收优惠政策？

答：根据《国家税务总局关于扩大小型微利企业减半征收企业所得税范围有关问题的公告》（国家税务总局公告2014年第23号）第一条的规定，只要是符合规定条件的小型微利企业，无论是采取查账征收方式还是采取核定征收方式，均可按照规定享受小微企业所得税优惠政策。

五、个人所得税

1．问：企业给员工报销子女的托儿所学费是否要交个人所得税？

答：根据《关于印发<征收个人所得税若干问题的规定>的通知》（国税发[94]89 号）的规定，托儿补助费不属于工资、薪金性质的补贴、津贴或者不属于纳税人本人工资、薪金所得项目的收入不予征税。因此，国家规定标准以内的托儿补助不需要缴纳个人所得税，超过国家规定标准以外的以托儿补助费名义报销的费用不属于不征税范围,需要缴纳个人所得税。

2．问：个人取得的高温补助是否需并入工资、薪金所得计算缴纳个人所得税？

答：根据《中华人民共和国个人所得税法实施条例》的规定，工资、薪金所得，是指个人因任职或者受雇而取得的工资、薪金、奖金、年终加薪、劳动分红、津贴、补贴以及与任职或者受雇有关的其他所得。故个人取得的高温补助须并入工资、薪金所得计算缴纳个人所得税。

3．问：单位年终让员工抽奖，员工可以抽得实物，对员工抽奖取得的实物所得按什么税目征收个人所得税？

答：个人所得税的工资、薪金所得是指个人因任职或者受雇而取得的工资、薪金、奖金、年终加薪、劳动分红、津贴、补贴以及与任职或者受雇有关的其他所得。员工抽奖所得应并入工资、薪金所得缴纳个人所得税。

4．问：某单位“三八妇女节”向女职工发放节日补贴，该补贴在工会经费中列支，是否需要缴纳个人所得税？从工会经费列支的职工生日补贴，是否要缴个人所得税？

答：税法规定，生活补助费是指由于某些特定事件或原因而给纳税人或其家庭的正常生活造成一定困难，其任职单位按国家规定从提留的福利费或者工会经费中向其支付的临时性生活困难补助。该单位“三八妇女节”以及职工生日补贴从工会经费中支付给职工的补助不属于生活困难补助，须并入员工工资、薪金所得缴纳个人所得税。

5．问：企业以免费旅游的方式提供对营销人员个人奖励如何征收个人所得税？

答：对商品营销活动中，企业和单位对营销业绩突出人员以培训班、研讨会、工作考察等名义组织旅游活动，通过免收差旅费、旅游费对个人实行的营销业绩奖励（包括实物、有价证券等），应根据所发生费用全额计入营销人员应税所得依法征收个人所得税，并由提供上述费用的企业和单位代扣代缴。其中，对企业雇员享受的此类奖励，应与当期的工资、薪金合并，按照“工资、薪金所得”项目征收个人所得税；对其他人员享受的此类奖励，应作为当期的劳务收入，按照“劳务报酬所得”项目征收个人所得税。

6．问：个人与房地产开发公司签订房屋买卖合同后，由于房地产开发公司未按期交房，开发公司向购房人支付的违约金是否征收个人所得税？购房合同并未解除。

答：对房地产开发公司支付给个人的违约金及利息属于经济补偿款，不征税。

7．问：个人将自己的肖像提供给他人使用取得的所得如何计算个人所得税？

答：个人将自己的肖像提供给他人使用取得的所得按“特许权使用费所得”项目征收个人所得税。

8．问：如何理解误餐补助？

答：误餐补助不属于工资、薪金性质的补贴、津贴，不征收个人所得税。误餐补助，是指按财政部门规定，个人因公在城区、郊区工作，不能在工作单位或返回就餐，确实需要在外就餐的，根据实际误餐顿数，按规定的标准领取的误餐费。一些单位以误餐补助名义发给职工的补贴、津贴，应当并入当月工资、薪金所得计征个人所得税。

9. 问：对个人因解除劳动合同取得的经济补偿如何计算个人所得税？

答：个人因与用人单位解除劳动关系而取得的一次性补偿收入（包括用人单位发放的经济补偿金、生活补助费和其他补助费用），其收入在当地上年职工平均工资3倍数额以内的部分，免征个人所得税；超过的部分可视为一次取得数月的工资、薪金收入，允许在一定期限内进行平均。具体计算方法为：以个人取得的一次性经济补偿收入，减去当地上年职工平均工资3倍数额以内的部分，再减去按国家和地方政府规定比例实际缴纳的住房公积金、医疗保险金、基本养老保险金、失业保险费，用此余额除以个人在本企业的实际工作年限数，以其商数作为个人的月工资、薪金收入，按照工资、薪金所得项目计算出应纳的个人所得税，然后再乘以年限数，就是应纳个人所得税税额。个人在本企业的工作年限数按实际工作年限数计算，超过12年的按12年计算。

六、其他税

1. 问：个人销售住房是否要缴纳土地增值税？

答：依据《关于调整房地产交易环节税收政策的通知》（财税[2008]137 号）文件的规定，从2008年11月1日起，对个人销售住房暂免征收土地增值税。

2. 问：购买一套别墅是否要缴土地增值税？具体的缴纳标准是多少？

答：根据《中华人民共和国土地增值税暂行条例》的规定，土地增值税的纳税人为转让国有土地使用权、地上的建筑物及其附着物并取得收入的单位和个人。因此，购买者不必缴纳土地增值税。

3. 问：房地产开发企业在土地增值税清算时，由于推迟交房而付的违约金是否可以作为扣除项目？

答：根据《土地增值税暂行条例》的规定，计算增值额的扣除项目如下。

（1）取得土地使用权所支付的金额。

（2）开发土地的成本、费用。

（3）新建房及配套设施的成本、费用。

（4）与转让房地产有关的税金。

（5）房地产开发企业加计20%扣除。

因此，上述扣除项目范围内的违约金支出，不能作为计算土地增值税增值额的扣除项目。

4. 问：企业为解决下岗职工的生活问题，倚厂区围墙搭建一排违章门面房无偿提供给下岗职工经营使用，此违章建筑是否属于房产税征税范围？

答：根据《中华人民共和国房产税暂行条例》（国发[1986]90 号）的规定，房产税由产权所有人缴纳。产权属于全民所有的，由经营管理的单位缴纳；产权出典的，由承典人缴纳；产权所有人、承典人不在房产所在地的，或产权未确定及租典纠纷未解决的，由房产代管人或使用人缴纳。

因此，对违章建筑属于产权未确定范围，房产税由房产代管人或使用人缴纳。

5. 问：建筑施工单位到外地承接施工工程城建税按何税率征收？

答：对建筑施工单位到外地承接施工工程，纳税人所在地与缴纳“三税”所在地城建税税率不一致的，以城建税实际纳税地的适用税率为准，无需回纳税人所在地办理补税或退税手续。

6. 问：在营业执照的哪里贴印花税票？

答：营业执照正本贴花，应统一粘贴在其左下角花边框内。税票粘贴应端正、清洁，在税票与证照、凭证的骑缝处，用钢笔或圆珠笔画两条横线注销，画销笔迹要整齐、清晰。

7. 问：合同副本在什么情况下要贴花？

答：纳税人的已缴纳印花税凭证的正本遗失或毁损，而以副本替代的，即为副本视同正本使用，应另贴印花。

8. 问：城镇土地使用税与耕地占用税有何不同？缴纳了耕地占用税，是否还需要缴纳城镇土地使用税？

答：城镇土地使用税与耕地占用税的不同点在于，耕地占用税是在全国范围内，就改变耕地用途的行为征收的税，是一次性征收的；而城镇土地使用税是在城市、县城、建制镇、工矿区范围内，就使用土地的行为征收的税，是按年征收的。这两个税相辅相成，互为补充，起到减少乱占、滥用土地及加强土地管理的作用。由于在征收中这两个税有部分重合，为避免对一块土地同时征收耕地占用税和城镇土地使用税，在《中华人民共和国城镇土地使用税暂行条例》的规定上，与耕地占用税进行了相应的衔接。即对新征用的耕地，凡是缴纳了耕地占用税的，从批准征用之日起满 1 年后征收城镇土地使用税；征用非耕地因不需要缴纳耕地占用税，应从批准征用之次月起征收城镇土地使用税。

9. 问：林场中度假村等休闲娱乐场所是否免征城镇土地使用税？

答：直接用于农、林、牧、渔业的生产用地可以免征城镇土地使用税，是指直接从事种植、养殖、饲养的专业用地，不包括农副产品加工场地和生活、办公用地。利用林场土地兴建度假村等休闲娱乐场所的，其经营、办公和生活用地，应按规定征收城镇土地使用税。

10. 问：某郑州牌照的小车在省外使用。该车车主在省外买交强险时，保险公司代扣了车船税，对此郑州地税是否承认呢？

答：认可。在一个纳税年度内，纳税人在非车辆登记地由保险机构代收代缴机动车车船税，且能够提供合法、有效的完税证明的，纳税人不再向车辆登记地的地方税务机关缴纳机动车车船税。

11. 问：2015年中途转让给我未交2015年车船税的车，现在要向我收2015年整个年度的车船税。有何依据？

答：《国家税务总局关于车船税征管若干问题的通知》（国税发[2008]48 号）第二条规定："在一个纳税年度内，已经缴纳车船税的车船变更所有权或管理权的，地方税务机关对原车船所有人或管理人不予办理退税手续，对现车船所有人或管理人也不再征收当年度的税款；未缴纳车船税的车船变更所有权或管理权的，由现车船所有人或管理人缴纳该纳税年度的车船税。"

12. 问：个人购买普通住房的契税税率是多少？

答：在《财政部　国家税务总局　住房和城乡建设部关于调整房地产交易环节契税　个人所得税优惠政策的通知》（财税[2010]94 号）中，关于契税的规定如下。

（1）对个人购买普通住房，且该住房属于家庭（成员范围包括购房人、配偶以及未成年子女，下同）唯一住房的，减半征收契税。对个人购买 90 平方米及以下普通住房，且该住房属于家庭唯一住房的，减按 1%税率征收契税。

（2）个人购买的普通住房，凡不符合上述规定的，按 3%征收契税。

小贴士

文中的起征点 2 万元随政策调整而变动。

附录B 小型微利企业税收优惠大全

1. 增值税和营业税

根据《财政部 国家税务总局关于暂免征收部分小微企业增值税和营业税的通知》（财税[2013]52号）及《财政部 国家税务总局关于进一步支持小微企业增值税和营业税政策的通知》（财税[2014]71号）的规定，自2013年8月1日起，对增值税小规模纳税人中月销售额不超过2万元的企业或非企业性单位，暂免征收增值税；对营业税纳税人中月营业额不超过2万元的企业或非企业性单位，暂免征收营业税；自2014年10月1日起至2015年12月31日，对月销售额2万元至3万元的增值税小规模纳税人，免征增值税；对月营业额2万元至3万元的营业税纳税人，免征营业税，进一步加大对小微企业的税收支持力度。

2. 印花税

根据《财政部 国家税务总局关于在全国中小企业股份转让系统转让股票有关证券（股票）交易印花税政策的通知》（财税[2014]47号）、《财政部 国家税务总局关于金融机构与小型微型企业签订借款合同免征印花税的通知》（财税[2014]78号）的规定，自2011年11月1日起至2017年12月31日止，对金融机构与小型、微型企业签订的借款合同免征印花税；自2014年6月1日起，在全国中小企业股份转让系统买卖、继承、赠与股票所书立的股权转让书据，依书立时的实际成交金额，由出让方按1‰的税率计算缴纳证券（股票）交易印花税。

3. 进（出）口税收

对符合条件的国家中小企业公共服务示范平台中的技术类服务平台纳入现行科技开发用品进口税收优惠政策范围，对其在2015年12月31日前，在合理数量范围内进口国内不能生产或者国内产品性能尚不能满足需要的科技开发用品，免征进口关税和进口环节增值税、消费税。

4. 企业所得税

根据《财政部 国家税务总局关于中小企业信用担保机构有关准备金企业所得税税前扣除政策的通知》（财税[2012]25号）、《财政部 国家税务总局关于小型微利企业所得税优惠政策的通知》（财税[2015]34号）、《国家税务总局关于贯彻落实扩大小型微利企业减半征收企业所得税范围有关问题的公告》（国家税务总局公告2015年第17号）等的规定，中小企业信用担保机构有关准备金可税前扣除；金融企业涉农贷款和中小企业贷款损失准备金可税前扣除；自2015年1月1日至2017年12月31日，对年应纳税所得额低于20万元（含20万元）的小型微利企业，其所得减按50%计入应纳税所得额，按20%的税率缴纳企业所得税。

5. 个人所得税

根据《财政部 国家税务总局 中国证券监督管理委员会关于实施全国中小企业股份转让系统挂牌公司股息红利差别化个人所得税政策有关问题的通知》（财税[2014]48号）的规定，个人持有全国中小企业股份转让系统挂牌公司的股票，持股期限在1个月以内（含）的，其股息红利所得全额计入应纳税所得额；持股期限在1个月以上至1年（含）的，暂减按50%计入应纳税所得额；持股期限超过1年的，暂减按25%计入应纳税所得额。

6. 基金（费）

根据《财政部 国家税务总局关于对小微企业免征有关政府性基金的通知》（财税[2014]122号）、《财政部办公厅关于对小微企业免征船舶港务费等三项行政事业性收费有关问题的复函》（财办税[2015]14号）等的规定，免收小型微型企业发票工本费、政府性基金、船舶港务费等。

补充

1. 问：小微企业认定条件中的“从业人数”以及“资产总额”如何确定？

答：《财政部　国家税务总局关于执行企业所得税优惠政策若干问题的通知》（财税〔2009〕69 号）的规定，从业人数是指与企业建立劳动关系的职工人数和企业接受的劳务派遣用工人数之和；从业人数和资产总额指标，按企业全年月平均值确定。具体计算公式如下。

月平均值=（月初值+月末值）/2

全年月平均值=全年各月平均值之和/12

如果年度中间开业或者终止经营活动的，则以其实际经营期作为一个纳税年度确定上述相关指标。

2. 问：符合条件的小微企业免税优惠需要专门申请吗？

答：不需要专门进行申请。自 2014 年 10 月 1 日起至 2015 年 12 月 31 日，增值税小规模纳税人（企业或非企业性单位）在纳税申报时，只要月销售额不超过 3 万元（含本数）的增值税小规模纳税人，对月营业额不超过 3 万元（含本数）的营业税纳税人，都可以按免税申报。

3. 问：享受营业税税收优惠政策的小微企业，如何进行纳税申报？

答：符合条件的小微企业据实申报后，系统会自动减免营业税。

参考文献

[1] 国家税务总局网站：www.chinatax.gov.cn.

[2] 河南省地税局、重庆地税局、上海地税局、南京地税局等网站.

[3] 中华人民共和国征管法（第九届人民代表大会常务委员会第21次会议修正. 2001.4.28）.

[4] 中华人民共和国征管法实施细则（国务院第362号令. 2002.9.7）.

[5] 中华人民共和国增值税暂行条例（国务院第538号令. 2008.11.10）.

[6] 中华人民共和国增值税暂行条例暂行条例（财政部、国家税务总局第50号令. 2008.12.5）.

[7] 中华人民共和国发票管理法（国务院第587号令，2010.12.20）.

[8] 中华人民共和国发票管理法实施细则（国家税务总局第25号令，2011.2.14）.

[9] 中华人民共和国消费税暂行条例（国务院第539号令，2008.11.10）.

[10] 中华人民共和国消费税暂行条例实施细则（财政部、国家税务总局第51号令. 2008.12.5）.

[11] 中华人民共和国营业税暂行条例（国务院第540号令. 2008.11.10）.

[12] 中华人民共和国消费税暂行条例实施细则（财政部、国家税务总局第52号令. 2008.12.5）.

[13] 中华人民共和国海关法（第九届全国人民代表大会第16次会议修正. 2000.7.8）.

[14] 中华人民共和国企业所得税法（第十届全国人民代表大会第5次会议通过. 2007.3.16）.

[15] 中华人民共和国企业所得税法实施条例（国家税务总局第512号令. 2007.11.28）.

[16] 中华人民共和国个人所得税法（第十一届全国人民代表大会第21次会议第6次修订. 2011.6.30）.

[17] 中华人民共和国企业所得税法实施条例（国家税务总局第600号令. 2011.7.19）.

[18] 国务院关于修订《中华人民共和国资源税暂行条例》的决定（国务院第605号令. 2011.9.30）.

[19] 中华人民共和国城镇土地使用税暂行条例（国务院第483号令修订. 2006.12.30）.

[20] 中华人民共和国车船税法（第十一届全国人大常委会第19次会议通过. 2012.2.25）.

[21] 全国注册税务师职业资格考试教材编写组. 税法（Ⅰ）、（Ⅱ）[M]. 北京：中国税务出版社，2014.